本书为国家社科基金项目"斐济独立后的对外关系研究"和中国社科院高端人才项目阶段性成果，受中国社会科学院学科建设"登峰战略""一带一路"重点学科资助计划和聊城大学太平洋岛国研究中心资助。

国家社科基金丛书

GUOJIA SHEKE JIJIN CONGSHU

中斐关系史

History of China—Fiji Relations

吕桂霞 著

人民出版社

责任编辑：杨美艳　陈建萍

图书在版编目（CIP）数据

中斐关系史 ／ 吕桂霞著 . -- 北京 ： 人民出版社，
2024. 10. -- ISBN 978 - 7 - 01 - 026953 - 5

I . D822. 366. 1

中国国家版本馆 CIP 数据核字第 20240MK222 号

中斐关系史

ZHONGFEI GUANXI SHI

吕桂霞　著

人民出版社 出版发行

（100706　北京市东城区隆福寺街 99 号）

中煤（北京）印务有限公司印刷　新华书店经销

2024 年 10 月第 1 版　2024 年 10 月北京第 1 次印刷
开本：710 毫米 ×1000 毫米 1/16　印张：23.75
字数：350 千字

ISBN 978 - 7 - 01 - 026953 - 5　定价：99.00 元

邮购地址 100706　北京市东城区隆福寺街 99 号
人民东方图书销售中心　电话（010）65250042　65289539

目　录

序 言 一

　　斐济共和国虽然只是一个陆地面积仅 1.83 万平方公里、人口不足 100 万的太平洋岛国，但却是第三大太平洋岛国（领土面积仅次于巴布亚新几内亚和所罗门群岛），人口数量也仅次于巴布亚新几内亚，位居太平洋岛国第二。斐济是太平洋岛国之间往来及通往域外国家航线的必经之地，是太平洋岛国的经济中心和交通枢纽，同时也是诸多国际组织和区域组织南太地区办事处的所在地。联合国下属的开发计划署、环境规划署、粮食计划署、促进性别平等和增强妇女权能署、儿童基金会、人口基金等均将其南太地区办事处设在斐济。同时，该地区的重要区域组织如太平洋岛国论坛、太平洋岛国发展论坛、南太平洋应用地球科学委员会和南太平洋旅游组织的秘书处以及南太平洋大学的主校区，也都设在斐济。除此之外，斐济还是多国派驻太平洋岛国使节团所在地，在南太地区的地位十分重要。

　　在诸多太平洋岛国中，斐济是最早与中国建交的国家，1975 年 11 月 5 日与中国正式建交。建交 40 多年来，中斐两国政治互信不断加深，务实合作成果丰硕，政治、经济、文化、教育、外交等关系不断发展。2006 年 4 月，第一届中国—太平洋岛国经济合作发展论坛在斐济召开。2014 年 11 月，习近平主席对斐济进行国事访问，两国建立相互尊重、共同发展的战略伙伴关系。2015 年 7 月，斐济总理姆拜尼马拉马对中国回访并于 2017 年 5 月出席"一带一路"国际合作高峰论坛，2018 年 11 月，中斐两国正式签署《中华人民共和国政府与斐济共和国政府关于共同推进丝绸之路经济带和 21 世纪海上丝绸之路建设的谅解备忘录》），双方将按照"共商、共建、共享"原则，共同推进"一带一路"建设，推动构建人类命运共同体，在政策沟通、设施联通、贸易畅通、资金融通、民心相通等领域开展合作，实现共同发展和共同繁荣。

我在中联部担任中联部副部长兼当代世界研究中心主任期间，曾经主管过南太平洋地区的事务，出访过斐济，会见过当时的总理和外长昆布安博拉，斐济政府和人民对中国人民的友好情谊，两国政府和人民为巩固发展中斐友谊所做的巨大努力，都给我留下了深刻印象。后来我在中国政协外事委员会工作期间，又随政协代表团访问过斐济，南太平洋这个美丽岛国的经济、文化和社会事业持续发展，在地区和国际事务中的影响与作用显著改善并持续上升，令人深感欣慰！吕桂霞同志曾经工作过的聊城大学太平洋岛国研究中心，是我们国内研究南太事务屈指可数的学术机构之一。这一机构为增进中斐两国的相互了解，特别是学术交往和人文往来，发挥了不可多得的建设性作用，我曾有幸在一段时间内，受邀担任了这个中心的名誉主任，耳闻目睹并且还有选择地参与了该中心与包括斐济在内的南太诸国的学术交流和研讨活动，我为中国太平洋岛国研究，当然也包括吕桂霞同志，不断取得新的研究成果，不断积累新的工作经验，不断提高中斐两国的学术合作水平而备感高兴。

因此，当吕桂霞同志请我为她的新著《中斐关系史》作序时，我未加思索便欣然命笔，祝贺并期望吕桂霞同志在南太事务研究方面有新的建树，期待并相信她在新的单位中国社科院世界历史研究所继续拼搏，砥砺前行，为中国特色大国外交在南太地区实现更大发展，取得更大成就，做出新的更大贡献！

吕桂霞同志是华东师范大学世界史专业的博士，后又在东北师范大学美国史博士后流动站进行相关研究。她曾出版过《遏制与对抗：越南战争期间的中美关系（1961—1971）》和《牧场工行动：美国在越战中的落叶剂使用研究（1961—1971）》等著作，在《人民论坛》《世界民族》《史学月刊》《史学集刊》和《太平洋学报》等刊物上发表诸多有分量、有见地的文章，主持国家社科基金一般项目、教育部一般规划项目、中国博士后科学基金项目等多项，在学界有一定影响力。2012 年聊城大学太平洋岛国研究中心建立后，她为了中心和团队建设，毅然放弃了喜爱的美国史专业，将更多的精力用于太平洋岛国特别是斐济研究。她不远万里，赴澳大利亚国立大学亚太学院访学，终于在 2014 年 8 月出版了国内第一本斐济研究著作——《斐济》（"列国志"系列之一）。该书于 2016 年 3 月在北京举行了发布会，我本人也受邀参加。在发布会上，学界给予该书很高评价，认为该书填补了国内太平洋岛国研究的空白，时任斐济驻华大使奈法卢拉称赞它为"BEST BOOK"、外交官必读之书。

《斐济》一书出版后，吕桂霞同志又聚焦斐济对外关系的研究。为此，她曾多次赴斐济与国内相关机构进行调研，并在系统梳理前人有关成果的基础上最终完成了《中斐关系史》一书。该书是她国家社科基金项目"斐济独立后的对外关系研究"和中国社科院高端人才项目的阶段性成果，也是她的心血之作。作为国内第一部中斐关系史研究专著，该书文字流畅，逻辑清晰，系统梳理了近代以来特别是建交以来的中斐政治、经济、外交、文化、教育及应对气候变化等领域的合作关系，足见其深厚的学术积累。该研究不仅填补了国内这一研究领域的空白，而且对于我们深刻理解中国与斐济的关系、理解中国与太平洋岛国的关系都有着重要参考价值。

于洪君

2023 年 12 月

序 言 二

斐济地处南纬 15°～22°、东经 174°～西经 177°之间的南太平洋中心地带，扼南太地区的十字路口，是南太各国之间往来及通往域外国家航线的必经之地，同时也是诸多国际组织南太地区办事处和区域组织秘书处的所在地。在斐济，不仅设有联合国开发计划署、儿童基金会、人口基金等国际组织的地区办事处，而且南太地区的重要区域组织如太平洋岛国论坛、太平洋岛国发展论坛、南太平洋应用地球科学委员会、南太平洋旅游组织的秘书处和南太平洋大学的主校区都设在斐济。同时，斐济还是多国派驻太平洋岛国使节团所在地，在南太地区事务中拥有很大话语权，甚至在某种程度上影响着整个南太地区的外交走向。然而，由于各种原因，我国学界对于斐济和太平洋岛国的研究却相对滞后，很少见到相关研究文章，这一状况不利于我国与南太平洋岛国开展合作。

令人高兴的是，随着我国改革开放的不断推进，特别是"一带一路"倡议的提出，国内出现了多家从事太平洋岛国研究的专门机构，如聊城大学太平洋岛国研究中心、广东外语外贸大学太平洋岛国战略研究中心、北京外国语大学太平洋研究中心、福建农林大学南太平洋岛国研究中心和北京语言大学太平洋岛国研究中心等，作为教育部的国别和区域研究中心备案单位，它们都在不同领域对我国的太平洋岛国研究做出了重大贡献，也进一步助推了我国的"一带一路"建设在南太地区的落地。

中国与斐济的关系历史悠久。早在 1855 年，第一位中国人梅屏耀就踏上了斐济国土，并在当时斐济的首都列武卡开办了第一家华人公司——康利公司，为斐济经济社会发展做出了重要贡献，自此中斐关系正式拉开帷幕。此后，中斐两国的贸易关系、劳工关系、政治关系等不断拓展。第二次世界大战中，两国人民还共同抵抗日本法西斯的侵略，结下了深厚的友谊。中华人民共和国成立后，两国友好关系一直延续。1975 年 11 月 5 日，独立后的斐济率先与中国建交，成为第一个与中国正式建交的太平洋岛国。在此影响下，诸多太平洋岛国如萨摩亚、巴布亚新几内亚、瓦努阿图、密克罗尼西亚联邦、汤加、库克群岛、纽埃、瑙鲁、基里巴斯、所罗门群岛等 10 个国家先后与中国建交，形成了今天南太地区的外交格局。中斐建交后，两国政治、经济、文化、教育、外交等关系不断发展。

2014 年习近平主席对斐济进行国事访问，在楠迪会晤与中国建交的太平洋岛国领导人后，两国战略伙伴关系正式确立，中斐关系发展进入快车道。2017 年，斐济作为唯一的太平洋岛国，应邀参加了我国在北京举办的首届"一带一路"国际合作高峰论坛；2018 年 11 月 12 日，中斐两国在苏瓦正式签署《中华人民共和国政府与斐济共和国政府关于共同推进丝绸之路经济带和 21 世纪海上丝绸之路建设的谅解备忘录》。双方将按照"共商、共建、共享"原则，共同推进"一带一路"建设，推动构建人类命运共同体，在政策沟通、设施联通、贸易畅通、资金融通、民心相通等领域开展合作，实现共同发展和共同繁荣。

作为曾经的中国驻斐济大使，得知中国社会科学院世界历史研究所的吕桂霞教授专门从事斐济研究，且已经取得了丰硕的成果，十分高兴；又得知她刚刚完成新著《中斐关系史》并将由人民出版社出版，更加开心。受老友北京外国语大学太平洋研究中心执行主任牛丽教授委托，特为此书作序。该书是吕桂霞教授在多年研究基础上，多次赴斐济实地调研的心血之作。作为国内第一部中斐关系研究专著，该书逻辑清晰，文字通俗流畅，系统梳理了近代以来特别是建交以来的中斐政治、经济、外交、文化、教育及应对气候变化等领域的关系。该研究不仅填补了国内这一研究领域的空白，而且对于我们深刻理解中国与斐济的关系、理解中国与太平洋岛国的关系，乃至"一带一路"建设在斐济的实施都有着重要参考价值。

章均赛

2023 年 10 月

第一章　建交前的中斐关系回顾

中斐关系源远流长。早在近代时期，中斐两国人民因中西方贸易即已产生联系。1855年，第一位华人梅屏耀在斐济定居后，更多的中国人前往斐济经商和定居。第二次世界大战期间，两国人民守望相助，共同抵抗日本法西斯的侵略。新中国成立后，中国积极支持斐济的反霸斗争和国家独立。1970年斐济独立后，中斐两国官方关系和人文交流逐步展开，为中斐关系发展奠定良好基础。

第一节　斐济概况

斐济全称为"斐济共和国"（The Republic of Fiji），是南太平洋上一个十分重要的岛国。它1874年沦为英国殖民地，1970年10月10日正式宣告独立，成为英联邦的成员国。1987年，在陆军中校西蒂韦尼·兰布卡（Sitiveni Rabuka）发动军事政变后斐济改称斐济共和国。1990年，斐济通过新宪法确立国名为"斐济主权民主共和国"。1997年7月27日，改国名为"斐济群岛共和国"，2009年4月10日更名为"斐济共和国"，沿用至今。

作为南太平洋地区的十字路口，北极通往南极、亚太地区通往美洲的交通要道，斐济的战略地位十分重要。同时，斐济还是联合国诸多下设机构在南太地区办事处的所在地，该地区最重要的区域组织太平洋岛国论坛（Pacific Islands Forum，简称 PIF）和太平洋共同体（Pacific Community，简称 PC）的秘书处即设在斐济。2013 年，斐济又倡议成立了太平洋岛国发展论坛（Pacific Islands Development Forum，简称 PIDF），积极参与地区和国际事务，是国际政治舞台上的一支重要力量。1975 年 11 月 5 日，斐济与中国建交，是目前 11 个与我国建交的太平洋岛国之一。

一、斐济简史

"斐济"国名的由来源于斐济最大的岛屿——维提岛（Viti Levu）。在历史上，斐济曾多次遭受汤加的侵略，由于汤加人把 V 发音为 F，T 发音为 J，因而称 Viti 为 Fiji。1774 年，英国著名探险家詹姆士·库克船长（Captain James Cook）根据汤加人的发音，把"Fiji"写入航海日志，并以此为名传向欧洲，久而久之便演变为国名。

1. 古代斐济

斐济人是在远古时代从东南亚迁来的美拉尼西亚人的后裔，[①] 具体迁徙年代虽无稽可考，但学者们普遍认为，他们迁徙的时间很可能是在大约三万年以前更新世的冰纪时代，因为当时海平面下降，亚洲大陆和岛屿之间可能出现了陆桥，或水道变得相当狭小，原始的独木舟即可横渡。后来，随着冰雪融化和海平面升高，到达岛屿的人只能在当地开始新的生活。[②]

《大英百科全书》记载，至少在约 3500 年前，斐济的第一批定居者从美拉尼西亚群岛来到斐济，带来了各种各样的食物、猪以及属于拉皮塔文化的陶器。拉皮塔文化从斐济被带到汤加和萨摩亚，在那里形成了第一个独特的波利

---

① 个别学者认为，斐济人的祖先是巴布亚岛的原始人。

② 约翰·亨德森等编：《大洋洲地区手册》，商务印书馆 1978 年版，第 103—104 页。

尼西亚文化。① 斐济虽然在地域上属美拉尼西亚，但事实上是处在一个过渡地带，绝大多数斐济人基本上属美拉尼西亚人，但在文化上，斐济与波利尼西亚人有更多的共同之处。②

斐济人有着特殊的社会制度和风俗习惯，主要以农业为生，但耕作方法极其原始，一般是使用砍木刀对村庄附近的林地或其他土地进行开垦，然后再用挖土棍在地里栽种芋头和其他作物。斐济人栽种的植物，几乎全部都是太平洋土生土长的品种，包括甘薯、薯蓣、木薯、椰子树和面包树等，它们共同构成了土著斐济人的主要食品。

2. 斐济的"发现"及西方殖民者的入侵

1643 年，荷兰东印度公司的探险家阿贝尔·塔斯曼（Abel Tasman）在远洋探险过程中"发现"斐济，从而拉开了欧洲人涉足斐济的序幕。1774 年，英国探险家詹姆士·库克船长在他的第二次太平洋探险航行中，再次看到斐济，观察到了劳群岛南部的小岛"瓦托阿"以及与此连在一起的珊瑚环岛"阿塔瓦托阿"。1791 年英国海军抵达斐济。1797 年，英国传教船"达夫"号船长詹姆士·威尔逊（James Wilson）又观察到了瓦努瓦巴拉武和一些小岛、珊瑚礁，他根据这些新的"发现"，绘出较完整的斐济地图。1800 年，在岛上发现檀香木后，欧洲人蜂拥而至。从 1825 年开始，欧洲人开始在斐济群岛定居，和斐济人通婚，繁衍后代。1826 年，第一批传教士来到斐济东部劳群岛传教。

3. 萨空鲍王朝的建立与斐济统一的完成

历史上，斐济并不是一个统一的国家，各部落之间经常发生战争。直到 1852 年，斐济宝岛的最高统治者萨空鲍酋长③（Vunivalu Thakombau，1815—1883 年）才征服维提岛和一些部落，建立了以他为中心的联盟——"宝联盟"。

① "History of Fiji"，Britannica，https://www.britannica.com/place/Fiji-republic-Pacific-Ocean/History
② 汪诗明、汪艳芬：《太平洋英联邦国家：处在现代化的边缘》，四川人民出版社 2005 年版，第 110—112 页。
③ 有的也译为"卡科鲍"。

萨空鲍宣称宝岛拥有斐济的宗主权，声称自己就是斐济的国王，然而却没有得到其他酋长的认可和接受。在萨空鲍崛起的同时，另一个雄心勃勃的外地人——汤加的马阿福也依靠汤加老乡的帮助，在斐济群岛东南的劳群岛和瓦努阿岛确立了自己的统治地位，建立了以其为中心的"劳联盟"。

两大联盟之间的战争不断发生，直到1865年萨空鲍建立了统一的联盟王国 Viti，并被拥戴为国王。两年后，该联盟发生分裂，形成"宝王国"（Kingdom of Bau）和"劳联邦"（Confederation of Lau）。1871年，萨空鲍在汤加国王图普一世（Tupou I）的帮助下，平息部落战争，建立了萨空鲍王朝，最终完成了斐济的统一。

4. 1874 年斐济沦为英国的殖民地

斐济虽然解决了内患，完成了国家统一，但仍然面临着严峻的外患。众多强悍的洋人，有的敲诈勒索，有的以武力相威胁。1871年6月，一些外国商人在斐济发动了一场政变。他们挟持萨空鲍，在卫理公会教堂，宣布建立一个政府。在此形势下，英国政府趁火打劫，很快派遣时任新南威尔士总督的夏乔士·乔治·罗伯特·罗便臣（Hercules George Robert Robinson）到斐济。罗便臣对萨空鲍软硬兼施，百般诱惑，1874年5月他向萨空鲍国王提出了将斐济割让给英国的主张，并起草了一项无条件割让的条约。1874年10月10日，罗便臣代表英国王室，萨空鲍、劳群岛大酋长马阿福以及其他11位主要酋长，分别在割让条约上签字，斐济成为英国殖民地。

另有一种说法是，美国政府虽然已经承认萨空鲍为斐济群岛的国王，但仍然要萨空鲍为1849年美国外交官的住宅被烧之事负责，逼迫萨空鲍偿还4万5千美元。萨空鲍无力偿还，又害怕美国入侵，于是便向英国领事寻求支援。英国领事则趁机提出只有萨空鲍把整个斐济割让给英国，英国人才愿意代其偿还债务。1874年10月10日，萨空鲍、劳群岛大酋长马阿福以及其他11个主要酋长集体在割让文书上签字画押，正式把斐济割让给英国，斐济正式沦为英国殖民地。①

---

① 吕桂霞：《斐济》，社会科学文献出版社 2015 年版，第 58—60 页。

5.民族主义的兴起与斐济独立

二战后，民族主义在全世界范围内蓬勃兴起，正是在这一背景下，殖民地时期被压制的民族主义在斐济呈现出迸发的态势。主要表现为：印度裔斐济人随着人口的增加和经济力量的愈益雄厚，政治诉求不断上升；印度裔斐济人数量不断增加，1946 年首次在人数上超过斐济土著人；土著斐济人力图保持自己的特权地位等。

在民族主义勃兴的背景下，具有民族特色的政党与组织不断在斐济出现。其中最为重要的有两个：一是 1956 年保护土著斐济人利益的"斐济人联合党"（the Alliance Party，AP）；二是 1963 年安巴拉尔·帕特尔（Ambalal Patel）领导印度裔斐济人成立的"民族联盟党"（National Federation Party，NFP）。两个政党争执不休，都希望按照自己的意图实现斐济独立。在两派争执不下的情形下，1966 年 3 月 12 日，拉图·卡米塞塞·马拉（Ratu Sir Kamisese Mara）在苏瓦成立斐济联盟党，希望尽快结束斐济长期以来由于民族矛盾而带来的混乱、灾难和痛苦，建立一个独立的国家。

在此情况下，面临殖民统治困境的英国也希望斐济独立，并召集各派力量在伦敦先后召开了几次制宪会议。1970 年 5 月，各方终于达成共识，同意斐济仿照英国模式实现独立，建立一个议会制的国家。议席分配方案如下：在 27 个地方议员中，斐济人占 12 席，印度人占 12 席，其他占 3 席；在 25 个全国议席中，斐济人和印度人各占 10 席，其他占 5 席。1970 年 10 月 10 日，斐济独立，成为英联邦成员国，马拉成为斐济的首任总理。

二、斐济经济与地理

1.地理概况

斐济位于西南太平洋，南纬 15—22°、东经 174° 和西经 177° 之间的南太平洋中心地带，是南太平洋地区的交通枢纽。它西邻瓦努阿图、澳大利亚，南邻新西兰，距离新西兰的北岛仅 2000 公里，是世界闻名的旅游胜地，被评为"世界十大蜜月地""世界软珊瑚之都"和"世界上最幸福的国度"。因国际日期变更线穿过该岛，它也被称作"子午线上的岛国"和"迎接新一天的大门"。

斐济陆地总面积 1.8 万多平方公里，由 503 个大小岛屿组成，其中面积在 2.59 平方公里以上的岛屿有 322 个，有人居住的有 106 个，其余 2/3 的岛屿无人居住。斐济领土面积虽然较为有限，却是太平洋诸岛国中国土面积仅次于巴布亚新几内亚和所罗门群岛的国家，位居第三。同时，作为一个多岛屿的国家，斐济的领海面积十分广阔，约为 130 万平方公里，可谓是一个海洋大国，也是最关心海洋保护和气候变化的国家之一。

斐济属于信风海洋性气候。每年 5—11 月为旱季，斐济受寒冷的东南信风影响，温度较低，平均气温为 22℃，也是全年最干旱的时期。12 月至次年 4 月为雨季，气温较高，平均气温为 32℃，风向多变，且降雨较多。

斐济是太平洋诸岛中最古老的岛屿，其中最为重要的是维提岛、瓦努阿岛（Vanua Levu）和塔韦乌尼岛（Taveuni）三大岛。其余的岛屿被划分成 6 个群岛，即洛马维提群岛（Lomaiviti Group）、劳群岛（Lau Group）、毛奥拉群岛（Moala Group）、亚萨瓦群岛（Yasawa Group）、玛玛努卡群岛（Mamanuca Group）和罗图马群岛（Rotunma Group）。维提岛是斐济第一大岛，也是斐济最具代表性的岛屿，面积为 1.039 万平方公里，占全国陆地面积的 50% 以上，是斐济群岛中经济最为发达和人口最为集中的地方，同时也是首都苏瓦和楠迪国际机场的所在地。北部维多利亚山托马尼维峰海拔 1424 米，为斐济最高峰，最大的河流雷瓦河发源于此。

2. 经济概况

长期以来，斐济居民主要从事原始的农耕经济，种植一些热带农作物，生产单位以族群或部落为主。然而，西方殖民者的到来，改变了它的经济运作模式，种植园经济成为殖民时期斐济的主要经济形式。独立后，斐济政府大力发展农业，重视制造业和加工业，发展林业和旅游业，开发海洋资源。近年来，斐济强调发展私营企业，建立宽松的政策环境，促进投资和出口，逐步把斐济经济发展成"高增长、低税收、富有活力"的外向型经济。目前斐济是太平洋岛国中经济发展程度较高的国家，主要产业为农业、林业、渔业、服务业、加工业和旅游业等。

斐济农业主要以出产甘蔗、椰子、香蕉和根茎作物为主，粮食不能自给，小麦全靠进口，大米能自给 20%。近年来斐济政府努力发展多种经营、推广水稻种植。工业以榨糖加工为主，其次是服装加工，此外，椰子加工、木材和黄金开采以及渔产品加工也占有重要地位。斐济畜牧业在太平洋岛国中还算比较发达，主要饲养猪、牛、羊等牲畜和多种家禽，还有养蜂，但多数畜产品生产仍不能满足国内消费需求，需要依靠进口，主要进口的是羊肉、牛肉和奶制品。斐济渔业资源丰富，盛产金枪鱼，然而，本国商业性捕鱼量有限，大规模的捕鱼作业掌握在日本、韩国、美国和中国台湾的船队手中。斐济的旅游业较发达，旅游收入是其最大的外汇收入来源。

三、斐济政治与文化

1. 政治体制

斐济现行的政治体制为总统制，总统是国家元首并礼节性担任斐济武装部队统帅。

政府实行议会制。根据《2013 年斐济宪法》，斐济最高权力部门——议会实行一院制，共设 50 席（2018 年增至 51 席）。议会选举每 4 年举行一次，议员任期 4 年，届满全部改选；设全国范围单一选区，年满 18 周岁的斐济公民有投票权；在议会占最多席位的党派领导人出任政府总理；总统是国家元首。[①]
2014 年 9 月 17 日，斐济举行 2000 年政变后第一次民主选举，结果斐济优先党以 32 席获胜，社会民主自由党和民族联盟党各获 15 席和 3 席。2018 年 11 月，斐济举行第二次议会大选，此次选举情况稍微发生了一点变化，即根据国家发

---

① 2013 Constitution of The Republic of Fiji, https://www.fiji.gov.fj/getattachment/a3cddc01-dc73-4823-83b8-f290672ddae0/2013-Constitution-of-The-Republic-of-Fiji.aspx

展需要，斐济议会增至 51 人，选举结果是执政的斐济优先党获 227,241 票，27 个席位，再次执掌斐济政权；而反对党社会民主自由党收获 181072 张选票、21 个席位，民族联盟党 33515 选票，3 个议会席位。① 2022 年 12 月，斐济举行第三次议会选举，斐济 9 个注册政党都参加了 2022 年的大选，它们是：全民党（All Peoples Party）②、斐济工党（Fiji Labour Party，FLP）、斐济优先党（Fiji First Party，FFP）、民族联盟党（National Federation Party）、新时代党（New Generation Party）、人民联盟党（The People's Alliance Party，PAP）、社会民主自由党（Social Democratic Liberal Party，SODELPA）、统一斐济党（Unity Fiji）和我们团结斐济党（We Unite Fiji Party）。另外，还有两名独立候选人拉金德拉·夏尔马（Rajendra Sharma）和拉维内什·雷迪（Ravinesh Reddy）参加了 2022 年的大选。③ 选举结果是人民联盟党、民族联盟党、社会民主自由党组成的政党联盟击败执政 16 年的姆拜尼马拉马及其领导的斐济优先党，赢得大选，人民联盟党领袖西蒂维尼·兰布卡（Sitiveni Rabuka）出任总理。

内阁是斐济制定和执行国家政策的最高行政机构，现有 20 名成员，由总理和各部部长组成。总理由在议会占最多席位的党派领导人担任，部长由总理推荐产生。斐济现任总理为人民联盟党领袖兰布卡。

斐济司法独立。设最高法院、上诉法院、高等法院和地方法院。最高法院由首席大法官和不超过 7 名法官组成，拥有对一切民、刑事诉讼进行审判的无限初始管辖权，以及宪法和其他法律所赋予的其他管辖权和权力。区法院审理不遵守《斐济人事务条例》的违法案件以及斐济籍当事人之间的民事诉讼案件。不服区法院的判决得向省法院提起上诉，依此顺序，可再向最高

---

① Names of Candidates elected as member of parliament, http://www.electoralcommission.org.fj/wp-content/uploads/2018/11/20181120-Names-of-Candidate.pdf.

② 在中国外交部对于斐济国家概况的介绍中，除了"全民党"表述为"自由联盟"外，其余 8 个政党与 2022 年斐济大选多国观察团最终报告一致，https://www.mfa.gov.cn/web/gjhdq_676201/gj_676203/dyz_681240/1206_681342/1206x0_681344/。

③ "Final Report of 2022 Fiji election", Multinational Observer Group, March 2023, p.26.https://www.feo.org.fj/storage/2023/04/Multinational-Observer-Group-2022-Fiji-Election-Final-Report-.pdf.

法院上诉。

检察总长不受任何法官的指导或控制，有权提起刑事诉讼，接管或进行其他任何个人或机关所提起的任何刑事诉讼，并可以在案件宣判之前的任何阶段，中止任何刑事诉讼。

斐济全国的行政区分直辖市、行政大区，大区下设省。全国共有 2 个直辖市——苏瓦市（Suva）和劳托卡市（Lautoka），4 个行政大区——中央大区、西部大区、东部大区和北部大区，具体情况参见表 1—1：

表1—1　斐济行政区划

行政区名称	省名	备注
直辖市	苏瓦市	首都
	劳托卡市	
中央大区	泰莱武省（Tailevu）	行政中心设在瑙索里
	奈塔西里省（Naitasiri）	
	纳莫西省（Namosi）	
	塞鲁阿省（Serua）	
	雷瓦省（Rewa）	
西部大区	那德罗加 / 诺沃萨省（Nadroga/Navosa）	行政中心设在劳托卡
	拉省（Ra）	
	巴省（Ba）	
东部大区	坎达武省（Kadavu）	行政中心设在莱武卡
	洛迈维提省（Lomaiviti）	
	劳省（Lau）	
北部大区	布阿省（Bua）	行政中心设在拉巴萨
	卡考德罗韦省（Cakaudrove）	
	马库阿塔省（Macuata）	

2. 多民族和多元文化的斐济

斐济是一个多民族的国家，除了土著居民斐济族人外，还有人数众多的印度人、欧洲人、中国人、波利尼西亚人、罗图马人以及其他太平洋岛国人等，是一个名副其实的多民族国家（具体参见表 1—2）。

表 1—2 斐济各族人口统计数据（1881—2007）

人口普查数据

统计时间 族群	1881	1891	1901	1911	1921	1936	1946	1956	1966	1976	1986	1996	2007
总数	127,486	121,180	120,124	139,541	157,266	198,379	259,638	345,737	476,727	588,068	715,375	775,077	837,271
华人	—	—	—	305	910	1,751	2,874	4,155	5,149	4,652	4,784	4,939	4,704
欧洲人	2,671	2,036	2,459	3,707	3,878	4,028	4,594	6,402	6,590	4,929	4,196	3,103	2,953
斐济人	114,748	105,800	94,397	87,096	84,475	97,651	118,070	148,134	202,176	259,932	329,305	393,575	475,739
印度人	588	7,468	17,105	40,286	60,634	85,002	120,414	169,403	240,960	292,896	348,704	338,818	313,798
非完全欧洲血统的欧洲人	771	1,076	1,516	2,401	2,781	4,574	6,142	7,810	9,687	10,276	10,297	11,685	10,771
罗图马人	2,452	2,219	2,230	2,176	2,235	2,816	3,313	4,422	5,797	7,291	8,652	9,727	10,335
其他太平洋岛国人	6,100	2,267	1,950	2,758	1,564	2,353	3,717	5,320	6,095	6,822	8,627	10,463	15,311
其他族群	156	314	467	812	789	204	514	91	273	1,270	810	2,767	3,660

资料来源："Census of population NY ethnicity 1881—2007", *Bureau of Fiji Statistics*, June 2012。

　　根据 2007 年的统计数据，在 837271 名斐济人中，土著斐济人和印度裔斐济人是目前斐济最重要的两个族群，其中土著斐济人有 475739，约占总人口的 56.8%；印度裔斐济人有 313798，约占总人口的 37.6%。1946—1986 年，印度裔人曾屡次在数量上超过土著斐济人，二者对政权控制的争夺曾导致斐济接连发生 4 次军事政变。其他族群在斐济人口中所占比重非常低，人口总和占全部人口的比例不足 10%。目前在斐华人、华侨共有约 6 千人。[①]

　　从宗教信仰来看，斐济没有官方宗教，人们可以根据自己的实际情况选择宗教信仰。由于深受西方传教士的影响，斐济大约 53% 的人信仰基督教，而印度族人多信仰印度教，占全国人口将近 38%。另外，还有 8% 的居民信仰伊斯兰教。

　　从语言上看，斐济的官方语言为英语、斐济语和印度斯坦语（Hindustani）。其中，英语由英国殖民者所引入，印度斯坦语是居住在斐济的印度族裔的主要语言，而斐济语则是土著斐济人的语言。此外，斐济还有很多其他语言，比如泰米尔语、比哈里语（Bihari）、孟加拉语和罗图马语等。

四、斐济的区位优势与国际地位

　　作为南太地区的十字路口和战略要道，斐济不仅经济较为发达，而且是诸多区域组织和国际组织南太地区办事处所在地。同时，因为交通便利，很多国家驻太平洋岛国的大使馆或外交使团也都设在斐济，加上斐济积极在区域和国际事务中发声，因此斐济在南太地区的地位十分重要。

　　1. 斐济的区域地位

　　（1）南太地区的十字路口

　　从地理位置来看，斐济西邻所罗门群岛、瓦努阿图和新喀多尼亚，东邻萨

---

① 中华人民共和国驻斐济大使馆经济商务参赞处，http://fj.mofcom.gov.cn/article/ddgk/zwrenkou/201104/20110407507374.shtml；也有人认为大约 1 万人。

摩亚、纽埃和库克群岛，南有汤加，北有基里巴斯、瑙鲁和图瓦卢，正处于南太地区的十字路口，因此南太国家飞往他国一般都是先飞往斐济，然后再转飞其他国家。加上首都苏瓦港是著名的深水港，与他国诸多港口联系密切，因此斐济在南太地区的地位十分重要。不仅如此，斐济还拥有南太地区通往域外国家的主要国际机场——楠迪机场，许多其他南太国家如汤加、瓦努阿图和萨摩亚等如要飞往域外，都须先飞到楠迪，然后经由楠迪转飞他处。

（2）诸多区域组织秘书处所在地

由于斐济地理位置的优越，基础设施相对完备，经济文化氛围融洽，诸多区域组织都把秘书处设在斐济的首都苏瓦，这些区域组织主要包括太平洋岛国论坛、太平洋金融技术援助中心（Pacific Financial Technical Assistance Centre，PFTAC）、太平洋共同体（the Pacific Community）、南太平洋应用地球科学委员会（South Pacific Applied Geoscience Commission，SOPAC）、南太平洋教育评估委员会（South Pacific Board for Education Assessment，SPBEA）等。①

此外，斐济还是诸多区域组织，如：太平洋共同体、美拉尼西亚先锋集团（Melanesian Spearhead Group，MSG）、太平洋小岛屿发展中国家集团（the Pacific Small Island Developing States Group，PSIDS）等的成员国。

（3）多国驻太平洋岛国大使馆或外交使团所在地

由于太平洋岛国的领土一般较小、人口较少，许多国家都把驻太平洋岛国的大使馆设在斐济，管辖其在南太地区的事务。譬如，美国驻斐济大使馆管辖的范围除了斐济以外，还包括了汤加、瑙鲁、基里巴斯和图瓦卢，②2023 年美国在汤加开设大使馆后，才将汤加事务剥离。目前，除中国以外，美、日、韩、印尼、法、西班牙、菲律宾、古巴、米克罗尼西亚、马绍尔群岛等 11 国在斐济首都苏瓦设有大使馆，英联邦 13 国在苏瓦设有高级专员公署。还有法、荷、

---

① Regional & International Organisations Accredited to Fiji, Ministry of Foreign Affairs, http://www.foreignaffairs.gov.fj/foreign-missions/regional-international-organisations-accredited-to-fiji.

② https://fj.usembassy.gov/.

德、意、比利时等 15 国在斐济设有领事馆，欧盟在斐济设立了代表处。

（4）"太平洋岛国发展论坛"的倡导者与实际领导者

为了摆脱在南太地区和国际社会中被孤立的地位，斐济在 2009 年被暂停太平洋岛国论坛成员资格后，于 2010 年发起"接触太平洋领导人会议"（Engaging with the Pacific Leaders Meeting，简称 EWTP），以取代因澳大利亚施压未能如期召开的美拉尼西亚先锋集团（Melanesian Spearhead Group，简称 MSG）会议，并争取在该机构中的领导权。2012 年 8 月 23—24 日，第三次"接触太平洋领导人会议"在楠迪丹娜努岛的威斯汀国际宾馆举行，在加强"太平洋小岛屿发展中国家集团"的主题下，来自巴布亚新几内亚、斐济、基里巴斯、瑙鲁、库克群岛、东帝汶、图瓦卢、密克罗尼西亚、法属波利尼西亚、新喀里多尼亚、所罗门群岛、汤加和瓦努阿图等 14 个国家领导人齐聚斐济，共商太平洋岛国的贸易、安全、商业、可持续发展、良治政府、气候变化和环境等问题。在欢迎辞中，姆拜尼马拉马再三强调太平洋地区必须用一个声音说话，尤其是加强太平洋小岛屿发展中国家团结合作的重要性。最终，会议不仅确认太平洋小岛屿发展中国家将在区域和国际社会中加强合作，在联合国及其他更广泛的国际合作方面发挥作用，而且在最终发表的正式公报中，授权 2013 年在斐济召开首届"太平洋岛国发展论坛"（Pacific Islands Development Forum，简称 PIDF），实施绿色经济政策。

2013 年 8 月 5 日至 7 日，首届太平洋岛国发展论坛峰会在斐济楠迪丹娜努岛的喜来登度假大酒店举行。除斐济总理姆拜尼马拉马、东帝汶总理若泽·亚历山大·沙纳纳·古斯芒（Jose Alexandre Xanana Gusmao）等 14 个岛国领导人或政府代表外，还有 31 个国家，共计 45 个国家的领导人或政府代表以及私营部门、非政府组织代表共 300 多人与会。会议的主题是"领导力、创新、伙伴：发展太平洋绿色/蓝色经济"（Leadership, Innovation and Partnership for Green/Blue Pacific Economies），主要关注太平洋岛国的渔业、旅游业、农业、林业和矿业，并在此基础上，进一步推动太平洋岛国的能源、交通、通讯和人力资源建设。

2. 斐济的国际地位

在国际上，1970年斐济独立后便加入了联合国，成为联合国的正式会员国，在联合国享有投票权。此外，斐济还是诸多国际组织的成员国。因为斐济特殊的地理位置及其在太平洋岛国的重要地位，诸多国际组织南太地区秘书处或办事处都设在斐济。在国际事务，特别是有关气候变化、海洋治理和小岛屿发展等问题上，斐济踊跃发声、积极作为。尤其引人注目的是，自1978年以来，斐济还几乎参加了联合国组织的所有维和行动，为维护世界和平做出了卓越贡献。

（1）联合国会员国

1970年10月10日斐济获得独立后，10月13日加入了联合国，成为联合国的正式会员国，享有正式会员国的一切权利。利用联合国这一国际事务的最高平台，斐济积极在气候变化、小岛屿发展等诸多问题上有作为，成为国际事务中不容忽视的一支力量。

（2）诸多国际组织南太地区办事处所在地

鉴于斐济在南太地区优越的地理位置及其在南太地区政治中的重要影响力，联合国下设的诸多机构也把其在该区域的办事处设在斐济，这些机构包括：联合国开发计划署（United Nations Development Program）（目前南太办事处人员有65名）①、联合国亚洲及太平洋经济社会委员会（UN Economic and Social Commission for Asia and the Pacific，UNESCAP）、联合国儿童基金会(UN International Children Emergency Fund，UNICEF)、联合国人口基金、联合国粮食与农业组织、联合国妇女署、联合国教科文组织和联合国毒品和犯罪问题办公室等。

例如，联合国亚洲及太平洋经济社会委员会太平洋次区域办事处是该委员会与太平洋岛屿发展中国家成员联系的区域平台，主要涉及斐济、基里巴斯、马绍尔群岛、密克罗尼西亚联邦、瑙鲁、帕劳、巴布亚新几内亚、萨摩亚、所

---

① http://www.asia-pacific.undp.org/content/rbap/en/home/operations/about_undp.html.

罗门群岛、汤加、图瓦卢和瓦努阿图等 12 个成员国以及美属萨摩亚、库克群岛、法属波利尼西亚、关岛、新喀里多尼亚、纽埃和北马里亚纳群岛等 7 个准成员。该办事处成立于 1984 年，总部设在斐济的苏瓦，主要任务是促进区域合作和知识共享，就经济和社会政策提供技术援助和咨询服务，并就与太平洋岛屿发展中成员国有关的问题开展研究。①

（3）多个国际组织的成员国

斐济不仅是联合国亚洲及太平洋经济社会委员会和联合国粮农组织等诸多国际组织的成员国，而且还是国际原子能机构的缔约国②，在气候变化等诸多国际问题上积极发声，为太平洋岛国和小岛屿国家谋求利益。

2017 年 11 月 6 日，联合国气候变化大会在德国波恩开幕，深受气候变化之害的斐济是本次会议的主席国。会议第二周，在高级别部长会议开幕式上，12 岁斐济男孩提摩西·纳努萨拉（Timoci Naulusala）面对近 200 个国家的部长，讲述自己的村庄在 2016 年遭遇飓风的故事。"这（全球变暖）是真真切切在发生的，绝不只是一个梦。你准备好面对没有地球的生活吗？如果我们忽略这个现实，你知道会发生什么吗？""海洋正在吞噬村庄，侵蚀海岸，摧毁庄稼。人们失去家园，失去最亲爱的家人，因饥渴而死去。这是充满悲伤的灾难，这一切都是真真切切的。你以为气候变化只影响小国吗？你错了。没有一个国家——无论如何强大——能免除气候变化带来的灾害。像斐济这样的小国，更是无力。我来自一个小小的村庄，2016 年，我们遭受了斐济史上最严重的飓风。我的家园，我的学校，食物、水和所有积蓄都毁于一旦，生活完全被打乱。我在种植园里不停地走，搜寻食物，却只有绝望和沮丧。我那曾经美丽的村庄，我曾经的家园，如今成了荒凉的废墟。那之后好几个月，夏天越来越热，土壤越来越干，种不出任何东西。树木不再结果，水源逐渐干涸，鱼虾一一死去。我感到痛苦，不想上学，没有安全感。我看着身边所有从绿色转为

---

① "Subregional Office for the Pacific"，http://www.unescap.org/subregional-office/pacific.

② http://www.un.org/zh/sections/where-we-work/asia-and-pacific/index.html.

黄色，又转为枯棕……这是人类消亡的征兆吗？我问自己：那只是一场五级飓风，接下来是什么？我还能活下去吗？我的村庄还能活下去吗？"[1] 演讲结束时，全场部长们起立鼓掌。德国总理默克尔、法国总统马克龙、联合国秘书长古特雷斯一一过来跟小男孩握手。斐济总理姆拜尼马拉马甚至亲吻了小男孩的脸颊，把他抱起来放在椅子上，全球媒体的闪光灯亮成一片。

（4）积极参加联合国维和行动

斐济自加入联合国伊始，一直积极支持联合国的维和事业，几乎参加了1978年以来联合国组织的所有维和行动。斐济维和人员的身影常常出现在全世界最动荡、最危险的国家和地区，为联合国的维和事业做出了不可磨灭的贡献。斐济维和人员在安哥拉、波斯尼亚和黑塞哥维那、柬埔寨、克罗地亚、伊拉克、科索沃、黎巴嫩、利比里亚、纳米比亚、所罗门群岛、卢旺达、索马里、南苏丹和东帝汶等国以及苏丹的达尔富尔、埃及的西奈半岛参加联合国维和行动，为世界和平做出了卓越的贡献。[2]

第二节　檀香木、海参、契约华工与早期中斐关系

关于早期中斐关系的缘起，依据种种迹象，可以推算至1855年。这些迹象包括：2017年1月28日，斐济华人协会（Chinese Association of Fiji）举办隆重的庆典，为象征中斐友谊的纪念凉亭——"中国亭"揭幕，以此纪念首批华人旅居斐济160周年。同时，第一部记录斐济华人生存发展历史的书籍《斐济华人1855—2015》在活动中正式发售。潘翎也认为，首批中国人奔赴斐济

---

① 《斐济小男孩演讲，全球200国部长起立鼓掌》，凤凰资讯，2017年11月18日，http://news.ifeng.com/a/20171118/53380449_0.shtml。

② Ministry of Foreign Affairs of the Republic of Fiji, Peacekeeping, http://www.foreignaffairs.gov.fj/news-release/10-foreign-policy/foreign-policy/5-peacekeeping.

应在 1855—1857 年。①　其实，早在明末清初，斐济就已出现了华人的踪迹，而吸引他们的便是斐济盛产的檀香木和海参。

一、檀香木与早期中斐关系

1.檀香木与中国

檀香木，属檀香科，主产于印度东部、泰国、印尼、马来西亚、东南亚、澳大利亚、斐济等湿热地区，中国的南方也有小量生长。檀香树属半寄生植物，栽种困难，幼苗期还必须寄生在凤凰树、红豆树、相思树等植物上才能成活。不仅如此，檀香树的生长极其缓慢，通常要数十年才能成材，因而檀香木的产量极受限制。但因木材奇香，功用多样，甚至可药用，譬如紫檀具"降辟恶气，宣胸理气"的功效，白檀"止心腹之痛最良，辟鬼杀虫开胃口，每逢噎膈是神方，"②人们对它的需求很大。供求的巨大落差，使得檀香木从古至今一直都是既珍稀又昂贵的木材。

中国用檀历史悠久，《诗经·小雅·鹤鸣》中的名句"爰有树檀，其下维箨"千古流传。同时因其珍贵，檀香（木）也多用作中外国家间互酬的国礼贡物。宋朝时，越南、印尼和马来半岛都曾把檀香木用作进贡的礼物。檀木也成为巨富之家争强夸富的炫料，在 1556 年冬天访问过广州的葡萄牙多明我会会士克路士（Gaspar da Cruz）称，曾看见"很漂亮的床"，用象牙和檀木等制，价格奇昂。③

2.欧洲人对斐济檀香木的开采与贸易

中国人对檀香木的喜爱和巨大需求，为檀香木的输入提供了广阔的贸易市场。"东方航线的发现者"葡萄牙人最早开始这项生意，将帝汶岛的檀香木经望加锡（印尼语：Kota Makassar）运到澳门，赚取巨额利润。1590 年，席尔瓦

---

① 潘翎编著的《海外华人百科全书》中也提到 1855 年第一个华商抵斐。

② 胡仿西：《分类本草诗》，《中医杂志》1925 年第 14 期。

③ 郭卫东：《檀香木：清代中期以前国际贸易的重要货品》，《清史研究》2015 年第 1 期。

主教（D.Francisco Pedro da Silva）记述："檀香木在中国很受重视，虽然其一般价格是每担20帕塔卡（Pataca），而在有些年份，当由帝汶开来澳门的船只不足时，其澳门售价将达到150帕塔卡。"① 当然，采运檀木的路程也布满艰辛与危险，甚至有时要付出生命的代价。1804年纽约商船"联合号"到英国殖民地斐济去找檀香木时，船长及船员多人被杀。② 对此，美国人唐纳德·B.弗里曼认为："太平洋的檀香木开采是掠夺太平洋资源的许多形式中最粗暴和残忍的一种。"对于檀香木贸易研究著述颇丰的历史学家多萝西·夏因伯格也认为，就通过船员和土著居民之间的冲突和谋杀所导致的人命丧失而言，檀香木生意比捕鲸或皮毛猎取更为粗暴，100多位船员和数倍于此的岛民在有关檀香木的纠纷和争斗中被杀。③

继葡萄牙人之后，荷兰人、英国人和美国人也加入了这一贸易的行列。在寻找檀香木的过程中，他们到达了菲律宾、印度尼西亚和斐济等太平洋岛国，从而把中斐这两个遥远的国家联系在一起。

英国参与檀香木贸易源于其对中国市场的开发。茶叶作为中国传统的国际贸易商品，很早就已进入欧洲，包括英国。1637年4月，英国东印度公司驾驶四艘帆船来到广州，第一次运去中国茶叶，开创了英国贩运中国茶叶的先河。从此，英国东印度公司就源源不断将中国茶叶运往西欧和北美等地。由于数量较少，当时主要是作为贵族宴会上的珍贵饮品，每磅大约6—10英镑。1662年，英王查理二世与葡萄牙国王约翰四世的女儿凯瑟琳·布拉甘萨（Catherine Braganza）公主结婚后，酷爱饮茶的凯瑟琳公主将饮茶的习惯带到了英国皇室。饮茶迅速在英国王室和贵族间流传开来，成为一种时尚，从而促使饮茶之风很快席卷整个英国。到18世纪后期，茶逐渐取代咖啡成为英国人的主要日常饮品。

由于需求旺盛，英国大量从中国进口茶叶，而中国从英国进口货物很少，

① 转引自张廷茂：《明清时期澳门海上贸易史》，社会科学文献出版社2004年版。
② 李定一：《中美早期外交史》，北京大学出版社1997年版。
③ ［美］唐纳德·B.弗里曼：《太平洋史》，王成至译，东方出版中心2015年版。

两国出现巨额贸易逆差，英国急需找到新的、有利可图的商品输入中国。就在这个阶段，英国人在太平洋的一些岛屿上找到了檀香木，而当时由于制作屏风、扇子、家具及佛教用品和药品等需求，中国正形成一个庞大的檀香木需求市场。于是，英国和其他欧洲商人开始从斐济、马克萨斯群岛等地收集檀香木，出口到中国广东。①

美国人之所以参与檀香木贸易，主要是为了寻找运往中国的商品。因为在那个时代，美国能用来对华进行交换的物品非常有限，主要是产于本国西北海岸的人参和皮毛。由于这些物品都属于不可再生资源，久而久之出现枯竭，加之 1810 年前后毛皮价格大跌，美国趁着欧洲陷入拿破仑战争的混乱而垄断的毛皮贸易走向衰落。美国人为了与中国继续交易，必须寻找新的商品，最终他们把目光瞄准了檀香木。在 19 世纪之初，人们意外发现斐济诸岛上有高质量的檀香木树丛。

1800 年，美国的纵帆船"阿尔戈号"（Argo）在从诺福克岛到中国的途中不幸沉没，其中一位遇难者被正在斐济群岛的小岛姆巴（Mbua）下锚修理的船只"普拉默号"（El Plumier）救出。这位遇难者就是斐济檀香木贸易的开山鼻祖——奥利弗·斯莱特（Oliver Slater），他声称在姆巴有大量的檀香木树丛。1804 年，在斯莱特引导下，美国船只"标准号"（Criterion）到达姆巴，采购一船檀香木销往广东市场。后来，来自新南威尔士殖民地以及美国的许多其他船只很快发现，在斐济群岛的其他岛屿上尤其是瓦鲁阿岛上拥有丰富的檀香木。

关于美国与斐济檀香木，另外一种说法是，1800 年前后，一艘美国商船在斐济触礁沉没，船上所载的 3.4 万元西班牙银币也随之沉下海底。船上人员上岸逃生时，与当地一位酋长建立了友谊，并在发生海难附近村落住了下来。他们在寻回失落银币的过程中，无意中发现当地盛产檀香木，其中的一位船员就用毛瑟枪和弹药与土著进行交换，换取了一整船的檀香木，并于 1808 年搭乘一艘路过的商船把檀香木运到澳大利亚，然后转运到中国高价出售，引起

---

① 王华：《夏威夷近代社会转型研究：1778—1854》，人民出版社 2016 年版，第 117 页。

轰动。①

此时，在美国船"珍妮号"上，大副威廉·洛克比（William Lockerby）因为与船长威廉·杜尔（William Doyle）和其他一些船员在汤加塔布群岛用装有霰弹的旋转机枪（开火），屠杀无辜的岛民而发生争吵，导致他被放逐在姆巴岛上一年有余。令杜尔船长没想到的是，放逐并没有要了洛克比的命，反而使他成为姆巴酋长的得力助手，后来又成为该酋长和在该岛停留的檀香木船长都不可或缺的人物——一位受到信任的中间人，谈判当地劳工"拉"檀香木和为一些国家的船只（但主要是美国的纵帆船）提供檀香木货物和食物供给所支付的价格（用铁、鲸鱼牙和小饰物）。②

此后，斐济的檀香木被美国人源源不断地运到中国。根据英国东印度公司档案 1806 年 1 月 22 日的记载："最近从南海到达的一艘美国船，运来斐济群岛出产的檀香木约 2000 至 3000 担之间，据说该处发现有同样木材的森林很多"，运入的檀木质量好，块头大，成本与广州市价间溢价一倍多。③1806 年，在"联合号"大发横财的刺激下，专门从事采运檀香木的"希望号"出航，抵达斐济后，与当地酋长订了采集合同，土著人把檀香木从山上运下堆在海边装船，美商以各色小饰品交换。当"希望号"离开时，酋长答应在 18 个月内再收集好第二船货，合同甚至规定，在同一时期内不得把檀木卖给其他人，等于美国人获得了专买权。1808 年 6 月 15 日，"唐昆号"在"希望号"船长的指挥下自纽约出航，获得特别优待而免受当时在美国实行的封港令限制，它发觉此前所订合同为"土人丝毫不苟地遵守着"。1810 年 5 月，"兴隆号"从撒冷驶往斐济，"这是从该港口出发的许许多多次类似的航行"。④ 1811 年，美国从斐济运来檀木 4130 担；英国从该地运来 3521 担。1812 年，美人的寻香足迹

① 孙嘉瑞：《华人为什么来斐济》，斐华网，http://www.fijichinese.com/history/chns_history_index.htm。

② ［美］唐纳德·B.弗里曼：《太平洋史》，王成至译，东方出版中心 2015 年版。

① 马士：《东印度公司对华贸易编年史》第三卷，中山大学出版社 1991 年版。

② 赖德烈：《早期中美关系史（1784—1844）》，商务印书馆 1963 年版。

扩及太平洋上的多岛,运来檀木 7350 担。①

美国人在斐济掠夺檀香木的同时,也加强了与夏威夷之间的檀香木交易。1811 年,三艘美国商船在夏威夷群岛收集到一船檀香木,并于次年将这批檀香木卖到中国广东,获取巨额利润。随后,他们返回夏威夷,把夏威夷国王卡美哈一世代售的檀香木收入交给国王。在巨额利润的诱惑下,卡美哈一世与美国人签署了一份合约,给予他们 10 年檀香木的专属经营权。1821 年,夏威夷的檀香木贸易达到顶峰,据说这一年出口到中国市场的檀香木总量超过了 3 万担。然而,无序的砍伐使得夏威夷群岛的檀香木资源逐渐耗尽。

可以看出,斐济檀香木作为本地特产,原本只是当地极具特色的物种之一,但因西方殖民者寻找输入中国商品的需要,加之当地酋长的贪婪,最终几乎被砍伐殆尽。不过,欧洲殖民者将斐济檀香木输入中国,使之成为中斐关系的桥梁,开启了中斐联系的大门,使两国日趋接近。

3. 中国人开始涉足斐济

在中斐关系发展的过程中,檀香木扮演了十分重要的角色。近代开始,陆续有中国人因檀香木离开家乡,跨越遥远的南太平洋,远赴菲律宾、巴布亚新几内亚和斐济等太平洋岛国,成为最早在斐济定居的华人。

中国人赴斐,最初的途径就是借助欧洲寻找檀香木的船只。因为自明朝初开始,统治者即开始实施“海禁”政策。1371 年,明太祖朱元璋为防止内地海商出海勾结倭寇为患,诏令“濒海民不得私自出海”;② 1374 年,“罢明州、泉州、广州市舶司”;1394 年,又严令“敢有私下诸番互市者,必置以重法”。③嘉靖年间,禁海更甚。1523 年,罢浙、闽、粤三地市舶司;1525 年,规定“查海船但双桅者,即捕之”;1533 年,复令“一切违禁大船,尽数毁之”,凡“沿海军民,私与贼市,其邻舍不举者连坐”;1547 年,浙江巡抚朱纨上任后,“下

---

③ 马士:《东印度公司对华贸易编年史》第三卷,中山大学出版社 1991 年版。
① 《明太祖实录》卷 70。
② 《明太祖实录》卷 205。

令禁海，凡双樯余皇，一切毁之，违者斩"。① 这样，从禁止海民出海，到罢除沿海各市舶司，再到禁造双桅航海大船甚至全部焚毁，加之连坐法的实施，使得当时的中国民众根本没有正当出洋的机会。故而，最初出洋者，包括最早去斐济的人，都是为生活所迫，无以为生的人，包括后来"天地会"的一些反清复明义士，为逃避追捕，上船出洋逃生。他们一般是被寻找檀香木的欧洲船长雇用，充当水手、木工或厨子，也有可能因熟悉檀香木充当买手，跟随欧洲人的商船前往斐济，在找到檀香木之后再随船返回中国。

关于抵达斐济的时间，目前尚没有统一的说法。在斐济华人中普遍流传的说法是19世纪50年代，然而遗憾的是首先来到斐济的华人姓甚名谁和人数、登陆岛屿时间，为什么留在斐济等则没有记录。这种说法的根据可能源于时任中国驻墨尔本副领事 Van Chi Tsang 在 1946 年写给斐济殖民政府秘书 J. F. Nicoll 的信。同时，斐济华人孙嘉瑞也认为，第一位来到斐济的华人应是"康利"的创始人梅屏耀，又名百龄，时间大约是 1855 年，他于清咸丰二年（1852 年）到澳大利亚悉尼谋生，咸丰五年（1855 年）从维多利亚驾驶帆船来斐济的列武卡定居，并在列武卡开了第一家华人公司——康利公司。② 这一说法得到了官方的肯定，2015 年 9 月 5 日，斐济华人华侨举行盛大仪式，庆祝华人来斐 160 周年，斐济总理姆拜尼马拉马作为主宾盛赞华人为斐济经济社会发展所作贡献，认为中华文化为斐济发展带来活力。③ 2015 年 9 月 8 日，中国国务院侨办主任裘援平出席华人抵斐 160 周年纪念凉亭揭幕仪式，并发表致辞。④

还有几种说法，认为华人抵斐时间更早。1829 年，彼得·狄龙（Peter Dillon）在有关 1813 年的"黑石事件"中提到，他和其他几个人都遭到了斐济人的

---

① 席龙飞：《中国古代造船史》，武汉大学出版社 2015 年版。

② 孙嘉瑞：《斐济华人史话》，中国侨网，2006 年 1 月 30 日，http://www.chinaqw.com/news/2006/0130/68/14987.shtml。

③ 《斐济总理盛赞华人贡献》，新华网，2015 年 9 月 6 日，http://news.xinhuanet.com/world/2015-09/06/c_128199489.htm。

④ "裘援平出席华人抵斐 160 周年纪念凉亭揭幕仪式"，中新网，2015 年 10 月 8 日，http://chinese.people.com.cn/n/2015/1009/c42309-27674368.html。

伏击，并提到有两名华人刘（Luis）和邵（Saoo）乘坐"伊丽莎"（Eliza）号船从1808年即在宝岛定居下来。另有记载，1808年一名吕姓或雷姓中国人，系船上厨子，因海难流落斐济，1813年参与部落战争，被当地土著居民杀死。① 也有人认为，早在1805年华人即开始涉足斐济。② 斐济华人前往斐济的正式书面证据是1870年一个名叫王萨姆（Wong Sam）的木工和政府兼职翻译的归化入籍申请。③

二、海参与早期中斐关系

海参，属海参纲，广泛分布于世界各海洋中，它与人参、燕窝、鱼翅齐名，是世界八大珍品之一。海参不仅是珍贵的食品，也是名贵的药材。据《本草纲目拾遗》中记载：海参，味甘咸，补肾，益精髓，摄小便，壮阳疗痿，其性温补，足敌人参，故名海参。现代专家则认为，海参是高蛋白食物，有助于人体生长发育，能够延缓衰老，增强免疫力，对高血压、心血管疾病、肝炎、糖尿病、再生障碍性贫血、癌症患者及年老体弱者，都堪称食疗佳品。

海参在中国广受欢迎，中国人很早就开始食用海参，但正式的文献记载出现在三国时期。据三国时期吴国沈莹的《临海水土异物志》记载："土肉如小儿臂大，长五寸，中有腹，无口目，有三十足，炙食。"其中"土肉"就是指海参，"炙食"，炙从字义上讲为烤，也就是烤着吃，这是记录中国人吃海参最早的文字记录。这是最早记录中国人吃海参的历史文献。据唐代传奇剧记载，秦始皇东寻长生不老药时，威海的当地大批渔民敬献刺海参，称此物能长寿，始皇大悦，此后海参逐渐成为历朝历代进奉皇宫的贡品。元朝时，贾铭著《饮食须知》，认为"海参，味甘咸，性寒滑，患泄泻痢下者勿食"。明朝时，人们

---

④ 司徒泽波、陈本健：《斐济国、所罗门群岛、西萨摩亚群岛华侨概况》，台北：正中书局1991年版。

⑤ 王光华：《斐济华人》，《华裔世界》2004年第2期。

⑥ *The Chinese in Fiji 1855–2015: Celebrating 160 Years*, Suva, Chinese Association of Fiji,2016, p.36.

开始用海参烹制丰富多样的食物。清代直至民国，海参成为名门贵族高级宴席的美味佳肴。

与檀香木一样，中国人对海参的喜爱及旺盛需求，催发了欧洲人及后来的美国人对海参的寻找。根据斐济华人孙嘉瑞的回忆，欧洲人包括美国人最初对斐济的兴趣主要集中于檀香木，但是由于他们的掠夺性采伐，斐济的檀香木资源逐渐被砍伐殆尽。与此同时，檀香木争夺战还引发了当地部落间的枪支收购热和部落的地盘争夺战。由檀香木引起的血腥残杀的部落战争持续了差不多五年，一直到 1813 年檀香木被砍伐光才告一段落。

10 年后，欧美商人卷土重来，展开了第二轮的争夺战——海参争夺战，又引发了更残酷的部落战争。当时，商人用一支价值 2 至 3 元的毛瑟枪就可以从斐济土著人手中换取 600 至 800 加仑的海参，然后运到中国高价出售。① 同样，部分中国人随着欧美人运输海参的船只来到斐济。与檀香木贸易不同的是，个别精明的中国人已经从檀香木和海参交易中看到了巨大的市场，他们开始留在斐济，经营海参贸易，把海参、椰干、珍珠贝和木材贩卖到中国去。后来，越来越多的华人来到斐济，经营日用百货，从事贸易，成为推动斐济经济社会发展的一支重要力量。

三、契约华工在斐济

华人进入斐济的另一途径就是当契约劳工，即广东人讲的"卖猪仔"。据记载，从 1865 年大溪地最早出现"猪仔工"。到 1941 年，大约有两万契约华工在南太平洋工作。1898—1903 年，德国人开始在新几内亚和萨摩亚引进契约华工开垦椰园；瑙鲁和巴纳巴发现磷酸盐矿之后，英国磷酸盐公司在 1906 年开始引进契约劳工。

---

① 孙嘉瑞：《华人为什么来斐济》，斐华网，http://www.fijichinese.com/history/chns_history_index. htm。

斐济虽然并不是近代史上华人劳工输出的主要目的地，但也有契约华工存在，而且是最早接受华人移民的海外地区之一。19 世纪 70 年代后期，斐济开始经由厦门和汕头招募华工，至 1913 年已经招募 4000 余人；1934 年华人规模为 1436 人，部分华人已在当地从事商业。[①]

20 世纪初至 20 年代，斐济的华人香蕉园主曾聘雇一批华人契约劳工，后因殖民地政府禁止再雇用华人契约劳工，香蕉园也因受澳大利亚禁止香蕉输入和病虫害影响而逐步减少，但当地原住民至今仍称香蕉为"China"，国徽上也绘有一串香蕉，可见华人种植香蕉一事在斐济历史上的重要地位。[②]

四、早期中斐关系的特点

纵览早期的中斐关系，可以看出，由于距离遥远，再加上两国自身特殊的情势，早期中斐之间的关系较为简单与隐晦，大致呈现出如下几个方面的特点：

1. 中斐两国因欧洲而产生最早联系

中斐两国因为距离遥远，且中国明朝初期开始实行"海禁"政策，二者并无直接发生联系的动因。然而，中西贸易尤其是中国与欧洲国家之间巨大的贸易逆差，斐济却被欧洲人拉入了与中国的贸易圈之中。因此，早期中斐关系是因被动而发生的，无论是斐济，还是中国，都没有主动发展与对方的关系。这是早期中斐关系极其重要的一个特点。

2. 间接贸易关系是中斐关系最重要的内容

由于斐济是被动进入中西贸易圈的，因此二者之间并无直接联系，包括经济关系。他们之间的联系仅仅是间接的贸易关系，即葡萄牙、英国或美国人到达斐济，或直接掠夺，或以毛瑟枪、弹药等与之交换，或通过与当地酋长的特

---

① 费晟：《南太平洋岛国华人社会的发展：历史与现实的认知》，《太平洋学报》2014 年第 11 期。

② 孙嘉瑞："华人史话"，中国侨网，2006 年 1 月 30 日，http://www.chinaqw.com/news/2006/0130/68/14987.shtml。

殊关系取得檀香木的垄断经营等手段，在斐济获取檀香木，然后用欧美人自己的船只运往中国，换取他们所需要的丝绸、茶叶等物品。

3.檀香木和海参在早期中斐关系中扮演着重要角色

由于檀香木和海参是中国人十分喜爱的商品，而本国产量有限，斐济却盛产檀香木和海参，因此在早期中斐关系中它们扮演着非常重要的角色。斐济的其他物品如龟壳、珍珠贝等虽然也通过欧美人的船只来到中国，但并不显眼，或者说仅仅是点缀。

第三节　二战期间的中斐关系

第二次世界大战爆发后，中斐两国人民都在不同程度上卷入了二战。其中，中国人民同仇敌忾、全民抗战，而斐济人参与的主要方式是作为盟军的一部分，直接走上战场，与日军展开厮杀；或者利用自身优势，在战场侦察、情报获取、伤员营救等方面为盟军提供支持。二战中，斐济华人华侨通过购买债券、创办"斐济华侨救亡剧社"、捐献飞机等方式，共纾国难。二战后，由于中国大陆与台湾地区的复杂关系，使得中斐关系也错综复杂。一方面，作为英国的殖民地，斐济继续与逃往中国台湾的"国民政府"保持着"外交"关系，另一方面，也积极发展与中华人民共和国的关系，并最终于1975年正式建立大使级外交关系，中斐关系掀开新的一页。

一、太平洋战争爆发与斐济的卷入

1.太平洋战争的爆发

全面侵华战争爆发后，日本并不满足于仅仅占领中国，而是希望通过侵略战争建立在东亚的新秩序，并将其防御半径向东延伸，即从北方的千岛群岛

(Kuriles Islands)，向南穿过马里亚纳群岛（Marianas Islands）、威克岛（Wake Island）、马绍尔群岛（the Marshalls Islands）和吉尔伯特群岛，到新不列颠的拉包尔（Rabaul），形成从缅甸到新几内亚及其附属岛屿的所谓"大东亚共荣圈"。日本此举意图有二：一是在经济上，为日本的制造业提供巨大和可靠的市场以及稳定的原材料来源；二是在军事上，阻断盟国对中国提供援助的路线，达到进一步孤立中国的目的。日本"大东亚共荣圈"的野心不仅损害包括中国在内的亚洲各国的主权，而且也给广大的南太平洋岛屿居民的生命财产安全带来极大破坏。

早在第一次世界大战时期，日本就站在英美一边参战，并趁火打劫，攫取德国在太平洋的殖民利益和特权。1941 年 12 月 7 日，日军偷袭美国海空军基地珍珠港，宣告了太平洋战争的爆发。

1942 年 1 月 23 日，日本侵略拉包尔。驻扎在此约 1400 名装备不整的澳大利亚军人，被重炮掩护下的 5000 名日军迅速击溃。2 月，日军攻占了所罗门群岛的阿德默勒尔蒂群岛（Admiralty Islands）和布卡岛（Buka Island）。3 月 8 日，日军推进到新几内亚内陆。10 日，日军遭到美军舰反击，有 7 艘运输舰被损毁。此阶段日本的政策就是强迫这些岛屿与之签订媾和性和约，希望兵不血刃地占领这些岛屿，以巩固其在印支所得并扩大对中国的侵略。[1]

4 月，美国、英国、澳大利亚、新西兰、荷兰五国政府一致同意建立西南太平洋军事指挥部，同时制定和颁布总指挥官的行动准则。经澳大利亚政府提议，麦克阿瑟将军被罗斯福总统委任为西南太平洋战区盟军最高统帅。面对美澳联合，日本受到反攻的压力在增大，日本如想反制，就必须占领西南太平洋岛屿，切断澳美之间的联系。日本大本营于 1942 年夏将作战方针调整为：占领东部新几内亚和所罗门群岛中的重要岛屿，巩固西南太平洋日军的控制地位，切断美澳交通线，以使"澳洲今后将不可能靠美国的援助来增强其抗战能

---

[1]　汪诗明、王艳芬：《太平洋英联邦国家：处在现代化的边缘》，四川人民出版社 2005 年版，第 187 页。

力，美国将失去在南太平洋上对日反攻据点，美澳通过太平洋的联系将陷入瘫痪状态"。① 为此，日本计划占领新喀里多尼亚、斐济、萨摩亚，并向所罗门方向推进。5 月初，日军试图对莫尔斯比港发起水陆两栖攻击。

然而，由于急于求成，加上战线过长，日军的失败迹象越来越明显。1942年 5 月 7—8 日，在珊瑚海战役（the Battle of the Coral sea）中，美国的航空母舰机群对驻扎在莫尔斯比港的日军力量进行打击；6 月，在中途岛海战中，美国舰队击沉了日本一支精良舰队中的四艘航空母舰；8 月，美军占领了日军在所罗门群岛的瓜达尔卡纳尔（Guadalcanal）海岸附近修筑的野战机场；1943 年6 月，盟军发起了对新几内亚的反击战，麦克阿瑟成功地实施了其独创的"蛙跳战术"，仅动用有限的兵力即达到了收复新几内亚全岛的战略目标。因此，二战实际上并未在斐济本土发生，尽管如此，斐济作为英国的殖民地，还是无可避免地被卷入了这场战争。

2. 斐济的卷入

斐济卷入第二次世界大战，不仅表现为盟军为了有效打击法西斯力量在斐济驻扎，而且也表现为斐济人直接参与战争。斐济人参与的主要方式有二：其一，作为盟军的一部分，直接走上战场，与日军展开厮杀；其二，利用自身优势，在战场侦察、情报获取、伤员营救等方面为盟军提供支持。

自 1874 年后，斐济一直处于英国的殖民统治之下。为了对斐济进行有效统治，英国在斐济推行总督制。在总督制下，总督由英王直接任命并代表他统治斐济，其下设政务委员会和立法委员会，委员们产生的方式虽然不尽相同，但却都需要经过总督的任命。在这种制度下，斐济的政治、经济、外交、文化等也不可避免地失去独立，服务于英国全球利益的需要。因此，1916 年 36 名印度裔斐济人作为志愿者参加了第一次世界大战，加入英国自治领新西兰远征军一方作战。

---

② A. F. Mediansky and A. C. Palfreeman, *In Pursuit of National Interests: Australian Foreign Policy in the 1990s*, Pergamon Press（Sydney），1988, p.146.

第二次世界大战中，由于日军的南进势头在珊瑚海战役后被遏制，斐济并没有真正成为二战中的战场，但是斐济人还是以各种方式参与了二战。最初，斐济的军事力量主要是在新西兰的指挥下保卫殖民地，随着战争的进展，斐济军队转向支持在岛屿上进行"跳岛作战"的美国军队。从瓜达尔卡纳尔岛、佛罗里达岛、新乔治亚岛和维拉拉维拉到布干维尔，到处都能看到斐济军人的身影。其中，海岸哨兵在不少场合都扮演了重要的角色，他们不仅与盟军一起向芒达机场、维拉拉维拉和金库岛的日军进行袭击，而且还利用其自身条件，充当侦察员和向导，营救那些同自己部队失去联系的士兵和救助从飞机上摔下来的飞行员。据《斐济现代史》的作者 J.W. 库尔特统计，在太平洋战争期间，约有 7700 名斐济人自愿在大不列颠的武装部队中服役，其中约有 3000 人在各个不同时期驻在国外。[1] 苏州科技学院教授汪诗明和王艳芬也指出，太平洋战争爆发后，在酋长们尤其是一战老兵拉图·苏库拉（Ratu Sukuna）的热情支持下，大约有 6500 斐济人于 1943 年中期走上前线，其中 2000 多人在 1942—1944 年中期被部署在所罗门群岛。由于作战出色、行为勇敢和善于丛林战，他们赢得了很高声誉。[2]

在所罗门群岛的布干维尔岛，美国海军陆战队自 1943 年 11 月初成功进行了两栖登陆，建立滩头阵地，修建了机场，扩大了控制范围。年底，该司令部移交给奥斯卡·格里斯沃尔德（Oscar Griswold）少将领导的美国陆军第十四师军。1943 年 12 月，斐济陆军第 1 营抵达布干维尔，在第十四军的指挥下服役，其主要任务是在伊布前传教站设立一个前沿哨所。12 月 25 日，斐济军人开始在茂密的丛林中巡逻，侦察寻找日军的位置。其间，他们还经常袭击日军营地，与敌人经常发生小规模冲突，双方都有损失，但其丛林作战技能在盟军中赢得了声誉。二等兵卡梅里·荣口图伊洛马（Kameli Rokotuiloma）在执行伊布任务中牺牲，是第一个在该行动中牺牲的斐济人。1944 年 2 月，日军包

---

① ［美］J.W. 库尔特：《斐济现代史》，吴江霖、陈一百译，广大人民出版社 1976 年版，第 87 页。
① 汪诗明、王艳芬：《太平洋英联邦国家：处在现代化的边缘》，四川人民出版社 2005 年版，第193 页。

围了伊布哨所,第 1 营的士兵开始有组织地撤退。凭借其出色的丛林生存技能,400 名斐济军人三五成群地消失在丛林里,4 天后安全抵达西海岸,只有一人受伤。1944 年 3 月下旬,日本军队进行了最后一次孤注一掷的进攻,斐济的第三营被召到布干维尔。他们对日军展开突袭,还一度摧毁了日本的防御设施,并炸毁了一些武器和弹药。6 月 21 日,第 3 营返回原坂(Mawaraka),进行第二次两栖登陆,以摧毁内陆近 10 公里处的莫西格塔日军总部,支援当地抵抗日军的进攻。但因为日军加强了力量,再加上斐济人登陆测绘并不完备以及复杂的地形,致使登陆遭遇意想不到的困难。23 日,斐济步兵团第 3 营的下士西费奈亚 · 苏卡奈瓦卢(Sefanaia Sukanaivalu),为保护战友、掩护小分队撤离而遭敌人枪杀,牺牲在布干维尔战场上。[①] 他因此荣获英联邦最高军事勋章——维多利亚十字勋章,这是英国授予勇敢者的最高奖赏。

在第二次世界大战中,斐济本土也有盟军一系列的安排,至今,在斐济还有二战时的遗迹。如莫米湾(Momi Bay)附近的山顶上有一个二战遗留下来的炮台山(Momi Guns),里面陈列着二战时斐济人曾经使用过的大炮、望远镜等物品。正因为如此,斐济在庆祝抗日战争胜利时组织了抗战祝捷大游行,苏瓦市为此放假 4 个小时。2015 年 9 月 3 日,斐济派出了以斐军战略司令部总军士长瓦萨克 · 拉图(Vasak Latour)担任代表队领队的代表团,赴北京参加中国人民抗战暨反法西斯战争胜利 70 周年纪念活动。

二、二战期间的中斐关系

1.“禁酒案”与中国驻斐济领事馆的设立

与中国迁往其他国家的华人一样,斐济华人最初也把全部注意力放在自家生活和生意经营上,然而 1932 年“禁酒案”的发生 [②],使他们深刻体会到要想

---

② Rfmf Archives,“The Fiji Infantry Regiment Operations in World War II”, *Fiji Sun*, June 23,2020.

② 在老华侨余海湘回忆录中说是 1929 年。

在斐济获得平等的、安定的、有尊严的生活，还必须依靠祖国的支持，最终促成中国驻斐济领事馆的设立。

1932年，斐济殖民政府颁发禁酒令，规定斐济人、印度人、华人进出酒吧必须领取饮酒许可证，禁止自由出入。这一极具歧视性的法令，实际上是把华人看作次等民族，引起广大斐济侨胞的强烈不满，于是他们集体向殖民政府请愿，要求取缔这一法令，但却遭到殖民政府的拒绝。无奈之下，他们只好致函中国驻澳大利亚悉尼总领事馆，希望得到援助。时任总领事宋发群接到请求函后，亲自赶赴斐济，向殖民政府提出严正交涉。宋发群领事向斐济政府罗列了中国文化、历史及国际惯例，证明华人是有文化教育的种族，绝不是酗酒闹事之徒。经过艰苦的谈判和交涉，殖民政府最终改变初衷，取消了对华人饮酒的控制。这就是著名的"禁酒案"。

"禁酒案"后，一向只埋头生意的侨胞认识到要想在斐济获得平等自由的生活，必须获得祖国强大的支持。于是，他们向国民政府提出了设馆的请求。与此同时，宋发群总领事也认为有必要在斐济设立领事馆，以便保护斐济华侨。在征得国民政府同意后，开始在斐济设立领事馆，并由悉尼总领事馆的澳洲土生随员郑观陆担任首任领事。中斐两国政府正式批准设馆之前，斐济侨社负责开设领事馆及驻馆人员一切经费，斐济全岛大小商号根据规定按月缴费支持，这种情形一直持续到1934年国民政府正式批准设馆。在郑观陆之后，蒋家栋（1937—1940）、赖世珍、陈乐石（1940—1944）、高则群、章文祺①(1944—1948)、庄景琪（1948年任内）先后担任国民政府时期中国驻斐济的领事。

2. 抗战时期斐济华人对祖国的支持

日本发动侵华战争后，远离战区的斐济华人虽有从戎之心，奈何请缨无路，只好通过购买债券，捐献飞机，组织"斐济华侨抗日后援会""斐济华侨救亡剧社"等形式，共纾国难。

---

① 有的也翻译为"张文祺"。

其中最突出的是购买战争债券，这种债券当时被称为"自由债券"或"国家重建债券"，平均每家购买多于 500 英镑甚至更多，这对许多人来说几乎是他们一生的积蓄。据说从 1945 年以后开始付息，部分本金也可以从中国银行提取，实际上由于国民党逃往台湾，不仅救国公债无法兑现，而且储蓄券也没有着落，持有者一生的血汗钱血本无归，因此怨声载道。[①]

根据斐济华人孙嘉瑞的回忆，抗日战争爆发后，斐济华人有钱的出钱，有力的出力，或沿门募捐，或开采抽奖，以不足二千之众，竟筹募到二十余万镑，战斗机四架，支持祖国抗战。有的侨胞还因购买救国公债、储蓄券，罄尽所蓄，可谓毁家纾难。[②] 而根据台湾方面的资料，"抗战八年，斐济以华侨人口不足 1300 人的地方，提供抗战经费数十万英镑，以及以 5000 英镑低价出售的战斗飞机 4 架，其中一架由方作标个人捐赠。另外，他们积极购买公债和储蓄券，不少家庭甚至为此用尽积蓄。"[③] 根据 Lee Chee Gock 的讲述，当时斐济 2400 人的华人中超过半数节衣缩食，捐款捐物，购买战争债券支援国内抗战。[④]

斐济华侨本着爱国精神、自发成立的"斐济华侨救亡剧社"发挥了重要作用。"斐济华侨救亡剧社"的成立，首发于吴永昌和李子鹗的倡导。他们闻听国难，感同身受，于是在斐济向广大侨胞发出通告，呼吁："今人身寄海外，愧未能持枪以卫国土，尤恨未能许国之以身，然匹夫之责，不可不尽，国民之天职，不可不酬，既出财，尤要出力。俾抗建事业，遂底于成……"[⑤] 拳拳爱国之心跃然纸上。余其祥、钟沛昌、司徒泽羡、余伟棠、邝灼沛、黄保廉、邝

②　司徒泽波、陈本健：《斐济国、所罗门群岛、西萨摩亚群岛华侨概况》，正中书局 1991 年版，第 17 页。

③　孙嘉瑞：《毁家纾难见忠贞》，斐华网，http://www.fijichinese.com/history/memory_of_old_chinese.htm。

①　司徒泽波、陈本健：《斐济国、所罗门群岛、西萨摩亚群岛华侨概况》，正中书局 1991 年版，第 16 页。

②　*The Chinese in Fiji 1855–2015*, Suva, Chinese Association of Fiji,2016.

⑤　孙嘉瑞：《毁家纾难见忠贞》，斐华网，http://www.fijichinese.com/history/memory_of_old_chinese.htm。

光球等人纷纷参加了剧社。然而，无论是"斐济华侨救亡剧社"的创办，还是后来的演出都极其不易。侨胞们在克服重重困难，最终在原国剧团体的基础上建立起剧社之后，又遭遇到驻斐美军的灯火管制和宵禁。剧社不得不改变原有计划，在白天进行公演。太平洋战争期间，"斐济华侨救亡剧社"共计先后公演13次，共筹集到3460镑，其中除去演出杂费158镑，另交斐济华侨献机委员会923镑外，剩余2378镑全部交给苏瓦国民党党部汇回中国。后来，剧社又参加了1944年督宪发起的援华筹款，筹集到400镑。①

华人领袖方作标在抗日战争爆发后心急如焚，在斐济联合数百名华侨华人及澳洲侨界，全面发起为支援祖国抗日而捐献热潮。闻听日寇飞机在中国上空横行霸道的消息后，侨胞们非常急迫，"当时有侨领提议帮助国民政府购买飞机，夺回中国军队的制空权。"根据方作标老人后来的回忆，包括方作标在内的4位侨领均同意此提议，决定自掏腰包为国民政府购进4架战斗机，以充实中国军队的空战能力。为此，方作标不仅把房产抵押给银行，还掏出毕生积蓄，独自购买一架飞机，另外3架由其他侨胞共同捐献。1943年，冒着日军围追堵截的危险，方作标亲自护送4架飞机抵达重庆，捐赠给当时的国民政府。蒋介石亲自把中正剑赠送给方作标以作嘉奖，在方作标去世后蒋介石又亲题"贞固流芳"以示悼念。2013年8月，方作标的孙子、斐济中国和平统一促进会副会长方志伟亲手把蒋"贞固流芳"4字赠予祖国，②纪念世界反法西斯战争69周年，斐济侨胞对祖国的深厚感情亦可见一斑。

三、新中国成立后的中斐关系

从1949年中华人民共和国成立，到1975年11月5日中斐两国正式建立

---

① 孙嘉瑞：《毁家纾难见忠贞》，斐华网，http://www.fijichinese.com/history/memory_of_old_chinese.htm。
② 《斐济侨领方作标后人：爷爷捐机送重庆》，中新网，2014年9月4日，http://news.sina.com.cn/o/2014-09-04/091830793193.shtml。

外交关系，中斐关系呈现出错综复杂的态势。一方面，逃往台湾的"国民党政府"利用美苏冷战的国际形势和西方对新中国的围堵、封锁和不承认，继续以"中华民国"的名义与斐济保持着"外交"关系，并最终以非官方承认方式与斐济"建交"。另一方面，中华人民共和国政府也积极发展与斐济的关系，对斐济政府进行了必要的关注和力所能及的帮助，并最终于1975年与斐济正式建立大使级外交关系。

1.台湾方面与斐济的接触与"建交"试探

新中国成立后，因为斐济是英国的殖民地，因此在外交上仍然是追随英国，继续与台湾当局保持官方关系。但是，随着斐济独立脚步的加快，如何保持与斐济的"外交"关系成为台湾方面的重点。为此，台湾方面在斐济独立之前曾多次派其驻新西兰"大使"夏公权前往斐济，进行"建交"的试探。1971年，台湾当局驻澳洲"大使"沈琦率前驻苏瓦领事庄景琦等对斐济进行访问，最后双方决定以非官方承认方式"建交"，准许台湾在首都苏瓦开设贸易代表团，名为"中华民国驻斐济商业代表团"，享受外交条例待遇。几年后，台湾方面派出第一支技术团队前往瓦努瓦岛的西卡卡（Seaqaqa），双方开始在农业领域进行合作。

2.建交前的中斐交流

由于中斐两国距离遥远，加上斐济又是资本主义国家英国的殖民地，因此忙于社会主义革命与建设的中国与斐济并没有太多的联系。据现有资料来看，中国官方对斐济的首次报道发生在1959年，《人民日报》以"反镇压 争自由 斐济岛石油工人罢工"为题，对斐济的石油工人罢工予以报道，表示对斐济工人运动的支持。① 这是目前笔者能看到的新中国成立以来中国对斐济的第一次官方报道，也是这一阶段中斐两国关系相对疏远的突出表现。

但是，随着斐济宣告独立，中斐两国的关系开始越来越密切，主要表现为：

---

① "从太平洋到印度洋 从地中海到波斯湾 岛国处处迸发争取独立自由的火焰 反镇压 争自由 斐济岛石油工人罢工"，《人民日报》1959年12月18日。

（1）官方关系开启

1970年10月10日斐济宣告独立后，中国国务院总理周恩来致电卡米塞塞·马拉总理，代表中国政府和人民祝贺斐济独立。1971年中国恢复在联合国的合法席位后，中斐两国作为第三世界国家，共同谴责帝国主义殖民主义和霸权主义，强调各国之间应在国家不分大小、贫富和强弱的情况下互相尊重。① 自1972年开始，斐济每年都派代表参加中国代表团在联合国驻地举办的国庆招待会。1975年4月董必武同志逝世后，斐济代表前往中国代表团驻地吊唁等。

（2）中国向斐济提供人道主义援助

1972年11月5日，斐济发生飓风灾害后，中国红十字会致电慰问斐济灾区人民并赠款10万元。②

（3）人文交流

1974年11月17日，斐济总理会见新华社驻澳大利亚的两名记者，并且同他们谈了话。③1975年8月4日，中国足球队应斐济足球协会的邀请，于7月27日到达斐济。这是中国体育代表团第一次访问斐济。访问期间，中国足球队同斐济国家足球队进行了一场友谊赛，4000多名观众聚集在球场观看。楠迪市市长萨希布博士和斐济足球协会主席皮尔莱分别举行招待会和宴会，欢迎中国足球队。旅居斐济的华侨组织在劳托卡市宴请足球队，包括反对党领袖、斐济民族联邦党领导人科亚和国会议员等在内的各方人士500人出席了这次气氛热烈友好的宴会。中国足球队在斐济还访问了工厂、学校，受到各方的热烈欢迎。

1975年8月25日，《人民日报》以"中国和斐济人民情谊深"为题发表文章，中斐两国关系的发展方向日趋明朗。

---

② "第三世界国家代表在联大一般性辩论中发言　谴责帝国主义殖民主义和霸权主义"，《人民日报》1975年10月11日。

③ 吴佩华：《中国红十字外交，1949—2009》，合肥工业大学出版社2012年版，第198页。

① "斐济总理会见新华社记者"，《人民日报》1974年11月17日。

第二章　中斐战略伙伴关系的形成与发展

1975 年 11 月 5 日,《中华人民共和国政府和斐济政府关于中、斐两国建立外交关系的联合公报》(简称《中斐建交公报》)发表,中斐两国正式建立大使级外交关系。此后,随着中国开始在斐济设立大使馆和中国第一任驻斐济大使米国钧赴任,两国贸易和文化关系逐渐展开,中斐高层交往顺利开始。然而,由于国际国内形势的影响,加之中斐两国认知上的偏差,两国关系发展十分缓慢。

1985 年中共中央总书记胡耀邦访问斐济后,中斐两国人民充分认识到,中国与斐济同属第三世界,双方既没有重大的利害冲突,也没有历史上遗留下来的问题,双方都有发展互利的友好合作关系的共同愿望,应该本着平等互利、讲求实效、形式多样、共同发展的原则开展经济合作。在这一思想的指导下,中斐首脑外交开启,高层互访频繁,各层级交往展开,两国经济合作进一步拓宽与发展。

2006 年,温家宝总理访斐,除签署有关经贸、经济技术合作、质检、电讯等协议外,两国领导人决定建立和发展"中斐重要合作伙伴关系",在政治上相互尊重,经济上互利合作,国际和地区事务中相互支持、密切配合。

2014 年,中国国家主席习近平对斐济进行国事访问,并在斐济会晤建交的太平洋岛国领导人,通过与斐济总统奈拉蒂考和总理姆拜尼马拉马的会晤,双方共同商定建立相互尊重、共同发展的战略伙伴关系,中斐关系进入了新的历史时期。2018 年 11 月，习主席对巴布亚新几内亚进行国事访问，将中国与太平洋岛国的关系提升为相互尊重、共同发展的全面战略伙伴关系，并在巴新会晤了包括斐济在内的建交太平洋岛国领导人，共商发展大计，共同推动构建新型国际关系，推动构建人类命运共同体。中斐关系亦随之提升互相尊重、共同发展的全面战略伙伴关系。

建交 40 多年来，中斐双方相互尊重，平等相待，真诚合作，两国关系取得了长足发展。中方坚持在力所能及范围内向斐济提供经济技术援助，斐方在事关中国核心利益的问题上给予中方宝贵支持。双方在重大国际地区问题上密切配合，相互支持。

第一节　中斐建交与两国关系的缓慢发展（1975—1985）

1975 年 11 月 5 日，中斐两国发表《中华人民共和国政府和斐济政府关于中、斐两国建立外交关系的联合公报》，宣布正式建立大使级外交关系。1978 年斐济总理马拉首次访问中国，第二年中国国务院副总理陈慕华回访斐济，实现了两国高层的互访。此后，双方在经贸、体育和文化领域的交流与合作逐步展开，但由于各种原因，这一时期双边关系的发展较为缓慢。

一、1975 年中斐建交开启中国—太平洋岛国关系新纪元

1.《中斐建交公报》的发表

1975 年 11 月 5 日，中华人民共和国政府驻澳大利亚使馆临时代办朱启祯，与斐济驻澳大利亚高级专员拉曼·纳拉扬·纳尔代表两国政府在堪培拉签署《中华人民共和国政府和斐济政府关于中、斐两国建立外交关系的联合公报》，即《中斐建交公报》，宣布中华人民共和国政府和斐济政府根据互相尊重主权

和领土完整、互不干涉内政和平等互利的原则，决定自 1975 年 11 月 5 起，互相承认和建立大使级外交关系。这一公报的发表，在中斐关系发展史上具有划时代的历史意义，标志着中斐两国正式建交。

《中斐建交公报》主要内容包括：斐济政府承认中华人民共和国政府为中国的唯一合法政府；台湾是中华人民共和国领土不可分割的一部分，斐济政府承认中国政府的这一立场；中国政府支持斐济政府和人民为维护国家独立、主权和发展致力于和平的自给经济所作的努力。[①] 中斐两国政府决定在平等互利的基础上，根据国际惯例，在各自首都为对方的建馆及其执行任务提供一切必要的协助。

可以看出，《中斐建交公报》中蕴含了一个中国、和平共处和互不干涉内政的三原则，其中和平共处五项原则是中斐两国建立正式外交关系的基础，一个中国原则是构成了中斐建交和友好关系的基石，互不干涉内政则是中斐两国达成的共识。在此基础上，中斐两国关系缓慢发展起来。1975 年中斐建交，开启了中国与太平洋岛国关系的新纪元。在中斐建交的第二天，即 1975 年 11 月 6 日，西萨摩亚国家元首图普亚·塔马塞和总理兼外交部长塞·利洛菲第四与中国代表裴坚章代表两国政府在阿皮亚签署《关于中华人民共和国和西萨摩亚独立国建立外交关系的联合公报》，宣布自 1975 年 11 月 6 日起互相承认并建立外交关系。1976 年 10 月，该地区领土面积最大、人口最多的巴布亚新几内亚首任总理迈克尔·托马斯·索马雷（Michael Thomas Somare）访华，并于 12 日与中国总理华国锋在北京共同签署《中华人民共和国和巴布亚新几内亚建立外交关系的联合公报》，决定自 1976 年 10 月 12 日起建立大使级外交关系。此后，太平洋岛国基里巴斯（1980 年）、瓦努阿图（1982 年）、密克罗尼西亚联邦（1989 年）、库克群岛（1997 年）、汤加（1998 年）、瑙鲁（2002 年）、纽埃（2007 年）和所罗门群岛（2019 年）纷纷与我国建交。迄今为止，在 14 个

---

① 《中华人民共和国政府和斐济政府关于中、斐两国建立外交关系的联合公报》，《人民日报》1975 年 11 月 6 日；中华人民共和国外交部网站，2000 年 11 月 7 日，http://www.fmprc.gov.cn/mfa_chn/gjhdq_603914/gj_603916/dyz_608952/1206_609054/1207_609066/t4950.shtml。

已经独立的太平洋岛国中，已有 11 个国家正式与我国建立外交关系，中国与太平洋岛国关系迈入新时代。

2.影响中斐建交的主要因素

中斐两国的正式建交，既是当时国际形势使然，也是中斐两国共同努力的结果，因此我们在分析中斐两国建交的原因时，一方面应着重考虑中国和斐济两个建交国的具体情况，另一方面，还应充分考虑到国际大环境，尤其是斐济的原宗主国英国以及二战后大洋洲最具有影响力的国家澳大利亚的因素。

第一，随着中国在联合国合法席位的恢复和国际地位的提高，中国的外交环境逐步改善。

众所周知，在 1949 年中华人民共和国成立之后，由于美苏冷战、两大阵营对峙，以美国为首的西方国家拒不承认新中国，使得中国在国际上备受孤立、举步维艰。直到 1964 年 1 月，法国承认中华人民共和国，开创了西方主要大国承认新中国并与之建立全面外交关系的先例后，日本、加拿大、意大利、比利时、葡萄牙等西方国家才逐渐与中国改善外交关系。1971 年 10 月 25 日，联合国第二十六届大会恢复中华人民共和国在联合国一切合法权利后，中华人民共和国在国际舞台上的地位日益凸显。1972 年，英国、希腊、日本、德国、澳大利亚和新西兰等相继与中国建交，加上中美《上海公报》发表，中国的外交环境进一步改善。

第二，中美关系缓和与亚洲冷战的结束，为中斐建交提供了有利的国际环境。由于意识形态的原因，中美两国长期处于冲突与对峙的状态，甚至先后卷入了朝鲜战争与越南战争两场热战。1968 年，美国第 37 任总统理查德·尼克松上台后，为了实现竞选时的诺言，尽快从越南抽身，提出了"联华抗苏"的战略，与此同时，日益恶化的安全环境使得中国领导人也意识到苏联是当时中国最大的敌人，中苏矛盾大于中美矛盾，因此根据陈毅、叶剑英、聂荣臻、徐向前四位老帅的建议，实施"联美抗苏"，中美两国的关系日益改善，最终双方于 1972 年在上海发表联合公报——《上海公报》，中美关系走向正常化。随着中美关系的正常化，日本、马尔代夫、马来西亚、菲律宾、泰国等先后与中国建交，亚洲冷战逐渐结束。亚洲冷战的结束，为中斐建交提供了有利的国际环境。

第三，1972 年中英建交是推动中斐建交的重要因素。

在英国的外交传统中，以现实利益为重，较少受无实际意义的因素制约和干扰是其重要特征。正是这一外交传统，使得英国在二战期间与中美鼎力合作，共同抗击德意日法西斯，并在意识形态严重分歧的情况下考虑与中国共产党发展关系。1945 年英国驻华大使薛穆（Horace J. Seymour）的建议就是很好的例证。

在第二次世界大战即将结束，中国国内斗争日益激烈的情况下，1945 年 2 月，英国驻华大使薛穆建议政府"当中国分裂时，英国只承认当时的中央政府。即使这个中央政府反对英国在华利益，英国也要支持它。但是同时，英国政府应该通过在中国各地的领事与各地割据政府保持事实上的关系"。① 这一建议被英国政府采纳，后来成为英国承认中华人民共和国的指导原则和政策。1948 年 2 月，英国驻华大使拉尔夫·史蒂文森（Sir Ralph Stevenson）向外交大臣欧内斯特·贝文（Ernest Bevin）递交报告，建议英国与中共政权建立外交关系。在报告中，史蒂文森强调指出，"除对美国外，中国共产党政府对英国不会比对其他外国更坏"。② 就英国在华利益而言，英国对华贸易即使是在共产党统治下的中国也决不会比国民党统治下的中国更糟。

1949 年中华人民共和国成立后，英国外交部中国处的官员虽然对新中国抱有偏见，但是新中国成立后中国的形势已完全明朗，英国今后只要想保护和扩大在华利益，就不能不承认中华人民共和国并建交。同时，英国国内舆论要求承认新中国的呼声日盛，尤其工商界人士因为在华利益所驱，更加积极敦促政府加快"承认"的步伐。

在原则上达成共识后，1950 年 1 月 6 日，英国指派其外交领事高来含向

---

① 《英国外交部档案》，F.0.371/46166，薛穆致艾登，1945 年 2 月 28 日。

② 《英国外交部档案》，F.0.371/69527，史蒂文森致贝文，1948 年 2 月 2 日。

中国外交部递交了英国外交大臣贝文致周恩来外长的照会，宣称英国自即日起承认中华人民共和国中央人民政府为中国法律上的政府，愿意在遵守平等、互利及互相尊重领土主权等项原则的基础上与中国建立外交关系，并准备与中国互派外交使节。然而，由于中英两国政府对"承认"的理解和立场存在差异，英国承认新中国并不表明它对中国共产党领导下的社会主义中国的赞同和肯定。正如战时首相丘吉尔所言："承认一个人的存在并不一定是一种赞同之举……建立外交关系并不是表示恭维，而是要获取便利。"[①] 况且，此时英国尚未断绝与台湾当局的一切官方关系，尚不具备正式建交的条件。正是出于这一现实主义的考虑，英国外交部在宣布承认新中国的同一天，英国政府新闻处却又发表一项声明，称承认新中国并不改变同美国一起"反对共产主义的长期目标"，并要继续同台湾国民党集团"保持实际上的联系"。对此，中国坚持反对制造"两个中国"的原则立场，坚持先谈判后建交。1950 年 3 月起，中英正式开始建交谈判，不久因爆发朝鲜战争而中断。直到 1954 年 6 月 17 日，两国建立代办级外交关系。18 年之后，即 1972 年 3 月 13 日，中英两国才正式建立大使级的外交关系。

随着中英关系的改善，英国政府也希望改善其殖民地斐济与中国的关系，进而获取更多的现实利益，因此大力推动斐济与中国建交。

第四，1972 年中澳建交，直接推动了中斐关系发展。

中国与澳大利亚的关系源远流长，有记录可查的澳洲与中国第一次相通，是 1788 年英国东印度公司的 3 艘船只从澳洲植物湾（今天的悉尼）开往广州。为了开发澳大利亚，1848 年英国人开始从中国输入苦力即契约华工。1852 年，新南威尔士和维多利亚发现金矿的消息传到中国后，吸引了更多的中国人尤其是广东人前去淘金。中国人的增多，再加上经济利益的对立，引起了当地白人的不满，1855 年 6 月，维多利亚议会通过一项《针对某些入境移民的规定》的法案，规定凡经登记的船只，每 10 吨位准载一名中国人，每位入境华人须

---

① 转引自翁明：《中英建交谈判的漫长复杂过程》，《外交学院学报》2003 年第 3 期，第 60 页。

交 10 英镑的人头税，从而揭开了澳洲排华的序幕。① 直到 1908 年，清政府才在澳大利亚墨尔本设立总领事馆，保护在澳华侨。

1949 年中华人民共和国成立之后，澳大利亚作为以美国为首的资本主义国家中坚定推行"冷战"政策中的一员，对这个新生的社会主义政权一直持敌对态度，反而与逃到台湾的国民党一直保持"外交"关系。直到 1972 年 12 月，澳大利亚工党大选获胜，工党领袖高夫·惠特拉姆（Gough Whitlam）担任总理后推行了一系列激进政策，其中就包括承认中华人民共和国。1972 年 12 月 21 日，中澳两国正式建交。此后，双方的国际交流发展迅速，在政治、经济、科学、文化等方面成果斐然，成为南太平洋地区最重要的贸易伙伴。澳大利亚的"融入亚洲"政策一方面是澳大利亚与英国关系重要性持续下降的结果，另一方面得益于 20 世纪下半叶东亚迅速的工业化进程。② 正是在惠特拉姆"融入亚洲"政策的影响下，澳大利亚政府才一手推动了中国与斐济的建交。

第五，中国外交政策的改变，为中斐建交奠定了坚实的基础。

中国政府在 20 世纪 70 年代推行的积极的外交政策，特别是"三个世界"的理论划分也对中斐邦交正常化起了极大的作用。对此，澳大利亚首任驻华大使斯蒂芬·菲茨杰拉德（中文名"费思棻"）认为，中国人所说的打破超级大国的垄断给小国提供了根据自己的利益团结起来打破大国垄断的极大机会。③

二战后，随着美国全球霸权外交战略的推行和冷战爆发，世界经济政治关系随之发生变化，民族独立运动风起云涌。在此背景下，毛泽东在 1946 年 8 月 6 日会见美国记者安娜·路易斯·斯特朗时，首次提出了关于"中间地带"的思想，强调："美国和苏联中间隔着极其辽阔的地带，这里有欧、亚、非三

---

① 侯敏跃：《中澳关系史》，外语教学与研究出版社 1999 年版，第 12 页。

② S. Tweedie, *Trading Partners: Australia and Asia 1790–1993*. Sydney: University of New South Wales Press, 1994, p.67.

③ E. M. Andrew, *Australia and China: The Ambiguous Relationship*, Melbourne University Press, 1985, p.212.

洲的许多资本主义国家和殖民地、半殖民地国家。美国反动派在没有压服这些国家之前，是谈不到进攻苏联的。现在美国在太平洋控制了比英国过去的全部势力范围还要多的地方，它控制着日本、国民党统治的中国、半个朝鲜和南太平洋；它早已控制着中南美；它还想控制整个大英帝国和西欧。美国在各种借口之下，在许多国家进行大规模的军事布署，建立军事基地。"[①]

二、中斐外交关系的开启与实践

1975 年建交后，中斐两国外交关系正式开启。1976 年，中国开始在斐济设立大使馆，1977 年中国第一任驻斐济大使米国钧赴任。随后，两国贸易和文化关系也逐渐展开。

1. 中国在斐济设立大使馆

1975 年中斐正式建交后，第二年中国开始在斐济设立使馆，只是因为当时情况比较特殊，我国当时并没有合适的大使就任。1976 年 4 月 27 日，中国驻斐济大使馆临时代办张英离京赴任，5 月 4 日抵达苏瓦，13 日向斐济总理马拉递交介绍信，马拉总理同张英临时代办进行了友好谈话。7 月 31 日，会晤斐济总督萨空鲍。[②]1977 年 4 月 26 日，中国斐济首任大使米国钧离开北京，前往斐济赴任。5 月 3 日，米国钧乘飞机到达苏瓦，斐济外交部副秘书长保尔·萨图图和礼宾官员塔伯特以及各国驻斐济外交使团负责人等前往机场迎接。5 月 4 日，米国钧大使向斐济总督萨空鲍递交国书。[③]7 月 16 日，马拉总理接见米国钧大使，并同他进行了友好谈话。

在中国驻斐济使馆顺利开馆的同时，斐济驻中国使馆的进展情况却异常缓慢。斐济虽然 1975 年即与中国建交，但是直到 2001 年斐济才开始在北京设立

[①]　中华人民共和国外交部、中共中央文献研究室编：《毛泽东外交文选》，中央文献出版社、世界知识出版社 1994 年版，第 59 页。

[②]　参见《人民日报》1976 年 4 月 28 日、5 月 7 日、5 月 14 日和 7 月 31 日。

[③]　"我大使向斐济总督卡科鲍递交国书"，《人民日报》1977 年 5 月 10 日。

大使馆并派常驻大使，卢克·温迪里·拉图武基（Luke Vidiri Ratuvuki）为首任斐济驻华大使。① 此前因为斐济没有能力在北京建立使馆，因此就没有设立大使，与中国相关的事务一直由外交部常秘处理。1982 年开始由斐济驻日本大使兼顾中国地区的事务。

2. 斐济总理致唁电，沉痛哀悼中国领导人逝世

1976 年是中国历史上一个令人极其悲痛的年份，这一年，不仅发生了唐山大地震，造成了毁灭性的打击，而且新中国的三大开创者、中国人民敬爱的周恩来总理、朱德委员长和毛泽东主席先后去世，中国民众伤心欲绝，以各种方式深切悼念三位伟人。在这举国哀悼的时刻，刚刚与中国建交的斐济领导人也先后发来唁电，斐济官员纷纷前往中国驻斐济大使馆吊唁，对中国领导人的去世表示沉痛哀悼。

1976 年 1 月 8 日，周恩来总理在经历了长期病痛折磨以后，溘然长逝。1 月 14 日，斐济总理马拉的唁电对周总理的离世表示沉痛哀悼。斐济总理马拉致电中华人民共和国政府，对周恩来总理逝世表示诚挚的哀悼。电文如下：

> 斐济政府和人民深为悲痛地获悉周恩来总理逝世。他是一位给人以鼓舞的国家领导人，同时又是形象十分高大的政治家。请向他的家属和中华人民共和国政府和人民转达我们的诚挚哀悼和衷心慰问。②

7 月 6 日，全国人大常委会委员长、中国人民解放军总司令朱德同志在北京逝世，享年 90 岁。23 日，斐济官员到中国驻斐济大使馆吊唁。

9 月 9 日，中共中央主席、中央军委主席、中国共产党、中华人民共和国和中国人民解放军的主要缔造者和领导人毛泽东主席在北京逝世。9 月 10 日，斐济总理马拉在苏瓦发表唁电，全文如下：

---

① "中国同斐济的关系"，中国驻斐济大使馆，2021 年 2 月 1 日，http://fj.china-embassy.gov.cn/chn/zfgx/202107/t20210726_8890514.htm。

② 《极其沉痛地哀悼周恩来总理逝世》，宣讲家网，http://www.71.cn/2012/0413/547886.shtml。

中华人民共和国国务院总理华国锋先生：我们斐济人十分悲痛地获悉你们尊敬的杰出领袖毛泽东主席不幸逝世。他长时期为中华人民共和国献身服务以及他对中国的发展所起的历史性作用将永远为人们所铭记。请向他的家属以及中华人民共和国政府和人民转达斐济政府和人民的诚挚哀悼。①

3. 中国驻斐济大使馆举行庆祝中斐建交两周年宴会

为了庆祝中斐建交两周年，1977 年 11 月 6 日，中国驻斐济大使馆举行宴会。这是中斐建交以来中国驻斐济大使馆举行的第一次庆祝活动，为表达对这一活动的重视，斐济总督萨空鲍亲自出席。此后，中方每年都会举办类似的庆祝活动，而斐济方面也都会派出高级官员参加。中国的这一举措不断丰富，后来又出现了国庆招待会、新春招待会等多种形式，斐济驻华大使馆设立后也沿用了中方的这一举措，双方的各种庆祝活动遂成为维系与发展关系的重要纽带。

三、马拉总理访华与中斐关系的缓慢发展

1978 年斐济总理卡米塞塞·马拉（Kamisese Mara）访华，开启了中斐两国高层互访的大门。第二年，中国副总理陈慕华率团访问斐济。1982 年，中斐签署中国帮助斐济开发稻田的议定书，1983 年中国成套设备出口公司与斐济农渔业部签定《关于水稻田项目的备忘录（代合同）》，中国对斐济的经济技术援助正式开始，中斐关系进一步展开。

1. 1978 年马拉总理访华

应中国政府的邀请，1978 年 6 月 11—15 日，斐济总理卡米塞塞·马拉首次访华。

---

① 《斐济总理马拉的唁电》，《人民日报》1976 年 9 月 14 日。

（1）中方高规格接待

对于马拉总理的来访，中国政府给予当时极高规格的接待和高度评价，具体而言表现在如下几方面：

首先，迎接规格高，阵容庞大。为了表达对第三世界国家和人民的支持，6月11日当马拉总理抵达北京机场时，时任中共中央主席、国务院总理华国锋，国务院副总理李先念，人大常委会副委员长许德珩，外交部副部长王海容，中国驻斐济大使米国钧等和首都群众数千人到机场热烈欢迎。当时高大的建筑物上悬挂的大标语——坚决支持斐济人民维护民族独立和国家主权的正义斗争！坚决支持第三世界国家和人民团结反霸的正义斗争！①——充分说明了这一点。

其次，高规格的欢迎宴会。6月11日晚上，李先念副总理代表中国政府为马拉总理举行欢迎宴会，向马拉总理和夫人等表示热烈欢迎，盛赞"斐济具有悠久的文化和历史，又是一个生机蓬勃的年轻国家。斐济人民勤劳勇敢，热爱自由和独立，经过坚持不懈的斗争，终于赢得了可贵的独立。""独立以来，斐济人民……在各方面取得了可喜的成就……在国际事务中发挥着越来越多的作用，斐济国际地位正在不断提高。"②

再次，充分展现中斐友好。为表达对斐济的友好之情，6月12日晚，中国国家男子篮球队（实为预备队）与特地来华表达友好的斐济国家男子篮球队在首都体育馆举行友谊赛，全国人大常委会副委员长许德珩与马拉及其夫人一起观看比赛。13日，在为马拉总理举行的欢送宴会上，中国军乐团突然奏出马拉父亲写的一首歌——《故乡的河》，斐济贵宾和斐济篮球队队员们喜出望外，自发地将军乐团围拢起来，用斐济语尽兴地演唱。

最后，中国国家主席华国锋不仅会见了马拉一行，而且破天荒地同斐济代

---

① 《人民日报》1978年6月12日，第1版。

② 《李先念副总理在欢迎斐济总理马拉的宴会上的讲话》，1978年6月11日，参见《我国对外关系文件选编》（一九七七年十二月三十一日——一九七八年十二月三十一日），新华通讯社1979年版，第122页。

表团及中方全体接待人员一起合影留念，并表示，"马拉总理亲自前来中国访问，这是对中国的信任和支持。中斐建交以来，两国关系的发展是令人满意的。我们希望中斐教育部发展友好关系，互相学习，互相帮助，互相支持"。①

（2）斐方充分重视

在 6 月 11 日的欢迎宴会上，马拉总理表示中国是最古老文明的摇篮之一，世界上许多人都梦想能到中国来，他能作为一个 60 万人口的小国领导人到中国做客，感到很荣幸；斐济欣赏中国一贯对小国和发展中国家的问题和立场表示关心和理解，这种态度、这种支持和承认经常鼓舞着斐济，也鼓励斐济去追求发展本国和维护独立的目标。② 在 13 日的告别晚会上，当军乐队奏起第二首乐曲《告别歌》时，马拉总理又亲自指挥着临时合唱队和中国乐队演奏他父亲的遗作，以表达对中国朋友依依惜别之情。

6 月 14 日，《斐济群岛时报》发表题为《中国向我们表示友好》的社论，认为：马拉总理和夫人在北京受到中国人民的热烈欢迎表明了世界上人口最多的国家对我们这样一个小国的友好和尊重。马拉总理对中国的访问证明是一次成功的外交主动行动……中国人给予总理和斐济代表团以红地毯规格的欢迎，这种规格的欢迎只有中国最好的朋友才能享受。

（3）访问成就斐然

马拉总理访华期间，李先念副总理与马拉总理举行会谈，双方就各自对外政策、南北对话、海洋权、南太平洋地区合作、中斐经济合作等问题交换了意见。③ 马拉认为两天的会谈为发展斐中友谊和合作奠定了现实的基础，两种不同的社会可以建立密切友好合作的联系，这有利于双方的人民。6 月 14 日，《斐济群岛时报》指出，斐济在这次访问中有很多收获，中斐贸易存在良好的前

---

① 《华国锋主席会见斐济总理马拉时的讲话》，1978 年 6 月 13 日，参见《我国对外关系文件选编》（一九七七年十二月三十一日——一九七八年十二月三十一日），新华通讯社 1979 年版，第 124 页。

② 张兵：《1978，中斐构筑了高端平台》，《纵横》2006 年第 6 期，第 27 页。

③ 外交部编：《中华人民共和国外交大事记》（第 4 卷）（1972 年 1 月至 1978 年 12 月），世界知识出版社 2003 年版，第 306 页。

景。中国和斐济之间的友好关系将在互相尊重主权和领土完整、互不侵犯、互不干涉内政、平等互利、和平共处五项原则的基础上，得到进一步的发展和加强。① 另外，斐济篮球队随同马拉总理访华并与中国篮球队交流。

2. 陈慕华副总理回访斐济

为推动中斐关系进一步发展，1979 年 3 月 19—25 日，中国国务院副总理陈慕华应斐济政府的邀请，对斐济进行正式友好访问，受到斐方热烈欢迎。3月 20 日，斐济政府特意为陈慕华副总理举行了最高规格的"卡瓦"仪式。

这是中国第一位副总理级的国家领导人访问斐济，斐济总督乔治·萨空鲍与陈慕华副总理亲切会晤，表示将继续发展斐中两国的友好关系。代总理佩尼亚·加尼劳（Penaia Ganilau）举行宴会热烈欢迎中国客人。陈慕华副总理对斐济的访问，进一步密切了中斐关系，《人民日报》也以"浩瀚的太平洋把我们联系在一起"为题，高度评价陈总理的南太之行。②

3. 中斐关系的缓慢发展

在马拉总理和陈慕华副总理互访后，中斐其他层级和部门开始互访，中斐经济技术合作初步展开。

（1）外交关系发展缓慢

虽然中国 1976 年就在苏瓦设立大使馆，但是斐济由于各种原因一直没有向中国派驻大使，也没有在中国建立大使馆，直到 1982 年，斐济驻华大使才由驻日大使兼任。5 月 12 日，中国外交部长黄华会见斐济首任驻华大使。这一状况，极不利于两国外交工作的开展，因此这一阶段两国外交关系的发展十分缓慢。

（2）各层级互访展开

马拉总理和陈慕华副总理的互访，开启了中斐两国各层级、各部门的互访。然而，由于这一时期中国外交的重点是调整对美政策，因此中斐互访突出表现为斐方对中国的访问，主要包括：1977 年 10 月，斐济工商部长穆罕默德·拉姆

---

① 张兵：《1978，中斐构筑了高端平台》，《纵横》2006 年第 6 期，第 28 页。

② 《人民日报》1979 年 4 月 6 日第 5 版。

赞率领的斐济贸易代表团对我国进行友好访问；1979 年 6 月，以教育部部长塞梅萨·西基武为团长的斐济议员团应邀访问中国。1980 年 10 月，斐济副总理佩纳亚·加尼劳访华。1981 年 10 月，菲达·赫塞恩率斐济全国青年理事会代表团访华，受到全国政协副主席康克清的亲切接见。1984 年 6 月 11—24 日，以斐济卫生和社会福利部副局长维卡·瓦卡塔布夫人为团长的斐济妇女代表团首次对中国进行友好访问；[①] 8 月 19 日，斐济教育部部长阿里博士访问中国等。

（3）农业技术合作开端良好

由于斐济农耕技术相对落后，水稻不能自给，因此 1978 年马拉总理访华时向中方提出希望中国能帮助斐济提供水稻种植技术。为此，1982 年 11 月 22 日，中斐双方在斐济首都苏瓦签署中国帮助斐济开发稻田的议定书，中国将以贷款的形式资助斐济政府开发大约 60 公顷稻田，并提供小型农业机械和有关水稻种植的专门技术，中国驻斐济大使申志伟和斐济农业和渔业部长乔纳蒂·玛沃阿分别代表两国政府在议定书上签字；[②]1983 年 7 月 29 日，中国成套设备出口公司与斐济农渔业部签订《关于水稻田项目的备忘录（代合同）》。此外，1982 年 3 月，中国政府还派出专家小组前往斐济，在斐济、中国和联合国开发计划署联合主办的斐济竹藤编织训练中心从事培训斐济竹藤编织技术人员的工作。[③] 中斐农业合作就此展开。

（4）中斐人文交流的开启

早在中斐两国正式建交以前，中国足球队就已对斐济进行了友好访问。根据目前可查的资料，1975 年 7—8 月，应新西兰和斐济方面的邀请，中国足球队对新西兰和斐济进行了友好访问。8 月 4 日，中国足球队结束访问返回中国，由于这一访问发生在中斐两国正式建交之前，因此我们有理由认为此次访问不仅加强了斐济人民对中国体育的了解，增强了两国人民的相互认知，而且对推

---

① 全国妇联国际联络部：《全国妇联对外活动大事记（1949 至 1994 年）》，内部资料，1995 年，第 136 页。

② "我国帮助斐济开发稻田议定书签字"，《人民日报》1982 年 11 月 23 日。

③ "斐济副总理为藤条编织和训练联合企业剪彩"，《人民日报》1982 年 3 月 20 日。

动两国关系正常化发挥了一定作用。

中斐两国正式建交后，人文交流继续在两国关系中发挥作用。1977年6月，应斐济政府的要求，中国重庆杂技团访问斐济。这次访问十分成功，中国权威报刊《人民日报》以"满载友谊访斐济——记重庆杂技团在斐济访问演出"为题，对此次重庆杂技团的访问进行报道。① 1978年3月22—30日，斐济博物馆举行中国画展，增进斐济民众对中国的了解。1983年9月，剪纸艺人陈秋日应斐济艺术委员会的邀请，前去参加斐济手工艺品展览会，期间，陈秋日在苏瓦和苏托卡举办了两次剪纸讲座，并到四个城镇的中小学校和图书馆表演，受到斐济人民的热情欢迎。②

卫生交流在两国关系中凸显。1977年9月，斐济参加中国卫生部为联合国开发计划署和世界卫生组织举办的外国医生针灸学习班。③ 同月，斐济参加由缅甸、马来西亚、巴布亚新几内亚、菲律宾等国及世界卫生组织官员组成的基层卫生考察组，赴华瞻仰了毛主席遗容，参观了医药卫生机构，与我医务人员举行了座谈，并赴我国南方考察。10月，斐济参加马来西亚、巴布亚新几内亚、菲律宾、萨摩亚等国及世界卫生组织的卫生官员组成的亚洲大洋洲国家卫生考察组再次赴华进行卫生考察。

此外，中国对斐济的灾难救助工作开启。1972年4月11日，中国红十字会致电斐济红十字会，对遭受飓风袭击的斐济灾区人民表示慰问，并捐赠人民币10万元。1979年4月7日，华国锋总理致电马拉总理，对斐济部分地区遭到飓风袭击表示深切慰问，中国红十字会捐款5000元支援受灾群众。④ 1985年2月13日，斐济遭受风灾后，中国政府也及时捐助款项，中国对斐济的救灾援助工作开启。

---

① 《人民日报》1977年7月27日第5版。
② "斐济绽开剪纸花"，《人民日报》1983年9月26日。
③ "外国医生针灸学习班在南京举行开学典礼"，《人民日报》1977年9月14日。
④ "华国锋总理致电马拉总理 对斐济部分地区遭到飓风袭击表示深切慰问""我红十字会慰问斐济灾民"，《人民日报》1979年4月11日。

四、中斐关系发展缓慢的原因分析

1975 年中斐建交后，双边关系发展较为缓慢。这一方面与当时中国和斐济的国内形势有关，另一方面，也应该看到这一时期中斐认知的偏差也影响着中斐关系的发展。

1. 中国国内因素

1975 年中斐正式建交之时，正值"文化大革命"后期，此时中国虽然开始拨乱反正，但仍处于不确定状态，这对中斐关系的发展造成不利影响。

1975 年 1 月，第四届全国人民代表大会第一次会议在北京召开，选举朱德为全国人大常委会委员长；决定任命周恩来为国务院总理，邓小平、李先念、华国锋、王震等为国务院副总理，确立了以周恩来、邓小平为核心的国务院领导班子，挫败了"四人帮"篡位夺权的阴谋。同时，根据毛泽东要安定团结、把国民经济搞上去的指示，邓小平副总理开始整顿国民经济，国民经济迅速回升，大部分地区社会秩序趋于稳定。然而，1975 年 11 月开始的"反击右倾翻案风"运动，不点名批判邓小平，使得全国再度紊乱。

国内事务的混乱也充分反映到外交事务之中。"文化大革命"后期，中央虽然已经充分认识到"文革外交"的弊端，开始调整外交决策机构，恢复正常的外交工作，力图摆脱"文革外交"，扩展外交局面，但外交重点依然是联美抗苏、扩大在第三世界的影响，对于遥远的、利益关联度并不高的太平洋岛国斐济缺乏应有的重视，突出的表现就是建交之初中国并没有任命正式的驻斐济大使，只是向斐济派出了临时代办，直到第二年才开始派使造馆工作。

2. 斐济国内因素

从斐济国内来看，中斐关系发展缓慢的原因首先在于斐济拥有一批国民党的拥护者，他们不愿轻易中断与国民党的关系。由于 20 世纪 30 年代国民党就开始在斐济建立直属支部，后来又在斐济设有领事馆，加之长期以来他们在斐济上层人士中进行宣传和利诱，因此国民党在斐济拥有一批支持者。由于这一批支持者多为斐济上层,他们对斐济的外交政策产生一定影响,中斐建交谈判长达 3 年之久,就是因为马拉及一些斐济上层人士迟迟不肯与台湾当局断绝官方关系。

其次,中斐关系发展缓慢与斐济的外交政策也有着密切的联系。斐济独立以后,主张与所有国家维持良好关系,以获取最大利益。基于此,1971 年台湾当局在斐济设立"'中华民国'驻斐济商务代表团";1975 年中斐正式建交后,马拉政府依然准许台湾方面在斐济保有非官方机构"亚东贸易中心",该机构实际上是由"'中华民国'驻斐济商务代表团"易名而来。

3. 中斐认知的偏差

(1) 斐济独立是不懈斗争还是和平过渡

1978 年 6 月 11—15 日,斐济总理马拉访华,是中斐关系发展史上的一件大事。然而,由于双方对彼此的社会历史和文化知之甚少,也出现了一些令人啼笑皆非的现象:对于斐济的独立,中方多次强调这是斐济人民不懈斗争的结果,斐方却屡次认定是英国的好意,是和平过渡。

为了欢迎马拉总理来访,中方依照当时的惯例在马拉总统下榻的北京饭店悬挂上一幅幅大标语:坚决支持斐济人民维护民族独立和国家主权的正义斗争!坚决支持第三世界国家和人民团结反霸的正义斗争!《人民日报》6 月 11 日发表社论《热烈欢迎斐济贵宾》,指出"斐济人民为争取民族独立进行了坚持不懈的斗争,终于在一九七〇年获得独立,摆脱了一百多年的殖民统治"①。

然而,对于斐济独立,马拉总理给出了不同的解读。据《环球邮报》(The Globe and Mail) 记者约翰·弗雷泽 (John Fraser) 的报道,在 6 月 13 日的答谢晚宴上,李先念副总理代表中国政府致辞,赞扬斐济人民对独立和自由的热爱,经过前仆后继的不懈斗争最终赢得了国家独立。然而,马拉总理却表示斐济是一个年轻的国家,获得独立不足 8 年时间,不过与世界上

---

① 《中国人民欢迎斐济贵宾》,《人民日报》1978 年 6 月 11 日。

其他许多国家不同，斐济的独立并非是反抗宗主国英国的压迫或者是因为忿恨，相反却是在英国的鼓励下寻求独立，是你情我愿的和平过渡。此外，他还对英国在斐济的殖民统治大加赞扬。① 马拉的这一表态，让中国人大吃一惊，因为在当时中国人的认知中，凡是殖民统治都是对殖民地人民的剥削与压迫，"哪里有压迫哪里就有反抗"，这是理所当然的事情。然而，马拉的讲话却与我们对殖民统治的认知截然相反，因此在马拉讲话的过程中，一些人就试图站起来反驳。这一现象充分说明中斐虽然已经建交，但是两国之间的相互了解却远远不够，双方必须努力，加快了解与沟通，避免误解再次出现。

（2）独立后的斐济最重要的任务是本国发展还是反对殖民主义和霸权主义

20 世纪 70 年代，既是苏联霸权主义极度高涨时期，也是中苏关系破裂、中苏严重对峙时期，在这一时期，尤其是在中美关系正常化以后，中国政府最主要的外交任务就是反对苏联霸权主义的扩张，因此在对外交往中特别强调反对苏联霸权主义。这一点在马拉总理访华的过程中得到了充分体现。

1978 年 6 月 11 日《人民日报》社论指出，"斐济对外积极参加国际事务，在反帝反殖反霸斗争中发挥了更好的作用。目前，南太平洋地区的形势和世界形势一样，是很好的。一些国家陆续获得独立，这一地区的国家和人民正在提高警惕，加强联合，反对超级大国的激烈争夺。特别是那个打着'社会主义'招牌的超级大国对南太平洋地区日益加剧的渗透和扩张活动，遭到了这一地区国家和人民的抵制和反对。这充分表明了南太平洋地区各国人民维护国家主权和反帝反殖反霸的强烈愿望。"②

然而，对于刚刚独立不久的斐济而言，争取国际社会的支持，谋求一个和平稳定的环境，全心全意发展经济，满足人民的生产和生活需要才是它面临的

---

① John Fraser, "Fiji PM confounds Chinese", *The Globe and Mail*, June 14, 1978.
② 《人民欢迎斐济贵宾》，《人民日报》1978 年 6 月 11 日。

最重要的事情。同时，由于英国殖民统治时期对斐济实施"分而治之"的政策，主要由土著斐济人自身进行统治，再加上斐济独立在很大程度上与英国的推动有关，因此斐济对于霸权和殖民主义并没有那么强烈的认知，当然也就没有那么强烈的反霸要求。两国对于独立后斐济主要任务认知的分歧，在某种程度上也阻碍了中斐关系的发展。

第二节　中斐关系的逐步展开（1985—2006 年）

1985 年中共中央总书记胡耀邦访问斐济，在中斐关系上谱写了重要一页，把中斐友好合作关系推进到一个新水平。此后，两国首脑外交开启，高层互访频繁，省地级交流开始提上日程。但是，这一时期，因为斐济国内政局的变动与台湾方面的搅局，这一时期的中斐关系也曾一度紧张，突出表现为斐济方面将其与台湾地区的关系一度升级为国家间关系。这严重违背了一个中国原则，致使中斐关系紧张化。直到 2002 年中斐签署联合声明，斐方才保证，斐济与台湾关系严格限于推动经济和商业关系的目的，斐济不会以任何形式与台湾方面进行有悖于中华人民共和国一个中国立场的接触。此后，中斐各种关系逐步展开。

一、1985 年胡耀邦总书记访问斐济

为了加强对南太平洋国家的了解、增进友谊、扩大合作，1985 年 4 月 13—24 日，中共中央总书记胡耀邦应澳大利亚、新西兰、萨摩亚、斐济和巴布亚新几内亚政府的邀请，先后对这五个南太平洋国家进行了为期 12 天的成功访问。这是中国领导人对斐济等国的一次重要访问，此前，对斐济的访问只有 1978 年国务院副总理陈慕华，因此，胡耀邦总书记此次访斐意义重大，是

中国共产党最高级别的一次访问。

1985 年 4 月 22 日下午，胡耀邦总书记一行乘飞机抵达斐济首都苏瓦，受到了斐济外交、旅游和民航部长乔纳蒂·马沃阿（Jonati Mavoa）等人的热烈欢迎。胡耀邦总书记在机场发表了题为《希望太平洋永远太平成为友谊和平的海洋》的书面讲话，表示："中国和斐济都是发展中国家，有着共同的利益。中斐两国自 1975 年建交以来，友好合作关系不断得到发展。我期待着与斐济领导人和各界朋友们，就共同关心的问题交换意见。我希望这次访问能够促进和加强两国之间的互相了解和友好关系。""希望太平洋永远太平，真正成为友谊的海洋，和平的海洋。"① 随后，参加由斐济代总理戴维·托加尼瓦卢主持的隆重的传统欢迎仪式，包括由主人向客人敬献"卡瓦"酒、烤乳猪和其他食品，部落首领的讲话和文艺表演，并向胡耀邦总书记赠送了鲸鱼牙齿。晚上，斐济代总理戴维·托加尼瓦卢还在苏瓦"太平洋"旅馆为欢迎胡耀邦总书记举行正式招待会。会后，胡耀邦一行参加了斐济—中国友好协会举行的招待会。

访问期间，胡耀邦总书记宣布了中国同南太平洋各国发展关系时所遵循的三项原则，即：充分尊重南太平洋各国根据本国人民的利益制定的内政外交政策；充分尊重南太平洋各国之间已经存在的密切关系，希望这种关系根据他们的意图继续发展；充分尊重南太平洋各国根据自己的利益同其他大国签订的协定。② 他还进一步阐明了我国同南太平洋国家发展友好合作关系的基本方针，即中国无意在这一地区竞争，中国在这方面所做的一切事情都要有利于南太平洋地区的和平与稳定，有利于我国与南太平洋各国互利合作关系的持续发展。中国和南太平洋各国之间没有根本的利害冲突，在一系列重大的国际问题上能够相互理解和支持，抱有相似或近似的看法。双方都希望进一步发展友好关系，扩大经济技术的合作与交流。双方在平等互利的基础上取长补短和友好合

---

① 周锡生：《胡耀邦总书记抵斐济进行友好访问》，《人民日报》1985 年 4 月 23 日。
② 《胡耀邦宣布中国同南太平洋国家关系三原则》，《人民日报》1985 年 4 月 24 日。

作，前景十分广阔。①

胡耀邦总书记对斐济的访问取得了圆满成功，极大增强了中斐两国领导人和广大人民之间的相互信任，充分展现了中国真心实意地谋求和平、友好，并在和平共处五项原则的基础上与之建立长期合作关系的善意。不仅如此，胡耀邦总书记的这次访问在我国同南太平洋各国关系史上也写下了重要的一页，把我国同南太平洋各国的友好合作关系推进到一个新水平，对亚洲和太平洋地区的和平与稳定产生积极的影响。

二、中斐元首外交开启

中斐建交后，两国首脑互访不断加强，这不仅表现为两国国家元首的互访，也表现为两国政府首脑频繁互访。元首外交的开启，为中斐友好关系的发展注入了新的活力。

1. 中国国家主席杨尚昆访问斐济

1990 年 6 月，中国国家主席杨尚昆在访问拉美 5 国回国途中，经停斐济。为隆重接待杨主席，斐济方面提出迎接杨主席到首都苏瓦的斐济国宾馆下榻，并在那里举行正式的欢迎仪式，但基于多方面的考虑，再加上杨主席只是在楠迪停留，故中方主动提出一切礼仪从简。斐方虽然接受了中方的提议，但出于对中国的友好，坚持要在楠迪举行隆重的民族传统欢迎仪式。其中最重要的一项内容就是向杨主席敬献斐济的传统饮料——洋格纳。② 洋格纳代表了斐济的文化，被誉为斐济的国粹。从斐济的氏族社会起，族民就有向酋长和长老献洋格纳的传统，并形成一种庄严、神圣的仪式，由此演变为对贵宾的高尚礼仪。

6 月 1 日晚上，杨主席一行乘专机抵达楠迪国际机场，斐济总统佩纳亚·加尼劳率代总理卡米卡米萨、外交部常务秘书雅若等专程到楠迪机场迎

---

① 周锡生：《增进了解扩大合作——胡耀邦总书记访问南太平洋五国》，《瞭望周刊》1985 年第 15 期，第 5 页。

② 即斐济国酒"卡瓦"。

接，欢迎中国国家主席的到来。这是中华人民共和国主席第一次踏上斐济的土地。6月2日上午，斐方在楠迪附近的五星级酒店喜来登大酒店的草坪上为杨主席举行欢迎仪式。在欢迎仪式上，斐方向杨主席献上"五重大礼"：

第一重，斐济酋长向杨主席敬献"塔布阿"，即鲸鱼牙，经过加工装饰后的鲸鱼牙在斐济被视为权力的象征和宝物。

第二重，献"洋格纳"。十几位赤裸上身、头戴鲜树叶圈帽、身着鲜树叶裙、面部涂了黑斑的男士，先把一个用整木凿出的大木盆放到众人面前，现场制作洋格纳。此后一位上身赤裸、双臂上箍了树叶和鲜花、腰间围着白色的树皮布并挂了无数条彩色飘带的男士走到洋格纳木盆前，用一只镶有金边的椰壳碗将第一碗洋格纳献给了杨主席。杨主席严格按照斐济传统习惯，双手接过椰壳碗，把洋格纳一饮而尽。

第三重，献洋格纳树。

第四重，献草席。

第五重，献土特产。

欢迎仪式结束后，杨主席发表讲话，代表中国人民向斐济人民问候，并感谢斐济总统和斐济政府及斐济人民的热情款待。此后，两国元首共同栽下了友谊树——两棵粗大的竹子，共同祝愿中斐两国和两国人民之间的友谊，像竹子一样四季常青。①

杨尚昆主席对斐济的访问虽然只有24小时，但却是第一位访问斐济的中国国家主席，因此他的访问时间虽然短暂，但象征意义却巨大，标志着中斐元首外交大门的开启。同时，杨尚昆主席对斐济的访问给斐济人民带去了永恒的友谊，巩固和发展了中斐两国和两国人民之间的友好合作。

1996年7月，国家副总理兼外长钱其琛访问斐济，分别会晤了斐济总统、总理、议长等，并同斐外长举行会谈，就双边关系以及共同关心的国际和地区

---

① 徐明远：《杨尚昆主席畅饮斐济"洋格纳"》，山东省人民政府外事办公室、山东省人民政府港澳事务办公室，2014年4月14日，http://www.sdfao.gov.cn/art/2014/4/14/art_54_31835.html.

问题交换了意见，并签署《中华人民共和国政府和斐济主权民主共和国政府关于斐济在中国香港特别行政区保留名誉领事协定》。2005 年 1 月，曾庆红副主席在出访拉美途中经停斐济，分别会见斐总统伊洛伊洛和总理恩加拉塞。

2. 斐济总统两度访华

在中共最高领导人和国家元首访问斐济的同时，斐济总统拉图·佩纳亚·加尼劳和约瑟法·伊洛伊洛(Ratu Josefa Iloilovatu Uluivuda) 也纷纷访问中国。

1991 年 4 月 22—29 日，斐济总统佩纳亚·加尼劳对华进行国事访问，国家主席杨尚昆和国务院总理李鹏分别与之会见和会谈。

2003 年 9 月，斐济总统约瑟法·伊洛伊洛对中国进行正式访问，签署两国经济技术合作协定。胡锦涛主席和唐家璇国务委员分别会见。

三、两国高层频繁互访

在中斐元首外交开启的同时，两国高层互访也频繁进行，主要表现为斐济总理马拉（1985、1988、1990）、兰布卡（1994 年）、乔杜里（1999 年）和恩加拉塞（2002、2004、2005）；斐济众议长库里桑吉拉（1993 年）、奈拉蒂考（2002 年）、参议长索卡纳乌托(1993 年）、伊洛伊洛（1996 年）和万加瓦卡通加（2002、2003 年）访华。中国方面，主要表现为李鹏总理 1992 年过境斐济；人大委员长乔石 1994 年过境斐济；政协主席李瑞环 2001 年访问斐济和贾庆林 2005 年过境斐济。此外，国家副主席曾庆红（2005 年过境）、人大常委会副委员长彭冲（1992 年）、王丙乾（1995 年）、周光召（2000 年）、许嘉璐（2005 年）、政协副主席罗豪才（2004 年）、李贵鲜（2005 年）、副总理兼外长钱其琛（1996 年）也曾多次对斐济进行友好访问。

（一）斐济方面

1. 马拉总理两度访华

斐济总理马拉不仅是第一位对中国进行友好访问的斐济领导人，而且此后曾多次访华，如果加上 1978 年马拉总理对中国的访问，马拉总理在任期间对中国的访问高达 4 次，其中正式国事访问 3 次（1988 年 8 月的访问为非正式访问）。

1985 年 5 月 19—24 日，斐济总理马拉再次访华。中共中央总书记胡耀邦会见马拉，重申了中国与南太平洋国家发展友好合作关系的基本方针，表示中国理解、赞赏、尊重斐济的内外政策，指出中国重视与第三世界国家发展关系，第三世界国家应同发达国家一起推动南北对话，并把立足点放在南南合作上。马拉则表示，斐济欢迎中国关于与南太国家发展关系的方针，感谢中国对斐的帮助，希望两国间的贸易、合作和援助关系得到进一步加强。访问期间，中国政府向斐提供了 1500 万元人民币的无息贷款，浙江省省长薛驹与马拉签署了直接进行贸易和经济技术合作的备忘录。[①] 根据备忘录，浙江省从 1985年开始的 3—5 年内，每年从斐济进口原糖 4—5 万吨；双方同意在农业、渔业、林业、能源开发、水利资源的综合利用、轻工业、旅游等领域积极探讨进行经济技术合作与交流的途径；双方还同意互派经济、科技、文化等友好代表团，互派留学生和进行学术交流。[②]

1990 年 4 月 15—20 日，斐济总理马拉应李鹏总理的邀请，对中国进行第三次国事访问，最终双方正式签署《中斐经济技术合作协定》。

2. 1994 年兰布卡总理访华

1994 年 9 月 19—24 日，斐济总理西蒂维尼·兰布卡对中国进行正式访问。江泽民主席、钱其琛副总理兼外长会见了兰布卡。李鹏总理与兰布卡举行了会谈。访问期间，兰布卡总理出席了在北京举办的斐济贸易投资洽谈会，并发表讲话。

3. 1999 年乔杜里总理访华

1999 年 12 月 13—20 日，斐济总理马亨德拉·乔杜里（Mahendra Chaudhry）

---

① 唐家璇主编：《中国外交辞典》，世界知识出版社 2000 年版，第 192 页。

② "斐济总理和浙江省省长签署一项备忘录"，《人民日报》1985 年 5 月 24 日。

对中国进行正式访问。访问期间，江泽民主席会见了乔杜里，朱镕基总理与乔杜里总理举行了正式会谈，讨论了中斐关系及共同关心的地区和国际问题，达成了广泛共识。双方签署了《中华人民共和国政府和斐济群岛共和国政府经济技术合作协定》，并出席《中华人民共和国外交部和斐济群岛共和国外交和外贸部关于建立官员磋商制度的谅解备忘录》的签字仪式。

4. 恩加拉塞总理三度访华

2002 年 5 月 27 日—6 月 1 日，斐济总理莱塞尼亚·恩加拉塞（Laisenia Qarase）对中国进行正式访问，与朱镕基总理共同签署《中华人民共和国政府和斐济群岛共和国政府关于巩固和促进友好合作关系的联合声明》（简称《联合声明》）。《联合声明》指出，双方珍视两国的深厚友谊和在各领域的互利合作关系。双方认为在互相尊重主权和领土完整、互不侵犯、互不干涉内政、平等互利、和平共处原则的基础上，推动两国关系长期、稳定、全面发展，符合两国的根本和长远利益。双方认为应加强两国经贸合作，双方愿意在市场经济条件下，鼓励和支持两国企业加强接触，加深了解，开展多种形式的互利合作，推动两国经贸关系不断发展，两国将为对方企业和人员参与本国经济建设提供便利。中国愿意为斐济发展经济提供力所能及的帮助。①

2004 年 6 月 28 日—7 月 3 日，恩加拉塞再次对中国进行友好访问，双方就两国关系及共同关心的国际和地区间问题深入交换意见并取得广泛共识，发表《中华人民共和国与斐济群岛共和国联合新闻公报》，确立了两国关系在新世纪发展的框架，决心遵循《联合声明》所确立的方针和原则，继续落实有关协议，将两国关系推向新的高度。访问期间，双方还签署了《中华人民共和国信息产业部与斐济群岛共和国信息通信部信息通信领域合作谅解备忘录》和植物检疫协定等。

---

① 《中华人民共和国政府和斐济群岛共和国政府关于巩固和促进友好合作关系的联合声明》（2002 年 5 月 27 日），《国务院公报》2002 年第 20 期，第 17 页；中华人民共和国外交部网站，http://www.fmprc.gov.cn/mfa_chn/gjhdq_603914/gj_603916/dyz_608952/1206_609054/1207_609066/t5337.shtml。

2005 年 6 月 25—30 日，斐济总理恩加拉塞对中国进行工作访问。国家主席胡锦涛、全国政协主席贾庆林会见恩加拉塞总理，国务院总理温家宝与恩加拉塞总理举行会谈，双方就双边关系和地区合作问题交换意见并达成共识。

（二）中国方面

1. 李鹏总理访问斐济

1992 年 6 月 10 日，中国国家总理李鹏在前往巴西出席联合国环发大会途中对斐济进行友好访问，并会晤了斐济总理兰布卡和副总理兼外长博列。

2. 全国人大领导人访斐

1992 年 8 月 2—6 日，彭冲副委员长率全国人民代表大会代表团访问斐济，与斐济总理兰布卡等会晤，并代表全国人大常委会向斐议会赠送一辆吉普车。1995 年 11 月 17—21 日，全国人大常委会副委员长王丙乾访问斐济。2000 年 2 月 17—21 日，全国人大常委会副委员长周光召访问斐济。2005 年 9 月，全国人大委员长副委员长许嘉璐访问斐济。

此外，1994 年 1 月 26—29 日，全国人大常委会委员长乔石访问拉美后回国途中经停斐济楠迪。4 月 27 日，全国人大常委会副委员长田纪云访问澳大利亚途中经停斐济楠迪。

3. 全国政协领导人访斐

2001 年 11 月 11 日，中国政协主席李瑞环率 100 人代表团抵达斐济，开始为期 5 天的访问。[①] 访问期间，李瑞环主席分别会见了斐济多位领导人，并出席了《中华人民共和国政府和斐济群岛共和国政府经济技术合作协定》签字仪式。2004 年 11 月 9—13 日，全国政协副主席罗豪才对斐济进行了友好访问。2005 年 2 月，全国政协副主席李贵鲜访问斐济。

此外，全国政协领导人还曾多次经停斐济。1995 年 6 月 29 日—7 月 1 日，全国政协主席李瑞环经停斐济楠迪。2005 年 1 月，曾庆红副主席在出访拉美

---

① 《李瑞环抵达斐济进行正式友好访问》，《人民日报》2001 年 11 月 12 日。

途中经停斐济;5月23日,全国政协主席贾庆林在出访拉美后回国途中经停斐济。

四、各层级交往展开

随着中斐元首外交的开启与高层频繁互访,两国的党际交往与省地级交往随之展开,中斐关系日益丰富多彩。

1. 党际交往建立

1995年8月6—13日,斐济议会政治党、民族联盟党、一般选民党、选举人协会和工党等五个不同党派组成的议会代表团对中国进行友好访问。2004年9月,斐政党代表团访华并出席第三届亚洲政党国际会议,"团结的斐济党"(United Fiji Party,斐济语缩写为SDL)① 与中国共产党签署两党合作谅解备忘录,正式建立党际关系。

2005年6月4—8日,中联部部长王家瑞率代表团对斐济进行友好访问。访问期间,王家瑞部长分别会见了斐济总理恩加拉塞、参议长万加瓦卡通加、外长塔沃拉等;8月,斐济反对党工党领袖乔杜里率团访华,并代表该党与中国共产党建立党际关系。

2. 省地级交往开启

1991年6月26—28日,深圳市副市长张鸿义率深圳经贸代表团访问斐济。1991年10月30日,浙江机械设备公司代表团访斐,就中国向斐出口一艘200吨位客货轮达成协议并签订合同,中国船舶第一次进入南太平洋市场。2003年11月6—7日,上海市政协副主席左焕琛率代表团访问斐济,与斐卫生界的政府部门和医疗机构进行了广泛的接触,深入了解斐济医疗卫生状况,与斐济卫生界建立了友谊,为开展合作奠定基础。2004年11月6—7日,上海市政

---

① 2001年5月26日由看守政府总理恩加拉塞发起成立,主要支持者是斐济族的一些商界人士。同年8月大选中该党获31个议席,成为议会第一大党。2013年,斐济通过新的政党法令对政党进行重组后退出斐济政治舞台。

协副主席左焕琛率代表团访问斐济，与斐卫生界的政府部门和医疗机构进行了广泛的接触，深入了解斐济医疗卫生状况，与斐济卫生界建立了友谊，为开展合作奠定基础。2005 年 8 月 22—25 日，上海市经贸考察组访问斐济，就双方进一步展开合作进行深入交流。2005 年 9 月 12—15 日，福建省人大常委会副主任张家坤率代表团访问斐济，与斐贸易投资局就今后进一步开展经贸合作展开会谈。

五、职能部门领导人实现互访

1.经贸部长互访

（1）中方对斐济的访问

1990 年 2 月 8—10 日，中国经贸部副部长吕学俭率中国政府经济代表团访问斐济，草签《中斐经济技术合作协定》。1991 年 11 月 3—6 日，纺织工业部部长吴文英率政府代表团访问斐济，考察斐济纺织工业市场情况。1993 年 9 月 27 日，经贸部副部长王文东率中国政府经济代表团顺访斐济，并与斐济初级产业部部长马塔陶洛签署了中国政府向斐政府赠送两台拖拉机及配套农机具的换文。1995 年 11 月 30 日—12 月 6 日，中国对外贸易经济合作部部长助理杨文生率团访问斐济。1998 年 1 月 18 日，外经贸部部长吴仪对斐济进行友好访问。2005 年 2 月 19 日—3 月 2 日，商务部部长助理陈健访问斐济，会见了斐济总理恩加拉塞、外交外贸部部长塔沃拉、商业企业发展和投资部部长武埃蒂洛沃尼，并签署中国援斐体育馆技术合作项目换文。2006 年 1 月 9—20 日，商务部太平洋岛国论坛筹备工作小组出访巴布新几内亚、斐济和密克罗西亚联邦；1 月 19 日，商务部副部长马秀红访问斐济，与斐济总理、论坛秘书处秘书长等进行会谈，双方就进一步加强中斐双边经贸合作进行深入交流。

（2）斐方对中国的访问

1991 年 4 月 5—10 日，斐济初级产业和合作部部长冈内列乌访问中国。1992 年 4 月 6—9 日，斐济贸商部部长乌尼博博访问北京和青岛，会见了纺织工业部部长吴文英和外交部副部长刘华秋，与经贸部副部长吴仪就中斐经贸关系等问题进行了会谈，并在青岛出席了中斐关于合资在斐建立服装厂的签字仪式。2003年11月，斐济外交外贸部部长塔沃拉访华并出席中斐第二次外交部官员磋商会。2005年4月，斐商业部部长武埃蒂洛沃尼率政府经贸团访华，与中国商务部部长会晤。

2.农林渔业部长互访

2001年8月，中国农业部副部长万宝瑞率领中国农业代表团访问斐济，中斐两国签署《中斐农业合作谅解备忘录》，双方确认在海洋捕捞、水产养殖、水果和蔬菜生产等10个领域开展合作，并成立中斐农业合作联委会，每两年开一次会议，随后在北京召开中斐农业联委会第一次会议。2003年3月，农业部副部长齐景发率渔业代表团访问斐济。

2004年6月29日，国家林业局局长周生贤在京会见了斐济渔业林业部部长科尼西·杨巴基，双方就进一步加强两国林业方面的合作交换了意见。2005年4月6日，国家林业局副局长李育材在北京会见了来访的斐济商业、企业发展和投资部部长及农业部部长一行，就中斐林业合作、经贸往来以及发展前景交换了意见。

3.科教文卫部长互访

1991年9月17—23日，斐济卫生部部长库利桑吉拉访华。2003年8月12日，中国文化部部长蔡武与斐济教育、国家遗产与文化艺术部部长菲利普·伯乐签署文化谅解备忘录，旨在鼓励双方文化领域的交流。2004年3月15日，科技部刘燕华副部长率代表团访问斐济，考察斐济农业发展状况，探索中斐农业科技合作的途径。2005年3月22—25日，国家广播电影电视总局副局长田进率领的中国广播电视代表团访问斐济，与斐济电视台和斐济广播公司以及太平洋广播公司负责人举行会谈，就两国广播电视合作深入交换了意见。

4.军方领导人互访

1990年4月29日—5月9日，斐济军队司令兰布卡少将应邀访华。2002

年 3 月，钱树根副总参谋长率中国军事代表团访问斐济。2005 年 12 月 14 日，中国国防部部长曹刚川与来访的斐济军队司令姆拜尼马拉马会谈，表示双方应共同努力，推动双边军事关系发展。

5. 其他互访

1991 年 3 月 17—20 日，外交部副部长刘华秋访问斐济，同斐济外交部官员就进一步发展中斐双边关系和共同关心的国际问题进行磋商。

1992 年 4 月 23—27 日，斐妇女、文化和社会福利部部长塔巴考索若率代表团出席在北京召开的联合国亚太经社会第四十八届会议后，应中国妇联的邀请顺访北京。2000 年 4 月 23—29 日，斐济妇女文化部部长拉韦尼亚·潘达拉斯应中华全国妇女联合会邀请访华。

2002 年 1 月 16 日，国土资源部副部长孙文盛率代表团访问斐济群岛共和国，与斐土地和矿产资源部部长拉拉巴拉武共同签署了《中国国土资源部与斐济群岛共和国土地和矿产资源部关于在矿业领域合作的谅解备忘录》，约定在地质调查、矿产勘查及矿业等方面开展多种形式的合作，并建立中斐矿业合作共同委员会，以协调双方合作。

2004 年 10 月，国家旅游局局长何光暐与斐旅游部部长纳苏瓦在斐济首都苏瓦签署《关于中国旅游团队赴斐济旅游实施方案的谅解备忘录》，开放斐为中国公民旅游目的地。

然而，在中斐关系蓬勃发展的同时，也出现了一些不和谐的音符，主要包括：1987 年 12 月 21 日，政变后的斐济政府主动宣布将"亚东贸易中心"复名为"'中华民国'驻斐济商务代表团"；1996 年 10 月，台湾方面与斐济签署相互承认联合公报，"相互承认'国家'地位，也都在对方首都互设具大使馆性质的代表处"；1997 年斐济政府派员到台湾设立"斐济驻华贸易暨观光代表处"。这些不和谐的音符给中斐关系发展带来一定困扰，经过双方共同努力，2002年 5 月 27 日，中斐两国签署《中华人民共和国政府和斐济群岛共和国政府关于巩固和促进友好合作关系的联合声明》，斐方保证，"斐济与台湾关系严格限于推动经济和商业关系的目的，斐济不会以任何形式与台湾进行有悖于中华人民共和国一个中国立场的接触。"①

第三节　中斐重要合作伙伴关系的形成（2006—2014）

2006 年，无论是对中国还是对斐济而言，都是一个极为重要的年份。因为在这一年，中国国务院总理温家宝正式访问了斐济，双方决定建立和发展"中斐重要合作伙伴关系"，推动两国关系迈上新台阶。在重要合作伙伴关系的框架下，中斐两国的政治互信进一步加强，经贸交流进一步拓展，高层互访、各层级互访与人员往来更加频繁。

一、2006 年温家宝总理访问斐济与中斐重要合作伙伴关系的建立

1. 2006 年温家宝总理访问斐济

2006 年 4 月 4 日，应斐济总理恩加拉塞的邀请，中国国务院总理温家宝开始对斐济进行正式访问。对于温家宝总理的来访，斐济方面给出了极高的礼遇，恩加拉塞总理和夫人亲自在舷梯旁迎候，并在机场举行了隆重的欢迎仪式。温家宝在机场发表书面讲话，高度赞扬中斐关系，指出 1975 年中斐建交以来，中斐友好合作关系取得长足发展，双方各层次交往日益频繁，在经贸、文教、卫生等领域的交流与合作富有成果，两国人民的相互了解和友谊不断加深；进一步充实和深化中斐友好合作关系，符合两国人民的根本利益，也有利于促进本地区的繁荣与发展；希望通过与斐济领导人及各界人士就中斐双边关系和共同关心的国际和地区问题广泛、深入地交换意见，与斐济增

---

① 《中华人民共和国政府和斐济群岛共和国政府关于巩固和促进友好合作关系的联合声明》，中国外交部网站，2002 年 5 月 28 日。

进互信、深化合作、扩大交往、共谋发展。① 温总理的讲话得到了斐方的高度赞同，随后，温总理又正式会见了斐济总理和总统，共同规划中斐关系的未来发展。

2.温家宝总理会见斐济总统和总理，勾勒中斐关系新蓝图

在与斐济总统伊洛伊洛会晤时，温总理表示斐济是中国在南太地区的重要合作伙伴，巩固和加深中斐传统友谊与合作是中国政府的既定政策。中国一贯主张国家不分大小一律平等，各国应相互尊重、平等相待、和谐共存、共同发展，中方将根据这一原则继续开展同斐济的全面合作。建议双方在互利互惠的基础上加强合作；鼓励中国公司到斐济投资兴业。

在与斐济总理恩加拉塞举行会谈时，温总理高度赞赏中斐关系，认为中斐关系堪称中国同太平洋岛国友好合作的典范。指出中斐两国同处亚太地区，同属发展中国家，在捍卫国家主权和维护地区稳定等问题上拥有许多共同利益，在促进本国经济和社会发展等问题上面临相同的任务。加强中斐关系既有基础，也有需要，符合两国和两国人民的根本利益。中国十分重视中斐关系，将继续坚持在和平共处五项原则基础上发展同斐济的友好合作，支持斐济为发展民族经济、保持社会稳定和在国际上争取岛国权益所做的努力。希望两国进一步密切高层交往，增进政治互信，发挥各自优势，扩大经贸合作领域，加强区域合作，共同维护和促进亚太地区的和平与繁荣。

恩加拉塞完全赞同温家宝对双边关系的评价，并在台湾问题上重申，斐济政府奉行一个中国的政策，承认中华人民共和国政府是代表全中国的唯一合法政府，台湾是中国的一部分。斐济反对任何制造"两个中国"或"一中一台"的活动，反对"台湾独立"，不与台湾进行官方往来。②

温家宝总理与斐济总理和总统的会晤，为中斐关系的发展奠定了坚实的基

---

① 《温家宝抵达楠迪开始对斐济进行正式访问》，2006 年 4 月 4 日，http://www.gov.cn/ldhd/2006-04/04/content_244917.htm。

② 《温家宝与斐济总理恩加拉塞会谈 取得多项成果》，中国政府网，2006 年 4 月 5 日，http://www.gov.cn/ldhd/2006-04/04/content_245205.htm。

础。会谈结束后，两国总理不仅共同出席了两国政府经济技术合作协定等双边合作文件签字仪式，而且双方还发表了《中华人民共和国政府和斐济群岛共和国政府联合新闻公报》，决定建立和发展"中斐重要合作伙伴关系"，在政治上相互尊重，经济上互利合作，国际和地区事务中相互支持、密切配合。双方同意加强高层交往，增进政治互信；利用经贸优势互补，加强互利合作，促进双方的可持续发展；在国际和地区问题上加强沟通，密切合作，以不断充实"中斐重要合作伙伴关系"的内涵。[1] 同时，斐济承认中国的完全市场经济地位；建立中斐经贸联委会；两国将在国际和地区事务中相互支持、相互配合。[2] 此外，中斐两国还签署交通备忘录，中国进出口银行提供贷款为斐济建立电子政务和索莫索莫（Somosomo）水电站，并向斐济提供技术援助等。

在中斐重要合作伙伴关系的框架下，中斐关系突飞猛进，不仅斐济总统和总理利用各种机会频繁造访中国，而且中方高层包括全国人大常委会委员长吴邦国首次访问斐济，开启了中斐议会合作的大门；太平洋岛国政治家代表团访问中国，两国党际交往开始；中国国家副主席习近平、外交部副部长崔天凯、中国—太平洋岛国论坛对话会特使李强民以及多个省市领导率代表团访问斐济，推动中斐关系再上新台阶。

二、高层互访更加频繁

中斐重要合作伙伴关系确立后，两国高层互访更加频繁。中方主要包括：2009 年中国国家副主席习近平过境斐济；2011 年外交部副部长崔天凯访问斐济；2012 年外交部美大司司长谢锋对斐济进行工作访问，以及中国—太平洋岛国论坛对话特使李强民访问斐济。斐方则主要表现为：斐济总统奈拉蒂考 4 次访华；2013 年总理姆拜尼马拉马访华；斐济外长访华等。

---

[1] 《中华人民共和国政府和斐济群岛共和国政府联合新闻公报》，2006 年 4 月 4 日。
[2] 《温家宝会见斐济领导人》，《新华日报》2006 年 4 月 5 日。

（一）中方对斐济的访问

1. 中国国家副主席习近平过境斐济

2009 年 2 月 9 日，中国国家副主席习近平在前往拉美和欧洲访问途中过境斐济，并在楠迪会见斐济总统伊洛伊洛和总理姆拜尼马拉马。双方愿不断巩固中斐传统友谊，进一步加强文化、教育、卫生、旅游等领域的交流合作，推动两国关系取得新进展。因为那时斐济刚刚遭受特大暴雨并引发洪灾，特别是斐济西北地区遭受历史罕见的特大水灾，导致 60 多户华人家庭被淹，店铺被冲毁，财产损失达 400 余万斐元（约合 1300 万人民币），因此习近平副主席和姆拜尼马拉马总理还在会后共同出席了中国政府向斐济政府提供经济技术援助等协议的签字仪式，敲定对斐济的经济技术援助。[①]

2. 外交部副部长、美大司司长访问斐济

2011 年 9 月 4 日至 6 日，外交部副部长崔天凯访问斐济，期间分别会见斐济总统奈拉蒂考、总理姆拜尼马拉马，并与斐济代外长博列举行会谈，就进一步加强中斐关系交换了意见。

2012 年 3 月 7 日至 10 日，外交部美大司司长谢锋对斐济进行工作访问，分别拜会斐总统、总理、外长，双方分别就双边关系及共同关心的国际地区问题交换了意见。谢锋司长积极评价中斐关系，表示中方高度重视并愿继续在平等和相互尊重基础上，拓展双边各领域互利合作，加强在联合国、气候变化等重大国际地区问题上的沟通与协调，共同推动双方关系取得更大发展。

3. 中国—太平洋岛国论坛对话会特使李强民访问斐济

2012 年 12 月 10—12 日，中国—太平洋岛国论坛对话会特使李强民访问斐济，分别会见斐总统奈拉蒂考和斐总理姆拜尼马拉马，向斐方通报不久前闭幕的中国共产党第十八次全国代表大会情况，并同斐方就落实最近两国领导人互访达成的共识、推动双方务实合作及中斐关系深入发展交换了意见。2013

---

① 林晶、刘鹏:《国家主席习近平与南太岛国的渊源》，新华社，2014 年 11 月 22 日。

年 5 月 10—11 日，李强民特使再访斐济，会见斐总理姆拜尼马拉马和外长伊诺凯·昆布安博拉（Inoke Kubuabola），就加强中斐各领域务实合作、推动中斐关系深入发展等问题交换意见。

（二）斐济对中国的访问

1. 斐济总统 4 次访华

从 2010 年到 2014 年，斐济总统埃佩利·奈拉蒂考 4 次访华，参加在中国举办的首届中阿经贸论坛、上海世博会、深圳大运会和南京青奥会，创同期外国政府元首访华新高，有力地推动了中斐关系的发展。

（1）2010 年出席中国（宁夏）国际投资贸易洽谈会

2010 年 9 月，斐济总统奈拉蒂考出席 2010 中国（宁夏）国际投资贸易洽谈会暨首届中阿经贸论坛。25 日，国务院副总理回良玉在银川市会见奈拉蒂考，表示愿与斐方共同努力，以中斐建交 35 周年为契机，继续在政治上相互尊重、平等相待，在经济上真诚合作、共同发展，在多边事务中相互协调、密切配合，推动两国关系取得更大的发展。①

（2）2010 年出席上海世博会

2010 年 5—10 月，第 41 届世界博览会在上海举行。根据 2008 年 6 月 3 日南太平洋旅游组织与上海世博会组织者在斐济首都苏瓦签署的《中国 2010 年上海世博会太平洋联合馆总参展协议》，上海博览会特意在世博会园区 B 区打造一个建筑面积约为 8100 平方米的太平洋村，即太平洋联合馆。为了参加斐济国家馆日，斐济总理姆拜尼马拉马特意率代表团来华，斐济啤酒首次亮相中国，斐济艺术团还献上精彩的歌舞表演。10 月 1 日，斐济总统奈拉蒂考应邀参加中国国家馆日活动，并与全国人大常委会委员长吴邦国会晤。这是奈拉蒂考总统第二次访问中国。

---

① 《回良玉会见斐济总统埃佩利·奈拉蒂考》，中国政府网，2010 年 9 月 25 日，http://www.gov.cn/ldhd/2010-09/25/content_1709607.htm。

（3）2011 年参加第 26 届世界大学生运动会开幕式

2011 年 8 月 12 日，第 26 届世界大学生夏季运动会在深圳开幕，这是中国继北京奥运会、广州亚运会后举办的又一国际综合性体育盛会，得到了包括斐济总统奈拉蒂考在内的多国政要的支持。开幕式结束后，中国国家主席胡锦涛会见了来华访问的斐济总统奈拉蒂考。

（4）2014 年参加南京青奥会

2014 年 8 月 16 日，第二届夏季青年奥林匹克运动会在南京开幕，应习主席邀请，斐济总统奈拉蒂考出席开幕式。17 日，中国国家主席习近平在南京会见斐济总统奈拉蒂考时指出，斐济是太平洋岛国地区具有重要影响的国家，也是最早同中国建交的太平洋岛国，是中国的真诚朋友和重要伙伴。中斐关系发展符合两国人民根本利益，也有利于太平洋岛国地区和平、稳定、发展。我们预祝斐济今年 9 月举行的大选顺利、成功，欢迎斐济领导人多来中国走走、看看，加深相互了解和信任。双方要采取更多措施，便利两国人员和经贸往来，推进农林渔业、旅游、交通、通信基础设施建设等领域合作。中国"和平方舟"号海军医院船即将抵斐济访问，这将增进两国人民友好情谊。奈拉蒂考表示，斐中相互尊重、平等互利，两国越走越近。斐济感谢中国帮助斐济发展经济、改善民生，把中国作为"向北看"外交政策重点方向，愿加强同中国的合作。斐方欢迎中国企业赴斐投资，希望更多斐济农、渔产品进入中国市场。斐方支持中国为维护世界和平、促进共同发展发挥更大作用。①

2.斐济总理访华

姆拜尼马拉马是中国新一届领导集体就任以来，第一个访华的太平洋岛国领导人。2013 年 5 月 29 日，国家主席习近平在人民大会堂会见斐济总理姆拜尼马拉马。

习近平强调，中国一贯主张国家不分大小、强弱、贫富，都是国际社会平

---

① 《习近平会见斐济总统奈拉蒂考》，新华网，2017 年 8 月 17 日，http://www.xinhuanet.com/politics/2014-08/17/c_1112108208.htm。

等一员，应该相互尊重、平等相待。中方赞赏斐济在涉及中国核心利益问题上给予的支持，珍视两国友谊，尊重斐济人民自主选择的发展道路，将继续为斐济提供力所能及的帮助。习近平希望双方深化农林渔业、交通通信、矿产开发、基础设施建设、旅游等领域互利合作，促进人文和青年交流，加强在多边及太平洋岛国事务中的协调和配合，支持斐方在能源安全、气候变化、海洋资源保护等问题上合理诉求，推动中斐关系进一步发展。习近平指出，太平洋岛国是亚太地区重要组成部分。没有太平洋岛国的发展就没有亚太地区的整体发展繁荣。中国支持太平洋岛国平等参与国际事务，增强自主发展能力，实现可持续发展，愿同包括斐济在内的各岛国加强沟通与合作，共同促进本地区稳定和发展。

姆拜尼马拉马表示，斐济人民对中国怀有真挚的友好感情。斐济是第一个同中华人民共和国建交的太平洋岛国。他也是中国新一届领导集体就任以来，第一个访华的太平洋岛国领导人。长期以来，中国为斐济经济社会发展提供了宝贵支持，造福了当地人民。斐济正在推进改革发展，希望借鉴中国成功经验，同中国加强合作。①

国务院总理李克强在人民大会堂同斐济总理姆拜尼马拉马会谈中指出，中斐关系发展良好，各领域合作成果显著。中方始终把斐济视作真诚合作的好朋友、好伙伴。中国新一届政府愿本着相互尊重、平等相待的原则，与斐方加强交往，扩大合作，推动中斐重要合作伙伴关系向纵深发展。李克强表示，中斐当前都面临发展经济、改善民生的重任。双方应发挥互补优势，不断拓展合作的新领域和新内涵。一是深化农林渔矿、交通通信、基础设施等领域合作。积极商谈渔业、互免签证等协定和文件，保障和促进两国人员往来。二是加强贸易与投资合作。中方鼓励中国企业赴斐投资，愿为斐济在促进民生改善等方面提供力所能及的帮助。三是扩大人文交流，加强在教育、文化、旅游以及地方交往等领域的合作，使两国人民之间的友谊不断加深。李克强指出，中斐同为

①《习近平在人民大会堂会见斐济总理姆拜尼马拉马》，中国政府网，2013年5月29日，http://www.gov.cn/ldhd/2013-05/29/content_2414007.htm。

亚太地区的发展中国家，都致力于维护地区乃至世界的和平与稳定。中方将一如既往支持斐济积极参与国际和地区事务，愿与包括斐方在内的太平洋岛国一道，加强在气候变化等领域的沟通、协调与合作，共同维护发展中国家的权益，共同促进本地区繁荣与稳定。

姆拜尼马拉马表示，斐中长期以来相互信任，相互尊重。斐方感谢中方多年来在农业、渔业、基础设施建设等领域提供的大力帮助。中国是伟大的国家，发展前景广阔。斐方把中国作为斐"北向战略"的重点，希望加强同中国在贸易、投资、旅游、可再生能源、气候变化等领域的务实合作。太平洋岛国珍视同中国的友好关系，愿不断深化双方的团结协作。①

3. 斐济外长访华

2010 年 10 月 13 日，外交部长杨洁篪在北京与来访的斐济外交、国际合作和民航部部长昆布安博拉举行会谈，表示中方愿与斐方一道，以两国建交 35 周年为契机，进一步加强双方友好交流，深化各领域务实合作，共同推动中斐关系迈上新的台阶。昆布安博拉表示，斐济政府珍视同中国的友好关系，对中方长期以来向斐济提供无私援助表示衷心感谢，愿进一步扩大同中方在经贸、旅游、文教等广泛领域的交流与合作，推动斐中关系取得更大的发展。昆表示斐方将继续坚定奉行一个中国政策，并祝贺中方成功举办上海世博会。双方还就共同关心的国际和地区问题交换了意见。

10 月 14 日，中国国家副主席习近平在人民大会堂会见了昆布安博拉，指出中国政府一贯高度重视发展同斐济的友好合作关系。建交 35 年来，中斐双方相互尊重，平等相待，真诚合作，两国关系取得了长足发展。中方坚持在力所能及范围内向斐济提供经济技术援助，斐方在事关中国核心利益的问题上给予中方宝贵支持。双方在重大国际地区问题上密切配合，相互支持。中斐关系的发展给两国人民带来了实实在在的利益，也有利于促进亚太地区的稳定与发

① 《李克强在人民大会堂同斐济总理姆拜尼马拉马会谈》，中国政府网，2013 年 5 月 29 日，http://www.gov.cn/guowuyuan/2013-05/29/content_2590993.htm。

展。习近平表示，中国政府一贯主张国家不分大小、贫富、强弱，都是国际社会的平等一员。我们尊重斐济人民自主选择的发展道路，衷心祝愿斐济在国家建设和发展中不断取得新的成就。中方愿与斐方一道，以中斐建交35周年为契机，密切两国高层及各级别交往，促进广泛领域务实合作，在和平共处五项原则基础上推动中斐关系取得新的更大发展。习近平还就斐济独立40周年表示热烈祝贺。昆布安博拉表示，斐济政府坚持奉行一个中国政策，感谢中方长期以来向斐济提供经济技术援助，希望进一步扩大双方交流与合作，推动两国关系取得新的发展。[①]

4. 斐济外长出席中国—太平洋岛国论坛部长级会议

应中国政府邀请，斐济外交、国际合作与民用航空部部长奈拉蒂考率团出席了2008年9月7—10日在中国厦门举办的中国—太平洋岛国论坛投资、贸易、旅游部长级会议。奈拉蒂考部长在会上做了重要发言。会议期间，奈拉蒂考部长会见了中国商务部姜增伟副部长，双方就进一步扩大双边经贸合作交换意见，并签署双边经济技术合作协定和无息贷款延期的换文。奈拉蒂考部长还会见了外交部王永秋特使。[②]

中斐两国高层特别是领导人的频繁互访，无疑是中斐关系发展的强大助力剂，有力地推动了两国重要合作伙伴关系的发展，也促使中斐议会关系的开启。

三、中斐议会关系开启

2012年9月20日，中国全国人大常委会委员长吴邦国应斐济总理姆拜尼

---

① 《习近平在北京会见斐济外交、国际合作和民航部长》，中国政府网，2010年10月14日，http://www.gov.cn/ldhd/2010-10/14/content_1722929.htm。

② 《斐济外长出席中国—太平洋岛国论坛部长级会议》，中华人民共和国驻斐济大使馆经济商务参赞处，2008年9月17日，http://fj.mofcom.gov.cn/article/jmxw/200809/20080905784606.shtml。

马拉马的邀请，开始对斐济进行正式友好访问。在欢迎仪式和检阅仪仗队之后，吴邦国在机场发表书面讲话，表示 1975 年建交以来，两国关系发展总体顺利，政治上相互信任、相互支持，经济上优势互补、共同发展，文化上彼此尊重、相互借鉴，在重大国际和地区问题上相互沟通、密切配合；进一步巩固和发展中斐关系，不仅符合两国和两国人民的根本利益，也有利于亚太地区的稳定和发展。①

9 月 21 日，吴邦国在楠迪与斐济总理姆拜尼马拉马举行会谈，双方就双边关系、气候变化等共同关心的问题深入交换意见，达成广泛共识。为把中斐关系提升到新的更高水平此，吴邦国提出四点建议：

一是进一步增进政治互信，中方赞赏斐方坚持一个中国政策，在涉及中国核心利益和重大关切问题上理解和支持中方立场，赞赏斐济将中国作为"向北看"政策最重要的国家之一；中方支持斐济人民自主选择发展道路的权利，支持斐平等参与国际和地区事务，愿继续向斐提供力所能及的帮助。

二是进一步深化务实合作，结合各自优势和发展战略，加强在农业、旅游、人力资源培训等方面的合作，重点加强在基础设施建设等领域的大项目合作，以带动和提升两国经贸合作整体水平。

三是进一步扩大人文交流，活跃在教育、文化、新闻等领域的合作，中方愿为斐济推广中文教育提供师资、教材等方面的帮助。

四是进一步密切多边合作，愿继续支持斐济等太平洋岛国在可持续发展、能源安全、海洋资源保护等问题上的合理诉求，维护两国和广大发展中国家的共同利益。② 姆拜尼马拉马赞同中方关于发展两国关系的建议，愿同中方继续加强高层交往，密切基础设施、旅游、农业等领域的互利合作，积极发挥斐中友协的作用，增进两国人民之间的感情。

---

① 《吴邦国抵达楠迪开始对斐济进行正式友好访问》，中国政府网，http://www.gov.cn/ldhd/2012-09/20/content_2229658.htm。

② 《吴邦国与斐济总理举行会谈》，新华网，2012 年 9 月 21 日，http://news.xinhuanet.com/politics/2012-09/21/c_113163084.htm。

这是中国全国人大常委会委员长对斐济的首次正式访问，标志着中斐议会关系的正式开启。

四、政党交流愈益深入

2011 年，伴随着首批太平洋岛国政治家联合考察团访华，中国与太平洋岛国的党际交往正式开启。斐济政治家不仅参加了第一批联合考察团，而且此后多次参加联合考察团访华，因此 2011 年太平洋岛国政治家联合考察团的访华，也标志着中斐两国政党交往的正式开始。自此以后，我国专门负责中国共产党对外工作的中联部领导也多次造访斐济，两国党际之间的交往越来越密切。

1. 十批太平洋岛国政治家先后组团访华

2011 年 8 月，首批太平洋岛国政治家联合考察团——以汤加副议长图伊阿费图为团长，由巴布亚新几内亚、瓦努阿图、萨摩亚、斐济、汤加、密克罗尼西亚联邦六国代表组成的太平洋岛国政治家联合考察团访华，全国人大常委会副委员长严隽琪在北京会见了太平洋岛国政治家联合考察团，向代表团介绍了中国共产党领导的多党合作和政治协商制度，并表示中方愿在和平共处五项原则基础上，继续深化同岛国各领域合作，推动中国与太平洋岛国的关系不断迈上新台阶。随后，考察团赴青海考察经济社会发展、扶贫、环境保护、民族宗教政策和绿色可再生发展等相关情况。① 第一批太平洋岛国政治家联合考察团的访华，成功开启了中国与太平洋岛国之间的党际交往，增进了中国人民与太平洋岛国人民之间的相互了解和友谊，也进一步推动了双方的务实合作。

2012 年 5 月，第二批太平洋岛国政治家联合考察团——以萨摩亚议会议长拉乌利·施密特为团长的斐济、密克罗尼西亚联邦、萨摩亚、汤加和瓦努阿图等五国政治家联合考察团 17 人访问中国。25 日，中共中央政治局常委、全

---

① 《严隽琪会见太平洋岛国政治家联合考察团》，《人民日报》2011 年 8 月 24 日。

国政协主席贾庆林在人民大会堂会见了联合考察团,简要介绍了中国共产党领导的多党合作和政治协商制度以及中国民主政治发展情况。拉乌利表示中国共产党的执政实践为太平洋岛国提供了丰富的发展经验,太平洋岛国将继续加强同中国的交流和合作。随后,第二批太平洋岛国政治家联合考察团赴宁夏考察民族团结、生态环境保护、扶贫开发和改善民生等方面的情况。

2013 年 5 月,第三批太平洋岛国政治家联合考察团——巴布亚新几内亚副议长韦斯利率密克罗尼西亚联邦、巴布亚新几内亚、萨摩亚、汤加、瓦努阿图、所罗门群岛代表组成的太平洋岛国政治家联合考察团①12 人访华,全国政协副主席、中共中央对外联络部部长王家瑞予以会见。随后,联合考察团还莅临广东汕头,考察了汕头的水产品加工企业、汕头造船厂和汕头市城乡规划展示厅等。随后,联合考察团还与全国政协副主席、中联部部长王家瑞在北京就中国与太平洋岛国关系等深入交换了看法。

2014 年 7 月,第四批太平洋岛国政治家联合考察团——以瓦努阿图瓦库党主席、前总理爱德华·纳塔佩为团长,由来自瓦努阿图、密克罗尼西亚联邦、萨摩亚、所罗门群岛等国的 14 名政治家和媒体代表组成的考察团访华,并考察了中国优质农业的发展。

截至 2024 年,已有 10 批太平洋岛国政治家代表团访问中国。

2. 中共代表团访问斐济

2011 年 5 月 15—16 日,中共中央委员、西藏自治区党委书记张庆黎率中国共产党代表团访问斐济,并会晤斐济总理姆拜尼马拉马。

2013 年 3 月 13—14 日,应斐济外交部邀请,中联部副部长刘结一率中共友好代表团访问斐济,与斐济外交、司法和行政部门官员进行了座谈,着重介绍了中共十八大和两会情况,强调中国将继续高举和平、发展、合作、共赢的旗帜,推动建立持久和平、共同繁荣的和谐世界,维护亚太地区良好发展势头

---

① 《中国共产党对外交往简讯》,人民网,http://cpc.people.com.cn/n/2013/0726/c187710-22335595.html 。

和发展中国家利益。

2014 年 1 月 18—20 日，中联部副部长于洪君率中共友好代表团访问斐济，分别会见斐总理姆拜尼马拉马、总检察长赛义德—海尤姆（Aiyaz Sayed-Khaiyum）、外长昆布安博拉等，表示"中国尊重斐济人民根据国家特点选择自主发展道路，相信斐济人民有能力建设好自己的国家"，并与部分斐政要学者举行座谈，宣介中共十八届三中全会精神，强调中国全面深化改革推动中国经济社会持续健康发展，将为中斐经贸、生态、人文等领域合作创造新机遇。[①]

2015 年 12 月 4—6 日，国务院发展研究中心原副主任刘世锦率中共友好代表团访问斐济，会见了斐济代理外长、土地和矿产资源部部长梅雷塞伊妮·乌尼万加，接受《斐济太阳报》资深主编麦伊卡·博拉蒂基采访，向我驻斐使馆外交官、驻斐媒体和中资企业代表等作十八届五中全会精神专题报告。[②]

五、其他交流与合作

在海洋合作、地方合作等方面，中斐关系也有了新的进展。1998 年广西北海市与斐济首都苏瓦市结为友好城市。2010 年 10 月，浙江省杭州市与斐济楠迪结为友好城市。2013 年 11 月，深圳市与苏瓦市缔结友好城市。

1. 海洋合作出现新进展

为了加强中斐海洋合作，2014 年 8 月 14 日，国家海洋局副局长陈连增率团访问斐济。在与斐济总理府代理常务秘书纳波特等人的座谈中，陈连增充分肯定了斐济在南太平洋中心的地理优势和未来海洋区域合作的重要性，指出中斐两国都是重要的海洋国家，海洋为两国的发展提供了机遇，同时海平面上升和海洋灾害等问题也是双方共同面临的挑战。因此，加强双方在海洋领域的合

---

① China vice minister visits Fiji, http://www.fiji.gov.fj/Media-Center/Press-Releases/CHINA-VICE-MINISTER-VISITS-FIJI.aspx。

② 《刘世锦率中共友好代表团访问斐济》，中新网，2015 年 12 月 6 日，http://www.gov.cn/xin-wen/2015-12/06/content_5020489.htm。

作符合两国的共同利益。同时，希望能够在深海资源勘探开发、防灾减灾、海洋环境保护等领域开展广泛务实的合作。纳波特感谢陈连增副局长的建议，表示愿意与中方开展海洋领域的合作，深化两国合作关系。

2.地方交流与互访频繁

2006 年温家宝总理访问斐济后，中斐之间的地方交流与合作也日渐频繁。北京、上海、浙江、广东和山东等省市的领导纷纷率团访问斐济，与斐济建立友好省市关系，或缔结友好城市。

2010 年 10 月，浙江省委副书记、省长吕祖善率浙江省代表团访问斐济，双方就加强在旅游、商贸、农业和水电资源开发等领域达成了共识，浙江省与斐济巴省建立了友好交流关系。

12 月 16—17 日，应斐济苏瓦特别行政官乌玛瑞尔邀请，广东省人民政府外事办公室副巡视员郑永驹率广东省友好代表团访问斐济。在苏瓦期间，代表团会见了乌玛瑞尔，双方就增进广东和苏瓦两省市人民之间的了解和友谊，巩固并发展两地交流合作交换了意见。郑永驹和乌玛瑞尔还签署了《中华人民共和国广东省与斐济群岛共和国苏瓦市发展友好交流与合作关系备忘录》，双方将在经贸、旅游、文化、渔业等方面开展交流与合作，两省市领导和有关部门保持经常性联系，促进共同发展。访问期间，代表团还访问了斐济逸仙学校，并与斐济华人教育协会会长余倩庄等就逸仙学校和广东省中山市中山纪念学校建立友好学校关系交换了意见。2013 年 11 月 17 日，深圳市市长许勤与斐济苏瓦市市长钱德拉坎特·乌马里亚签署《中华人民共和国深圳市与斐济共和国苏瓦市友好交流合作备忘录》，两城正式缔结为友好交流城市。

第四节 中斐战略伙伴关系的确立与提升（2014— ）

2014 年 11 月 21 日，中国国家主席习近平开始对斐济进行国事访问，并在斐济会晤建交的太平洋岛国领导人。这不仅是中斐关系史上的一件大事，而且是中斐建交近 40 年以来，中国国家主席对斐济进行的第一次国事访问，充分体现了"一带一路"倡议下中国对斐济的尊重与重视。正是在这次访问中，习主席与斐济总统奈拉蒂考、总理姆拜尼马拉马就加强双边关系进行充分磋商，共同将中斐关系推向相互尊重、共同发展的战略伙伴关系。

2018 年 11 月，习近平主席对巴布亚新几内亚进行国事访问并同建交太平洋岛国领导人集体会晤，将中国岛国关系提升为相互尊重、共同发展的全面战略伙伴关系；2019 年，中国同所罗门群岛建交，同基里巴斯复交，2024 年，中国与瑙鲁复交，推动中斐关系进一步提升。在中斐相互尊重、共同发展的全面战略伙伴关系的指导下，两国政治互信和互利合作都达到了历史最高水平，经贸投资合作方兴未艾，文化、教育、航空及非传统安全等领域合作快速发展。

一、"一带一路"倡议与习近平主席访问斐济

1."一带一路"倡议的提出

"一带一路"是指"丝绸之路经济带"和"21 世纪海上丝绸之路"的简称，"一带一路"倡议是习近平主席根据国内外发展形势，统筹国际国内大局，为实现中华民族伟大复兴中国梦而提出来的。它既是新时期中国对外开放的重大举措，也是全球化与区域化再平衡的重要构想。

2013 年 9 月 7 日，习近平主席在哈萨克斯坦纳扎尔巴耶夫大学发表题为《弘扬人民友谊　共创美好未来》的重要演讲，盛赞中哈传统友好，全面阐述中国对中亚国家睦邻友好合作政策，倡议用创新的合作模式，共同建设"丝绸之路经济带"，将其作为一项造福沿途各国人民的大事业。① 10 月，习近平主席在出席亚太经济合作组织领导人非正式会议期间，在印度尼西亚国会发表题为《携手建设中国—东盟命运共同体》的重要演讲，提出中国愿同东盟国家加

① 《弘扬人民友谊　共同建设"丝绸之路经济带"》，《人民日报》2013 年 9 月 8 日第 1 版。

强海上合作，发展海洋合作伙伴关系，共同建设"海上丝绸之路"。习近平主席的两次讲话为"一带一路"倡议指明了前进方向。

"一带一路"倡议提出后，党中央的重大会议、国家重要政策文件和领导人在外事活动中多次提及。2013年11月，十八届三中全会通过的《中共中央关于全面深化改革若干重大问题的决定》明确指出："加快同周边国家和区域基础设施互联互通建设，推进丝绸之路经济带、海上丝绸之路建设，形成全方位开放新格局。"12月10日，习近平主席在2013年中央经济工作会议上发表讲话，指出："建设丝绸之路经济带、21世纪海上丝绸之路，是党中央统揽政治、外交、经济社会发展全局作出的重大战略决策，是实施新一轮扩大开放的重要举措，也是营造有利周边环境的重要举措。形象地说，这'一带一路'，就是要再为我们这只大鹏插上两只翅膀，建设好了，大鹏就可以飞得更高远。这也是我们对国际社会的一个承诺，一定要办好。"2014年3月5日，国务院总理李克强所作《政府工作报告》中也提出"要抓紧规划建设丝绸之路经济带、21世纪海上丝绸之路"。

2015年3月28日，国家正式发布了《推动共建丝绸之路经济带和21世纪海上丝绸之路的愿景与行动》，明确了"一带一路"的时代背景、共建原则、框架思路、合作重点、合作机制以及中国及各地方的行动。这标志着"一带一路"倡议的正式形成。"一带一路"不是一个实体和机制，而是合作发展的理念和倡议，是依靠中国与有关国家既有的双多边机制，借助既有的、行之有效的区域合作平台，旨在借用古代"丝绸之路"的历史符号，高举和平发展的旗帜，主动地发展与"一带一路"共建国家的经济合作伙伴关系，共同打造政治互信、经济融合、文化包容的利益共同体、命运共同体和责任共同体。"一带一路"的建设不仅不会与上海合作组织、欧亚经济联盟、中国—东盟等既有合作机制产生重叠或竞争，还会为这些机制注入新的内涵和活力。①

---

① 《高层大讲堂》编写组编著：《高层大讲堂：十八大以来中央政治局集体学习的重大议题》，红旗出版社2016年版，第192页。

2. 2014 年习近平主席访问斐济

随着"一带一路"倡议的提出，"一带一路"建设不断向前推进。就南太地区而言，最重要的举措就是 2014 年习主席对斐济的国事访问。

2014 年 11 月 21 日，习主席乘坐的专机抵达斐济的楠迪国际机场，斐济方面按照当地给予最尊贵客人的礼遇，专门为习主席的专机设置"水门""洗尘"，斐济总理姆拜尼马拉马夫妇亲自在舷梯旁迎接，并在机场举行隆重欢迎仪式，当地民众挥舞着中斐两国的国旗沿途迎接。晚上，姆拜尼马拉马总理为习主席和夫人彭丽媛举行传统欢迎仪式，由斐济原住民敬献了"五重大礼"，即："献鲸鱼牙""献草席""献洋格纳树""献卡瓦汁"和"献烤乳猪"。这"五重大礼"是斐济给予最尊贵客人的最高礼遇，充分体现出斐方珍视两国传统友谊，并以此感谢中国一直以来给予的支持和帮助，也彰显了斐济领导人和人民对中国国家主席的欢迎与热爱。

在对斐济进行国事访问之际，国家主席习近平在斐济《斐济时报》和《斐济太阳报》发表题为《永远做太平洋岛国人民的真诚朋友》的署名文章。指出："斐济是最早同中国建交的太平洋岛国，中斐拥有深厚的传统友好基础。建交以来，两国各层级交往频繁，务实合作成果显著，在多边事务中相互支持。我期待着通过这次访问，增进政治互信，加强经贸、农林渔业、旅游等领域合作，扩大人文交流，深化多边协调和配合，把中斐传统友谊提升到新水平。"表示中国作为岛国的真诚朋友，中国愿意在相互尊重和平等相待的基础上，深化双方互利合作，为支持岛国加快发展提供更多帮助，实现共同发展和共同繁荣。希望中国与太平洋岛国要做"同甘共苦、守望相助的好兄弟"、"合作共赢、共同发展的好伙伴"和"相知相亲、常来常往的好朋友"。[①] 此访具有划时代意义，是中斐关系的重要里程碑。

———————————

① 《习近平在斐济媒体发表署名文章》，新华社，2014 年 11 月 21 日，http://news.xinhuanet.com/world/2014-11/21/c_1113342112.htm。

二、中斐战略伙伴关系的确立

访问期间，习主席与斐济总统奈拉蒂考和总理姆拜尼马拉马在楠迪进行了正式会晤，双方在回顾中斐关系 40 年历史的基础上，共同擘画了中斐关系蓝图，把中斐关系从重要伙伴关系提升为相互尊重、共同发展的战略伙伴关系。

1. 会晤斐济总统与总理，共同擘画中斐关系蓝图

11 月 21 日，习主席在下榻的宾馆会晤斐济总统奈拉蒂考，强调中方把斐济视为太平洋岛国地区真诚朋友和重要伙伴，坚定支持斐济人民自主选择适合本国国情的发展道路，支持斐方发展经济、改善民生，支持斐方在国际场合的合理诉求。中方愿同斐方加强各层级交往，扩大务实合作，推动两国关系得到更大发展。奈拉蒂考则表示，斐方感谢中方长期提供的支持和帮助。斐济正致力于国家稳定和发展，把发展对华关系作为斐济"向北看"外交政策的基石，希望加强同中国的合作。[①]

在与斐济总理姆拜尼马拉马举行会谈时，习主席再次表达了中方对斐济的重视，表示中方愿同斐方保持高层和各级别交往势头，加强合作，推动中斐关系不断向前发展。他指出，斐济交通便利，农林渔业和矿产等资源丰富，大力推动"绿色增长"，中国有资金、技术、市场优势。双方应该发挥互补优势，提高合作水平。中方欢迎更多斐济优势产品对华出口，支持斐方开发中国旅游市场，鼓励中国企业赴斐投资。中方将一如既往帮助斐济发展经济、改善民生，实施好斐方小水电站、农业开发、公路改造、桥梁建设等项目。中方将继续支持和帮助斐济应对气候变化。中方将在斐济设立中国文化中心，继续派遣医疗、文艺团组到斐济等岛国巡诊巡演，促进人文交流。中方感谢斐方协助中国政府开展海外追逃追赃工作，希望继续加强两国执法合作。中方愿同斐方共同举办好中国—太平洋岛国领导人集体会晤，推动中国和岛国整体关系深入发

---

① 《习近平会见斐济总统奈拉蒂考》，中国外交部网站，2014 年 11 月 21 日，http://www.fmprc.gov.cn/mfa_chn/wjdt_611265/gjldrhd_611267/t1213564.shtml。

展。习主席还强调中斐合作的几个重点领域：农林渔业矿产领域，两国可优势互补；中方支持斐方开发中国旅游市场，欢迎斐方优势产品对华出口；鼓励中国企业赴斐投资；中方将继续在农业开发和基础设施领域帮助斐方改善民生；中方通过设立中国文化中心等方式促进人文交流；围绕中国政府在海外追逃追赃工作加强两国执法合作。姆拜尼马拉马总理感谢中国给予的支持和帮助，表示斐方珍视两国传统友谊，做中国的好伙伴始终是斐济对华关系的出发点，希望同中方保持政治交往，加强经贸合作，扩大人文交流，促进本国经济社会发展。斐方欢迎中方积极参与太平洋岛国事务。①

会谈后，两国领导人共同出席了两国政府经济技术合作协定、互免签证等合作文件签字仪式。特别值得一提的是，中方宣布将在斐济设立中国文化中心，这意味着斐济未来建立的中国文化中心，将成为在斐济甚至整个太平洋岛国传播中国文化的重要基地。习近平主席与奈拉蒂考总统和姆拜尼马拉马总理的会晤，是中国与斐济举行的最高层次的会晤，通过这次面对面的磋商，两国领导人就进一步地深化发展中斐两国的友好关系，加强各领域的交流合作深入交换意见，共同规划了未来中斐关系的发展蓝图。

2.选择在斐济会晤其他建交岛国领导人，凸显斐济在太平洋岛国的地位

在对斐济进行国事访问之际，习主席还在楠迪会晤了其他建交太平洋岛国领导人，包括密克罗尼西亚联邦总统莫里、萨摩亚总理图伊拉埃帕、巴布亚新几内亚总理奥尼尔、瓦努阿图总理纳图曼、库克群岛总理普纳、汤加首相图伊瓦卡诺、纽埃总理塔拉吉举行集体会晤，共商合作发展大计。对于会晤地点的选择，充分显示了中国对斐济的尊重与重视。

这一选择一方面表明了中国对斐济的尊重与重视，另一方面也彰显了中方对姆拜尼马拉马总理执政能力的认可，为姆拜尼马拉马当选后中斐关系的发展奠定了良好的基础。

① 《习近平同斐济总理姆拜尼马拉马举行会谈》，中国外交部网站，2014年11月22日，http://www.fmprc.gov.cn/mfa_chn/wjdt_611265/gjldrhd_611267/t1213728.shtml。

3. 以中斐关系为基础，推动中国—太平洋岛国关系发展

在与建交岛国领导人会晤中，中方与岛国领导人一致同意建立相互尊重、共同发展的战略伙伴关系，并就新形势下发展和提升中国同太平洋岛国关系提出建议：

第一，建立相互尊重、共同发展的战略伙伴关系。中方尊重各岛国自主选择符合本国国情的社会制度和发展道路，支持岛国以自己的方式管理和决定地区事务，支持岛国平等参与国际事务、维护自身合法权益。

第二，加强高层交往。中方欢迎岛国领导人访华，为双方关系做好战略规划和顶层设计，愿同岛国扩大政府部门、立法机构、政党对话交往，继续办好中国—太平洋岛国经济发展合作论坛等机制性对话。

第三，深化务实合作。中方提出了建设 21 世纪海上丝绸之路倡议，真诚希望同各岛国分享发展经验和成果，真诚欢迎岛国搭乘中国发展快车，愿同岛国深化经贸、农渔业、海洋、能源资源、基础设施建设等领域合作，将为最不发达国家 97% 税目的输华商品提供零关税待遇。中方将继续支持岛国重大生产项目以及基础设施和民生工程建设。

第四，扩大人文交流。未来 5 年，中国将为岛国提供 2000 个奖学金和 5000 个各类研修培训名额。中方愿同岛国加强各界交流，继续派遣医疗队到有关岛国工作，鼓励更多中国游客赴岛国旅游。

第五，加强多边协调。中方愿同各岛国就全球治理、扶贫减灾、粮食安全、能源安全、人道援助等问题加强沟通，维护双方和发展中国家共同利益。中方将在南南合作框架下为岛国应对气候变化提供支持，向岛国提供节能环保物资和可再生能源设备，开展地震海啸预警、海平面监测等合作。中方将继续积极参与太平洋岛国论坛、太平洋岛国发展论坛等岛国地区合作机制，支持岛国联合自强、互帮互助、维护地区稳定和繁荣的努力。

第六，习近平用一句斐济的谚语"一颗花蕾将孕育出千百万个果实"、中国古语"春种一粒粟，秋收万颗子"表达中国与太平洋岛国关系的期望，指出中国同太平洋岛国关系正站在新的历史起点上，中国愿同各岛国一道努力，求

友谊之真，务合作之实，结共赢之果，共圆发展繁荣和谐之梦。①

习主席访问斐济，是中斐关系史上具有里程碑意义的一件大事。此后，两国领导人按照既定路线，加强了双方在政治、经济、文化、旅游、卫生等方面的交流与合作，推动双边关系走向相互尊重、共同发展的战略伙伴关系。

三、"一带一路"倡议下中斐关系的提升

2018 年 11 月，习近平主席对巴布亚新几内亚进行国事访问，并同建交太平洋岛国领导人会晤，共同将中国与太平洋岛国的关系提升至相互尊重、共同发展的全面战略伙伴关系。在这一国际大环境下，中斐关系飞速发展。斐济积极融入"一带一路"建设，成为中国"一带一路"建设在南太平洋的重要合作伙伴。在这一大的框架下，双方经贸合作飞速发展，高层交往愈益频繁，政党交往、议会往来、民心沟通等也都迈上一个新台阶。2018 年 11 月《中华人民共和国政府与斐济共和国政府关于共同推进丝绸之路经济带和 21 世纪海上丝绸之路建设的谅解备忘录》的签署，则翻开了中斐关系的新篇章。

1. 斐济率先加入亚投行

亚投行是亚洲基础设施投资银行（Asian Infrastructure Investment Bank，简称 AIIB）的简称，是中国在经济进入新常态后，面对全球层面新兴大国异军突起、亚洲基础设施落后，而中国拥有在资金、技术和经验等方面巨大优势的背景下，由中国首先倡议并得到多国支持的共同发展平台。2013 年 10 月 2 日，习近平主席在雅加达同印度尼西亚总统苏西洛会谈时，倡议筹建亚洲基础设施投资银行，促进本地区互联互通建设和经济一体化进程，并表示愿向包括东盟国家在内的本地区发展中国家基础设施建设提供资金支持。新的亚洲基础设施投资银行将同域外现有多边开发银行合作，相互补充，共同

---

① 《习近平同太平洋岛国领导人举行集体会晤并发表主旨讲话》，中华人民共和国外交部网站，2014 年 11 月 22 日，http://www.fmprc.gov.cn/mfa_chn/zyxw_602251/t1213755.shtml。

促进亚洲经济持续稳定发展。① 同月，李克强总理在出访东南亚时，再次提出筹建亚投行的倡议。

中国的这一倡议得到了诸多国家的响应。2014 年 10 月 24 日，中国、印度、孟加拉国、文莱、柬埔寨、哈萨克斯坦、科威特、老挝、马来西亚、蒙古国、缅甸、尼泊尔、阿曼、巴基斯坦、菲律宾、卡塔尔、新加坡、斯里兰卡、泰国、乌兹别克斯坦和越南等 21 个首批意向创始成员国的财长和授权代表在北京正式签署《筹建亚投行备忘录》，决定成立亚洲基础设施投资银行，标志着这一中国倡议设立的亚洲区域新多边开发机构的筹建工作进入新阶段。

2015 年 6 月 29 日，57 个意向创始成员国财长或授权代表在北京签署《亚洲基础设施投资银行协定》。12 月 25 日随着 17 个已批准《亚洲基础设施投资银行协定》的意向创始成员国提交批准书，股份总和达到《协定》规定的生效条件，亚洲基础设施投资银行正式成立。2016 年 1 月 16 日，亚投行在钓鱼台国宾馆举行开业仪式，正式开张运营。

2017 年 3 月 23 日，亚投行在原有 57 个创始成员的基础上，进行第一次扩容，吸纳了包括斐济在内的 5 个亚太经济体(其余 4 个为阿富汗、亚美尼亚、中国香港和东帝汶) 以及比利时、加拿大、埃塞俄比亚、匈牙利、爱尔兰、秘鲁、苏丹、委内瑞拉等 8 个非域内经济体参加。斐济成为第一个加入亚投行的太平洋岛国。

2. 参加首届"一带一路"国际合作高峰论坛

为了共商合作大计，共建合作平台，共享合作成果，让"一带一路"建设更好造福各国人民，② 2017 年 5 月 14 日至 15 日，"一带一路"国际合作高峰论坛在北京举行，来自 100 多个国家的各界嘉宾齐聚北京，共商"一带一路"建设合作大计。最终，会议达成 5 点重要共识：第一，致力于推动"一带一路"

---

① 《中国印尼关系提升为全面战略伙伴关系》，《人民日报》2013 年 10 月 3 日。
② 《"一带一路"国际合作高峰论坛举行圆桌峰会》，《人民日报》2017 年 5 月 16 日。

建设合作，携手应对世界经济面临的挑战；第二，支持加强经济政策协调和发展战略对接，努力实现协同联动发展；第三，推动各领域务实合作不断取得新成果；第四，架设各国民间交往的桥梁；第五，坚信"一带一路"建设是开放包容的发展平台，各国都是平等的参与者、贡献者、受益者。各方通过了《"一带一路"国际合作高峰论坛圆桌峰会联合公报》，并发表了"一带一路"国际合作高峰论坛成果清单。

斐济作为唯一的太平洋岛国受邀参加了此次高峰论坛。在参加论坛之前，斐济总理姆拜尼马拉马在首都苏瓦接受采访，高度评价了"一带一路"建设成果，认为"一带一路"建设是有关地区间的合作，希望在地区间合作方面得到支持，并将这些支持带回到南太平洋岛国地区，特别是斐济。而"一带一路"国际合作高峰论坛，不仅是与中国领导人见面的机会，还是与国际社会接触的良机，希望通过参加这次论坛，进一步了解"一带一路"建设，并从中学到东西。① 姆拜尼马拉马总理也希望通过此次论坛，推动中斐关系走向新的阶段。论坛结束后，中国与斐济签署经贸合作协议，斐济与中国的经济合作进一步加强。

2019 年 4 月 26 日，第二届"一带一路"国际合作高峰论坛开幕式在北京举行，斐济工业、贸易和旅游部长库马尔等人与会，认为中国提出的"一带一路"倡议为包括斐济在内的南太平洋地区与中国实现互利共赢提供了良机。2023 年 10 月 19 日，第三届"一带一路"国际合作高峰论坛在北京举办，斐济副总理兼旅游和民航部长加沃卡携代表团来华并出席。该论坛成为中国与"一带一路"国家共同发展、合作共赢的重要平台。

3. 政党交往更加频繁

从 2015 年到 2018 年，先后有四批太平洋岛国政治家联合考察团来华学习、访问。

① 《斐济总理畅叙"一带一路"建设：促进地区间合作》，中国新闻网，2017 年 5 月 11 日，http://www.chinanews.com/gj/2017/05-11/8221612.shtml。

2015 年 10 月，第五批太平洋岛国政治家联合考察团——以库克群岛副议长布朗为团长，由库克群岛、密克罗尼西亚联邦、巴布亚新几内亚、瓦努阿图等国代表组成的第五批太平洋岛国政治家联合考察团一行 17 人访华。

2016 年 9 月，第六批太平洋岛国政治家联合考察团——以汤加议会全体委员会主席费费塔、司法大臣武纳为团长的汤加、萨摩亚、密克罗西亚联邦、库克群岛等太平洋岛国政治家联合考察团 19 人访华。随后，联合考察团赴福建考察当地代表性台资企业泉州安鼎体育用品有限公司及晋江闽南水产开发有限公司等。

2017 年 9 月，第七批太平洋岛国政治家联合考察团访华，进一步增进了中国人民与太平洋岛国人民之间的相互了解和友谊，也有效推动了双方的务实合作，特别是共建"一带一路"。

2018 年 7 月，由密克罗尼西亚联邦国会副议长艾斯蒙德·摩西为团长的第八批太平洋岛国政治家联合考察团访华，并赴广西八桂田园参观考察，学习和了解广西热带水果种植和现代农业发展经验。

2021 年是中国共产党成立 100 周年，5 月 28 日，中共中央对外联络部以视频连线方式举行中国—太平洋岛国政党对话会，斐济、萨摩亚、巴布亚新几内亚、瓦努阿图、密克罗尼西亚联邦、库克群岛、汤加、纽埃、所罗门群岛、基里巴斯等 10 个建交太平洋岛国代表与会。该对话会成为中国与太平洋岛国交往的重要平台，此后，双方每年均举办对话会，推动双边政党关系发展。

4. 议会关系愈益紧密

2015 年 9 月 14—23 日，应澳大利亚、斐济、新西兰三国议会外委会邀请，全国人大外事委员会傅莹率团对三国进行友好访问。在斐济期间，代表团拜会了议长卢维尼，会晤外交部长昆布安博拉，与议会外委会两党议员举行座谈。

2017 年 12 月 14—16 日，全国人大常委会副委员长、中国国际交流协会会长严隽琪应斐济议会邀请访问斐济，会见斐济议长鲁维尼，并同斐济学者、媒体代表座谈，介绍中共十九大主要精神，并就加强双边关系、民间交流与斐方交换意见。① 在斐济期间，严隽琪还参观了我援斐济菌草技术示范中心项目。

为加强我国人大和斐济议会间的交流合作，了解中国发展成就、全过程人民民主和双边合作成果，2023 年 6 月 8 日，斐济议会副议长奎里奎里塔布阿率斐济议会代表团访问江门，参观考察全国人大常委会法工委江海基层立法联系点和活动中心以及中国—太平洋岛国防灾减灾合作中心。

5. 民心相通又见成效

这一时期中斐两国的民心相通突出表现为中国文化中心在斐济的设立，以及一批中斐友好城市的缔结。

（1）斐济中国文化中心成立

为了让更多的斐济民众了解、学习中国文化与艺术，增进斐中人文交流与合作，2015 年 12 月 15 日，中国文化中心在斐济首都苏瓦揭牌，中国文化部副部长丁伟率中国政府文化代表团出席。斐济中国文化中心的成立是中斐友好互信、合作发展的重要成果，标志着两国文化关系进入了崭新的阶段，将为增进中斐两国人民相互了解，加强中国与斐济和其他南太岛国的友好关系发展做出积极贡献。②

作为我国政府派驻南太平洋岛国的第一个官方文化机构，斐济中国文化中心根据当地实际不断打造适应当地情况的品牌活动，聚焦青少年群体、积极弘扬中华文化，通过文博展览、综艺演出、影视展播、技能培训、思想对话等形式，向当地民众介绍和分享我国优秀历史文化及发展成就，不断夯实两国相知相交的民意基础，推动中斐民心相通再上新台阶。③

（2）友好城市陆续缔结

早在 1998 年 4 月，广西北海市就与斐济首都苏瓦市结为友好城市，这是

① 《严隽琪访问斐济》，中国人大网，2017 年 12 月 18 日，http://www.npc.gov.cn/npc/xinwen/syxw/2017-12/18/content_2033807.htm。

② 《斐济中国文化中心正式揭牌》，中国外交部网站，2015 年 12 月 16 日，https://www.fmprc.gov.cn/web/zwbd_673032/gzhd_673042/t1324740.shtml。

③ 《斐济中国文化中心：不忘初心 推动中斐文化交流迈上新台阶》，《中国文化报》2018 年 3 月 26 日。

斐济与中国正式缔结的第一对友好城市。在"一带一路"倡议的推动下，浙江、广东、山东和江西等省积极行动起来，推动与斐济的友好省州（城市）建设，斐济首都苏瓦、第一大城市楠迪和第二大城市劳托卡分别与几个省份的重要城市缔结友好城市或达成友城意向书（具体参见表2—1）。

表2—1　中国与斐济的友好城市建设情况一览表

中国城市	斐济城市	缔结友城时间
广西北海市	苏瓦市	1998 年 4 月
广东深圳市	苏瓦市	2013 年 9 月
浙江绍兴市	苏瓦市	2014 年 7 与 28 日
广东广州市	苏瓦市	2015 年 6 月 1 日
浙江杭州市	楠迪市	2015 年 10 月 15 日
江西景德镇市	楠迪市（签订意向书）	2015 年 10 月 17 日
山东省泰安市	楠迪市（达成友城意向）	2022 年 11 月 14 日
广东省江门市	劳托卡市	2017 年 5 月 19 日签署意向书，2021 年正式缔结

资料来源：作者根据广东、广西、浙江、山东和江西省外事办资料整理而成。

（3）中国（上海）斐济国家馆与斐济文旅艺术中心成立

2018 年，上海浦东的中国（上海）斐济国家馆成立，成为促进中斐两国间经济、文化、教育、旅游、展示、投资、服务交流和合作的综合性双向平台；2023 年 5 月，斐济文旅艺术交流中心在广州南沙水鸟世界生态园启用，该中心的落成体现了落实搭建"一带一路"国际交流平台的成果。

6. 中斐关系再谱新篇章

2018 年 11 月 12 日，中国驻斐济大使钱波与斐济总理府常秘卡兰在苏瓦代表两国政府，正式签署《中华人民共和国政府与斐济共和国政府关于共同推进丝绸之路经济带和 21 世纪海上丝绸之路建设的谅解备忘录》，双方将按照"共商、共建、共享"原则，共同推进"一带一路"建设，推动人类命运共同体。中斐"一带一路"合作谅解备忘录的签署，不仅将极大促进两国在各个领域的交流与合作，也标志着中斐关系翻开新篇章。

第三章　中斐经贸合作

　　中斐经贸关系源远流长，1975 年建交后两国经贸关系发展更加迅猛。在农业领域，两国从最初的水稻栽培、蔬菜种植逐渐扩展到生态养殖、菌草技术和农业技术人员培训等多个领域；与此同时，随着《中斐林业合作备忘录》与《中斐部门间渔业合作谅解备忘录》的签署，两国在林业和渔业方面的合作不断加强，一批《中斐经济技术合作协定》签署。在工业、交通领域，中斐合作建厂，从事服装加工、生姜加工和木薯深加工项目；中国轻型运输机、汽车和拖拉机等纷纷销往斐济；中国企业承建公路桥梁、港口和机场等，并与斐济国立大学开展人才合作。在双边贸易中，双边贸易额不断攀升，2015 年已达建交之初的 150 倍；中国对斐济直接投资截至 2015 年年末，直接投资存量达 1.2 亿美元。2016 年，中斐双方开始正式启动自贸协定联合可行性研究。①2022 年，中斐贸易额为 5.48 亿美元，同比增长 21.6％。②2023 年，中斐双边贸易额达 5.26 亿美元，中国已成为斐济第五大贸易国。③

---

① 《中国外交政策和中斐关系——驻斐济大使张平在南太平洋大学的演讲》，中国外交部官网，2016 年 5 月 31 日，http://www.fmprc.gov.cn/web/dszlsjt_673036/ds_673038/t1368457.shtml。
② 《中国同斐济的关系》，中国外交部官网，2023 年 10 月。
③ （中国驻斐济大使）周剑：《大小国家平等相待、友好合作的典范》，《人民日报》2024 年 8 月 5 日。

第一节　农业交流与合作

农业合作是中斐全面战略伙伴关系的重要内容，自建交以来两国农业合作机制逐步健全，合作领域不断拓展，农业技术合作及农产品贸易稳定发展。在水稻栽培、蔬菜种植、菌草技术、生态养殖以及渔业生产等方面取得了积极成效。

一、农业种植与生态养殖合作

（一）水稻种植与技术合作

水稻并非斐济的传统食物，而是伴随着移民在近代才传入斐济的。斐济独立以来，随着斐济人食品结构的变化，人们食用稻米的比例逐渐增大。然而到2005年，斐济全国常年水稻种植面积仅8400公顷（12.6万亩），平均产量每公顷1.94吨（258斤/亩），总产量约1.5万吨。人均每年稻谷消耗量64公斤，水稻自给率为25%，75%依赖进口。仅大米进口一项，斐济每年的花费就高达4000万美元。[①]

为了解决水稻自给问题，早在1978年斐济总理马拉访华时就一再表示，斐济要学习中国自力更生的精神，充分利用斐济优良的自然条件，努力实现蔬菜和粮食的自给。返回斐济后，马拉总理参照中国的做法，在斐济的第二大岛——瓦努阿岛上大面积推广水稻种植。此后的斐济领导人也都大力推动传统水稻种植向现代化、机械化方向转变，以实现大米自给自足，保障粮食安全。但由于种植技术较为落后，水稻种植问题一直是斐济政府的一大

[①] 《斐济农业部称赞我对斐农业援助项目，表示愿与中方一道发展斐济农业》，驻斐济经商参赞处，2018年10月26日，http://www.mofcom.gov.cn/article/i/jyjl/l/201810/20181002799963.shtml。

中斐关系史

难题。

1.1982 年签署中国帮助斐济开发稻田的议定书

为了提高斐济人的水稻种植技术，1982 年 11 月 22 日，中国帮助斐济开发稻田的议定书在斐济首都苏瓦签字。中国驻斐济大使申志伟和斐济农业和渔业部长乔纳蒂·玛沃阿分别代表两国政府在议定书上签字。议定书规定，中国将以贷款的形式资助斐济政府开发大约 60 公顷稻田，并提供小型农业机械和有关水稻种植的专门技术。① 1983 年水稻田开垦工程动工，到 1984 年共开垦稻田五十多公顷移交给斐济政府，由斐方分配给当地 20 多位农民耕种。②

2.1983 年签订《关于水稻田项目的备忘录（代合同）》

1983 年 7 月 29 日，中国成套设备出口公司与斐济农渔业部签订《关于水稻田项目的备忘录（代合同）》。1984 年两国签订开发稻田的议定书，中国以贷款方式资助斐济开发 90 公顷的稻田，并提供小型农业机械和有关水稻种植的技术。

3.派遣农业专家前往斐济传授水稻种植技术

根据 1986 年 3 月 27 日和 6 月 10 日中斐两国政府换文，1986 年 10 月至 1988 年 7 月，中方派出三名农技专家到斐济纳乌瓦水稻垦区向当地农民传授水稻种植技术。此后，中国水稻种植方面的专家和科技人员不断被派往斐济，使越来越多的斐济人受益，他们学会了水稻种植技术，因此大米也越来越成为斐济民众喜爱的粮食作物。

4.启动南南合作（SSC）—水稻振兴工程项目

进入 21 世纪以后，随着人们食物结构的改变，斐济对大米的需求量逐年增加，加之国际市场对糖的需求减少，为了安置蔗农，提高水稻自给率，减少外汇支出，斐济政府把发展水稻生产列入重要议事日程，在联合国粮食及农业组织（FAO）的资助下，于 2005 年正式启动水稻振兴工程项目。2005 年 6 月

① 《我国帮助斐济开发稻田议定书签字》，《人民日报》1982 年 11 月 23 日第 6 版。
② 周锡生：《胡启立参观中国援助斐济的农业项目》，《人民日报》1985 年 4 月 23 日。

至 2006 年 12 月，中国农业部国际交流中心、湖南省农业厅派遣杨自强前往斐济，负责实施南南合作（SSC）—水稻振兴工程项目。

在斐济，杨自强在不同的季节，采用不同的品种建立了三丘水稻示范田。第一丘示范田面积 2520m^2（60m×42m），品种为当地的一个中熟常规稻优质改良品种 NuiNui，收割晒干后实际产量为 6.071 吨 / 公顷（809 斤 / 亩），当地的平均产量在 2.5 吨 / 公顷（330 斤 / 亩）左右，全国平均亩产只有 258 斤（1.94 吨 / 公顷）。第二丘示范田面积 1728m^2，品种为"21191"，产量为 6.15 吨 / 公顷（820 斤 / 亩）。第三丘示范田面积 676m^2，品种为"21191"，亩产 914 斤（6.855 吨 / 公顷）。

此外，他还为北岛地区 3 个省的政府官员、农业技术人员和农民在示范田旁边讲课 10 次，培训 500 余人次。培训内容主要针对当地当前水稻生产中存在的突出问题，以高产示范田、田间试验及大田生产调查所取得的第一手资料为基础，并结合不同农事季节和水稻不同生育阶段所拍的照片，现场回答听课者所提出的问题，效果良好。斐济农业部部长基安尼·南德（Gyani Nand）、国务大臣约瑟法·蒂姆瑞（Josefa Dimuri）专程来示范基地进行视察；联合国粮食及农业组织驻斐济总代表吐布纳（Tubuna），斐济农业部常务副部长帕拉·塔乌克伊（Paula Taukei），各省农业厅厅长，北岛地区 3 个省的农业官员、科研人员、农技推广人员及种粮大户和斐济农学院的师生等专程赶到现场，听取经验；斐济农业部唯一的官方杂志《农业简报》（2006 年第 2 期）刊登了杨自强在示范田作技术指导的两张照片。

中方在斐济开展的水稻种植技术援助项目通过传授新技术和提供现代化农机具为重振斐济水稻产业提供帮助，对斐济减少对进口粮食的依赖，抵御国际粮价波动具有重要意义。2016 年 7 月 12 日，斐济总统孔罗特参观了中国援斐水稻技术合作项目并表示中国援斐水稻项目对斐济重振水稻产业、实现粮食生产自给自足、保障粮食安全、推进农业现代化具有重要意义。①

---

① 《斐济总统孔罗特参观中国援斐水稻技术合作项目》，商务部官网，2016 年 7 月 14 日。

5. 成立中斐合资经营企业

2006 年 9 月，根据斐济新任农业部长基安尼·南德的提议，斐济政府内阁批准斐济政府与中国湖南省水稻公司成立合资经营企业。南德部长称，斐济雷瓦（Rewa）稻米公司对与中国湖南省水稻公司成立合资经营企业很感兴趣。中国农业部也确认，将以南南合作形式继续支持斐济发展水稻产业，并将派遣至少 5 名水稻专家赴斐。①

6. "援斐济北岛农业发展技术援助项目"

斐济北岛农业发展技术援助项目是中国对斐济的无偿援助项目，2012 年中国农业部对外经济合作中心完成《斐济北岛农业发展可行性研究报告》，2014 年 11 月 15 日由商务部合作局签发授标，2014 年 11 月 29 日，中国山东对外经济技术合作集团有限公司与斐济农业部正式签订援斐济北岛农业发展项目对外实施合同，项目为期两年，从 2015 年 1 月 1 日至 2016 年 12 月 31 日。项目主要内容：中方派遣 6 名技术专家赴斐济工作两年，进行水稻育种、种植示范、技术推广等合作交流并在当地培训斐方技术人员；斐方选派 10 名农业部门官员和高级专业技术人员来华参加为期 15 天的"水稻产业发展与生产管理培训班"；援助适用当地的农机装备和小型农机具，并选派 4 名专家赴现场工作 30 天，提供设备安装调试、使用和维修保养等售后服务；经甲方批准，根据国外技术组实际需要，在项目援款项下为乙方提供部分固定资产，包括交通工具、专用设备、生活设备、办公设备等。通过物资援赠、技术培训，培养出一批既懂技术又具实际操作能力的国家农业技术人员，提升该国水稻生产的综合实力，帮助斐济建立健全农业推广体系，全面振兴水稻产业，逐步改善、解决斐济粮食安全问题。②

① 《斐济内阁批准斐政府与我湖南省水稻公司成立合资企业》，中华人民共和国驻斐济大使馆经济商务参赞处，2006 年 9 月 18 日，http://fj.mofcom.gov.cn/article/jmxw/200609/20060903188021.shtml。

② 《王秀东任技术组组长随团赴斐开展"中国援斐济北岛农业发展技术援助项目"检查验收》，中国农业科学院农业经济与发展研究所，http://www.iae.org.cn/html/145/2017/2017011211012 2890964243/20170122110122890964243_1.html。

中国援助斐济北岛农业发展项目取得可喜成果，2016 年 12 月 15 日，由农业部对外经济合作中心组成"援斐济北岛农业发展项目"验收组，赴斐济执行检查验收任务。通过召开工作座谈会、问卷调查、入户调查及清点工作，验收组发现中国援斐济农业发展项目，不仅使斐济水稻平均产量由以前的 2 吨 / 公顷提高到 6 吨 / 公顷，而且机械化应用程度、生产者生产技能等都得到极大提升。斐济农业部常务秘书吉坦德拉·辛格（Jitendra Singh，副部级）指出，中国援斐济农业发展项目，不仅提高了当地水稻产量、机械化应用程度，还提升了生产者生产技能，斐方愿与中方继续加强合作，并热切期望能够就此开展二期项目，延续已经取得的技术成果，切实帮助斐济提高粮食保障水平。

2018 年 10 月，袁隆平农业高科技股份有限公司与斐济农业部签署援助斐济北岛农业发展项目（第二期）实施方案确认书，中国水稻种植领域专家将与斐济农业官员密切合作进行水稻种植实验，推广中方优质杂交水稻品种。斐农业部副秘书长苏瓦拉瓦（Jone Sovalawa）期待斐农业部水稻团队与中国专家通力合作，将斐济的水稻产量提升到新的水平，以提升斐济本土大米产量，降低大米进口数量，节省外汇，为国家经济发展做贡献。①

（二）蔬菜种植与菌草技术合作

1. 蔬菜种植

与许多太平洋岛国一样，斐济不仅蔬菜缺乏，而且蔬菜种植技术较为落后，为了提高斐济民众的蔬菜种植技术，1992—1994 年，中国政府根据两国政府换文，向斐济韦乌无偿派出两名农业专家传授蔬菜种植技术。后来，又启动了"中国援斐菌草技术合作项目"，到目前为止，中国农业专家已经在斐济培育出包括平菇、灵芝、鸡枞在内的 7 种菌类，不仅极大丰富了当地民众的菜篮子，使当地人能够吃得起营养丰富的蘑菇，而且也提高了当地人的收

---

① 《斐济农业部称赞我对斐农业援助项目，表示愿与中方一道发展斐济农业》，中国驻斐济经商参赞处，2018 年 10 月 26 日，http://www.mofcom.gov.cn/article/i/jyjl/l/201810/20181002799963.shtml。

入。中国援斐济菌草技术示范中心专家组组长林兴生表示，"普通农户只要在房前屋后种植 10 平方米的菌草平菇，一年种 4 次，就可以收获 1200 公斤平菇，收入 2 万元斐济币，合到人民币差不多是 6 万多块钱，这可比当地普通农民的年收入高得多。所以斐济当地人把菌草项目称为'来钱既简单又快'的项目。"①

2. 中国援斐菌草技术合作项目

中国援斐菌草技术合作项目是两国领导人共同确定、推动的一个中国援助斐济的合作项目。该项目的缘起应追溯到 2009 年，时任中央政治局常委、国家副主席习近平访问斐济，了解到斐济民众蔬菜缺乏的现状，因此向该国推荐了菌草技术。2014 年 8 月南京举行的"青运会"期间，习近平主席与前来参加开幕式的斐济总统孔罗特见面时再次谈到这一项目，表示："我本人十分关注菌草项目，它可以增加当地农民收入，这个项目在巴新、在非洲都取得了很大的成功，我相信它一定可以为当地人民做出贡献。"②

为了落实两国领导共同确定的项目，自 2010 年起，国际菌草技术的发明单位——福建农林大学组成由菌草技术发明人林占熺为组长的专家组，先后 8 次派专家组赴斐济开展实地考察，对斐济市场、交通、场所、气候、建设难易、项目示范见效速度等情况进行综合分析论证，并在驻斐相关中资企业的协助下，对初选场所的地质、河流、水电供应等情况进行考察，最后形成《中国援助斐济菌草技术示范中心考察报告》。《考察报告》认为，斐济消费的菌类 100%依靠进口，菌类市场价格十分昂贵，菌草业在斐济大有前景，并会影响辐射到南太平洋多个岛国。专家组最后选择在距离斐济楠迪国际机场仅有一公里的莱加莱加（Legalega）研究站作为"菌草技术示范中心"建设地，规划建设面积 7 公顷的菌草种植区，2—3 公顷的芒果园套种菌类循环利用示范区，以及 1 公顷的培训示范生产加工和生活区。通过培训、示范推广、辐射带动，

---

① "助力斐济减贫与农业发展的'幸福草'"，环球网，2023 年 10 月 9 日。

② 黄世宏：《中国援助斐济菌草项目成功落地》，中新网，2014 年 11 月 19 日，http://www.chinanews.com/gn/2014/11-19/6792405.shtml。

促进斐济菌草产业发展，为斐济开拓一个新的行业和出口创汇的新途径。

2014 年 9 月，中国援斐菌草技术合作项目正式启动，研究人员攻克斐济气温偏高不利菌菇生长等技术难题，在当地建成一条日产 5000 袋（年产 100万袋）菌袋、年产 300 吨菌草鲜菇的半自动化生产线，结束了斐济不能生产食用菌、药用菌的历史。此外，项目基地秉承"边建设、边培训、边示范、边生产"的原则，举办多期技术培训班，培训近 200 名当地菌草技术人员。经过几年来双方的共同努力和通力合作，中国在斐济援建的菌草技术示范中心已经初具规模，形成了包括菌草种植、收割、鲜菇生产和饲料生产等基础产业链，并举办技术培训班为斐济培训菌草技术人员，帮助当地 82 家农户开始种植巨菌草和菌草菇，获得了良好的社会和经济效益。

"中国援斐菌草技术合作项目"为斐济开发了一个新的产业——菌草产业，提供了一个新的产品——菌草菇，同时也极大突破了斐济畜牧业的瓶颈。斐济一年之中只有旱季和雨季，过去每到旱季来临的时候，西部地区的青饲料供应总是出现紧张，给该国的畜牧业造成不小的冲击。而菌草环境适应力强、产量高，能够解决斐济旱季饲料短缺问题，大大降低了旱季牛羊死亡率，助力斐济的畜牧业发展。它通过向越来越多斐济农民传授菌草种植技术，改变了斐济农业生产结构，增加了农民收入，有助于斐济的民生事业和减贫事业发展。对此，《斐济时报》《斐济太阳报》、斐济电视台、斐济电台等当地主要新闻媒体进行了大篇幅报道，引起广泛的反响。2015 年 7 月 17 日，姆拜尼马拉马访华时，专程考察了福建农林大学菌草研究所，还在福建农林大学国家菌草中心亲手种下一棵"斐中友谊草"。① 2016 年 6 月 29 日，斐济总统孔罗特偕夫人亲观"中国援斐菌草技术合作项目"基地时也表示，菌草项目有助于斐济开辟新的农业产业，改善民生、促进出口以及发展畜牧业。②

---

① 《斐济总理访福建种下"斐中友谊草"》，中新网，2015 年 7 月 17 日，http://www.chinanews.com/gn/2015/07-17/7412996.shtml。

② 《斐济总统孔罗特参观中国援斐菌草技术合作项目》，中国驻斐济大使馆经济商务参赞处，2016 年 6 月 30 日，http://fj.mofcom.gov.cn/article/jmxw/201606/20160601350348.shtml。

除了种植蘑菇和作为饲料，菌草还在保护环境和应对气候变化方面大有可为。中国援斐济菌草技术示范中心工作人员萨缪拉表示，"菌草根系发达，具有良好的固定土壤作用，有利于防治水土流失。一公顷的中国巨菌草（每年）可以吸收 100 吨二氧化碳，这也是应对气候变化的有效方法。"[①] 基于中斐菌草技术合作的成功实践，2023 年 3 月 22 日，中国—太平洋岛国菌草技术示范中心在斐济首都苏瓦揭牌启用，该中心在斐济的落户，不仅推动太平洋岛国的减贫脱贫工作，而且也将进一步中国与太平洋岛国的农业合作。目前，菌草项目已惠及巴布亚新几内亚、斐济、萨摩亚、汤加、瓦努阿图、所罗门群岛、基里巴斯、瑙鲁和密克罗尼西亚联邦等太平洋岛国，被称为"幸福草"和"生钱草"。

（三）生态养殖合作

作为南太平洋岛国，斐济国内少有规模养猪场，当地大部分猪肉消费要从澳洲、新西兰等邻国进口，而且猪肉价格稳定，换算成人民币高达 42 元 / 公斤，比国内价格还高。同时，斐济污染产业少，水质好，盛产优质金枪鱼，当地被废弃的金枪鱼头等饲料资源丰富，芋头等饲料价格低廉，十分有利于规模养殖业的发展。

作为拥有全国第一个生猪驰名品牌"猪八戒"的企业，浙江天天田园集团不仅是绍兴最大的养猪公司，而且养猪业告别了粗放式经营，年出栏生猪达16 万头，但受土地资源和环境的制约，想在国内沿海一带发达地区再办一个大型养猪场十分困难。2012 年年底，天天田园集团董事长葛云明随绍兴市友好经贸代表团赴斐济考察访问，发现斐济这一优势，他在与斐济总理和农业部长等人接触后，迅速与当地签订了合作备忘录。2013 年 1 月和 4 月，葛云明又先后两次到斐济考察，洽谈办养殖场一事。5 月 15 日，斐济农业部长等人专门到绍兴实地考察天天田园公司，确认了绍兴天天田园公司的实力。此后双方又进行了多次洽谈。最终天天田园在斐济群岛共和国征下了 1860 亩的土地，

---

① "助力斐济减贫与农业发展的'幸福草'"，环球网，2023 年 10 月 9 日。

且为永久性用地，在斐济国一入海口处，沿海岸线长 1863 米。①

根据规划，天天田园在斐济的养猪场可养殖 60 万头猪，年出栏生猪 3 万头，配置自动化生产流水线，从生猪的繁育、分娩、保育、育肥、防疫等各个方面实施高效管理。猪的主要饲料是金枪鱼残渣，主要是供应斐济和中国国内。作为首个在海外开展"生态养猪"计划的中国企业，天天田园集团在斐济的生态养殖，不仅大大解决了斐济猪肉短缺的问题，扩大了斐济当地民众的就业，增加了收入，而且也满足了集团扩大业务的需求，是中斐两国农业合作共赢的典范。

（四）中方对斐济的农业技术人员培训

基于斐济农业较为落后的现状，我国政府积极对其农业技术人员进行培训。1983 年 6 月，中国与斐济签订了藤竹编第一批培训的协议；同年 11 月，又签署了玉米第二期培训班的协议。

与此同时，斐济政府也积极选派学员参加中国政府主办的各类农业官员和技术人员的培训。1997 年 5 月 6 日，第一名斐济学员——斐济农业部技术官员伊拉提阿·奈格阿尼（Ilaitia Naigani）赴中国武汉参加现代农业管理援外培训。此后，中国政府举办各种甘蔗栽培技术、水稻种植技术、蔬菜种植技术以及管理技能培训（研修）班，对发展中国家包括斐济的学员进行培训，其中有斐济人员参加的主要培训（研修）班，见表 3—1：

表 3—1　斐济参加的各类农业培训（研修）班

培训时间	培训（研修）班名称	培训内容
2003 年 9 月 1 日—10 月 30 日	第一届国际甘蔗栽培技术培训班	糖业生产及品种改良简况、甘蔗种质资源、甘蔗品种选育、甘蔗品种管理、甘蔗病害及其防治、抗病育种、品种交换与检疫以及主要栽培品种简介等

---

① 《浙江绍兴"瘦八戒"要到斐济"成家立业"了》，新农网，2013 年 12 月 24 日，http://www.xinnong.com/zhu/news/1013278.shtml。

培训时间	培训（研修）班名称	培训内容
2012 年 9 月 5—25 日	发展中国家农业南南合作官员研修班	中国农业产业政策、粮农组织框架下南南合作、粮食安全以及农业科技推广等方面内容系列专题讲座；湖北、湖南实地参观考察
2013 年 6 月 13—8 月 8 日	发展中国家杂交水稻种子生产技术强化培训班	重点介绍杂交水稻种子生产技术要点以及相关农业技术，安排学员赴常德杂交水稻种子生产基地进行强化实习，并组织考察张家界农业基地
2015 年 7 月 15—29 日	南太平洋岛国及加勒比国家农业实用技术培训班	渔业、农机具应用、水稻种植、设施园艺等
2016 年 7 月 1—15 日	中国—南太平洋岛国第五期农业技术培训班	渔业捕捞技术、蔬菜种植等；山东省威海、荣成等远洋渔业捕捞及水产品加工企业实地考察
2016 年 7 月 4—13 日	南太岛国农渔业政府官员培训班	《水产品加工技术及应用》《水产品质量安全与流通追溯体系建设》《水产品冷链物流体系建设》《蔬菜温室无土栽培、立体栽培模式》《蔬菜种植繁育技术》；威海、烟台、潍坊等部分企业座谈交流

各类培训班准备充分，讲授切合实际，斐济学员受益匪浅。以第一届（中国广州）国际甘蔗栽培技术培训班为例，该培训班受国家外经贸部委托，由中国轻工业对外经济技术合作总公司业务六部、中国轻工业对外经济技术合作广东公司及广州甘蔗糖业研究所共同承办，培训班为期两个月，课程分 3 期进行，其中第 1 期课程包括糖业生产及品种改良简况、甘蔗种质资源、甘蔗品种选育、甘蔗品种管理、甘蔗病害及其防治、抗病育种、品种交换与检疫以及主要栽培品种简介等，授课教师为广州甘蔗糖业研究所从事生物技术研究、甘蔗选育和甘蔗病害研究的 4 位专家。第 2 期课程讲授中国和世界甘蔗糖业生产概况、甘蔗高产高糖栽培的生物学基础知识、甘蔗高产、高糖栽培理论、技术和中国甘蔗大面积高产高糖综合栽培技术的实践与经验等专题内容，并组织学员们结合各自所在国家的具体情况进行了专题讨论。第 3 期的授课内容包括甘蔗害虫、蔗田杂草、蔗田鼠害防治等，其中甘蔗螟虫及其防治是整个课程的重点，尤其是蔗螟性诱剂利用研究及化学防治为重中之重；其次是甘蔗白蚁的发生规律，危害叶片的甘蔗棉蚜虫等及其防治技术，另外对蔗田杂草的种类与化

学防治、蔗田鼠害种类及其防治都作了详细、生动的讲解。除深入浅出地向学员传授最新的甘蔗栽培等技术外，同时组织学员赴粤北、湛江等地蔗田和糖厂参观和实习强化，使学员在掌握理论知识的同时加深了感性认识。[1] 为双边进一步合作奠定了一定的基础。

（五）其他农业交流与合作

1. 中斐河流疏浚合作

2010 年 6 月 18 日，中铁一局与斐济农业部签署了雷瓦（Rewa）河疏浚工程承包合同，负责疏浚从鲁瓦鲁瓦（Luvuluvu）至雷瓦河道口全长 24 公里河道，清除淤泥 120 万立方米。为此，斐济政府出资 8,952,788 斐元。该工程将竣工后，预计将强化雷瓦河的防洪体系，减少洪水对农作物、牲畜、基础设施以及当地居民人身安全的危害，并有利于改善当地居民的健康和卫生条件。[2]

2. 斐济参加中国农产品交易会

为了推动中方农业交流与合作，斐济还多次出席中国的农产品交易会，具体参见表 3—2。

表 3—2　2010—2014 年斐济参加的中国农产品交易（展览）会一览表

时间	地点	交易会名称
2010 年 5 月	北京	第十届中国北京国际绿色食品及有机食品展览会
2012 年 9 月	北京	第十届中国国际农产品交易会
2013 年 12 月	武汉	第十一届中国国际农产品交易会
2014 年 10 月	青岛	第十二届中国国际农产品交易会

未来中国农业部与太平洋岛国将本着"平等互利，合作共赢"的原则，加强农业领域高层互访和各层次人员交流，建立有效的农业合作机制，深入开展

---

[1] 《第一届国际甘蔗栽培技术培训班圆满结束》，《甘蔗糖业》2003 年第 6 期，第 50 页。

[2] 《中铁一局与斐农业部签订 Rewa 河疏浚工程承包合同》，中华人民共和国驻斐济大使馆经济商务参赞处，2010 年 6 月 23 日，http://fj.mofcom.gov.cn/article/jmxw/201006/20100606981791.shtml。

农业技术合作，开发双方在种植业、园艺、热带作物及渔业等领域的合作潜力以及为农业企业开展合作创造条件，持续拓展与太平洋岛国农渔业合作领域，共同推动中国与太平洋岛国农渔业合作迈上新台阶。

3. 中斐签署《植物检疫合作协定》

为了进一步发展两国植物检疫领域的合作，有效地防止有害生物从缔约一方传入另一方并蔓延，保护两国的植物生产和植物资源，促进两国在农业领域的相互贸易和经济合作以及贸易和科技交流的发展，2004 年 6 月 29 日，中斐两国在北京签订《中华人民共和国政府和斐济群岛共和国政府关于植物检疫的合作协定》，简称《中斐植物检疫合作协定》。

该协定由"定义""加强合作""边境控制程序"和"检查"4 条组成，在对"有害生物""植物""植物产品""检疫性有害生物""限定的非检疫性有害生物""限定物"和"植物检疫证书"7 个概念明确界定的基础上，该协定明确规定"缔约双方应加强合作，促进双边农产品直接贸易。同时应加强有害生物的控制工作，并采取必要措施，防止有害生物从缔约一方传入另一方。"对于"边境控制程序"和"检查"也做出了相应规定。据此，斐济进口中国大蒜等农产品，不再需要经由澳大利亚或新西兰转口，斐济进口商向斐济农业部申请并取得进口许可证后，即可直接从中国进口。

二、林业交流与合作

斐济森林资源丰富，森林和林地占全国土地面积的 62.8%（2021 年世界银行统计）①。林业因其多种功能和在解决生态、气候变化、改善民生等问题中的独特作用，越来越受到国际社会的关注，成为国际合作的重点领域。开展林业援外合作项目是我国实施林业对外开放的战略举措，同时也是我国政府承担国际责任、履行国际承诺的伟大行动。我国政府一直重视与太平洋地区各国的

① https://data.worldbank.org/country/fiji?view=chart.

林业合作。早在 2002 年，我国即与斐济签署了《中斐（济）关于林业合作谅解备忘录》。

1.《中斐（济）关于林业合作谅解备忘录》与《中斐林业合作备忘录》

2002 年 3 月 5 日，国家林业局副局长李育材和斐济渔业林业部部长那依瓦鲁分别代表两国在北京签署了《中斐（济）关于林业合作谅解备忘录》，双方商定在森林可持续经营、生物多样性保护、森林资源开发、森林采伐和运输等领域开展深入合作。

2015 年 3 月 23 日，为了落实习近平主席与太平洋岛国领导人会晤的精神，推动两国林业深化合作的后续行动，国家林业局局长赵树丛与斐济林业渔业部长耐克姆在斐济首都苏瓦共同斐济签署了《中斐林业合作备忘录》。根据协议内容，中斐将在森林可持续经营、林产品开发和利用、森林资源监测、外来有害生物防治和林业应对气候变化等方面开展合作。此项协议是中斐林业合作的新起点，为双方共享发展经验、共同推进两国林业合作向前发展奠定了基础。①

除了签署《中斐（济）关于林业合作谅解备忘录》与《中斐林业合作备忘录》，为中斐两国的林业合作奠定基础外，中国还举办了多期与林业相关的培训班或研修班，切实提高斐济林业官员的领导水平，推动斐济林业的可持续发展。

2. 中国主办各类林业培训（研修）班

通过举办"发展中国家竹藤资源利用研修班"，使斐济官员充分认识到发展竹藤产业对发展贫困地区经济和改善生态环境的重大意义，提高了保护环境、发展地方经济、消除贫困的能力，同时增进了中斐两国在更大范围、更广领域、更高层次上的相互了解与合作。

为了在森林可持续经营领域开展深入交流，并寻求更多的林业合作机会，中国商务部主办了"发展中国家森林可持续经营官员研修班"，邀请来自斐济

---

① 《中斐合作助推林业共同发展》，人民网，2015 年 4 月 2 日，http://scitech.people.com.cn/ n/2015/0402/c1057-26785964.html。

等 11 国林业相关部门、林业企业和大学的官员、技术人员参加了培训。通过介绍中国森林资源管理和禁止非法采伐行动，使学员牢固树立森林资源管理与可持续经营理念，可持续经营的方法和技术，了解国际及中国森林可持续经营进展情况，切实提高学员开展森林可持续经营的能力。通过主办"森林可持续管理国际培训班""发展中国家森林执法与施政官员研修班""应对全球气候变化的林业经营理念与实践管理研修班"等，提升斐济林业官员的管理能力。各种林业培训班的情况参见表 3—3。

表 3—3　与斐济有关的林业培训（研修）班

时间	名称	承办单位	主要内容
2007 年 6 月	发展中国家竹藤资源利用研修班	国际竹藤网络中心	世界竹藤概况，竹藤资源培育、开发与利用以及竹藤政策等
2007 年 10 月	发展中国家森林可持续经营官员研修班	国家林业局干部管理学院	森林可持续经营与管理基本理论、森林可持续经营指标和标准体系、中国林业可持续发展战略、中国的森林资源保护与可持续管理、热带地区森林可持续经营、中国农村发展与林业可持续经营等
2008 年 10 月	森林可持续管理国际培训班	国家林业局干部管理学院	林业发展规划、森林执法和施政、森林资源管理的政策和措施、林产品贸易及合法性以及森林认证和森林景观恢复等
2011 年 6 月	发展中国家森林执法与施政官员研修班	发展中国家森林执法与施政官员研修班	森林执法、木材贸易和森林资源管理政策措施等
2012 年 5 月	应对全球气候变化的林业经营理念与实践管理研修班	北京林业大学	森林碳汇、低碳经济、气候变化对森林生态的影响等
2013 年 10 月	发展中国家生物多样性跨界保护研究及管理研修班	国家林业局管理干部学院	国内外生物多样性保护管理体系和法规体系、生物多样性国际合作及中国跨国界保护现状、濒危物种保护与国际贸易、生物多样性和生物安全信息交换机制等

续表

时间	名称	承办单位	主要内容
2023 年7 月	2023 年发展中国家竹产业与绿色经济发展高级研修班	国家林业和草原局竹子研究开发中心	"两山"理论及在中国的实践、中国荒漠化防治及绿色产业发展、竹子分类学、竹林碳汇、竹林培育理论、竹家具制作技术、竹结构和竹建筑、"以竹代塑"倡议等
2024 年4 月	全球发展倡议下发展中国家森林执法与施政官员研修班	国家林业和草原管理干部学院	森林执法和施政中的法律、环境、社会和经济学问题，全球森林执法和施政概况，《森林执法、施政和贸易行动计划》解读、中国打击非法采伐具体措施及重点案例、中国林产品认证及国际互认、林产品进出口贸易及监管链概况等

三、渔业交流与合作

斐济地处南太平洋，北部和南部水域都是优良的金枪鱼渔场，此外还有鲣、甲壳类和软体动物，如虾、蟹等，渔业资源十分丰富。早在 2002 年，中斐两国就签署了《中斐部门间渔业合作谅解备忘录》，开始了政府间的合作。随后，广东、上海、山东、广西、辽宁等地的水产企业纷纷前往斐济，从事远洋捕捞，建立渔业基地，从事渔产品深加工，甚至收购斐济渔业公司的股权。另外，中斐两国也通过举办渔业研讨会、培训（研修）班等加强合作。中国国家船检局还在斐济设立代表处，在渔业船舶检验等事宜上展开合作。

经过多年的远洋渔业资源探捕，我国初步掌握了部分公海海域重要经济鱼种的资源状况，对适应国际渔业管理体制、维护国家海洋渔业权益发挥了重要作用。我国通过加入三大洋金枪鱼渔业组织、南太平洋管理委员会等 8 个政府间国际渔业组织，与多个多边国家组织就渔业问题建立了合作关系。同时，我国与斐济等南太平洋岛国开展资源调查探捕和远洋渔业合作，为促进双边渔业合作发挥了重要作用。

1.《中斐部门间渔业合作谅解备忘录》

为进一步发展中斐两国之间的友谊，加强两国在渔业领域中业已建立的友好关系，推动双边渔业和其他关系进一步发展，2002 年 5 月 27 日，中国农业部部长杜青林与斐济渔业与林业部部长奈瓦鲁在人民大会堂签署了《中斐部门间渔业合作谅解备忘录》。

根据该备忘录，双方承诺在平等和互利的基础上，发展并促进两国在渔业领域合作行动。确定两国合作应集中在渔业可持续发展和管理；生物多样性养护；渔业资源开发和勘测、捕捞、加工、运输以及销售；以及其他由双方讨论并同意的方面。指定农业部国际合作司和斐济渔业与林业部渔业局作为备忘录的执行和协调机构，并指定联络官员在本备忘录下负责联络；决定设立中—斐渔业联合委员会，根据需要在中国和斐济轮流召开会议，讨论和协调合作项目。此外，双方还就知识产权和争端解决作出明确规定，明确双方应按照平等、互利以及尊重的原则，并按照各自国内法律法规，解决在合作当中发生的有关知识产权权利的问题；执行谅解备忘录时发生的任何争端，应通过友好协商予以解决。[①] 该备忘录是中斐两国签署的第一个政府级别的渔业备忘录，它的签订，标志着两国渔业领域合作上升为政府间合作。

此外，中国还批准了《太平洋中西部金枪鱼类条约》。《太平洋中西部金枪鱼类条约》于 2003 年 12 月 19 日，由萨摩亚、斐济、马绍尔群岛、巴布亚新几内亚、密克罗尼西亚联邦、所罗门群岛、基里巴斯、瑙鲁、汤加、澳大利亚、库克群岛、纽埃和新西兰等 13 个国家签署，2004 年 6 月 19 日正式生效。中国批准这一条约，既彰显了中国在中西太平洋的重要地位，也密切了中国与太平洋岛国特别是斐济的关系。2018 年 11 月，中斐签署《中华人民共和国农业农村部与斐济共和国渔业部渔业合作备忘录》，推动两国在渔业领域的务实合作。

2. 中国企业在斐济的远洋捕捞

1998 年 8 月，中国水产（集团）总公司赴斐济海域进行捕捞作业，这是最早进入斐济的中国远洋渔业船队。1999 年，中国水产（集团）总公司在斐济设立中水（斐济）控股有限公司 [China Fisheries (Fiji) Holdings Company

---

① 《中斐部门间渔业合作谅解备忘录》，中国渔业政务网，2004 年 1 月 9 日，http://www.moa.gov.cn/sjzz/yzjzw/gjhzyzj/sbgjhz/200401/t20040109_2647853.htm。

Limited]，主要业务是捕捞深海金枪鱼供应国内北京市场并出口日本、美国等，年捕捞量3000多吨金枪鱼。该公司在斐济拥有17条金枪鱼延绳钓船，资产规模5000多万元人民币。

在中斐两国签署渔业合作备忘录之后，中国水产企业纷纷前往斐济，从事远洋捕捞，目前在南太平洋海域捕捞金枪鱼的中国渔船已经达300多艘，其中以山东、广东、上海以及浙江等省份居多。

山东：山东与斐济的渔业合作主要集中在威海市，在中斐渔业合作备忘录签署后，荣成市远洋渔业有限公司很快从农业部获得斐济项目，"鲁荣远渔17、18、19、20"4艘船前往斐济开展远洋捕捞作业。2006年威海市积极引导渔业企业上新项目、辟新渔场，增派远洋渔船，重点实施了"斐济公海金枪鱼钓项目"。2012年山东省威海市环翠区加快推进了远洋渔业的发展，积极组织渔船"走出去"，其中外派斐济周边和中西太平洋海域6艘，产量720吨。①荣成市打造斐济金枪鱼等海外渔业基地，在斐济建立山东俚岛海洋科技股份有限公司（斐济基地）。

广东：2002年4月初，由广东省远洋渔业总公司、广东省南洋渔业公司联合投资，我国自行设计建造的第一艘大洋性玻璃钢冷海水保鲜金枪鱼延绳钓渔船竣工，6月初正式在斐济渔场投产。该船渔获物主要为金枪鱼，大部分销往日本和美国，一部分在当地销售。到2002年年底，生产6个月，鱼货销售总量160吨，总产值52.81万美元，扣除渔船生产总成本，实现利润15万美元。

上海：上海水产集团是以远洋渔业捕捞和水产品精深加工与贸易为核心的跨国经营集团，目前公海捕捞量在全国位居第一。在斐济，上海水产集团已分别建成了捕捞和加工基地。2005年，上海水产集团就有6艘冷海水金枪鱼延绳钓船利用斐济基地，加大金枪鱼延绳钓产品的批量加工和销售能力。

浙江：浙江与斐济虽然相距遥远，但双方的友好交往由来已久。2003年，

---

① 《山东省威海市环翠区上半年渔业经济运行态势良好》，中国渔业政务网，2012年7月6日，http://www.moa.gov.cn/sjzz/yzjzw/fzghyzj/yqfxfzgh/201207/t20120706_2779750.htm。

浙江舟山市发挥海洋渔业优势加快现代化渔业基地建设，在斐济国建立一个集捕捞、养殖、加工等功能齐全的远洋渔业基地建设。

广西：广西与斐济主要在远洋渔业、水产品加工出口与贸易等方面开展紧密合作。另外，广西的北海市还积极开拓远洋渔业，已建成投产5艘远洋渔船，在所罗门群岛、瓦努阿图、斐济海域及周边公海等洋区主捕金枪鱼。

辽宁：中斐渔业合作备忘录签署后，大连易极远洋科技发展有限公司很快获得"斐济"项目"古得一号"（2004年变更为"古德一号"）。成立于2004年3月的大连金广渔业有限公司，常年在以斐济为中心的中西太平洋作业，主要经营远洋金枪鱼捕捞、金枪鱼产品销售、国际贸易及超低温集装箱国际运输等业务。

2007年，为了确保中国远洋渔业的安全生产，中方还委托上海渔业船舶检验局在斐济建立中华人民共和国渔业船舶检验局斐济办事处。2007年4月4—11日，由周彤局长率领的中华人民共和国渔业船舶检验局代表团一行5人访问斐济，与斐济新任临时政府交通、工程和能源部部长马努·考罗乌拉乌拉（Manu Korovulavula）就中斐渔业船舶检验合作问题，与斐济海事局局长约翰·朗兹（John Rounds）和其他有关官员进行深入探讨并签署合作备忘录。中国渔业船舶检验局斐济办事处建立后，中方经常派人前往斐济，进行远洋渔业安全调研工作，听取了有关人员对渔业安全、渔船检验、船员培训、渔业互保等有关方面的情况汇报及想法，同时也加强与斐方的交流与合作。

此外，中国还在斐济设立"救生筏（斐济）销售维修服务中心"，该中心是中国驻斐济地区的唯一一家渔用气胀式救生筏检修站，主要承担到码头接送检修救生筏、上船指导船员安装救生筏、提供救生筏的配件材料等工作。它的成立，对斐济地区中国籍远洋渔船安全生产起到了至关重要的作用。

3. 中国在斐济建立渔业基地

斐济渔业资源丰富，盛产金枪鱼和鲣鱼，此外还产甲壳类和软体动物，如虾、蟹等，其中金枪鱼的产量占世界总产量的70%左右。然而，面对如此丰富的金枪鱼产量，斐济人自己却因技术落后很难远洋作业，因此美国、日本、韩国、中国等国都纷纷与斐济合作，在斐济建立作业基地。我国在斐济的主要渔业基地主要包括山东俚岛作业基地和上海金优远洋渔业有限公司斐济基地等。

（1）山东俚岛作业基地

山东俚岛水产有限公司成立于 1956 年，是一个养殖、捕捞和加工并举，渔工贸综合经营的股份制企业，拥有自营进出口权，总占地面积 300 万平方米，建筑面积 15 万平方米。公司下设海水养殖、远洋捕捞、海带加工、脱脂鱼粉、渔船修造、冷藏加工、鱼藻综合育苗、包装纸箱制作、建筑工程安装、进出口业务等骨干生产项目，还有与新加坡合资生产塑料添加剂的"荣成新美（美亚）塑料有限公司"。继 2002 年投资 1000 多万元新上 4 艘金枪鱼钓船，取得了较好的经济效益之后，又决定再投资 1000 万元新增 2 艘金枪鱼钓船，并在斐济设立作业基地，打造起规模经营格局，从而为长远发展拓展出新的空间，培植起新的经济增长源。2005 年 5 月，第二批金枪鱼钓船远赴南太平洋斐济海域作业。

（2）上海金优远洋渔业有限公司斐济基地

上海金优远洋渔业有限公司是上海水产集团下属的远洋渔业企业，2003 年 10 月，该公司在斐济苏瓦市设立渔业基地，包括 1 个办事处及 11 艘金枪鱼延绳钓船。这些生产作业渔船常年在中西太平洋海域作业，主要钓捕个体较大的蓝鳍、黄鳍、大眼等金枪鱼鱼类。捕捞产品经陆地加工后全部销往日本。2006 年共投入 8 艘生产船，捕获金枪鱼 2400 吨，产值 810 万美元。2008 年 4 月 22 日，上海金优远洋渔业有限公司金枪鱼延绳钓船沪渔 911、912 轮从华利公司码头出航，驶往斐济海域钓捕金枪鱼。除上海金优远洋渔业有限公司外，上海水产集团下属的上海开创远洋渔业有限公司和上海蒂尔远洋有限公司也都在斐济设有办事处和加工厂，从事远洋捕捞和水产加工。

这些远洋捕捞船只，不仅每年向斐济政府交纳大量税收，同时也为当地提供了就业机会。

（3）上海远洋渔业收购斐济金洋公司 20%股权

2010 年 4 月 1 日下午，上海水产集团在上海科技管理学校多功能厅举行签约仪式，由上海远洋渔业有限公司投资 200 万美元收购斐济金洋公司（GOLDEN OCEAN FISH）公司 20% 股权，这标志着集团打造中西太平洋远洋渔业经济圈项目迈出了新的一步。

斐济金洋公司是斐济最大的渔业加工出口企业，创始人杜学军曾是四川华西集团的一名中层干部，20 世纪 90 年代来到斐济从事援建项目。留下来单干后，他搞过建筑承包，开过饭店，最终把目光投向了金枪鱼捕捞这一朝阳产业，金洋公司从几名投资人集资 500 万元造渔船起家，一直发展到如今金枪鱼年捕捞产量达 8000 吨，加工厂具备年加工急冻鱼 6000 吨、冰鲜鱼 2000 吨的规模。主要经营业务为金枪鱼和其他鱼类的收购、加工和出口；船舶代理和鱼类出口代理。该公司拥有一家鱼类加工厂，具有年加工原条鱼 8000 吨的加工能力。该加工厂已获得欧盟、美国的食品加工认证证书，金枪鱼产品主要销往日本、欧盟及美国等地。

金洋公司作为斐济金枪鱼捕捞、加工、贸易的龙头企业，它的一举一动，甚至会影响东京最大的鱼市场筑地市场的金枪鱼拍卖价格。斐济拥有国际渔业组织颁发的 70 张金枪鱼捕捞许可证，金洋一家就掌握了 20 多张。在斐济，上海远洋渔业有限公司不仅向斐济租赁捕捞许可证，而且还把捕捞上来的金枪鱼销给它加工、出口。中国驻斐济大使馆经济商务参赞蔡永增对此高度评价，认为"目前斐济已经成为中国企业海外发展的热土，小小岛国，共有 31 家中资企业，其中大多数是央企。上海水产集团不是光从斐济拿资源，而是投资办厂，带动了当地就业，促进了斐济的经济发展，这为中国企业的海外形象加了分。"①

4. 召开"中国—南太国家渔业合作研讨会"

为了增进中国与南太国家在渔业领域的相互了解，推进中国与南太国家渔业领域的交流与合作，谋求优势互补、共同发展，2004 年 8 月 23 日，"中国—南太国家渔业合作研讨会"在北京开幕，农业部渔业局、中国渔业协会、

---

① 吴卫群、唐蓓茗：《从出海到上岸——上海水产集团斐济捕鱼记》，《解放日报》2011 年 8 月 29 日，第 1 版。

国内有关远洋渔业企业的代表以及南太平洋地区的巴布亚新几内亚、密克罗尼西亚联邦、斐济、瓦努阿图、汤加、瑙鲁、萨摩亚和南太平洋论坛的代表参加会议。会议就我国与南太国家渔业合作的有关问题进行交流和研讨。举办"中国—南太国家渔业合作研讨会"，不仅扩大我国与南太国家的渔业合作，而且对于进一步巩固和发展我国与南太国家的友好关系具有重要意义。①

5. 中国技术人员赴斐济进行海蜇人工育苗试验

2007 年 5 月 17 日—7 月 7 日，应青岛金海丰水产有限公司邀请，山东省海洋水产研究所派遣张锡佳等人赴斐济进行海蜇养殖技术考察和人工育苗。

由于受空运运输的限制，只能使用船运，2007 年 4 月 7 日苗种进入青岛港，4 月 20 日发船，运载 500 片海蜇螅状体，每片规格为 30—40 cm。为了提高存活率，特地在集装箱中有空调设备，温度控制在 2℃。5 月 20 日货船到达斐济首都苏瓦港，长达 46 天的海上运输过程中，运输的 500 片海蜇螅状体活动自如，无一脱落。

5 月 21 日，第一批试验开始，160 片螅状体被在集装箱的外隔间中，每天通过加海水，温度自然升高 2℃，盐度升高 2，当水温升到 20℃时，放到育苗池加冰降温。6 月 17 日，盐度过渡到 34、育苗水温 27.8℃时，海蜇苗种发育正常。6 月 26 日，进行了 160 片海蜇螅状体育苗试验，先后育出 0.5—3 cm 的海蜇苗种 232.8 万尾，平均每片出苗量达 14550 尾，单位水体平均育苗量 38800 尾。我技术人员在斐济的海蜇人工育苗试验获得极大成功，斐济政府高度重视，2007 年 6 月 30 日和 7 月 5 日大凯地渔业局森林阿乌局长等前来参观并合影留念，并给予了高度评价。② 这是海蜇螅状体首次从中国到斐济高温地区的苗种、运输成功，为开发利用国外浅海海域资源，开展海蜇增养殖奠定了基础。

6. 中方对斐济渔业官员和技术人员的培训

为了增强中斐两国的友谊、促进水产领域的合作，我国还举办了多期"发

---

①　《中国渔业报：我国加强与南太国家渔业合作》，中国渔业政务网，2004 年 9 月 2 日，http://www.moa.gov.cn/sjzz/yzjzw/gjhzyzj/dbgjhz/200409/t20040902_2643135.htm。

②　张锡佳：《赴斐济国海蜇人工育苗试验》，《齐鲁渔业》2008 年第 3 期，第 37 页。

展中国家水产养殖技术培训班"和"发展中国家海洋生物实用养殖技术培训班",向包括斐济在内的发展中国家有重点地传授我国先进的水产养殖技术,就渔业可持续发展进行研讨,同时组织学员实地参观考察,与当地渔业官员和专家进行座谈和交流。举办"发展中国家渔业发展和管理官员研修班"等,结合世界渔业发展现状重点介绍我国海洋和内陆渔业发展实践中的战略和对策;可持续渔业发展;渔业在农村发展中的作用;渔业技术推广服务体系;渔业环境和水生生物资源保护;我国水产养殖发展与管理;信息技术在渔业发展中的应用;科技促进海洋经济的发展、渔业管理政策和基本法律制度;海洋城市渔业管理和渔业发展;中国保护海洋渔业资源的具体措施;渔船与渔港管理信息系统建设;水产养殖项目开发及管理等。具体培训班情况参见表3—4。

表3—4　2009—2016年斐济渔业官员或技术人员参加的培训(研修)班

培训时间	承办单位	名称	培训(研修)内容
2009年9月9—29日	中国水产科学研究院(水科院)淡水渔业研究中心	渔业发展与管理官员研修班	中国渔业发展战略、水产养殖发展与管理、内陆渔业开发、水生动物遗传育种、环境和多样性保护、渔业技术推广等;江苏、广西交流访问,考察罗非鱼的发展管理实践
2010年4月	中国水产科学研究院淡水渔业研究中心	发展中国家水产养殖技术培训班	传授我国先进的水产养殖技术
2010年5月18日	水科院淡水渔业研究中心(无锡)	发展中国家渔业发展和管理官员研修班	系统涵盖我国渔业和水产养殖业的先进管理模式和创新技术。重点介绍可持续渔业发展、渔业在农村发展中的作用、渔业技术推广服务体系、渔业环境和水生生物资源保护、我国水产养殖发展与管理、信息技术在渔业发展中的应用、水产养殖项目开发及管理等
2010年4月20日—5月	福建海洋研究所	发展中国家海洋生物实用养殖技术培训班	针对各国渔业发展的需求,有重点地传授我国先进的水产养殖技术,就渔业可持续发展进行研讨,同时组织学员赴江苏、上海和浙江等地进行参观考察,与当地渔业官员和专家进行座谈和交流

续表

培训时间	承办单位	名称	培训（研修）内容
2010 年 6 月 8—7 月 5 日	福建海洋研究所	发展中国家海洋渔业管理官员研修班	中国渔业发展战略、水产养殖与管理；泉州考察渔港建设、休渔制和渔船监控等
2011 年 3 月	中国水产科学研究院淡水渔业研究中心	渔业发展和管理官员研修班	中国渔业发展战略、水产养殖等
2013 年 5 月	海南省商务厅商务培训中心	发展中国家热带水产养殖技术培训班	海南对虾养殖现状与养殖技术、南美白对虾育苗技术、经济贝类养殖与市场需求、方斑东风螺人工育苗和养殖技术、深水网箱养殖品种等
2013 年 6 月	中国水产科学研究院淡水渔业研究中心	发展中国家渔业发展和管理部级研讨班	中国渔业管理及发展实践、科技支撑与渔业可持续发展、渔业合作等
2016 年 7 月（烟台）	烟台市海洋与渔业局	太平洋岛国农渔业政府官员培训班	中国渔业管理与技术；东营考察贝类海洋牧场等

这一系列培训（研修）班的举办，不仅大大提高了斐济渔业技术人员的水产养殖水平和管理官员的管理水平，而且加强了双方了解，增进友谊，为加强中斐两国在渔业领域的进一步合作和交流奠定良好的基础。

四、农业合作机制的形成与发展

1. 中斐《农业合作谅解备忘录》的签署与中斐农业联委会的启动

2001 年 8 月，中国农业部副部长万宝瑞率领中国农业代表团访问斐济，中斐两国签署《中斐农业合作谅解备忘录》。据此，双方确认在海洋捕捞、水产养殖、水果和蔬菜生产等 10 个领域开展合作，并成立中斐农业合作联委会，每两年召开一次会议。2004 年 3 月 15 日，科技部刘燕华副部长率代表团访问斐济，考察斐济农业发展状况，探索中斐农业科技合作的途径。此后，中斐农业合作备忘录不断续签，两国农业合作不断深化。

2005 年 4 月，由斐济商业部、农业部、贸易投资局组成的政府代表团访华，与牛盾副部长举行会谈。牛盾就中斐未来合作指出，中国在农业生产方面有较成熟的经验和技术，双方可在斐济开展杂交水稻合作示范，解决斐济稻米自给问题；可派中国蔬菜专家赴斐进行技术指导，提高斐济蔬菜的产量和质量，解决斐济农民就业问题；还可以根据两国的优势互补，探讨在远洋捕捞、海水养殖、畜牧业和种质资源交换等方面合作。① 斐方赞同牛副部长对两国农业合作的设想，建议双方在中斐农业合作备忘录的框架下开展合作，启动中斐农业联委会工作，并希望尽快在蔬菜种植、水果输斐、饲料及木薯生产等方面得到中方支持，在农产品的精深加工方面开展合作。随着中斐农业联委会会议的陆续召开，两国农业合作机制逐渐形成与完善。

2. "一带一路" 倡议与合作机制的发展

"一带一路" 倡议提出后，中斐农业合作迈上新台阶。2015 年 7 月 16 日，农业部部长韩长赋在会见斐济农业部长伊尼亚·塞鲁伊拉图 (Inia Seruiratu) 时就深化中斐农业合作提出四点建议：一是加强多双边合作机制建设，适时召开第三次中斐农业联委会和第四届 "中国—太平洋岛国农业合作论坛"；二是加强中斐农业科技合作，推动双方农业科技人员交往，继续支持斐济农业技术人员来华培训，适时签署双边农业科技合作协议；三是开展水稻、蔬菜等作物的技术合作，发展斐济水稻、蔬菜的生产；四是加强双方在双边农渔业事务中的沟通合作，适时更新和续签双边农渔业备忘录。②

2016 年 9 月 26 日，中国农业部副部长张桃林与斐济农业部部长伊尼亚·塞鲁伊拉图在斐济首都苏瓦共同主持召开中斐农业联委会第三次会议，与会双方回顾并高度评价了近年来中斐农业合作取得的积极进展，一致认为，水稻示范项目的开展，帮助斐济把水稻推广到全国种植；菌草项目的开展，不仅

---

① 《牛盾副部长会见斐济政府代表团》，中国农业外经外贸信息网，http://www.moa.gov.cn/sydw/mczx/xwzx/200504/t20050407_2062329.htm。

② 《农业部部长会见斐济农业部长伊尼亚·塞鲁伊拉图》，中国政府网，http://www.gov.cn/xinwen/2015-07/17/content_2898645.htm。

促进了斐济菌草种植业的发展，而且带动了食用菌和畜牧业的发展；农业技术人员交流与培训，不仅让斐济学员学到了实用技术和管理经验，促进了斐济现代农业发展，而且密切了中斐友好关系，为更好合作起到了桥梁作用。双方就进一步加强合作达成 4 点共识：一是充分发挥中斐农业联委会机制作用，引领和指导合作深入开展，同意更新和续签《中斐农业合作谅解备忘录》。二是继续加强人员交流与培训，斐方将派遣更多的学员到中国学习，并希望中方种植业、畜牧业、农产品加工等领域专家到斐开展培训，指导生产。中方将派遣热作、农业科学、水产科学联合专家团赴斐开展工作，确定未来合作重点领域和方向。三是积极推动实施菌草项目第二期，推进种植业、养殖业、食用菌综合发展。四是加强农渔业投资合作，扩大农渔业产品贸易。①

3. 中国—太平洋岛国农业部长会议

除中斐农业联委会外，中国—太平洋岛国农业部长会议与中国—太平洋岛国农业合作示范中心也是中斐农业合作的重要平台。

2019 年 3 月 29 日，中国—太平洋岛国农业部长会议在斐济楠迪举行，与会部长围绕"把握共建'一带一路'机遇，推进中国与太平洋岛国农业务实合作"主题，就农业发展共同关注的问题进行了探讨。会议由中国农业农村部部长韩长赋、斐济农业部部长马亨德拉·雷迪共同主持。会议审议通过了《中国—太平洋岛国农业部长会议楠迪宣言》。根据宣言，中国与太平洋岛国未来将加强农业发展战略与规划对接，共同编制《中国—太平洋岛国农业合作行动计划（2020—2022 年）》；开展农业领域人员交流和能力建设合作，中国农业农村部 2020 至 2022 年每年将为太平洋岛国举办农业技术培训班；加强农业科技合作，特别是菌草技术培训与推广，服务双方农业发展；推进渔业可持续发展领域合作，发展海水养殖加工及贸易，提升渔业附加值；促进农业投资贸易合作，助力太平洋岛国延伸农业产业链和价值链；加强与联合国粮农组织的农业南南合作，选派中国农业专家和技术人员赴太平洋岛国开

---

① "中斐农业联委会第三次会议在苏瓦举行"，中国商务部网站，2016 年 10 月 10 日。

展农业技术示范和培训。①

为进一步深化与太平洋岛国全面战略合作伙伴关系，助力太平洋岛国农业和社会经济发展，2022 年 5 月，经国务院批准，由外交部、农业农村部联合江苏省，依托江苏省农业科学院成立中国—太平洋岛国农业合作示范中心。该中心的成立，为中国与太平洋岛国包括斐济的农业合作提供了良好平台。

4.中斐农业部长实现互访

为了加强中斐农业合作，2019 年 3 月底，农业农村部部长韩长赋率团访问斐济，并在斐济楠迪会见斐农业部部长马亨德拉·雷迪，就深化两国农业务实合作交换意见。表示中方愿与斐方共同努力，推进两国农业合作稳步前行，具体包括：一是巩固农业合作机制，希望明年在中国召开中斐农业合作联委会第四次会议；二是扩大菌草种植技术示范合作，中方愿意提供必要的支持；三是加强农业能力建设合作，开展农业南南合作，选派中方农业专家和技术人员来斐济开展农业技术示范和培训；四是促进农业投资贸易合作，中方鼓励企业到斐济投资，帮助斐方发展现代农业，拓展农产品国际市场。会后，双方签署了《中华人民共和国农业农村部与斐济共和国农业部关于提升农业合作水平的谅解备忘录》。②4 月底，为落实备忘录，推动斐济农业加快发展，斐济农业部部长雷迪访华，就加强两国农业合作与农业农村部部长韩长赋交换意见。

第二节　中斐在工业与交通领域的合作

除在农、林、渔业领域的交流与合作之外，中斐两国在工业和交通领域也有许多合作。在工业领域，主要表现为中斐合作建厂从事服装加工，同时在生

---

① 《中国—太平洋岛国农业部长会议聚焦合作机遇》，新华社，2019 年 3 月 29 日。
② 《韩长赋会见斐济农业部长雷迪》，中国农业部网站，2019 年 4 月 1 日。

姜加工和木薯深加工项目等方面加强合作。在交通领域，突出地表现为中国轻型运输机"运-12"、奇瑞汽车和"东风"牌拖拉机进入斐济；中国企业在斐济承建公路升级项目和公路桥梁项目；中远公司在斐济开展运输业务；中国企业与斐济国立大学开展人才合作等。

一、工业合作

斐济是一个以制糖业和旅游业为主的国家，工业在整个国际经济中的比重不高，主要以服装加工业为主，中斐两国在工业领域的合作即突出地表现在服装加工方面。此外，在生姜加工、木薯深加工和低成本住房项目等方面，中斐两国也展开了密切合作。

1. 中斐在服装加工领域的合作

1992 年 4 月 6—9 日，斐济贸商部长乌尼博博访问北京和青岛，会见了纺织工业部部长吴文英和外交部副部长刘华秋，与经贸部副部长吴仪就中斐经贸关系等问题进行了会谈；在青岛出席了中斐关于合资在斐建立服装厂的签字仪式。

2005 年，由于斐济对美国的服装出口市场发生变化（配额取消），斐济各家服装公司都减少了 1.2 亿斐元（约 7500 万美元）出口收入。斐济服装业希望中国政府能够帮助斐济服装业克服市场变化而造成的困难，开辟新的服装出口市场；提高斐济服装业生产水平，增强市场竞争力。

为了帮助斐济的妇女提高职业技能，增加收入，2010 年 4 月 19 日，中华全国妇女联合会向斐济妇女联合会赠送斐济 700 台手动缝纫机，中华全国妇女联合会副主席孟晓驷和斐妇女、社会福利和减贫部部长吉蔻·鲁温妮在交接证书上签字。2011 年 12 月 21 日，为了解决一些贫困家庭妇女的就业问题，提高她们的生活水平，中国国际扶贫中心资助斐济一批工业缝纫机，以培训斐济贫困及残疾妇女的技能，促进斐济妇女和减贫事业的发展。

2.中国公司参股斐济航空

1997年3月，中国航空技术进出口总公司投资参股斐济航空公司（简称斐航），先后投入5架Y12(运-12)系列小型客机。该机型是斐航的主力机种，已有15年安全飞行记录，为斐济就业、税收和技术进步做出了突出贡献。

3.中斐在生姜加工方面的合作尝试

斐济生姜年产量300—500吨，加工能力停留在最初级水平，在斐仅有一家澳大利亚投资的生姜加工厂。斐济政府迫切希望在此领域有所突破，提高生姜加工能力，开拓国际市场，在扩大出口创汇的同时，提高农民收入水平。2008年2月21日，斐济初级产业部库克纳斯加（Cokanasiga）部长在会见来自中国扬州市代表团时，表达了双方共同开发生姜系列加工产品的合作意向。

4.中斐积极磋商木薯生产乙醇项目

木薯不仅是斐济主要的食物来源之一，而且是世界主要的农产品，它与马铃薯、甘薯并列为世界三大薯类作物，是全球年产亿吨以上的七大作物之一。木薯富含淀粉，块根干物质含量30%—40%，鲜薯含淀粉32%—35%。同时，木薯还因其具有适应性强、对土壤要求不高、耐旱、耐瘠薄等优点，在矮丘缓坡、休闲耕地或零星土地上均可栽培。木薯的特性使其既符合中国国家生物质能源发展战略，又符合"不争粮，不争（食）油，不争糖，充分利用边际性土地（指基本不适合种植粮、棉、油等作物的土地）"的国家粮食发展战略，是生产燃料乙醇的优选原料。

2007年12月，我国木薯生产大省——广西壮族自治区根据国家能源替代战略和统一部署，投资7.57亿元（实际投资6.95亿），在广西北海市合浦工业园区，建成了占地45.26万平方米的乙醇项目。该项目生产规模为年产燃料乙醇20万吨，木薯渣8万吨，沼气2970万立方米。这一项目，不仅满足了广西对燃料乙醇的需求，而且惠及农户，极大地增加了当地农民的收入。这引起了斐济方面极大的兴趣。因为随着国际市场的激烈竞争，木薯不再是唯一令斐济人自豪的可变现产品，且对外出口额不断下降。以斐济对加拿大出口为例，

2006 年斐济对加拿大的木薯出口额为 49000 斐济元，2007 年随着销售的增加曾有所增长，为 77000 斐济元，但是 2008 年销售再次陷入低迷，出口额仅为 55686 斐济元。

为了增强斐济木薯的市场竞争力，2008 年 4 月和 7 月，斐济政府先后派出了两支代表团访问中国，考察木薯生产乙醇项目。4 月 25 日，斐济驻华大使何志美（James M.Ahkoy）一行到广西钦州市专题考察木薯加工企业。在看到了广西北部湾开发得红红火火，特别是看到了广西新天德能源有限公司怎么把木薯变成了酒精后，何志美希望双方能有机会合作开发木薯生产乙醇。7 月 7 日，斐济初级产业部主管农业事务的常秘毕耶（Beyer）博士率领代表团再次访华，就木薯生产乙醇项目进行实地考察，探讨在斐建立该项目的可能性，希望与中国方面的合作能以 BOOT 或者 BOT 方式来进行。①

所谓 BOOT，是 Build-Own-Operate-Transfer 的缩略语，意思是"建设—拥有—经营—转让"，是私人合伙或某国际财团融资建设基础产业项目，项目建成后，在规定的期限内拥有所有权并进行经营，期满后将项目移交给政府。BOT 是 Build-Operate-Transfer 的缩略语，意思是"建设—经营—转让"，是私营企业参与基础设施建设，向社会提供公共服务的一种方式。二者的区别主要包括：一是所有权的区别。BOT 方式，项目建成后，私人只拥有所建成项目的经营权；而 BOOT 方式，在项目建成后，在规定的期限内，私人既有经营权，也有所有权。二是时间上的差别。采取 BOT 方式，从项目建成到移交给政府这一段时间一般比采取 BOOT 方式短一些。

10 月，在何志美再次考察时，广西"国有农场公司"计划投资 4000 万美元在斐济兴建木薯生产乙醇项目。预计项目建成后将创造 700 个就业机会，每年可节省近 1.7 亿斐元用于进口汽油的外汇储备。然而，斐济社会各界对此项目却意见不一，譬如斐济国家土地信托局就表示，目前还未与任何中国公司就

---

① 《斐济初级产业部组团访华考察木薯生产乙醇项目》，中华人民共和国驻斐济大使馆经济商务参赞处，2008 年 7 月 15 日，http://fj.mofcom.gov.cn/article/jmxw/200807/20080705665710.shtml。

租赁土地种植木薯达成协议。①

5.中斐合作开发低成本住房项目

作为一个太平洋岛国，斐济的传统住房是茅草屋，一般就是用树干立起4根或更多的柱子，再用几根树干在上方横搭，用椰壳纤维绳绑捆，然后在两端用两根树干交叉。屋架搭起后，铺上用树枝编织的席箔，外层铺上草，再用椰壳纤维绳子在草面上来回捆一捆。房子的四周也与房顶一样，先架起树枝席箔，再铺上草，最后用绳子缠绕。再者，也有像中国西瓜地里搭建的"窝棚"一样的民居。通常是用两根高大的树干把上面交叉处用绳子捆绑，在上面再架上一条横梁，然后架起席箔铺上草，前面留一个门供人出入，即告完工。另外，还有一些用铁皮盖的房屋，窗户仅用布帘遮挡。这些民居，平常居住尚可，一旦飓风或海啸来临，等待它们的命运就是损坏甚至毁灭。

对于飓风多发的斐济而言，住房成为民众安居的一个重要问题。2006年，姆拜尼马拉马上台后，积极推行"向北看"政策，寻求外力帮助斐济人民改进住房。2008年2月，斐济驻华大使何志美第一次率领中国企业家代表团访问斐济时，就重点考察了低成本住房项目，并与三家中国国有建筑公司签订低成本住房项目合作备忘录，整个项目总值近5500万斐元。随后三家公司分别访问斐济进行项目可行性研究，双方在低成本住房项目上的合作开启。

2011年8月，中铁一局承建的斐济公共租赁委员会（PRB）租赁房项目正式开工。该项目是我国政府给予优惠贷款建设项目，总造价2000万斐济币（折合8000万元人民币），合同类型为设计施工总承包，建成后将极大改善斐济当地居民的生活条件。2012年8月，由中国援建的低造价住房项目正式启动，合同总金额约2亿元人民币，以缓解该国低收入群体的住房困难。2024年5月，中集模块化建筑投资有限公司与斐济签约，可移动住房开始销往斐济，在一定程度上缓解斐济低收入人群住房问题。

---

① 《广西一公司欲在斐投资利用木薯生产乙醇项目》，中华人民共和国驻斐济大使馆经济商务参赞处，2008年10月7日，http://fj.mofcom.gov.cn/article/jmxw/200810/20081005815533.shtml。

二、交通运输合作

中斐在交通运输业方面的合作主要表现为：中国轻型运输机"运—12"、奇瑞汽车和"东风"牌拖拉机进入斐济；中国企业在斐济承建公路升级项目和公路桥梁项目；中远公司在斐济开展运输业务；中国企业与斐济国立大学开展人才合作等。

（一）中国飞机、汽车和拖拉机登陆斐济

1. 中国飞机和船舶进入斐济市场

斐济是南太平洋交通的十字路口，不仅承担着太平洋岛国与世界各地联系的重任，而且也是太平洋岛国之间相互联系的重要枢纽，成立于 1967 年的斐济航空[①] 在其中的地位则是重中之重。

为了扩大对斐济的出口，根据经贸部"精心调整出口商品结构"的指示精神，1991 年促成斐济航空公司与中航科技公司签订购买 3 架"运—12"飞机的合同，价值 760 多万美元。1991 年 6 月，斐济航空购买了中航工业哈尔滨飞机制造公司的 2 架"运—12"轻型运输机。该机是在"运—11"基础上进行深入改进研制的轻型双发多用途运输机，于 1980 年初开始设计，经过两年时间、1100 多飞行小时试飞定型，可用作客货运输、空投空降、农林作业、地质勘探，还可改装成电子情报、海洋监测、空中游览和行政专机等。"运—12"飞机高效的出勤率、在艰苦环境条件下所表现出的优良的性能和高质量及哈航集团优质的售后服务，深受斐济航空公司的好评。2006 年 3 月 19 日，哈航集团制造的另外两架"运—12（Ⅳ）型"飞机交付斐济国家航空公司。"运—12（Ⅳ）型"机是在Ⅱ型机的基础上改进设计研制的。其起飞重量、载客量、载重量均有所提高。

1992 年 10 月 30 日，浙江机械设备公司代表团访斐济，就中国向斐出口

---

① 原名为"太平洋航空公司"，1971 年 3 月 29 日改名为斐济航空公司。

一艘 200 吨位客货轮达成协议并签订合同。这是中国船舶第一次进入南太平洋市场。

2.奇瑞和中通汽车成为斐济"新宠"

奇瑞汽车股份有限公司虽然成立时间较晚（1997 年），但积极实施"走出去"战略，成为我国第一个将整车、CKD 散件、发动机以及整车制造技术和装备出口至国外的轿车企业。2007 年，奇瑞汽车进入斐济市场，开创了我国产汽车在斐济销售的先例。虽然第一批进口的 13 辆 QQ 汽车是从新加坡转口进入的，但由于奇瑞汽车油耗低、使用经济等特点，该车在斐济很快打开销路。

2010 年 12 月，10 台中通客车不远万里，跨越赤道抵达了斐济，中通 LCK6125H 凯越豪华客车一经展出，便引起巨大轰动，不仅展示了中国客车过硬的技术实力和卓越的生产能力，也显示了中国企业豪迈走向世界的信心和实力。LCK6125H 凯越豪华客车是中通客车针对斐济市场特点设计和定制的高端车型，配备了进口康明斯大马力发动机，豪华航空行李架，进口座椅面料等豪华配置，并针对斐济气候和路况，加装了发动机紧急灭火装置，内置式乘客门撑杆，路牌和下车提示系统。运行 8 个多月来，车辆已实现了 20 万公里无大修，是继中通客车在新西兰、澳大利亚成功投放后，中通客车的又一力作。[1]2011 年 3 月 1 日，斐济首都苏瓦公路运输管理局（Land Transportation Authority）召开表彰大会，中通客车获得"斐济市场上最好的客车"殊荣，并"为提高斐济的国家形象做出重大贡献"。

3."东风"牌拖拉机登陆斐济

2009 年 4 月，斐济澳马(Automart)有限公司经过认真市场调研，认为"东风"牌拖拉机质优价廉，也适合斐济气候，因此开始从中国引进"东风"牌拖拉机，根据《斐济每日邮报》2009 年 4 月 30 日的报道，该公司认为此举对斐

---

① 李娜：《中通凯越系列豪华客车扬名斐济市场》，中国客车网，2011 年 8 月 25 日，http://www.chinabuses.com/buses/2011/0825/article_7359.html。

济农民将是一个好的选择。①

（二）中国承建斐济公路升级项目

斐济虽然物产丰富，但因为交通不便，各地物品交流十分困难。为了改善交通条件，促进经济发展，减少贫困人口，近年来斐政府一直致力于加强偏远地区的基础设施建设，特别是道路、桥梁等。作为发展中国家，中国在大力发展自身经济的同时，也竭尽所能助推斐济经济，实现共同发展。为此，中国政府向斐济提供优惠贷款，升级4条农村公路升级改造项目，包括"布扎贝项目""锡加托卡峡谷公路改造项目""纳布瓦鲁公路项目"和"Moto 路段工程"。

1. 布扎贝项目

"布扎贝项目"（Buca Bay）位于斐济北岛——瓦努阿岛的东侧，全长30公里，是斐济道路升级项目的重要组成部分。为了促进斐济北岛同主岛的协同发展，提升北岛民众生活水平，斐济政府在北岛东侧实施"布扎贝项目"②。这一项目合同施工工期为3年，资金来源为中国政府（进出口银行）优惠贷款，合同总价为斐济币8541.56万元斐济币，由中铁一局设计施工总承包项目。2011年4月27日开工，2015年7月28日正式竣工。

该项目获得了斐济总理姆拜尼马拉马的高度赞扬，称之为斐济政府承诺给北岛人民提供福利的标志，也是斐济"向北看"政策的基础，认为此公路的开通为斐济北岛地区的旅游和经济的发展打开了大门，将会很快改变和提高北岛人民的生活水平。项目的快速建设，极大地增加了斐济民众的收入，改善了他们的生活，譬如曾在布扎贝项目工地的斐济籍劳务工 Bakoso 动情地说："我原来是一个木工，每周只能挣80斐济币，来到中国公司之后，我每周可以挣到200斐济币，现在我家买了电冰箱还有洗衣机，这都是以前连想都不敢想

---

① 《中国"东风"牌拖拉机登陆斐济》，中华人民共和国驻斐济大使馆经济商务参赞处，2010年5月6日，http://fj.mofcom.gov.cn/article/jmxw/200905/20090506224823.shtml。

② 有的也译为"布萨湾公路升级改造项目"。

的。"① 同时，该项目也带动了当地经济的发展。"前几年，从维缇岛到北岛的航船每天只有一班，现在每天至少两班，有时还会达到三班。"另外，岛上原生态的迷人风景因为交通的便利，吸引了更多的游客；为斐济北岛百姓出行和岛上经济作物的外运带来了极大方便。

2. 锡加托卡峡谷公路改造项目

锡加托卡峡谷（Sigatoka Valley）② 盛产农产品，享有斐济"菜篮子"美誉，但由于交通不便，农产品很难外销。为了助推斐济经济发展，中国政府向斐济提供优惠贷款，升级4条农村公路升级改造项目，锡加托卡峡谷公路就是其中的一部分。该道路总长15公里，合同金额约1.35亿元人民币（约合2190万美元）。2011年5月27日，锡加托卡峡谷公路改造项目正式开工，斐济总理姆拜尼马拉马亲自登上挖掘机为项目破土。2014年5月8日，锡加托卡峡谷公路改造项目正式竣工。新公路的开通不仅为当地农产品外销提供便利，而且有助于充分发挥当地农业和旅游业的发展潜力，增加就业机会，从而有效促进当地经济发展，提高民众生活水平和生活质量。

3. 纳布瓦鲁公路项目

纳布瓦鲁（Nabouwalu）公路从斐济北岛纳布瓦鲁镇码头一直蜿蜒伸向岛内东部重镇拉巴萨镇，全长70公里，是两地之间唯一的交通要道。之前的道路是宽窄不等坑坑洼洼的泥土路，一下雨泥浆四溅，给岛上的人们出行和木材、农作物的外运带来了非常大的不便。

纳布瓦鲁公路项目最终由中铁一局斐济公司承建，合同额8亿多元人民币，项目规模大、管段长，对当地经济社会发展具有重大意义。斐济政府对此十分重视，从2012年年底将纳布瓦鲁公路项目等在内的其他工程全部交与新西兰咨询公司，也就是项目的设计、安全质量、技术标准、现场管理等都要按照新西兰的标准来做。

---

① 《"借船出海"到"造船出海"：中国修桥到斐济》，中国网，2012年6月4日，http://www.china.com.cn/photochina/2012-06/04/content_25561613.htm。

② 有的也译为"辛加托卡"。

双方因为管理标准、工作流程等问题发生了一些摩擦，主要表现为：第一，中方员工认为安全文明不影响现场施工和工程质量就行，但是新西兰公司却要求行为必须规范，更为严格，最终中方项目部发觉不足之处，要求员工按照新规范严格执行，得到认可。第二，从项目支付来说，新西兰咨询公司管理工程后，增加了两级审核机构，流程加长，项目计量支付时间加长，对现场施工产生了一定影响。为了及时计量，项目请求咨询公司推进各个支付环节，并积极配合现场咨询工程师，及时复核工程量，计价时所有的计算数据写得清清楚楚，使得工程师了解现场计价明细，便于顺利签认。同时，项目对政府进行延期支付索赔。通过多种有理有据的举措，促使计量支付款及时支付，比原来提前了近1个月。第三，由于文化理念的不同，双方在合同条款的理解上也时有冲突。比如在合同中对一项改良土作业描述与技术规范中的要求双方理解不统一，项目部积极与新西兰咨询公司沟通谈判，最后一致认为，这不属于技术规范的问题，可以在合同中进一步明确，这一结果最终有利于中铁一局斐济公司纳布瓦鲁项目部。项目实施过程中，中铁一局不仅高质高效地完成了公路建设，而且还给当地创造了众多就业机会，并为沿线社区、学校做了许多好事，履行了中资企业的社会责任。

2013年3月15日，纳布瓦鲁公路正式开工。2016年1月11日，中国援助斐济优惠贷款项目纳布瓦鲁公路通车仪式在斐济北岛举行。新公路联通北岛纳布瓦鲁港、拉巴萨、萨乌萨乌等主要城镇，大大缩短了北岛通行时间，为学生上学、病人就诊、家人团聚提供极大便利。纳布瓦鲁公路建成后，从岛内拉巴萨到港口的运行时间从5小时缩短至2个多小时。对此，斐济公路局高级官员Apisai表示，纳布瓦鲁公路升级改建项目不仅为沿线周边群众提供了工作岗位，同时也为周边村民提供了便利的交通，极大地方便了北岛民众的贸易往来。

4.摩托路段工程

摩托（Moto）路段工程建筑内容为5公里长的公路升级改造，是斐济农村公路项目的4条公路中最后开工的一个路段，建设内容包括一条5公里的公路和一座 119 米长的桥梁。2012 年 1 月 12 日，由中国政府提供优惠贷款的斐济农村公路升级改造项目中摩托路段工程开工仪式在工地现场举行。该路段的开工标志着整个斐济农村公路项目全面进入实施阶段。2013 年 10 月 4 日，摩托路升级改造工程竣工通车，是中国政府提供优惠贷款的 4 条农村公路升级改造项目中首个竣工通车的工程。摩托路的开通，不仅确保了洪汛期的交通畅通，而且释放了当地的发展潜力，极大地推动了当地经济的发展。

除了提供优惠贷款，帮助斐济政府升级 4 条农村公路项目外，2011 年 1 月 18 日下午 3 点，中国铁路工程总公司所属中铁一局承建的斐济政府利用亚行贷款的国王公路升级项目正式开工建设。该公路项目总长 11 公里，合同额约 8000 万元人民币，工期 18 个月，是斐济主岛非常重要的一条环岛道路。建成后，将有力推进沿线地区经济社会发展，促进斐济主岛乃至全国的经济和人民生活水平的提高。2014 年中铁五局还中标斐济到楠迪——苏瓦公路改造项目 S1 标段和 N1 标段，合同额 1.49 亿元人民币。

(三) 中铁公司承建斐济公路桥梁项目

除了承建公路升级项目外，中国企业还承建了斐济公路桥梁的建设项目，主要包括纳嘎里大桥项目、纳瑙钠桥梁项目以及斯丁森桥和瓦图瓦卡桥项目。

1. 纳嘎里大桥项目

纳嘎里 (Naqali) 大桥是连接斐济首都苏瓦与尼麻拉亚省的交通要道，也是中国铁路工程总公司所属中铁一局在斐济承揽的国际工程项目，于 2009 年 1 月开工，2010 年 2 月 26 日正式开通。该项目很好地解决了洪涝期间数千当地居民出行和物资运输问题，斐济工程部按照斐济传统方式，在现场组织了隆重的庆祝典礼，斐济土著居民载歌载舞，热烈庆祝纳嘎里桥顺利建成通车，总理姆拜尼马拉马到场发表讲话并为该桥梁剪彩。

2. 纳瑙钠桥梁项目

2009 年 11 月 23 日，中铁一局与斐济纳瑙钠公司 (Nanona Community Ltd) 签署一座桥梁项目合同。这是继中铁一局获得的该国第二个公路桥梁项目，大桥全长 220 米，总价值 1000 万斐济币（约合 3500 万元人民币），由当地教会投资。施工地点位于斐济首都 200 公里外的贫困山区，交通不便，施工工期一年半，设计施工为一体。

3. 纳奇阿桥和瓦伊尼保阿桥项目

2010 年 7 月 28 日报道，斐济国家公路局、亚洲发展银行与中铁五局签订了国王公路沿线两座桥梁的承建合同。该项目由亚洲发展银行提供资金，合同金额 900 万斐元，计划 8 月开工，工期 15 个月。作为"斐济公路改造项目"（Fiji Road Upgrading Project）第三期的一部分，该项目将建造位于泰来武（Tailevu）的纳奇阿桥（Naqia）和拉奇拉奇（Rakiraki）附近的瓦伊尼保阿（Wainiboa）桥，桥长均超过 100 米。①

4. 斯丁森桥和瓦图瓦卡桥项目

2015 年 12 月 3 日，中国援助斐济斯丁森桥和瓦图瓦卡桥项目对外合同签字仪式在斐济公路局举行。中铁十四局集团海外公司项目经理张子辉和斐济公路局董事会主席帕特尔分别代表中斐双方签署合同。该项目由中铁十四局承建，工期为 29 个月，内容为拓宽重建位于斐济首都苏瓦市的斯丁森桥和瓦图瓦卡桥，建成后较大改善进出苏瓦的通行状况。

（四）中远公司在斐济开展运输业务

为了发展与南太平洋岛国的业务，1996 年中国远洋运输集团公司（COSCO）开通了途经南太岛国的运输业务，其运输船停靠斐济等国的港口，遗憾的是后来因故停止。2004 年 6 月 8 日，中国远洋运输集团公司在斐济首都苏瓦举行恢复南太岛国集装箱运输业务仪式，重新恢复运输业务。与此前不同的是，恢复运输业务后，中远公司先自行将集装箱从中国运至新加坡，然后租用其他公司两个班轮的舱位再运到斐济等国，暂定每月一次。

---

① 《中铁五局与斐国家公路局签订桥梁承建合同》，中华人民共和国驻斐济大使馆经济商务参赞处，2010 年 7 月 28 日，http://fj.mofcom.gov.cn/aarticle/jmxw/201007/20100707047709.html

（五）中斐人才交流与合作

1. 中国向斐济派遣高级工程师

2007 年 11 月 5 日，斐济外交外贸部向中国驻斐使馆递交"1465/27/TC"号照会称，因斐交通、工程、能源部行业急需，请求中方能以无偿援助方式向斐派遣 8 名懂英语的高级工程师。具体派遣区域与行业分布如下：一、向斐中部与东部地区派 1 名高级建筑工程师、1 名高级工程维修保养机械师、1 名高级电力工程设计师、2 名电力工程建筑师；二、向斐西部地区派 1 名高级建筑工程师、1 名高级工程机械师；三、向斐北部地区派 1 名高级建筑工程师。①

2. 中铁一局与斐济国立大学签署人才合作战略协议

2015 年 12 月 6 日，中铁一局与斐济国立大学签署人才合作战略协议。校企双方将建立起长期的战略合作关系，中铁一局将为斐济国立大学的学生提供实习机会，并为优秀的毕业生提供工作岗位，同时，斐济国立大学优秀的毕业生将为中铁一局推进国际化战略奠定良好的人才基础。

第三节　中斐贸易合作

1975 年正式建交后，中斐两国之间的贸易与合作不断发展。特别是 2006 年 4 月温家宝总理成功访问斐济及首届中斐经贸联委会召开以及斐济经贸代表团成功访华，为促进两国经贸往来打开了新的窗口。中斐贸易关系迅速发展，中国汽车及其关键件零附件、机械基础件、日用机械、家用电器及零件、农业机械及零部件、工程机械及零部件、电工器材、摩托车及零部件等大量销往斐

---

① 《斐政府请求中方向斐派遣 8 名懂英语的高级工程师》，中华人民共和国驻斐济大使馆经济商务参赞处，2007 年 11 月 17 日，http://fj.mofcom.gov.cn/article/jmxw/200711/20071105216663.shtml。

济，斐济的矿泉水等热销中国。"2015 年中斐双边贸易额达 3.52 亿美元，同比增长了 3.5%，是 1975 年建交之初的 150 倍。同年，中国对斐济直接投资 1685 万美元，直接投资存量达 1.2 亿美元。中国已成为斐济第三大贸易伙伴和增长最快的投资来源国。"①

一、中国与南太地区贸易概况

在南太平洋地区，中国除与澳大利亚和新西兰较早建立外交和贸易关系外，在 20 世纪 70 年代中期和 80 年代初期，也相继与斐济、萨摩亚、巴布亚新几内亚、基里巴斯和瓦努阿图 5 国建立了外交关系，并逐步扩大贸易往来。

中国与南太地区的贸易往来开始于 20 世纪 50 代，只是当时贸易额非常少，仅有几万美元，且主要是中国出口。70 年代中后期，随着中国与这些国家建立外交关系，中国在继续扩大出口的同时，也积极开展从这些国家的进口贸易，从而使双边贸易逐步得到发展。1979 年中国同巴新的贸易额达 2101 万美元，其中中国出口 444 万美元，进口 1657 万美元。

随着中国实行改革开放政策，中国同太平洋岛国之间贸易往来进一步扩大。进入 80 年代后，中国与南太 5 国的贸易额年均达到 2300 万美元，其中中国同巴新和斐济的贸易额占 90% 以上。例如，1975—1987 年，中国从巴新进口铜精砂 5 万吨；1983—1988 年，中国从巴新、斐济和萨摩亚累计进口了 2.4 万立方米的木材。1988 年中国从斐济进口 5 万吨糖，金额 1230 万美元，占当年中国从南太平洋岛国进口的 93%。②

1988 年同太平洋论坛建立对话伙伴关系后，1990 年、1991 年、1992 年连续三年派出外交部副部长作为政府代表连续三次出席了对话会，中国与南

---

① 鲍捷：《中国成斐济第三大贸易伙伴和增长最快的投资来源国》，《人民日报》2016 年 9 月 8 日。
② 《当代中国》丛书编辑委员会：《当代中国对外贸易》（上），当代中国出版社 1992 年版，第 384 页。

太地区的贸易迅速增长。据中国海关统计，1996 年 1—11 月，双边贸易额达1.39 亿美元，比 1995 年同期增长了 36.3%。其中中方出口 4375 万美元，进口9544 万美元，分别比 1995 年同期增长 12.9% 和 51.6%。2008 年，双边贸易额突破 20 亿美元。

与此同时，中国对南太地区出口的商品种类日益丰富，从原来以粮油食品、轻工产品和纺织品为主，转向机飞机、轮船、汽车、拖拉机等机电产品。在中国与南太地区的贸易中，巴布亚新几内亚和斐济是最重要的两大贸易国。

二、斐济经济环境与贸易政策

1. 斐济经济环境

斐济是太平洋岛国中经济实力较强、经济发展较好的国家。渔业、森林资源丰富，有金、银、铜、铝土等矿藏，热带雨林约占全国土地面积的一半。

斐济经济以农业为主，甘蔗是最重要农产品，其产值占农业总产值的一半。除甘蔗外，还有稻米、椰子、可可，粮食不能自给。斐济经济的这一特点，使得斐济粮食严重依赖外国进口。

制糖业和旅游业是斐济国民经济支柱。近年来，由于国际市场价格下跌和国内产业结构调整等原因，制糖业面临困境。旅游业近年来稳步发展，2014年游客人数达 69 万人，2015 年和 2016 年连续突破 70 万和 80 万大关，2017年上升至 84 万多人，2018 年则达到 87 万多人，创历史新高。①

斐济是一个发展中国家，全国人口不足 100 万，自身不具备门类齐全的民族工业，绝大部分商品需要进口。但是，由于人口与消费水平的限制，斐济市场的商品容量较小，但花色品种和规格却要求齐全，否则难以满足市场的需

---

① "Visitor Arrivals Statistics", Fiji Bureau of Statistics, https://www.statsfiji.gov.fj/index.php/statistics/tourism-and-migration-statistics/visitor-arrivals-statistics.

求。在斐济，多数进口商的资金都比较少，一般既经营进口业务，也兼营零售，因此货物进口数量比较有限。斐济的消费者，喜欢购买物美价廉、经久耐用的商品，同样的商品，价格越低越容易销售，尤其是纺织品和服装。斐济市场的这一特点，恰恰契合了中国商品物美价廉的特性，两国经济的互补性推动着两国贸易交流与合作不断发展。

斐济重视发展民族经济，强调发展私营企业，建立宽松的政策环境，促进投资和出口，逐步把斐济经济发展成"高增长、低税收、富有活力"的外向型经济。同时，斐济政府正大力推进公路、港口、电力等基础设施建设。斐济政府为发展本国经济，积极鼓励外国投资者来斐济开办外向型出口企业，规定凡 95% 以上的产品用于出口的企业可免税进口设备及原料，银行利息不收税，在开业后的 13 年内免除企业所得税。受上述因素影响，斐济经济已连续 5 年保持 3% 以上速度增长。然而，斐济的经济增长并不稳定，且通常是停滞的。

2. 斐济贸易政策与对外贸易

1987 年以前，斐济的贸易政策是着眼于保护国内产品，鼓励生产进口替代产品和满足国内市场自身需求的产品。这一政策的执行结果导致了生产效率低下，生产只能依靠政府补贴和控制进口来维持。

为了提高生产效率和促进产品竞争，1987 年后斐济政府采取了新的贸易政策，即开放国内市场，与进口产品进行竞争，减少对国内产品的补贴，鼓励出口，其主要内容包括：放宽经济开展，使商品的国内市场价格与国际市场价格接轨；鼓励有倾向性的出口商品；限制政府消费，确保资源有利于发展私营经济；调整税率，减小生产扭曲，刺激冒险等。一个突出的例子就是 1987 年斐济政府开始实行保税工厂（保税区）计划，旨在通过工业多元化和扩大出口吸引外资和增加外汇收入。该计划的实施，大大增加了保税工厂的投资，同时促进了斐济加工业的发展，加工业的人数屡创新高。

1989 年以后，斐济政府取消了用于限制进口数量的进口许可证和配额制，除小范围的农产品外，对进口量和进口都没有限制。

对外贸易是斐济经济的主要部分。1991 年斐济贸易总额 11.03 亿美元，出口额为 4.51 亿，进口额为 6.52 亿。斐济主要出口蔗糖、椰油、木材、鱼，进口食品、燃料、运输设备、化工产品、工业品。[①] 主要贸易伙伴有澳大利亚、新西兰、日本、美国、韩国、中国。进入 21 世纪后，斐济对外出口的商品种类更加多样化，尤其是近年来，矿泉水、汽水的对外出口屡创佳绩，在世界贸易中的地位不断上升。2015 年斐济矿泉水和汽水的出口位居世界第五，仅次于法国、意大利、新西兰和韩国；2016 年超过新西兰和韩国，跃居世界第三。具体参见表 3—5。

表 3—5   2015—2017 年斐济矿泉水、汽水出口情况一览表[②]

年份	数量（吨）	出口额（美元）	单价（美元）	世界排名
2015	1,884,175	2,091,439	1.11	5
2016	3,572,189	3,985,643	1.12	3
2017	4,216,077	4,534,485	1.08	3

资料来源：斐济统计局。

矿石及木材在斐济对外出口中的比重不断增加。铝矿及精矿的出口量稳步上升，2015 年斐济的出口量达 172,336 吨，价值 8,431,328 美元，在全球的排名上升至第五位。2016 年和 2017 年的出口量虽然有所下降，但在世界贸易中的排名仍然是第 12 位。

斐济进口的商品也发生了变化。矿产品、机电设备、车辆、贱金属、化工产品等成为斐济进口的主要产品。具体参见表 3—6。

---

① 余光中主编：《WTO 大百科全书》（第四册），光明日报出版社 2002 年版，第 2073 页。

② "Remarkable Exporting Competitor in Global", *Trade Statistical Handbook 2017 between China and Forum Island Countries*, PIF Secretariat, p.13. https://pacifictradeinvest.com/media/1587/pacific-islands-statistical-handbook2017.pdf.

表3—6　2015—2017年斐济进口情况一览表①

（单位：百万斐济元）

类别	2015	2016	2017
矿产品	1,037.8	765.8	972.9
机械、机电和电气设备	788.6	889.3	888.2
车辆、飞机、船舶及交通设备	499.7	580.8	495.7
贱金属及其制品	287.9	333.7	356.4
鲜活动物及动物产品	345.9	321.1	324.9
化工产品及其制品	266.7	286.7	290.0
蔬菜产品	267.4	270.4	279.1
塑料、橡胶及其制品	233.4	266.0	253.8
食物、酒水、烈酒和烟草	231.2	242.4	244.4
纺织品	236.6	233.9	211.6
纸张、纸板	101.2	108.8	113.9

资料来源：斐济统计局。

　　但是，因为经济欠发达，能够出口的产品相对有限，而对外国商品的需求又较大，因此斐济在对外贸易中的地位仍然处于入超地位，商品出口数量远低于进口。具体参见表3—7。

表3—7　2000—2017年斐济进出口情况②

（单位：千斐济元）

年份	再出口	出口总额	进口总额	贸易差额
2000	158,814	1,154,800	1,822,222	−667,422
2001	230,621	1,221,329	2,017,051	−795,722
2002	258,092	1,132,188	1,970,000	−837,812
2003	310,900	1,269,223	2,284,730	−1,015,570
2004	254,818	1,205,519	2,501,639	−1,296,120
2005	345,275	1,192,879	2,722,787	−1,529,908

---

① *Principal Imports by Hs*, Fiji Bureau of Statistics, https://www.statsfiji.gov.fj/index.php/statistics/economic-statistics/merchandise-trade-statistics.

② *Principal Imports by Hs*, Fiji Bureau of Statistics, https://www.statsfiji.gov.fj/index.php/statistics/economic-statistics/merchandise-trade-statistics.

年份	再出口	出口总额	进口总额	贸易差额
2006	367,302	1,201,573	3,124,342	−1,922,769
2007	380,990	1,209,813	2,890,072	−1,680,259
2008	488,223	1,471,028	3,601,404	−2,130,376
2009	373,514	1,310,295	3,022,159	−1,711,900
2010	542,452	1,605,383	3,464,614	−1,859,231
2011	901,172	1,924,848	3,913,571	−1,988,723
2012	1,143,635	2,181,741	4,030,378	−1,848,937
2013	1,067,983	2,119,726	5,198,924	−3,079,198
2014	1,196,826	2,302,158	5,012,583	−2,710,425
2015	908,253	2,059,222	4,756,824	−2,697,602
2016	814,720	1,936,617	4,839,186	−2,902,569
2017	846,883	2,054,193	4,977,532	−2,923,339

资料来源：斐济统计局。

三、中斐贸易合作的历史与现状

（一）中斐贸易简史

20世纪60年代初，中斐两国开始贸易交往，我国少量轻纺产品进入斐济。1975年正式建交后，中斐贸易得到迅速发展，当年贸易总额191万美元，只不过全部为中国对斐济出口。1977年10月，斐济政府派工商部长拉姆赞率贸易代表团一行7人前往北京，受到谷牧副总理和中国对外贸易部部长李强的接见。同年10月，中国在驻斐济使馆建立商务处。

在中斐贸易中，1977年以前一直是中国单方面对斐济出口，1978年，中国第一次从斐济进口胶合板300立方米，价值13.5万美元。1979年年底，中国又从斐济购买了6500立方米的木材，价值166万美元。1980年进口原糖3万吨，价值278万美元。自此，斐济最为重要的出口产品原糖开始在中斐贸易中扮演重要角色，两国贸易额突飞猛进。

1982年斐济首任驻华大使上任后，双方贸易关系进一步加强。4月，中国与斐济签订三年的购买原糖协议，每年以高于国际自由市场的价格从斐济进口4万吨蔗糖。1987年中斐贸易总额1639万美元，比上年增长64.2%；中国出口471万美元，进口1168万美元，分别比上年增长7.5%和1倍。1988年中斐贸易总额1934万美元，比上年增长18%；其中，中国出口650万美元，进口1284万美元，分别增长38%和9.9%。1983—1987年中国在斐济承包工程营业额211万美元，劳务合作营业额37万美元。1988年中国在斐承包工程营业额179万美元，劳务合作营业额15万美元。[1]

1988年以来，随着政府推行出口导向型经济政策，斐济的对外贸易持续增长，中斐贸易不断发展。根据原经贸部业务统计，1987—1990年，中国对斐济的出口额分别为471万美元、650万美元、914.3万美元和872.4万美元。[2]1991年中国向斐济出口1000万美元，从斐济进口200万美元，中国向斐济出口的商品有罐头、花炮、茶、棉布、地毯、自行车等。[3]

1997年后，随着《中华人民共和国政府和斐济主权民主共和国政府贸易协定》的签署，中斐在对进出口货物征收的关税、规费、捐税，办理货物进出口所涉及的海关规章、手续、程序，有关进出口货物许可证发给的行政手续方面相互给予最惠国待遇，双方贸易发展更加迅猛。据中国海关总署统计，2000年，中国同斐济贸易总额为1543万美元，其中中方出口额1513.8万美元，进口额29.3万美元。[4]

进入21世纪后，中斐贸易更加突飞猛进，双方贸易额屡创新高，2016年达到破纪录的4亿美元。当然，由于数据来源不同，统计数字也略有不同。根据《世界知识年鉴》统计，2008年中斐贸易总额9038万美元，其中斐济对中国的出口额为92万美元，中国对斐济的出口额是8946万美元；2010年中斐贸

---

[1]　陈一云：《各国对外经济贸易概况》，华中师范大学出版社1990年版，第656页。

[2]　吴仪主编：《世界各国贸易和投资指南　大洋洲国家分册》，经济管理出版社1995年版，第103页。

[3]　余光中主编：《WTO大百科全书》（第四册），光明日报出版社2002年版，第2074页。

[4]　外交部政策研究室编：《中国外交2001》，世界知识出版社2001年版，第485页。

易总额 12800 万美元，其中斐济对中国的出口额为 95 万美元，中国对斐济的出口额是 12700 万美元。以上统计数字充分说明中斐贸易额在不断攀升，从 2000 年的 1543 万美元上升到 2016 年的 41712 万美元，上升比率高达 260%。

（二）中斐贸易合作的重要文件

在推动中斐贸易发展的过程中，有三个文件尤其重要，这就是 1997 年的《中华人民共和国政府和斐济群岛共和国政府贸易协定》、2006 年的《中国国际贸易促进会与斐济国家工商总会关于促进双边经贸合作关系的谅解备忘录》（简称《中斐经贸合作备忘录》）以及 2015 年的《关于开展中国和斐济自由贸易协定联合可行性研究的谅解备忘录》。

1.《中华人民共和国政府和斐济群岛共和国政府贸易协定》

为了发展和加强两国之间的经济贸易关系，1997 年 12 月 11 日，两国政府在平等互利的基础上，通过友好协商，达成《中华人民共和国政府和斐济群岛共和国政府贸易协定》，由中方代表孙振宇和斐方代表姆贝雷南多·武宁邦博签署生效。1998 年 1 月 19 日，海关总署将该协定转发广东分署和各直属海关、院校，作为中国对原产于斐济的进口货物按优惠税率计征关税的依据。

该协定明确规定了缔约双方在对进出口货物征收的关税、规费、捐税，办理货物进出口所涉及的海关规章、手续、程序，有关进出口货物许可证发给的行政手续方面相互给予最惠国待遇（但不适用于缔约一方为便利边境贸易而给予或即将给予邻国的优惠和便利，也不适用于缔约一方由于已成为或即将成为任何关税同盟、自由贸易区或区域性组织的成员国而给予或即将给予的优惠和便利）。缔约双方根据各自有效的法律和法规，采取适当的措施促进两国经济贸易关系的发展，并努力减少和逐步取消在货物交换方面的一切障碍；缔约双方应鼓励两国从事对外贸易的公司和企业按照双方接受的商业条款谈判和签订合同；缔约双方根据各自有效的法律和法规，鼓励两国的公司和企业开展多种形式的经济、贸易合作，并为此创造便利的条件；两国之间的贸易支付应根据各自有效的外汇法律和法规，以可自由兑换的货币办理；缔约双方同意根据各自有效的法律和法规，为贸易和工业界代表团的访问，以及举办商业、贸易展览提供便利。

另外，对于执行协定中所发生的问题，缔约双方本着相互合作和谅解的精神，通过双方商定的时间及地点谈判解决有关问题。协定有效期为五年，且自动延长五年，并依此法顺延，除非协定终止前六个月缔约一方书面通知对方终止协定。

《中华人民共和国政府和斐济群岛共和国政府贸易协定》的签署与实施，大大降低了中斐之间的关税，促进了双方贸易的进一步发展。

2.《中斐经贸合作备忘录》

2006 年 9 月 5 日，斐济国家投资局副主席兼斐济国家工商总会会长泰图·瓦兰迪在北京与中国国际贸易促进委员会签署《中国国际贸易促进会与斐济国家工商总会关于促进双边经贸合作关系的谅解备忘录》。这是中斐两国双边贸易促进机构首次签约合作。

3.《关于开展中国和斐济自由贸易协定联合可行性研究的谅解备忘录》

2014 年 11 月习近平主席访问斐济后，为推动中斐关系进一步发展，2015 年 7 月斐济总理姆拜尼马拉马回访中国。访华期间，中斐签署了《关于开展中国和斐济自由贸易协定联合可行性研究的谅解备忘录》，中斐自贸协定联合可行性研究正式启动，助力中斐经贸合作迈进更加全面、深入的阶段。

此外，中国与斐济签署的双边经贸协定有《中斐农业合作谅解备忘录》《中斐矿业合作谅解备忘录》《中斐林业合作谅解备忘录》《中斐渔业合作谅解备忘录》《中斐植物检验检疫协定》《中国旅游团队赴斐济旅游实施谅解备忘录》《中斐动植物卫生和食品安全合作谅解备忘录》《中斐加强基础设施合作谅解备忘录》《中国国际贸易促进委员会与斐济总商会机构促进经贸合作谅解备忘录》和《中国地震局与斐济群岛共和国矿产资源局地震研究合作谅解备忘录》等。[①]

[①]　具体参见《附录一：中斐之间重要的公报、声明、协定与备忘录》。

（三）中斐贸易概况

自建交以来，中斐两国双边贸易额不断攀升，进出口产品种类日趋丰富，双方在对方国家中的贸易地位不断提高。截至 2017 年，斐济已成为中国在南太地区的第三大出口国，第五大进口国（2015 年斐济为中国的第四大进口国）。① 随着中资在斐济的投资日益扩大和两国贸易代表团的频繁互访，两国贸易合作领域愈益广泛与深入。

1. 中斐贸易额不断攀升

建交之初，双边贸易额仅 230 万美元（1976 年），均为中国出口；建交之后，双边贸易额不断增长，特别是 1997 年双方签署两国政府贸易协定后发展势头更甚。2010 年，斐济是中国在太平洋岛国的第四大贸易伙伴，中国是斐济第六大贸易伙伴。2014 年斐济成为中国在南太平洋岛国的第三大贸易伙伴，中国是斐济第三大贸易伙伴，中斐贸易额约占斐济全年贸易额的 11.3%，占斐进口的 13.6%，出口的 5.9%。2016 年，斐济已跃升为中国在南太地区的第二大贸易伙伴（仅次于巴布亚新几内亚），② 中国则成为斐济的第三大贸易伙伴，具体贸易额参见表 3—8。

表 3—8　2000—2016 年中斐贸易额

（单位：万美元）

年份	总额	中国出口	中国进口
2000	1543	1513.8	29.3
2001	2633	2608	25
2002	3134	3057	140
2003	3133	2597	536
2004	3871	3253	618

① "Ranking of China Exports to FICs 2015–2017", *Trade Statistical Handbook 2017 between China and Forum Island Countrie*, PIF Secretariat, pp.6–7. https://pacifictradeinvest.com/media/1587/pacific-islands-statistical-handbook2017.pdf.
② 《2016 年中斐贸易情况》，中华人民共和国驻斐济经济商务参赞处，2017 年 8 月 17 日，http://fj.mofcom.gov.cn/article/zxhz/sbmy/201708/20170802628247.shtml。

续表

年份	总额	中国出口	中国进口
2005	4526	4299	227
2006	6923	6800	123
2007	6626	6368	257
2008	9200	9108	92
2009	9713	9655	58
2010	12863	12768	95
2011	17242	17121	122
2012	23619	21403	2216
2013	30385	24446	5939
2014	34024	28732	5292
2015	35199	33055	2143
2016	417150	40000	1715

资料来源：海关信息网、《世界知识年鉴》《中国外交》等。

2. 进出口产品种类日趋丰富

中斐贸易的发展不仅表现为双边贸易额的不断攀升，更表现为进出口产品种类的日趋丰富。最初，斐济对中国的出口产品仅限于糖类和鱼类，后逐渐扩展到进口木材及木制品、饮料、矿砂矿渣等；中国向斐济的出口也从纺织品、动物产品等扩大到包括汽车、飞机、轮船在内的机电产品、塑料制品、鱼和水产品、钢铁制品、纺织品等。

（1）斐济对华出口商品的改变

中斐建交之初，斐济向中国出口的商品主要是传统出口产品，包括原糖、粗金、鱼罐头、糖蜜和椰子油，其中，原糖所占比重最大。1988年，随着斐济对服装加工实行免税政策，斐济的制衣业得到迅速发展，成为斐济主要的外汇收入来源之一。1990年服装出口收入1.16亿斐元，占出口总值的19.1%，1996年出口创汇1.37亿美元(1.89亿斐元)，占全部出口收入的23.1%。[①] 因此，斐济服装也开始出口中国。另外，其他非传统出口产品如木材、木屑和胶合板

① 世界经济年鉴编辑部编：《世界经济年鉴2001》，经济科学出版社2001年版，第339页。

等随之进入。2007 年，斐济访华贸易代表团成员、商业部部长 Taito Waradi 与上海一些私营企业就椰子产品的加工和深海鱼产品出口及在超市零售的问题进行磋商，斐济椰子产品、深海鱼和斐济水开始销往中国。目前，斐济出口斐济的商品品类已达 17 种之多，具体参见（表 3—9）。

随着斐济对华出口品类的增多，各商品在对华贸易中的比重也发生了变化。以 2017 年斐济出口中国的商品为例，矿砂、矿渣及矿灰、饮料、酒及醋、木及木制品，木炭、鱼、甲壳动物、软体动物及其他水生无脊椎动物跃升为斐济输华主要商品，其中矿砂、矿渣及矿灰占 30%，饮料、酒及醋占 29%，木材及木制品、木炭位居第三，占 22.7%，鱼、甲壳动物、软体动物及其他水生无脊椎动物占 13.8%。其余输华商品综合占比不足 6%。

表 3—9 2017 年斐济出口中国的关键品类

（单位：美元）

总计	17,505,583
矿砂、矿渣及矿灰	5,272,124
饮料、酒及醋	5,049,152
木及木制品、木炭	3,972,910
鱼、甲壳动物、软体动物及其他水生无脊椎动物	2,411,225
蔬菜水果坚果或植物其他部分的制品	260,803
虫胶；树胶，树脂及其他植物液，汁	362,090
其他动物产品	41,700
精油及香膏；芳香料制品及化妆盥洗品	36,283
杂项制品	28,904
塑料及其制品	28,444
其他	26,606
动、植物油、脂及其分解产品；精制的食用油脂；动、植物蜡	8,479
电机，电气设备及其零件，录音机放声机	1,959
非针织或非钩编的服装及衣着附件	1,879
光学、照相、电影、计量、检验、医疗或外科用仪器或设备、精密仪器及设备；上述物品的零件、附件	1,488
书籍、报纸、印刷图画及其他印刷品；手稿、打字稿及设计图纸	1,192

续表

无机化学品；贵金属、稀土金属、放射性元素及其同位素的有机或无机化合物	345

资料来源：China's Imports from FICs by Commodities and Countries (2017)，*Trade Statistical Handbook 2017 between China and Forum Island Countrie*，PIF Secretariat，p.3. https://pacifictradeinvest.com/media/1587/pacific-islands-statistical-handbook2017.pdf。

（2）中国出口斐济商品日趋多样化

中国对斐济的主要出口商品最初也只是纺织品、轻工产品和五金工具等，后来逐渐扩大到包括汽车、轮船、飞机在内的机电产品、鱼和鱼肉制品、塑料制品、纺织品等。以 2017 年中国出口斐济的商品为例，传统的纺织类商品包括（非）针织或非钩编的服装及衣着附件、其他纺织制成品、成套物品、旧衣着及旧纺织品、碎织物在内价值总和为 14,745,566 美元，仅占中国出口斐济商品的 4%。其他商品如锅炉、机器、机械器具及其零件价值 41,457,056 美元，占 11.3%；电机、电气设备及其零件、录音机及放声机、电视图像、声音的录制和重放设备及其零件、附件 38,369,408，占 10.4%；钢铁制品 31,025,460，占 8.4%；车辆及其零件、附件（但铁道及电车道车辆除外）28,374,381 美元，占 7.7%；鱼、甲壳动物、软体动物及其他水生无脊椎动物 28,131,323 美元，占 7.6%。其余还包括塑料、肉、鱼、家具等。具体参见表 3—10。

表 3—10 2017 年中国出口斐济的关键品类

（单位：美元）

总计	368,516,146
核反应堆，锅炉，机器，机械器具及其零件	41,457,056
电机、电气设备及其零件；录音机及放声机、电视图像、声音的录制和重放设备及其零件、附件	38,369,408
钢铁制品	31,025,460
车辆及其零件，附件，但铁道及电车道车辆除外	28,374,381
鱼、甲壳动物、软体动物及其他水生无脊椎动物	28,131,323
塑料及其制品	23,967,718

续表

肉、鱼、甲壳动物、软体动物及其他水生无脊椎动物的制品	19,956,049
家具，寝具，灯具，活动房屋	14,194,668
钢铁	10,967,314
橡胶及其制品	10,213,629
纸及纸板；纸浆；纸或纸板制品	9,635,027
陶瓷产品	6,092,341
非针织或非钩编的服装及衣着附件	5,771,896
铝及其制品	5,654,857
鞋靴，护腿和类似品及其零件	4,831,044
针织或钩编的服装及衣着附件	4,721,022
其他纺织制成品；成套物品；旧衣着及旧纺织品；碎织物	4,252,648
盐；硫黄；泥土及石料；石膏料、石灰及水泥	4,016,486
皮革制品；鞍具及其挽具；旅行用品、手提包及类似容器；动物肠线（蚕胶丝除外）制品	3,304,831
玩具、游戏品、运动用品及其零件、附件	3,225,735
杂项制品	3,207,737
化学纤维长纤	3,171,217
木及木制品；木炭	2,904,651
肥皂，蜡烛及类似产品，光洁剂，人造蜡，牙科用蜡	2,520,869
贱金属杂项制品	2,515,318
贱金属工具、器具、利口器、餐匙、餐叉及其零件	2,129,051
精油及香膏；芳香料制品及化妆盥洗品	1,481,619
矿物燃料，矿物油及其蒸馏产品，沥青物质，矿物蜡	949,731
船舶及浮动结构体 89	472,560
谷物，粮食粉，淀粉或乳的制品，糕饼点心	296,720
合计	368,516,146

资料来源：China's Exports to FICs by Commodities and Countries (2017)，*Trade Statistical Handbook 2017 between China and Forum Island Countrie*, PIF Secretariat, p.1. https://pacifictradeinvest.com/media/1587/pacific-islands-statistical-handbook2017.pdf。

目前，中国出口斐济的产品包括照明设备、生活机械及零件、耕种除草机械、通信设备及零件、电动机、发电机及发电机组；消费类电子产品及零件；船舶、船用设备及其零部件；锅炉及辅助设备、零件；轻工机械；仪器仪表；自行车及零部件。中国与斐济的机电产品贸易包括 27 个省份，其中广东、山东和浙江三省位居前三。2014 年，中国与斐济的机电产品进出口额 1.14 亿美元，同比增长 19.3%；2015 年，中国与斐济的机电产品进出口额 1.15 亿美元，同比增长 1.7%。[①] 中国与斐济机电产品贸易的主要方式包括一般贸易，加工贸易，对外承包工程出口货物，国家间、国际组织无偿援助和赠送的物资及其他贸易等。2015 年中斐"国家间、国际组织无偿援助和赠送的物资"达 316.13 万美元。

3. 中斐在对方贸易中的地位不断提高

中斐建交以后，虽然两国贸易额不断攀升，但是中国产品在斐济贸易额中所占的比重仍然比较低，斐济的主要贸易对象仍然是英国、澳大利亚、美国、新西兰、日本、马来西亚、加拿大、新加坡，甚至是中国台湾。以 1991 年为例，1991 年斐济国内出口的主要对象是英国、澳大利亚、美国、新西兰、日本、马来西亚和加拿大，出口比重依次为 30.9%、17.8%、13.1%、9.2%、6.8%、5.3% 和 3.6%；进口来源地为澳大利亚、新西兰、日本、新加坡、中国台湾和美国，所占百分比分别为 31.4%、18.3%、11.4%、6.2%、4.6% 和 4.3%。同年，斐济从我国的进口额为 2.738 万斐元，我国对斐济进出口额占斐济贸易总额的 2.35%。1995 年后斐济对中国的出口逐年下滑，从 1.98% 下降到 1997 年的 0.06%，1998 年更是达到创纪录的新低，仅占斐济对外出口的 0.03%。此后 10 余年这一现象一直持续，斐济对中国的出口一直未能超过其对外出口总量的 1%。

在斐济对外出口中并不占优势地位的中国，在斐济的商品进口国中的地位却不断攀升。以斐济的进口国为例，澳大利亚、新西兰、新加坡一直稳居前三，中国在斐济进口总额中所占的比例一直在 2%—5% 之间徘徊。2009 年以后，这种情况开始发生变化，中国超过美国、日本、马来西亚成为斐济的第四大进口来源国。这一上升趋势一直持续，2015 年超过澳大利亚和新西兰，成

---

① 中国海关信息网。

为仅次于新加坡的第二位。2016 年则跃居第一，成为斐济最大的进口来源国（具体参见表 3—11）。

表 3—11　1995—2016 年斐济主要进口国一览表

（单位：%）

年份	澳大利亚	新西兰	新加坡	日本	美国	中国
1995	42.09	17.84	9.84	6.21	4.19	2.33
1996	49.74	16.64	6.86	4.86	3.58	2.08
1997	46.54	16.48	6.73	5.50	4.00	2.44
1998	42.23	13.24	5.39	4.73	14.08	2.23
1999	42.23	13.24	5.39	4.73	14.08	2.23
2000	35.25	10.22	5.58	2.78	—	1.58
2001	39.39	19.38	7.9	4.77	2.64	3.27
2002	36.50	18.09	15.59	4.31	2.15	3.90
2003	34.82	17.85	18.38	5.02	2.08	2.97
2004	32.42	18.51	20.73	3.81	2.03	3.42
2005	23.30	18.22	28.87	4.59	2.00	—
2006	22.77	16.66	28.92	3.25	2.26	4.71
2007	23.68	16.02	35.07	2.62	1.81	3.77
2008	20.89	12.81	35.40	2.31	2.60	4.31
2009	23.02	14.61	26.19	2.32	2.26	6.61
2010	19.25	15.00	32.82	2.65	2.73	7.51
2011	17.47	13.84	32.18	2.01	2.15	8.65
2012	16.01	14.05	32.70	2.28	2.75	9.89
2013	11.83	11.43	20.08	2.3	4.29	8.91
2014	15.38	10.33	28.16	2.08	2.69	9.71
2015	12.26	12.51	16.17	3.96	2.45	13.61
2016	15.33	14.87	14.90	6.15	2.98	16.28

资料来源：The atlas of economic complexity.http://atlas.cid.harvard.edu/explore/?country=75&partner=undefined&product=undefined&productClass=HS&startYear=undefined&target=Partner&tradeDirection=import&year=2016。

与此同时，2011 年后斐济对中国的出口也开始逐年回升，2013 年已成为斐济的第五大出口国，2014 年超过新西兰成为第四大出口国，仅次于美国、英国和澳大利亚。2010 年斐济成为中国在太平洋岛国中的第四大贸易伙伴，中国则成为斐济第七大贸易伙伴，2011 年中国又上升至斐济的第六大贸易伙伴。2015 年中斐双边贸易额达 3.52 亿美元，同比增长了 3.5%，是 1975 年建交之初的 150 倍。同年，中国对斐济直接投资 1685 万美元，直接投资存量达 1.2 亿美元。中国跃升为斐济第三大贸易伙伴和增长最快的投资来源国。①2016 年，中国与斐济双边贸易总额首次突破 4 亿美元大关，达 4.17 亿美元，同比增长 18.5%，其中中国对斐出口 4 亿美元，同比增长 21%。

4. 中国在斐济的投资不断扩大

1992 年 11 月 19 日，中国华西企业公司在斐济注册成立中国华西企业（斐济）有限公司 [China Huashi Enterprises (Fiji) Limited]，这是中国在斐济正式注册成立的第一家中资企业。此后，中企在斐济的投资不断扩大。2005 年 9 月，中国苏州青年旅行社股份有限公司投资斐济 SSS 国际大酒店项目，投资总额 2000 万美元，成为当时中国在南太地区最大的酒店项目。

2007 年以后，中国对斐直接投资存量快速增长，斐济已成为中国在南太岛国地区重要的投资目的地。据斐投资局统计数据，2007 年中国企业对斐注册计划投资额占斐当年吸收外资比重的 0.19%，排名第 19 位；2014 年，中国企业对斐注册计划投资约 1.25 亿美元，占比 45%，且连续 4 年位居第一。目前，中国对斐投资已覆盖采矿、制造、旅游、房地产、批发零售、农业等多个领域。其中，较为突出的是中铁一局和浙江天洁集团在斐济的投资。

2008 年，中铁一局集团斐济公司开始进入斐济市场，目前已成为在斐济投资的中资企业中规模最大的一家。公司成立至今，累计中标项目 20 个，最终合同总造价约 3.29 亿美元，涉及公路、房建、水务、疏浚工程等多个领域。截至目前，已完工项目 16 个，总额约 2.61 亿美元。2015 年在斐济及瓦努阿图、萨摩亚等周边地区共投标 13 个，中标项目 4 个。它坚持"扎根属地、辐射周边"的市场营销思路，在做好斐济市场的同时，公司还实现了以斐济为中心向南太

① 鲍捷:《中国成斐济第三大贸易伙伴和增长最快的投资来源国》,《人民日报》2016 年 9 月 8 日。

平洋周边区域的辐射，对十多个国家进行了调研考察，并已在瓦努阿图、萨摩亚、澳大利亚设立办事机构。公司积极履行社会责任，帮助当地解决就业，工程高峰时当地雇员超过 1200 人。

2011 年，浙江天洁集团筹备在斐济建立水泥厂，2014 年 8 月天洁水泥斐济有限公司正式开业。在天洁水泥进入斐济之前，斐济只有一家由当地人经营的水泥厂，长期行业垄断导致当地水泥价格偏高，产能也不能完全满足市场需求。天洁根据斐济经济迅速发展、当地建筑业发展速度逐渐加快的现实，适时引入了市场竞争机制，一方面提高了斐济水泥行业的总产能，填补了市场缺口；另一方面也降低了当地水泥产品的价格，让建筑行业和普通百姓都享受到了实惠。经过两年多的发展，天洁水泥已成为南太平洋地区规模最大的水泥厂。目前，天洁水泥公司将年产量保持在 12 万吨左右，产品在斐济的市场份额已占到 50%，公司还将生产总量的 30% 销往汤加、瓦努阿图等南太平洋岛国。

此外，南太万达龙（天津）国际贸易有限公司等，也在斐济投资建厂，并在斐济开设了南太贸易公司。

中企在斐济的投资，不仅促进了斐济经济增长，同时也给斐济带去了专业技能、机械以及高效率的工作文化。斐济投资局首席执行官戈多·穆勒特乌特认为："中企投资中国在斐济投资让两国关系更紧密，我们欢迎中国企业来斐济投资。""中国成为外国在斐济投资中的主要力量，中国投资占外国对斐济投资的比例从 2013 年的 16% 上升至 2015 年的 34%"。斐济工业贸易和旅游部部长菲亚兹·科亚则表示："斐济是一个由 300 多座岛屿组成的国家，我们的经济发展有赖于国际投资，中企投资为我们创造了更多机会，帮助我们改进技术，提高商业管理能力。中国是世界第二大经济体，我们非常欢迎中国企业赴斐济投资。近年来访斐的中国商贸代表团数量增加，我们很高兴看到中国对斐济更加关注。日趋紧密的经贸交流也增进了斐中两国政治、文化等领域的全面合作。"[1]

5.中斐贸易代表团频繁互访

中斐贸易关系的发展，还表现为两国贸易代表团的频繁互访。1977年10月，斐济工商部长穆哈默德·拉姆赞率斐济政府贸易代表团访问中国，从而有效地启动了中斐之间的贸易。此后，两国贸易代表团不断互访，尤其是2006年温家宝总理访问斐济后，两国之间的贸易代表团互访更加频繁，从而推动着中斐贸易合作不断走向新高度。

（1）2007年斐济经贸代表团访华

2006年斐济军事政变后，澳新美加强了对斐济的经济制裁，为了摆脱经济困境，斐济临时政府推行"向北看"政策，积极向中国、马来西亚和印度等国家靠拢。2007年9月，斐济商业部长瓦兰迪率领的经贸代表团访华，吸引对斐济农业、海产、林业、信息技术、旅游及制造业领域内的投资合作，探求出口机会，寻找机械设备、原料、包装材料、建材及消费品进口渠道。

（2）2007年山东省南太三国经贸考察组访问斐济

2007年11月19—22日，由山东省外办、山东省海洋与渔业厅组成的南太三国经贸考察组访问斐济，拜会斐济渔林部和投资贸易局，就双方在渔业、农业培训、太阳能利用等领域开展合作进行了广泛而深入的交流。同时代表团还视察了在斐经营的山东渔业企业，了解企业经营中存在的问题和困难，为今后更好地为中资企业实施"走出去"战略服务奠定基础。

（3）2008年中国企业家代表团访问斐济

2008年2月20日，斐济驻华大使何志美率领中国企业家代表团访问斐济。访斐期间，代表团拜会了临时政府总理姆拜尼马拉马及其他内阁成员，还拜访了斐贸易投资局、国家土地信托局、斐电力局等。代表团此行重点考察了乙醇以及低成本住房项目，另外也借此机会开发农业、制造业和旅游业方面的合作机会。

（4）2015年深圳投资推广署代表团访问斐济

2015年4月2日，在深圳投资推广署——深圳市政府为外来投资服务机构副署长贾长胜的带领下，深圳投资推广署代表团一行8人访问斐济。其间，深圳投资推广署与楠迪市政厅还商议双方签订谅解备忘录事宜。深圳投资推广署与斐济广州商会，斐济中华商会，斐济华人文化、经济、艺术联合会西北区分会（简称华联会西北区分会）3个社团签订了谅解备忘录，建立两地投资促进沟通机制，推进两地经贸和产业合作。

6. 中斐商品展览会与经贸合作会成功举办

随着中斐贸易关系的愈益紧密，中斐商品展览会、经贸合作会和贸易投资会的纷纷举办。

（1）1990年北京出口商品展览会

1990年11月21日，北京市经贸委和贸促会北京分会联合在苏瓦举办北京市商品展览会。24日，北京出口商品展览会在斐济开幕。这是我国改革开放以来第一次在斐济举办展览，对于宣传我国的改革开放成就、扩大出口和遏制台湾当局在斐济推行的"弹性外交"起到了积极作用。

（2）1999年斐济中国贸易展览会

1999年，中国贸促会组织中国企业家代表团赴斐济举办中国贸易展览会。

2005年9月27日，驻斐10家中资企业（代表处）发起成立斐济中资企业联谊会。联谊会是在企业自愿基础上成立的中方内部民间团体和自律性组织，其宗旨是加强在斐中资企业之间的感情联络和信息交流，扩大中资企业在斐经贸合作，维护中资企业的合法权益，活跃中资企业的交往活动，推动中资企业共同发展。

（3）2006年首届中斐经贸联委会

根据2006年4月签署的《关于成立中国—斐济经济贸易联合委员会的协议》，2007年8月31日，首届中斐经贸联委会会议在北京召开，双方就中斐经贸关系回顾、中斐经济技术合作及贸易与投资等进行了深入的探讨与磋商。商务部部长助理王超与斐济临时政府外交外贸部长埃佩里·奈拉蒂考出席会议并发表讲话。商务部美大司司长何宁与斐临时政府总理府常秘书帕尔梅什·钱德分别担任此次会议的中斐双方主席。

为了使此次会议顺利召开，商务部美大司于11月3日发布了《关于召开中国—斐济经济贸易联合委员会首次会议征求意见》，征求有关部门、地方和企业将近年来与斐济开展贸易、投资和经济合作中遇到的热点、难点问题，与斐济方正在商签的合作项目以及进一步发展中斐经贸合作的建议，以便在会谈中与斐济方进行磋商。

（4）2007 年中国—斐济贸易、投资研讨会与经贸洽谈会

2007 年 9 月 24 日，中国贸促会访斐代表团与斐国家贸易投资局在斐济首都苏瓦共同举办了中国—斐济贸易、投资研讨会与经贸洽谈会。斐国家贸易投资局奈伦·可罕局长主持会议，斐临时政府商务部泰图·瓦兰迪部长、斐国家贸易投资局主席何志美爵士（斐待赴任新任驻华大使）等 100 多名政界与工商界人士出席会议。中国贸促会张伟副会长、内蒙古通辽市布仁特古斯副市长等在会上发言。会议就中斐经贸关系、中斐经济技术合作及贸易与投资等进行了深入的探讨与磋商。① 众多中斐企业在洽谈会上达成了合作的初步意向。

（5）2012 太平洋岛国贸易展销会

为了促进本地区经贸往来和合作，推动区域整体经济发展，2012 年 6 月 25 日，为期三天的太平洋岛国贸易展销会在斐济西部旅游城市楠迪拉开帷幕。来自太平洋岛国的 50 多家企业展销了各自的特色产品，包括斐济的珍珠、纽埃的香草、马绍尔群岛的手工艺品、巴布亚新几内亚的咖啡、所罗门群岛的椰枣和椰油、萨摩亚的面包果、汤加的诺丽果汁和辣椒酱、瓦努阿图的香蕉片等。为了参加这一盛会，中国农业部农业贸易促进中心提前发布了《关于组团赴斐济举办中国·太平洋岛国（斐济）农产品贸易推介会的通知》，准备在展销会期间组织"中国·太平洋岛国（斐济）农产品贸易推介会"，就斐济企业代表感兴趣的农产品进行推介并与其进行贸易交流。②

① 《中斐贸易投资研讨会与经贸洽谈会在斐首都召开》，中华人民共和国驻斐济大使馆经济商务参赞处，2007 年 10 月 5 日，http://fj.mofcom.gov.cn/article/jmxw/200710/20071005152812.shtml。

② 《关于组团赴斐济举办中国·太平洋岛国（斐济）农产品贸易推介会的通知》，农业部农业贸易促进中心网站，http://www.moa.gov.cn/sydw/mczx/nyhz/201204/t20120420_2607049.htm。

2012年9月17日，湖北农业企业与发展中国家项目推介和贸易洽谈会在湖北省农业厅举行。来自巴基斯坦、埃及、波兰、斐济、加纳等26个发展中国家的40名农业主管部门官员与会，他们对湖北省的种子、农机具、水产品、畜产品表现出了浓厚的兴趣。

(6)"中国（广东）—斐济经贸合作交流会"

2015年6月1日，由广东省政府以及斐济工业、贸易和旅游部联合主办的中国（广东）—斐济经贸合作交流会在苏瓦举行，广东省委书记胡春华出席交流会并发表主旨演讲，指出中斐两国领导人就双边关系进行了战略规划和顶层设计，一致同意保持高层和各级别交流合作，把中斐传统友谊提升到新水平。斐济等太平洋岛国是海上丝绸之路的自然延伸，深化广东与斐济的合作面临难得的历史机遇。双方合作基础很好，合作空间很大，近年来经贸往来日益频繁，货物贸易总额年均增长43.6%。广东省将继续在力所能及范围内，协助斐济把自身的区位优势、资源优势、环境优势更好地转化为发展优势，共创美好未来。胡春华就进一步深化广东与斐济的合作提出加强互联互通、不断扩大双边贸易投资、推进农业渔业开发合作、深化旅游人文合作、推动交流合作平台建设等五点建议，希望两地人民携起手来，在互惠互利的原则下，进一步拓展合作领域，提升合作水平，实现互利共赢，共同谱写友好合作的新篇章。

斐济工业、贸易和旅游部部长科亚在致辞中表示，近年来斐济与中国的友好关系不断加强，与广东之间的经贸合作深入开展，进出口贸易额增长迅速。希望斐济与广东以本次经贸合作交流会为契机，进一步深化双方在交通、通讯、旅游、人文、地方交流等多领域合作，促进共赢发展。

现场还举行了项目签约仪式，广东与斐济企业签订合作项目21个，合同金额3.31亿美元。① 经贸团成员广州港集团、广州水产集团与斐济金洋渔业公司签署合作意向书。

---

① 徐林:《中国（广东）—斐济经贸合作交流会举行　胡春华出席并发表主旨演讲》,《南方日报》2015年6月2日。

广州水产集团是广州港集团托管企业，拥有广州市内唯一的国有远洋渔业船队，其下属广州远洋渔业公司于 2006 年赴斐济开展远洋捕捞作业，现有 10 艘金枪鱼延绳钓船，总吨位 2053 吨，总功率 4368 千瓦，主要捕捞品种为大目金枪鱼、黄鳍金枪鱼、长鳍金枪鱼，2014 年生产总量 2600 吨，生产总值 617 万美元（约 3900 万元人民币）；是国家和广东省发展海洋经济的重要组成部分。[①]

四、中斐贸易合作的未来前景

1. 中斐贸易未来发展前景

建交以来，中斐双边贸易从无到有，从小到大，贸易额稳步增长。2022 年，中斐贸易额为 5.48 亿美元，同比增长 21.6%。其中中方出口 5.05 亿美元，同比增长 27.7%，进口 0.43 亿美元，同比下降 22.3%。[②] 未来，两国贸易发展前景十分广阔。

首先，中斐关系稳定发展，为两国贸易合作奠定良好的政治基础。1975 年中斐建交以来，两国关系从缓慢发展到建立重要合作伙伴关系，两国关系不断向前发展。2014 年习近平主席对斐济进行国事访问后，两国共同建立了相互尊重、共同发展的战略伙伴关系，2018 年又提升为相互尊重、共同发展的全面战略伙伴关系。中斐政治与外交关系的不断提升，为两国贸易合作提供了良好的政治环境。

其次，中斐贸易互补性强。我国向斐济出口的商品主要包括机械设备、水海产品、电器及电子产品、计算机与通信技术、汽车和船舶等，进口的是铝土、冻鱼、原木及锯材、饮料。通过分析中国对斐济进出口前 10 位产品类别结构，可以看出两国双边贸易产品互补性较为明显，结构稳定，中国主要向斐

---

① 刘潘、何秀军：《省委书记胡春华到斐济慰问水产集团船员》，广州港集团网站，http://www.gzpgroup.com/xwzx/zxxw/201506/t20150618_1178.html。

② “中国同斐济的关系”，中国外交部网站，2023 年 10 月，https://www.mfa.gov.cn/web/gjh-dq_676201/gj_676203/dyz_681240/1206_681342/sbgx_681346/。

济出口工业制成品等加工产品，主要从斐济进口的产品以农产品、初级制成品以及初级产品为主。①

最后，两国政府十分重视发展双边贸易。为了推动中斐贸易进一步发展，2019 年 10 月 24 日，中国商务部组织中国企业在斐济首都苏瓦开展贸易促进活动，以加强中斐经贸往来、推动两国企业务实合作。活动期间，中斐双方企业签署多项经贸合同或达成合作意向。②2022 年，中国—大洋洲及南太地区国际贸易数字博览会成功举办。与此同时，斐济政府也不断采取措施，促进两国贸易增长，两国政府相向而行，两国贸易发展未来可期。

2. 中企投资建议

由于中斐经济体量差别较大，且具有较大互补性，因此两国应发挥互补优势，创新合作方式，多种投融资方式并举，挖掘双方在基础设施、农林、渔业、旅游、新能源等领域合作的新增长点。

中资企业在斐济投资时，应注意如下几点：

（1）中国企业到斐济投资，首先要做好前期考察调研工作，确定好投资领域，包括充分考虑市场的潜力以及今后产业的发展方向，同时也要避免国内企业竞相集中投资某一个领域。

（2）要把在斐济的投资同向太平洋岛国的辐射一同考虑，可以适当延长产业链的深度和广度。

（3）合作伙伴的选择一定要慎重，充分考虑斐济国内不同族裔间的关系问题。

（4）工作方法应适应斐济当地的民风、民俗和当地环境。

（5）企业应通过当地有关部门或我国驻斐济大使馆的介绍，聘请一位较好的律师处理与进口商及有关部门的业务和其他纠纷。

---

① 彭虹、张艳、唐青峰：《中斐双边贸易影响因素及优化路径分析——基于"中国—大洋洲蓝色经济通道"背景》，《海峡与科技产业》2022 年第 10 期。

② "中国企业在斐济开展贸易促进活动"，中国政府网，2019 年 10 月 25 日，https://www.gov.cn/xinwen/2019-10/25/content_5444774.htm。

第四章　中斐人文与旅游合作

人文交流在中斐关系中扮演着极其重要的角色。从某种程度上说，中斐关系就是从中斐人文交流开始的，人文交流不仅是中斐关系的开路者，而且也是中斐关系不断深入、拓展的推动者。虽然初始阶段，两国的人文交流仅限于文体交流，但随着中斐关系的加强，两国人文交流与合作也拓展到教育和卫生等多个领域，为推动中斐关系的发展做出了重要贡献。

第一节　中斐教育交流与合作

中斐两国政府十分重视教育合作与交流，为了吸引更多的太平洋岛国学子来华留学，中国继 1984 年起向斐提供来华奖学金名额、1986 年起向斐派驻汉语教师之后，先后又设立了中国政府奖学金、大使奖学金和"中国—太平洋岛国论坛奖学金"项目，资助更多的斐济学子前来中国接受学历教育与非学历教育。

一、设置奖学金项目，资助斐济学生赴华留学

为鼓励更多的斐济青年人学习中华文化，中国政府面向斐济设置了政府奖

学金，中国驻斐济大使馆设置了"大使奖学金"，中国—太平洋岛国论坛还设有"中国—太平洋岛国论坛奖学金"项目。斐济来华留学生主要集中在广东、福建和北京，其中暨南大学自 2005 年开始一直坚持招收斐济留学生。

1. 中国政府奖学金

中国政府奖学金的设立开始于 20 世纪 50 年代，主要用于资助到我国高校学习或开展科研的非中国籍公民，包括本科生、硕士研究生、博士研究生、普通进修生和高级进修生。资助内容包括学费、住宿费、生活费等，由中央财政全额出资。由教育部根据与有关国家政府、机构、学校以及有关国际组织签订的教育交流协议或达成的谅解而对外提供，由中国国家留学基金管理委员会负责中国政府奖学金来华留学生的招生工作及在华日常事务管理工作。

来华留学的外国学生，除了享受由中国教育部为在华奖学金生所投保的综合医疗保险，用于学生因大病住院或发生人身意外伤害所支付的费用外，届时还将免交注册费、学费、实验费、实习费、基本教材费，而且中国政府将为其提供免费校内住宿、首次来华一次性安置补助费和奖学金生活费。2015 年 2 月，财政部、教育部联合印发《关于完善中国政府奖学金资助体系和提高资助标准的通知》，决定完善中国政府奖学金资助体系，并提高资助标准。资助标准提高后，最低资助标准为本科生 59200 元、硕士生 70200 元、博士生 87800 元，最高资助标准为本科生 66200 元、硕士生 79200 元、博士生 99800 元。①

为了使更多的斐济学生接受中国教育，进一步了解与学习中华文化，并为斐济培养经济社会建设所需人才，从 1996 年开始，陆续有斐济学生通过中国政府奖学金来华进修，或攻读本科和研究生。截至 2016 年，通过中国政府奖学金来华学习的斐济人数已达到 119 人，其中男性 62 人、女性 57 人，男女比例基本持平。除 10 人普通进修、18 人攻读硕士研究生、5 人攻读博士研究生外，其余 86 人均攻读本科专业，占斐济全部来华学生总数的 72.3%，可见来华接受大学本科教育是斐济学生留学的重点。其中，医学类特别是临床医学最

① 吴秋余：《中国政府奖学金标准提高》，《人民日报》2015 年 2 月 5 日。

受斐济学生青睐（25 人），其次是经济类尤其是国际经济与贸易（18 人），再次是建筑类尤其是土木工程（17 人），此外，农学、通讯、机械制造等也深受他们欢迎。随着中斐"相互尊重，共同发展的战略伙伴关系"不断发展，中国政府提供的政府奖学金名额也不断增加。2016 年，又有 12 名斐济学生获得中国政府奖学金，斐济政府官员也迫切希望能借助中国提供的奖学金，攻读硕士和博士学位。[①] 截至 2023 年 8 月，已有约 300 名斐济学生获得中国政府奖学金赴华深造。[②]

2. 中国—太平洋岛国论坛奖学金项目

除中国政府奖学金外，中国教育部还通过"中国—太平洋岛国论坛奖学金项目"向太平洋地区的有关岛国提供的全额奖学金，招生类别包括本科生、硕士研究生、博士研究生和进修生，奖学金期限从 1—2 年到 4—5 年不等。来华留学的太平洋岛国学生，除了享受由中国教育部为在华奖学金生所投付的综合医疗保险和门诊医疗服务外，还免交注册费、学费、实验费、实习费、基本教材费和校内住宿费，并获国际机票、一次性安置补助费 1000—1500 元、一次性城市间交通费以及奖学金生活费等。奖学金生活费由学生所在学校按月发给学生本人，标准为：本科生和汉语进修生人民币 1400 元 / 月，硕士研究生和普通进修生人民币 1700 元 / 月，博士研究生和高级进修生人民币 2000 元 / 月。

3. 暨南大学在斐济招生

在通过奖学金鼓励斐济学生来华学习之余，中国的高校也开始走出国门，直接到斐济招生。例如暨南大学 2005 年即开始在斐济招生，但因为斐济国家较小、人口较少，暨南大学每年在斐济的招生的只有 1—2 名（见表 4—1）。在课程设置方面，暨南大学的所有课程对外籍生实际上都是开放的。就专业分布来讲，主要集中于国际学院、管理学院、经济学院等。暨南大学在苏瓦设招生处。

---

① Garieta Vakasukawaqa, "Govt officials urged to make use of Chinese scholarships", *Fiji Times*, November 16, 2018. https://www.fijitimes.com/govt-officials-urged-to-make-use-of-chinese-scholarships/.

② "斐济 19 名学生获中国政府奖学金"，新华社，2023 年 8 月 15 日。

表 4—1　2005 年以来暨南大学在斐济的招生情况

年份	人数	专业
2005	1	英语
2007	1	工商管理
2008	2	计算机、日语
2009	2	会计学、统计学
2010	2	英语、计算机
2011	1	会计学
2012	1	临床医学

资料来源：暨南大学招生处。

4.大使奖学金

另外，为了鼓励斐济本土学生，中国在斐济还设有"大使奖学金"。2013年 11 月 22 日，中国驻斐济使馆杨朝晖代办即向逸仙中学 36 名学生颁发 2013 年度"大使奖学金"，其中一等奖 8 名，二等奖 12 名，三等奖 16 名。2016 年 10 月 14 日，驻斐济大使张平赴斐济苏瓦逸仙学校参加该校年度奖学金授予仪式，并为该校中文成绩优异的 24 位学生颁发了"大使奖学金"，旨在鼓励逸仙学校在斐推广中华文化，激发当地学生学习汉语和中华文化的热情和兴趣。

二、成立孔子学院，推动斐济的汉语教育

1.南太平洋大学孔子学院的成立

南太平洋大学是斐济及整个南太平洋地区的最高学府，除了斐济，南太平洋大学还在汤加、萨摩亚等 11 个南太平洋岛国设有校区，是一所名副其实的区域性大学。这里云集了南太平洋地区最优秀的青年才俊，代表着地区发展的未来，许多太平洋岛国的政府总理、部长都毕业于此。为了借助南太平洋大学分布于 12 个岛国的分校区，在整个南太平洋地区推广中文教育和中国文化，孔子学院在南太地区的选址最终定在南太平洋大学。另一个重要原因是随着近年来两国的政治经济交流日益密切，需要与中国打交道的事越来越多，当地政

府和民众都迫切希望能更多地了解中国。

为了给当地民众提供更多学习汉语的机会和教育文化交流的平台，2012年，由北京邮电大学牵头主办，中国孔子学院落户南太平洋大学苏瓦校区。2012年9月6日，南太平洋大学孔子学院正式成立。南太平洋大学孔子学院成立，是中国与南太大学交往史上的里程碑，为促进双边教育和文化交流提供了平台，也为斐济和南太岛国人民学习中文和了解中国文化、音乐、舞蹈等提供了机会，从而在中国人民和南太人民之间架起理解和友谊的桥梁，中国语言文化在南太平洋地区的传播由此翻开了新篇章。①

孔子学院的工作由两部分组成，一是将汉语教学纳入学校课程体系。2015年，中文课已经通过了校学术委员会的审核，已正式成为苏瓦校区的全校公共选修课，并被纳入学分体系。选修中文的学生越来越多。二是向斐济全社会推广汉语教育和中国文化。为此，孔子学院在正式挂牌成立前就开设了社会班。2012年2月3日，中国驻斐济大使黄勇出席了斐济南太平洋大学孔子学院首届汉语培训班开班仪式，学员70多人。南太大学校长钱德拉教授、南太大学孔子学院中方院长李登贵和外方院长余倩庄等，以及参加培训的部分学员出席了仪式。2013年，社会班学员达到480人。南太大学孔子学院中方院长李登贵表示，"任何在当地生活工作的人只要想学中文，就可以来报名。""整个南太地区此前都没有正规的中文教育，孔子学院的到来对当地想要培训中文的人来说就是雪中送炭。"截至2024年10月，南太平洋大学孔子学院已形成"一院四地"办学模式，除了苏瓦外，还在瓦努阿图、库克群岛以及斐济的劳托卡市设立孔子课堂。

2. 教育捐赠和"汉语桥"世界大中学生中文比赛

为了鼓励更多的学生学习汉语，提升斐济有关学校的汉语教学水平，进一步加强中斐在文化宣传领域的双边交流合作，推动两国关系全面发展，中国政府、文化部、国务院侨办自2010年起多次向斐济逸仙中学、斐济教育、遗产、

---

① 李佳彬：《访南太平洋大学孔子学院中方院长李登贵》，《光明日报》2015年8月19日。

文化艺术部等赠送汉语教材、教学设备、图书等文化用品和新闻办公设备。譬如，2014 年 3 月 28 日，中国驻斐济大使馆向斐新闻及国家档案部以及斐济教育、国家遗产及文化部赠送图书 1000 余本，内容涵盖《桃花扇》《道德经》等中国古典文学名著和介绍中国绘画、戏剧等文化类书籍，以及中国政府如何应对气候变化等斐方关心的热门书籍，全面反映中国传统文化及现代经济社会发展成就等各个方面。2016 年 8 月 9 日，张平大使代表国务院侨办向斐济逸仙学校捐赠了 1120 本中文教材，内容涵盖日常话题和多种文体，用于提高小学 1—4 年级学生中文听说读写能力。中国对斐济的教育捐赠具体参见表 4—2。

表 4—2　中国对斐济的教育捐赠一览表

序号	捐赠时间	捐赠内容	捐赠对象
1	2010 年 7 月 14 日	汉语教材 300 套	逸仙学校
2	2011 年 9 月 21 日	新闻办公设备	斐外交部、新闻部、苏瓦市图书馆斐济电视台等
3	2012 年 4 月 17 日	教材 2079 本、乐器一套	逸仙学校
4	2013 年 8 月 12 日	文化用品	斐济文化艺术部
5	2013 年 10 月 15 日	汉语教材 8048 本	逸仙学校
6	2013 年 10 月 17 日	图书	南太平洋大学孔子学院
7	2013 年 10 月 29 日	图书 200 余本	苏瓦市立图书馆
8	2014 年 3 月 28 日	图书 1000 余本	斐济新闻及国家档案部以及斐济教育、国家遗产及文化部
9	2014 年 7 月 1 日	图书 4547 本	逸仙学校图书馆
10	2014 年 9 月 12 日	文化物资	斐济教育、遗产、文化艺术部
11	2014 年 10 月 28 日	教学设备	逸仙学校
12	2014 年 8 月 4 日	1.35 万美元文化用品	逸仙学校
13	2016 年 8 月 9 日	图书 1120 本	逸仙学校
14	2022 年 3 月 20 日	中文教材和文化知识图书	逸仙中学
15	2022 年 6 月 3 日	1015 册中文图书	逸仙小学

资料来源：中华人民共和国驻斐济大使馆。

中国的友好举动不仅赢得了斐济人民的好感，而且得到斐济政府领导人的高度赞同，他们多次表示，中国是斐济真正的朋友，斐济将坚定不移地坚持一个中国的政策，在国际事务中做中国人民的好朋友。①

南太平洋大学孔子学院成立后，先后多次与中国驻斐济大使馆和斐济逸仙中学联合举办"汉语桥"选拔赛，以此推动斐济民众进一步学习汉语和了解中国文化。

"汉语桥"世界大中学生中文比赛是国家汉办为了激发海外青少年学习汉语的热情和兴趣，由孔子学院举办的中文学习和交流活动，目前已成为各国大中学生学习汉语、了解中国的重要平台，同时也为各国学习中文的青少年提供了一个展示中文能力的舞台和一个交流、学习的平台，在中国与世界各国青年之间架起了一座沟通心灵的桥梁。

2011 年，斐济作为 9 个新增国家之一，首次参加了在重庆举办的第四届"汉语桥"世界中学生中文比赛，选手们身着传统服装，跳起欢快歌舞，向中国民众展示斐济的魅力，并就汉语语言能力、中国国情知识、中国文化才艺、综合学习能力等方面与其他选手 PK。2014 年 11 月在昆明举办的第七届"汉语桥"世界中学生中文比赛中，斐济选手赛琳娜及艾莱尼在决赛中以一曲《孔雀舞》获得了"最佳才艺表演奖"和"最快进步奖"。2015 年 4 月 29 日，南太平洋大学孔子学院举办了第十四届世界大学生"汉语桥"斐济赛区预赛，从而极大地激发了斐济大中学生学习汉语的热情，也推动了中国文化在斐济的传播。

3.推广汉语教学

在斐济，英语是中小学语言教学的必修课，斐济当地语和印地语是各小学的主修课，只有由斐济华人创办和管理的一些学校开设了汉语课。然而，2012 年 7 月 11 日，"斐济乡村"网站报道，斐济教育部门正在就推广汉语普通话教

---

① "Fiji cherishes relations with China-PM", *BBC Monitoring Asia Pacific*, 6 June 2005; "Fijian president highlights development of Fiji-China relations", *Xinhua News Agency-CEIS*, September 13, 2011; "Fiji/China: As Fiji Election Nears, Western Nations Look to Revive Influence", *Asia News Monitor*, September 8, 2014.

学进行可行性研究,并寻求中国驻斐大使馆提供相关便利和帮助。报道援引斐济教育部部长菲利普·博列的话说,称将一种广为应用的语言引入斐济教育机制无疑将使学生增添优势。

为了调研斐济华文教育现状,2014年11月29日晚,中国华文教育基金会大洋洲巡讲团赴斐济调研,并与当地社团侨领、华校校董、暨南大学斐济招生处代表等座谈,了解当地侨情和华文教育情况。

2015年6月13—14日,由中国华文教育基金会主办、山东省侨办承办、完美(中国)有限公司资助的"2015名师大洋洲巡讲团(斐济、新西兰)"巡讲活动,在斐济首都苏瓦举办。巡讲期间,代表团讲授了中国传统文化与中国书画、中小学语文教学法、剪纸、现代汉语特点与课堂教学技巧等中华文化课程,受到斐济民众的热烈欢迎。①

三、开启中斐高校合作

2006年3月13日,以武汉大学刘经南校长为团长的中国教育国际交流协会代表团,访问了位于斐济的南太平洋大学。在中国驻斐济大使馆及教育部的支持下,中国海洋大学校务委员会主席冯瑞龙教授及中山大学副校长徐家瑞教授,分别代表本校与南太平洋大学安东尼·塔尔校长签署了校际交流合作协议。这为我国高等院校与南太平洋大学建立校际交流关系,为我国高等院校与南太平洋大学开展海洋研究和水产研究、师生交流等全方位的交流合作奠定了良好的基础,也为我国与南太平洋岛国的教育交流与合作打开了新的渠道。②

2024年3月26日,斐济高等教育委员会主席史蒂芬·钱德(Stephen

---

① 《山东名师巡讲团赴斐济新西兰传播传统中华文化》,中国华文教育网,2015年6月26日,http://www.hwjyw.com/info/content/2015/06/26/31733.shtml。

② 宗钢:《我高等院校与南太平洋大学建立校际交流关系》,中国教育新闻网,2006年4月7日,http://www.jyb.cn/world/zwyj/200604/t20060407_15005.html。

Shalend Chand)、全球职业教育培训发展基金会执行董事迈克尔·陈（Michael Chen）等访问武汉职业技术学院，代表高等教育委员会和全球职业教育培训发展基金会及武汉职业技术学院签署三方合作备忘录，期望通过共同努力，将武汉职业技术学院斐济办学点打造成斐济的第一个中国高职教育品牌。29日，他们访问青岛职业技术学院，双方探讨该校在斐济设立海外班·墨学院的可行性，寻求在师资培训、留学生接纳、教学标准和装备合作等方面合作的切入点。此外，他们还参观了部分实训基地，实地了解中国职业教育的教学方式方法和特点。

四、开展人员培训合作

中斐虽然相距遥远、国情各异，但都面临促进经济社会发展、提高治理能力、改善人民生活的共同任务。双方均希望增进相互了解，交流发展经验。中斐在人员培训领域的合作已成为两国人文交流的亮点。

为使斐更多的公务员了解、学习中国在治国理政方面的一些好的经验和做法，中国浦东干部学院先后承办多批"领导力建设"培训项目，学员均为斐济高级公务员。中方提供的培训项目对提升斐高级公务员领导水平和组织能力、改善政府服务发挥了积极作用，斐政府对此项目予以高度评价。

第二节　中斐文化交流与合作

中斐文化交流源远流长。早在近代时期，广东、福建一带的华人在欧洲人开往斐济的船只上工作或在斐济种植园从事劳作时，就已把中国的甘蔗、水稻等种植技术带到斐济，两国的文化交流已经开启。1975年中斐正式建交后，中斐文化交流与合作长足发展，突出表现为中方长期组派艺术团组参加斐济

"红花节"①；国务院侨办"文化中国"系列活动和"中华文化大乐园"项目；文化部"欢乐春节"走进斐济；中斐在电影与广播电视领域开展广泛合作；中国饮食文化逐渐改变斐济餐饮业等。

一、中斐文化交流概况

（一）中国文艺团体访斐，传播中华文化

建交以来，中方派出多个文艺团组赴斐访问演出，为传播中华文化做出重大贡献。1990 年 8 月 17 日，河北杂技团在斐济演出受到欢迎。此后，湖北武汉杂技团、南京市杂技团、广东艺术团、重庆杂技艺术团、深圳歌舞团、"亲情中华"艺术团、重庆歌舞团和广东省代表团分别赴斐演出（参见下表4—3）。他们精彩的演出，不仅向斐济人民展示了中华文化的博大精深，为斐济民众带去了欢乐与笑声，而且也加深两国人民之间的了解。

表4—3　中国文艺团体访斐一览表

序号	时间	文艺团体	演出地点
2	2003 年 1 月	天津杂技团	苏瓦
3	2004 年 10 月	武汉杂技团	苏瓦
4	2008 年 8 月	南京杂技团	苏瓦
5	2008 年 11 月	广东杂技团	苏瓦
6	2009 年 8 月	重庆杂技团	苏瓦
7	2010 年 11 月	中国侨联"亲情中华"慰问艺术团	苏瓦
8	2011 年 8 月	深圳歌舞团；福永杂技艺术团	苏瓦
9	2012 年 1 月	广州军区战士杂技团	苏瓦
10	2012 年 10 月	"亲情中华"艺术团	苏瓦
11	2013 年 8 月	重庆歌舞团	苏瓦

---

① "红花节"是斐济的三大传统节日之一，在每年百花盛开的八月份举办，为时 7 天，地点在首都苏瓦市。

序号	时间	文艺团体	演出地点
12	2014 年 10 月	广东省代表团	苏瓦
13	2015 年 6 月	广东艺术团	苏瓦
14	2016 年 2 月	"文化中国·四海同春"艺术团	苏瓦
15	2016 年 6 月	广东文艺代表团；广东汕头杂技魔术团	苏瓦
16	2017 年 8 月	河南艺术团	苏瓦、楠迪
17	2018 年 6 月	内蒙古文艺演出团体	楠迪
18	2018 年 9 月	内蒙古文艺演出、展览、展示团	苏瓦
19	2018 年 10 月	中央民族大学艺术团	苏瓦
20	2018 年 11 月	内蒙古民族艺术剧院杂技团	苏瓦
21	2019 年 9 月	重庆文艺代表团	苏瓦
22	2022 年 8 月	湛江歌舞团	苏瓦
23	2023 年 9 月	广州国际友城文艺艺术团	苏瓦

资料来源：中华人民共和国驻斐济大使馆；《人民日报》等。

1. 2003 年天津杂技团赴斐演出

2003 年 1 月，斐济在首都举办"中国周"活动，天津杂技团赴斐演出，为斐济民众带去了介绍中国的图片、书籍、挂历、工艺品，令观众爱不释手。天津艺术团的两位民间工艺美术家、联合国教科文组织认定的世界文化名人、剪纸艺术家黄卫东和面塑艺术家王玓现场表演了中国民间传统艺术手捏面人。天津杂技艺术家表演了《抖空竹》《绳鞭技》《水流星》和《滚杯》，天津武术队则表演了《武术对打》和《醉剑》。此举通过"沟通、交流、了解"，促进了两国关系的友好发展，也拉近了华人与其他种族的距离。

2. 2004 年湖北武汉杂技团赴斐演出

武汉杂技团曾赴世界五大洲 80 余个国家和地区演出，并多次在国际、国内杂技大赛中获奖。为了将中国优秀文化艺术介绍给斐济人民，加强两国之间的文化交流，进一步增进两国人民的相互了解与友谊，推动两国关系全面发展。2004 年 10 月 18—22 日，武汉杂技团一行 20 人受文化部委派赴斐济进行访问演出。

武汉杂技团在斐济的演出包括首都苏瓦市政厅大礼堂的两场公演。总统府专场演出，以及在华人学校——逸仙学校师生进行的慰问演出。他们拿出了"大武术""晃动爬杆""车技"等"绝活儿"，并穿插邀请现场观众参与的杂技幽默小品，为斐济人民献上了一个个融传统与现代于一体、既惊险又不失轻松的精彩节目。20日上午，在总统府的演出更是受到总统伊洛伊洛及其夫人的热烈欢迎，作为第一个到总统府进行专场演出的文艺团体，伊洛伊洛总统给予了高度评价，认为武汉杂技团是中国人民的友好使者，为增进斐中两国人民的友谊做出了积极贡献，也为苏瓦带来了一股中国杂技的旋风。

3. 2008 年南京杂技团赴斐演出

2008 年 8 月 13—17 日，应斐济"红花节"组委会邀请，南京杂技团一行13 人到斐济访问演出。南京杂技团成立于 1957 年，曾获得吴桥国际杂技比赛"金狮奖"、"法兰西共和国总统奖"、摩纳哥蒙特卡洛国际马戏节"金小丑"特别奖等多个奖项，享誉海内外。在斐济期间，该团表演了肩上芭蕾、抖空竹、单手顶、口技等节目。南京杂技团新颖的节目和精湛的技艺，受到斐济总统伊洛伊洛夫妇、华侨华人及民众的交口称赞，访问演出取得圆满成功，进一步增进斐济人民对中国传统杂技艺术的了解，也促进两国文化交流、增进中斐两国人民友谊。

4. 2013 重庆歌舞团斐济演出

重庆市歌舞团是一个集合舞蹈、声乐、管弦乐团、民族乐团、艺术培训、演出策划营销的大型综合性表演艺术实体。

为促进中斐两国之间的文化交流，增进两国人民间的友谊，中国文化部指派重庆市歌舞团于斐"红花节"期间来斐访演。该歌舞团参与了 2013 年斐红花节 8 月 19 日"亚洲之夜"演出，并于 20 日举办了"风情巴渝情暖斐济"专场演出。在两场演出中，重庆歌舞团为斐济民众和当地华侨华人献上武术《天术——拳》、二胡独奏《战马奔腾》、琵琶独奏《十面埋伏》、舞蹈《碧波孔雀》等充满中华民族特色的歌舞节目，赢得观众阵阵掌声和喝彩。演出过程中，中国艺人还用琵琶、竹笛等中国民族乐器演奏斐济当地乐曲，使中斐两国文化自然地交融在一起，令观众耳目一新。

（二）"文化中国"系列活动

为了推动中华文化在斐济的传播，国务院侨办在斐济举办了系列"文化中国"活动，主要包括"文化中国·名家讲坛""文化中国·中华美食"和"文化中国　锦绣四川"等。

1."文化中国·名家讲坛"活动走进斐济

"文化中国·名家讲坛"活动是国务院侨办"文化中国"系列活动的重要组成部分，自 2007 年开始，已邀请多名国内知名专家学者赴海外华侨华人集中的地区开讲。2014 年 8 月 14 日，由国务院侨办主办，浙江省外侨办承办的"文化中国·名家讲坛"活动在逸仙学校礼堂举办，为侨胞和学生们带来了一场文化盛宴。浙江大学董平教授深入浅出地介绍了中国传统文化的特色以及儒家文化的核心观念，浙江中医药大学连建伟教授介绍了中医典籍《黄帝内经》的养生之道，受到了热烈欢迎。

2."文化中国·中华美食"斐济厨艺展示活动

2012 年 10 月 18 日，国务院侨办和斐中友协在中华俱乐部举办"文化中国·中华美食"斐济厨艺展示活动。中国驻斐济大使黄勇大使和斐济妇女、社会福利和减贫部长、斐中友协主席鲁温尼等 60 余名相关政府官员、社会名流以及华侨华人代表应邀出席并品尝中华美食。5 名来自广州的烹饪名师表演了瓜雕、刺猬包、像生核桃、白兔虾饺等制作技艺并在宴会上为嘉宾献上了"南粤三宝""风生水起"和"金龙献穗"等菜品，令在场的中外宾客赞叹不已。

3."文化中国　锦绣四川"活动

2015 年 4 月 26 日，四川省人大常委会副主任李向志率团在斐济首都苏瓦举办"文化中国　锦绣四川"开幕式。中国驻斐济大使张平、斐济工业、贸易与旅游部长科亚共同出席，斐济政府官员、驻斐济使团、华人华侨及在斐中资机构代表出席了活动。

李向志副主任在致辞中表示，四川愿借助中斐关系的良好发展势头，推动与斐济的务实交往与合作，在中斐建交 40 周年之际，愿向斐济提供政府奖学金，为斐济培养工程技术、医疗卫生、商贸、旅游等领域专业人才，以表达中国人民、四川省人民对斐济人民的友好情感。同时，希望通过此次活动，进一步加深相互了解，为双方在文化、教育、旅游等多个领域的交流合作奠定良好基础。科亚部长则积极评价斐中关系，坚信此次"文化中国 锦绣四川"活动将进一步加深中斐友谊，推动双方文化、旅游等交流与合作。斐中两国不论是过去、还是现在都是好朋友，今后也将是更好的朋友。

四川代表团还同时举办了反映四川秀丽风光、发展成就和文化底蕴的图片展，并播放了宣传短片。随同来访的四川音乐学院教师表演了精彩节目，为到场嘉宾带来艺术的享受。

（三）"中华文化大乐园"项目在斐济的实施与推广

"中华文化大乐园"是国务院侨办于 2011 年开始举办的海外夏令营活动，也是国侨办"走出去"海外办营的品牌活动，旨在宣传中华民族传统文化，满足日益增多的海外华裔青少年了解中华文化的需求，推动中华文化的海外传承，涵养侨务资源，进一步促进侨务工作的可持续发展。2012 年国务院侨办进一步调整办营方案，扩大办营规模。2013 年，"中华文化大乐园"增加了斐济、韩国、新西兰等 5 个国家。

1. "2013 中华文化大乐园—斐济苏瓦营"活动

2013 年 4 月 13 日，由江西理工大学姜在东任团长，江西理工大学、赣南师院与赣州市文清路小学等 13 名教师团员和工作人员组成的 14 人教学交流团赴斐济苏瓦正式展开"2013 中华文化大乐园—斐济苏瓦营"活动。15 日，"2013 中华文化大乐园—斐济苏瓦营"开营仪式在斐济苏瓦逸仙学校体育馆拉开帷幕。来自江西的教师表演了民族歌舞、武术、魔术和国画等节目，逸仙学校学生也奉上了《凤阳花鼓》等中国传统舞蹈和斐济传统舞蹈。

4 月 15 日下午—25 日期间，大乐园的教学活动正式展开，371 名学生参加了此次活动，全体出访教师为斐济苏瓦逸仙学校的孩子们教授了中华魔术、中华武术、中华民族声乐、中华传统舞蹈、中华美术、客家扎染、语言表演、汉语拼音、中华传统文化、趣味写作和鼓号等具有浓厚中国特色的课程。夏令营期间，孩子们在整个校园掀起了一股学习中国文化、认知了解中国的热潮。同时，"2013中华文化大乐园—斐济苏瓦营"为在斐华裔青少年及其他族裔青少年提供了一个良好的了解中华文化、认知中国的平台，同时也为中斐两国间的文化交流注入了新的活力。

2.2014年"中华文化大乐园"活动

2014年8月4—12日，"中华文化大乐园"项目第二次走进斐济。12名老师以寓教于乐的教学方式，开设中国民族舞蹈、国画、书法、武术、剪纸等课程，以传授中华文化基本元素为主要内容，努力让更多斐济华裔青少年了解并热爱中国文化，促进中国文化在海外影响力的提升。

3."2015中华文化大乐园—斐济苏瓦营"

2015年4月13—25日，"中华文化大乐园"第三次走进斐济。主要针对5—8年级学生，开设了舞蹈、武术、书法、绘画和剪纸等中华传统文化课程，通过寓教于乐的方式，让学生们在轻松活泼的氛围中了解和学习中华传统文化。2015年4月13日，"2015中华文化大乐园—斐济苏瓦营"在逸仙学校礼堂开营。中国驻斐济大使张平、吉林省教师代表团、逸仙学校校董及师生约600人出席了开营仪式。此次文化大乐园夏令营活动取得了圆满成功，有力促进了吉林省与苏瓦的交流合作，进一步推动了中华传统文化在海外的弘扬和传承。

（四）"欢乐春节"活动走进斐济

为了让中华文化走向世界，同时也让世界了解中国，自2010年春节开始，中国文化部会同国家相关部委、各地文化团体和驻外机构在海外共同推出大型文化交流活动——"欢乐春节"活动，吸引了7000万海外华侨华人热情参与。2014年，"欢乐春节"走进斐济。

1.欢乐春节"中国红·中国梦"摄影作品展

2014年1月26日，中国驻斐济使馆和旅斐华人社团在苏瓦中华俱乐部联合举办欢乐春节"中国红·中国梦"摄影作品展，以跳跃的鲜红色展现了一幅幅生动有趣的中国风情画；2月8日，中国驻斐济大使馆、南太平洋大学孔子学院和斐济华人协会在苏瓦市中心的苏库纳（Sukuna）公园，共同举办的"欢乐春节·中国文化日"活动，为当地观众献上了一场精彩的中国文化盛宴；2月24—26日，"欢乐春节"唐朝乐队在苏瓦市政厅礼堂举办访问演出，为观众献上《梦回唐朝》《快乐的忧愁》《花儿为什么这样红》《国际歌》等曲目；2014年11月习近平主席访斐期间，"美丽中国"图片展首次在斐济楠迪展出。

2. 欢乐春节"中国文化体验日"

2015年1月15—16日，南太平洋大学孔子学院与斐济博物馆在斐济博物馆共同举办的"中国文化体验日"活动，拉开了"欢乐春节"系列活动的序幕。随后，"港丰杯"乒乓球邀请赛、斐济华人春节联欢晚会、劳托卡中华学校首届新春中华文化体验活动、西北区华人华侨春节联欢会、"少林风·中华情"以及2015年"欢乐春节"羽毛球邀请赛相继在斐济举行。

3. 欢乐春节"中华学校首届中国文化体验日"

2015年2月20日，即中国农历大年初二，中国驻斐济使馆和斐济劳托卡中华学校联合举办的"欢乐春节——中华学校首届中国文化体验日"在劳托卡中华学校隆重开幕，中国驻斐济使馆代办杨朝晖、领事部主任郝永旺和程文山领事专门从首都苏瓦赶到中华学校出席了活动。杨代办为中华学校优秀三好学生颁发奖励，现场派发了红包糖果给在场的每一位学生。中华学校的中文教师孟老师和陈老师则准备了文化讲座，给现场观众介绍春节，并邀请杨代办写对联贴福字。此外，还有中华学校的中文课教学成果展示，学生们以优美的扇子舞、中文歌等活动表现了他们的努力，给家长和其他观众带来了一场中国文化的体验。

4. 欢乐春节"少林风·中华情武术演出"

2015年2月27日，"欢乐春节——少林风·中华情"中国少林功夫团访问斐济演出在斐济首都苏瓦市政厅礼堂正式拉开序幕。全场演出节目由春、夏、秋、冬四个部分组成，展现了少林僧人一年四季的修行历程。为观众带来了少林象形拳、醉拳、硬气功、软功和飞针穿玻璃等精彩演出。此次活动是由中华人民共和国文化部主办，河南省文化厅、中国驻斐济使馆承办，嵩山少林寺武僧团培训基地协办。斐济是他们此次巡回演出的第一站，分别于 2 月 27 日、28 日晚上演出，接下来他们还访问了汤加和新西兰。

5. 欢乐春节"中国电影招待会"

2015 年 3 月 6 日，"欢乐春节——中国电影招待会"在苏瓦南太平洋大学成功举行。此次活动是由中国驻斐济使馆主办，南太平洋大学孔子学院承办。中国驻斐济使馆张平大使、政务参赞杨朝晖、政治处主任李丽红、领事部主任郝永旺等使馆馆员，南太平洋大学校长钱德拉教授、南太平洋大学孔子学院中方院长李登贵以及公派汉语教师、侨社代表和南太平洋大学的学生等共约 100 人出席了此次活动。

6. 欢乐春节"中华文化论坛"

为了探讨如何进一步推动中华文化在斐济的传播和传承，为以后的工作明确目标和方法，2015 年 3 月 1 日，中国驻斐济使馆在苏瓦举办了"欢乐春节——中华文化论坛"活动。中国驻斐济大使张平、政务参赞杨朝晖、政治处主任李丽红、领事部主任郝永旺及各侨社代表、中资机构、南太孔子学院、逸仙学校、劳托卡中华学校公派教师和新华社斐济分社等共约 50 人参加了活动。

南太孔子学院中方院长李登贵首先以《浅谈中华文化》为题和大家一起简要探讨了什么是中华文化，认为中华文化是华人社会自继承中国文化后不断深化发展而成的特有文化，主要是以儒家文化为代表。在海外推广中华文化主要也就是推广传统文化鼓励的价值观"仁、义、礼、智、信"。其他各学校教师分享了各自学校华文教育的现状、取得的成绩和教学方法、经验。新华社斐济分社首席记者刘鹏在发言中介绍了新华社与斐济分社的情况，指出作为媒体，就是要让斐济人对中国有足够正确的了解和认识，这样才能更好地传播中华文化。各侨领也在自由讨论阶段踊跃发言，各抒己见：以他们在斐济多年的经验畅谈斐济推广中华文化的故事和见闻；以小见大，谈到了中华文化推广和传播中，侨二代等民族认同感不高等问题。

张平大使则就如何更好地推广中华文化提出了"四个结合"的建议。首先推广中华文化、增强中华文化的影响力、提升中国的形象应与传播中华文化的价值观和中华民族伟大复兴的中国梦相结合；其次，推广中华文化还应和促进双方文化交流和促进双边关系发展相结合；再次，推广中华文化和提高华社凝聚力和建设和谐侨社相结合；最后，推广中华文化要与推广华文教育相结合。张大使还指出推广中华文化还应培养同时了解中华文化和当地文化的人才，创新形式，以当地群众感兴趣的方式，弘扬中华文化。①

这是斐济第一次以论坛的方式研讨推广中华文化，取得良好效果，十分有利于实现跨文化交流，更好地推广中华文化。

（五）其他

1."2008 北京奥运会景观雕塑国际巡展·苏瓦展"

2007 年 12 月 7—11 日，由北京奥组委文化活动部与斐济体育协会暨国家奥委会联合举办的"2008 北京奥运会景观雕塑国际巡展·苏瓦展"在斐济首都苏瓦市政厅隆重展出。2008 北京奥运会景观雕塑国际巡展旨在向全世界推广 2008 年北京奥运会、宣传奥运文化、传播奥林匹克精神，具有重要意义。此次在苏瓦展出的雕塑是从全球 2000 多件作品中挑选出的精品，突出了国际合作、奥运圆梦和"新北京，新奥运"等主题，也展现了中华文明的各个侧面。此展使"更快、更高、更强"的奥运精神在斐济更加深入人心，也进一步促进中斐两国的文化交流，增进两国人民的相互了解与友好往来。蔡金彪大使还向来宾简要介绍了北京奥运会的筹备情况。

2. 国务院侨办向逸仙中学赠送汉白玉石狮

石狮子是以石材为原材料雕塑而成的具有艺术价值和观赏价值的雕塑品。

---

① 《欢乐春节——中华文化论坛》，斐济华人新闻网，http://www.fijichinesenews.com/likepikeke/vip_doc/1029669.html。

相传东汉汉章帝时，西域大月氏国把一头金毛狮子作为礼物进贡给中国的皇帝。后来狮子随着佛教的传入，成为一种赋予了神力的灵兽。在中国的文化中，狮子更多的是作为一种神话中的动物，而不是现实生活中的动物，和麒麟一起成为中国的灵兽。唐代高僧慧琳说："狻猊即狮子也，出西域。"它不仅是汉族传统文化中常见的辟邪物品，而且也是汉族传统建筑中经常使用的一种装饰物，在中国的宫殿、寺庙、佛塔、桥梁、府邸、园林、陵墓，以及印钮上都会看到它。

2005年9月6日，中国国务院侨办将一对大型汉白玉石狮赠送斐济逸仙学校，并举行了隆重仪式。中国驻斐济大使蔡金彪和斐济华人教育协会会长余焕新分别致辞祝贺并为一对石狮"开眼"。余会长和蔡大使在致辞中分别用生动风趣的语言介绍了石狮在中国传统文化中的象征意义，鼓励大家努力学好中文，为促进中斐友好作出贡献。

3. 斐济发行中国邮票

自2016年开始，斐济邮政有限公司每年都与斐济中国文化中心合作，发行生肖邮票。每年的邮票设计均凸显中国和斐济两国文化特色，承载交流文化、加深友谊的美好寓意。下面仅以2016年猴票和2017年鸡票为个案予以介绍。

(1) 2016猴年邮票

2016年5月4日，由斐济邮政有限公司、中国驻斐济大使馆和斐济中国文化中心联合策划的2016猴年邮票及首日封正式发行仪式在斐济首都苏瓦举行。

"2016猴年邮票"共4枚，经广东省文化厅推荐、由中国艺术家许鸿飞设计。邮票面值分别为38斐分、47斐分、85斐分和10斐元（1斐元约合3元人民币）。邮票画幅分别采用中国的红面猴、金丝猴、猕猴和白头叶猴与斐济当地植物融为一体，体现了南太平洋岛国的自然生态风情。此外，设计师通过巧妙运用"福"字等中国春节元素，构思设计了别具特色的首日封。

发行仪式在位于苏瓦市中心的斐济中国文化中心举行。中国驻斐济大使张平、斐济中国文化中心主任邓先富、斐济邮政有限公司董事长劳伦斯·蒂卡拉姆及斐济文化部、财政部、苏瓦市政厅等部门官员出席。

"2016 猴年邮票"的成功发行彰显了中国和斐济两国友谊，是中斐文化交流与合作的典范，载入中斐文化交流史册。同时，这也是一套兼具收藏价值、审美价值和艺术价值的纪念邮票。

（2）2017 年鸡年纪念邮票

为庆祝农历鸡年，2017 年 2 月 22 日，斐济在首都苏瓦的中国文化中心为鸡年纪念邮票及首日封举行正式发行仪式。中国驻斐济大使张平，斐济妇女、儿童和减贫部长梅雷塞伊妮·武尼万加等为邮票和首日封揭幕。

纪念邮票共 4 枚，包括公鸡主题和母鸡主题各两枚，面值分别为 15 斐元（约合 50 元人民币）、3 斐元（约合 10 元人民币）、1.2 斐元（约合 4 元人民币）、85 斐分（约合 2.8 元人民币）。两枚公鸡主题邮票中，鸡身分别画有椰子树和铃铛花图案；两枚母鸡主题邮票中，鸡身则分别画有扶桑花和鸡蛋花图案。

邮票由广东美术馆馆长王绍强设计，斐济邮政公司发行。这套邮票将斐济本土植物和鸡结合在一起，使用雕版等表现手法。每枚邮票的内容整体上看是一只神采奕奕的鸡，但鸡身局部则是另一幅画面：大海中，朝阳升起，一株植物在岛屿上迎着朝霞生长。设计者想表达的含义是：这不仅代表中斐两国辉煌的发展前景，也体现两国友谊的光明前途。①

此后，斐济还陆续发行了狗年、猪年、鼠年、牛年、虎年、兔年、龙年及中斐建交 45 周年纪念邮票（具体参见表 4—4），极大推动了两国的文化互鉴与交流。

---

① 刘鹏：《斐济正式发行鸡年纪念邮票》，新华网，2017 年 2 月 22 日，http://news.xinhuanet. com/world/2017-02/22/c_129491316.htm。

表4—4　斐济发行的中国生肖纪念邮票一览表

序号	纪念邮票及首日封名称	发行时间
1	中国农历猴年生肖纪念邮票	2016 年 5 月 4 日
2	中国农历鸡年生肖纪念邮票	2017 年 2 月 22 日
3	中国农历中国狗年生肖纪念邮票	2018 年 3 月 2 日
4	中国农历猪年生肖纪念邮票	2019 年 2 月 1 日
5	庚子鼠年纪念邮票及首日封	2020 年 1 月 17 日
6	中斐建交 45 周年纪念邮票	2020 年 11 月 26 日
7	中国农历牛年生肖邮票及首日封	2021 年 2 月 8 日
8	中国农历虎年生肖邮票及首日封	2022 年 2 月 15 日
9	中国农历兔年生肖邮票及首日封	2023 年 1 月 18 日
10	中国农历龙年生肖邮票及首日封	2024 年 2 月 3 日

4. 国新办在斐济举办"美丽中国图片展"

为了让南太平洋岛国人民近距离感知中国，2014 年 11 月 21 日，中国国务院新闻办公室特意选取了中国文化遗产中最有代表性和最具中国特色的内容，在斐济楠迪举行"感知中国·美丽中国图片展"。

本次图片展共分为 3 个主题，包括中国的世界文化与自然遗产、非物质文化遗产以及奥运之城——北京。通过欣赏一个个定格的美妙瞬间，嘉宾们可以近距离领略美丽中国的独特魅力。斐济、汤加、纽埃、库克群岛、巴布亚新几内亚等太平洋岛国政府首脑和高官饶有兴致地观看了图片展，对中华文化以及中国取得的巨大发展成就大加赞赏。曾经到国中国参观过紫禁城等著名景点的汤加首相图伊瓦卡诺认为，这次图片展是把中国悠久历史和灿烂文化展示给南太平洋岛国的绝佳方式，可以使南太岛国领导人和民众近距离感受中国、了解中国。这次展览，也达到文明互鉴，增进中国人民和南太各岛国人民的友谊的效果。

5. 苏瓦市立图书馆成功设立"中国角"

为了使更多斐济人了解中国及中华文化，苏瓦市立图书馆特地设立"中国角"，希望以此架起一座连接中斐两国的文化桥梁。2013 年 10 月 29 日，中国驻斐济大使馆及南太平洋大学孔子学院向苏瓦市立图书馆赠书仪式隆重举行。中国驻斐济大使黄勇、苏瓦市长乌马瑞尔、南太平洋大学孔子学院院长余情庄、中方院长李登贵等出席。中方向苏瓦市立图书馆赠送图书 200 余本,内容涵盖中国文化、语言教育、文学、社会生活等多方面。乌马瑞尔市长对使馆和南太孔院赠书表示感谢,表示中方提供的图书将使更多普通斐济乃至南太地区的人民获得了解中国文化的宝贵机会,必将巩固并加深两国人民之间的感情。

二、中斐媒体交流与合作

1. 中国媒体开始在斐济拍摄影视

2004 年 8 月,北京电视台"真情北京"栏目特别节目"远离故土的五星红旗"摄制组和著名文艺工作者一行 19 人赴斐济拍摄以反映中国驻外外交官工作和生活为主题的电视系列片,开启了中国媒体在斐济拍摄电影电视的大门。2014 年,由上海星泓文化传播有限公司、励骏会(北京)文化传媒有限公司联合出品的《斐济 99℃爱情》在斐济拍摄,并在全国公映,引发了人们对斐济的热情与向往。

2. 中国广播电视代表团访问斐济

广播电视合作是中斐关系中新的合作领域,两国广播电视合作潜力巨大,前景广阔。为了共同探讨两国在广播电视领域开展合作,2005 年 3 月 22—25 日,国家广播电影电视总局副局长田进率领的中国广播电视代表团一行 6 人访问斐济。访问期间,田进副局长会见了塔沃拉外长,并分别与斐济电视台和斐济广播公司以及太平洋广播公司负责人举行会谈,就两国广播电视合作深入交换了意见。塔沃拉外长表示,中方在数字和信息通讯领域技术先进,相关产品质优价廉,深受斐济用户欢迎,斐方可从合作中受益;斐济政府支持广播电视机构与中方开展合作,以使斐济人民更好地了解迅速发展的中国,推动两国关系不断向前发展。[1]

---

[1] 《中国广播电视代表团访问斐济》,中国外交部网站,2005 年 3 月 25 日,http://www.fmprc. gov.cn/mfa_chn/gjhdq_603914/gj_603916/dyz_608952/1206_609054/1206x2_609074/t188933. shtml。

3. 中央电视台国际频道落户斐济

2006 年 9 月 20—23 日，中央电视台台长赵化勇率团访问斐济，会见了斐济电视有限公司首席执行官纳瓦里，双方就频道转播、节目交换以及中斐高层互访报道等方面的合作交换了意见，并签署了合作协议。合作协议的签署标志着中央电视台中、英文国际频道（CCTV—4、CCTV—9）在斐济正式落地。两国国家电视机构通过互相播出介绍对方国家经济、社会、文化、旅游等的节目，在两国人民之间架起相互了解的桥梁，从而促进中斐友好合作关系深入发展。①

当然，由于斐济目前正处于模拟——数字转型期，频道资源有限，目前还只是中央四台与中央九台在斐济落户，然而，这一协议的意义十分重大，它的签署标志着中斐电视合作的正式开启。另外，根据对斐济朋友的采访，如果安上卫星接收器，在斐济也可以随时随地收看到中国电视节目，目前中央电视台以及几十个省台的卫星节目都能接收到。②

4. 斐济电视台赴华拍摄专题片

2010 年 9 月，斐济电视台摄制组赴中国拍摄专题片，涉及北京八达岭长城、故宫、颐和园、天坛有关镜头。为此，国家文物局复函国家广播电影电视总局国际合作司，同意其拍摄，但该摄制组严格服从文物管理人员安排，务必确保文物安全。③

5. 中国在斐济举办"中国电影周"

随着中国电影艺术取得长足进步和电影产业蓬勃发展，2013 年 11 月 6 日，国家新闻出版广播电影电视总局电影局代表团访问斐济，并与中国驻斐济使馆在 Village 6 电影院联合举办"中国电影周"开幕式，中国驻斐济大使馆代办

---

① 中国外交部网站，2006 年 9 月 26 日，http://www.fmprc.gov.cn/mfa_chn/gjhdq_603914/gj_603916/dyz_608952/1206_609054/1206x2_609074/t273664.shtml。
② 2017 年 3 月 16 日，对斐济朋友 YOYO 的电话采访。
③ 《关于斐济摄制组来华拍摄涉及有关文物的复函》，中华人民共和国外交部网站，2010 年 9 月 27 日，http://govinfo.nlc.gov.cn/search/htmlflash4Radar?docid=1130203。

杨朝晖，斐济新闻、国家档案和图书馆服务部常秘莎伦·约翰斯，中国国家新闻出版广电总局电影局副巡视员、中国电影代表团团长栾国志等约150人出席。斐济新闻、国家档案和图书馆服务部常秘约翰斯在首映式上指出，像成龙、李小龙这样的名字在斐济可谓家喻户晓，但了解中国电影历史以及中国电影现状的人却不多。她认为，这次电影周为斐济观众提供了平时看不到的中国电影，成为斐济人了解中国的一扇窗口。

随后，为期5天的"中国电影周"于11月6日至10日在斐济举行，分别放映《海洋天堂》《唐山大地震》《一代宗师》《龙门飞甲》和《春娇与志明》等5部中国影片。通过这些影片，斐济民众得以感受中国文化，并从中国人的艺术创作中得到美的享受。这是中国在南太岛国地区首次举办中国电影周，将为当地民众开启一扇了解中国的新窗口。

另外，中央电视台电影频道6日同斐济电视台Fiji One签署电影播出协议，授权斐济电视台在一年时间里播出12部由央视电影频道提供的中国电影。

6."斐济网"启动

2014年1月26日，《斐济日报》旗下网站"斐济网"启动仪式在斐济苏瓦中华俱乐部举行。中国驻斐济大使黄勇、使馆工作人员、华人社团代表、国家公派汉语教师和南太大学孔子学院教师等逾100人出席网站启动仪式。

黄勇大使在致辞中对"斐济网"的成功开办表示祝贺。他表示互联网已经深入到各国社会生活的各个方面，传统媒体数字化、网络化已是大势所趋。《斐济日报》在困难中坚持办报，解放思想、开拓创新，自筹资金并建成"斐济网"，实属不易。希望网站能办出水平、办出特色、办出成效。希望旅斐社团能团结一致、互相帮助，支持报纸、网站等媒体的发展。

网站创办人、《斐济日报》总编杨鸿濂在致辞中感谢黄勇大使和杨朝晖参赞给予的指导和帮助，表示将用兢兢业业的精神和扎实进取的态度，将"斐济网"打造成专业权威、精准便捷、开放互动的信息平台。致辞结束后，黄勇大使按下鼠标，开通"斐济网"。

"斐济网"设有斐济新闻、中国新闻、旅游、投资、留学等栏目，网址：

http://www.netfiji.com。

7.新华社与斐济华人新闻网新闻信息交换签约

2010年9月，新华社在斐济首都苏瓦设立分社并派常驻记者，这是新华社在太平洋岛国地区设立的首个分社。斐济华人新闻网由斐济华人文体协会于2014年1月创立。成立后，积极报道斐济主流社会和华人社团新闻，在为华侨服务等方面做出了重要贡献。

2015年1月16日，新华社与斐济华人新闻网在苏瓦悦来酒店举行新闻信息交换签约仪式，积极打造一个在斐济宣传中国和中华文化的平台，为中斐两国关系发展做出新贡献。

三、中斐文化关系的迅猛发展

1.中斐缔结友好城市

1998年4月2日，广西北海市与斐首都苏瓦市结为友好城市。这是中国与斐济缔结的第一对友好城市。此后，广东、浙江、山东和湖北等省的数个城市纷纷与斐济缔结友好城市，开启了中斐友城合作之门。

2010年10月，浙江省杭州市与斐济楠迪市结为友好城市。

2011年4月17日上午，斐济劳托卡市市长普拉维恩·库马尔·马拉与重庆市武隆县县长郭忠亮，在渝珠花园酒店会议室代表双方签署了《斐济群岛共和国劳托卡市和中华人民共和国重庆市武隆县对接姊妹城市意向协议书》。约定武隆县与劳托卡市将在平等互惠原则上，在旅游、经贸、教育、文化等方面增进交流与合作，除派遣各自代表团和艺术团参加对方的传统文化活动、庆典外，双方还将派遣公务员和学生等进行相互交流和研修，并在旅游宣传营销、招商引资方面互通信息、互为协助、共促发展。

2014年7月，浙江绍兴市与斐济苏瓦市结为友好城市。2015年6月1日，广东广州市与苏瓦市缔结友好城市。2017年7月19日，广东江门市与斐济劳托卡市签署《缔结友好城市关系备忘录》，共同种下象征两市人民永久友好的友谊树。2021 年，广东省江门市同斐济劳托卡市结为友好城市。2023 年 8 月，山东聊城市、聊城市茌平区分别与楠迪市和辛加图卡市签署《建立友好合作关系城市协议书》。2024 年 5 月 13 日，湖北武汉市代表团访问斐济，武汉市人大常委会副主任陈光菊与苏瓦市议会议长兼特别行政官特维塔·博赛瓦卡（Tevita Boseiwaqa）共同签署了《中华人民共和国武汉市和斐济共和国苏瓦市建立友好交流城市关系谅解备忘录》，两市正式建立友好交流城市关系。

2. 中国饮食文化影响斐济餐饮业

随着中国人移居世界各地，他们将数千年的药膳知识带到移居国，包括斐济。如今，在斐济地方饮食中，人们正在研究如何将中餐烹饪作为关键元素纳入未来的斐济饮食。

不过，斐济并不打算照搬中国的药膳，只是想借助斐济现有的药材，研发减少糖尿病、心脏病和某些癌症的独特饮食，进而防治非传染性疾病。这正是中医哲学和中餐烹饪技术重要性之所在。目前，翻炒快、用油少、无油清蒸、加入斐济生姜的药膳煲汤等中餐健康元素已经对斐济餐饮产生了巨大的影响。同时，近期移民斐济的中国北方人也给斐济中餐带来改变，川菜系列、北京烤鸭、麻婆豆腐等逐渐进入中餐馆，新一代中国移民为斐济饮食变革注入了新的活力。①

3. 中国政府文化代表团成功访问斐济

应斐济文化部长博列邀请，2009 年 8 月 21—25 日，中国文化部部长助理丁伟率中国政府文化代表团和重庆杂技艺术团访斐。期间，与博列部长进行了会谈，会见了斐济博物馆馆长，参观了斐济博物馆等文化设施和中国政府援建斐济的多功能体育馆等工程项目，出席了斐济最大的狂欢节红花节开幕式和重庆杂技艺术团在斐济首都苏瓦市政厅礼堂举行的大型演出。中国政府文化代表

---

① 兰斯·西托：《华人移民将药膳带入移居国　影响斐济饮食业》，中国网，2013 年 9 月 24 日，http://www.china.com.cn/education/cgym/2013-09/24/content_30117898.htm。

团是中斐建交 34 年来中国政府访问斐济的第一个部级文化代表团。①

4. 中宣部副部长蔡名照访斐

2011 年 5 月，中宣部副部长蔡名照访斐，代表中国政府承诺援助斐济一批办公设备。9 月 6 日，该批物资运抵苏瓦机场，包括笔记本电脑、台式电脑、平板电视和数码相机共数十台。9 月 21 日，中国驻斐济大使黄勇在斐济总理府举行的交接仪式上，代表中国政府将这些新闻办公设备赠送斐总理府常秘皮奥·蒂克杜阿杜阿。体现出中方致力于进一步加强在文化宣传领域的双边交流合作，从而推动两国关系全面发展。

5. 文化部部长蔡武访斐并部签署《中斐文化合作谅解备忘录》

应斐济教育、国家遗产、文化艺术部（以下简称"文化艺术部"）邀请，2013 年 8 月 9—12 日，文化部部长蔡武率中国政府文化代表团访问斐济共和国。在与文化艺术部长菲利普·博列会谈中，双方就进一步加强中斐两国文化交流与合作交换了意见。双方还就在斐设立中国文化中心、在斐举办"欢乐春节"活动以及两国开展非物质文化遗产培训合作达成了共识。蔡武部长代表中国文化部向斐济文化艺术部赠送一批文化用品。会见结束后，蔡武部长与博列部长代表各自政府签署了《中华人民共和国与斐济共和国文化合作谅解备忘录》。

此访是中国文化部长首访太平洋岛国，签署的《中斐文化合作谅解备忘录》具有里程碑意义，有力推动了我国与太平洋岛国斐济的文化交流，两大主流报纸《斐济时报》和《斐济太阳报》对蔡武部长访斐均做了报道。

四、中斐文化交流建议

纵观中斐文化交流的历程，可能看出中国驻斐济大使馆在中斐文化交流中处于极其关键的地位，在斐华人华侨为推动中斐文化交流方面做出了突出贡

---

① 《中国政府文化代表团成功访问斐济》，中国驻斐济大使馆，2009 年 8 月 27 日，http://fj.chineseembassy.org/chn/xw/t580888.htm。

献，国务院侨办、文化部、孔子学院等在中斐文化交流中扮演着十分重要的角色。建议：

第一，进一步加强我国驻斐济大使馆的力量，设立专门的文化处或公共外交处，以推动中斐外交与文化交流与合作。浏览我国驻斐济大使馆的机构设置，我们发现，除负责行政后勤事务的办公室外，另设负责领侨保护、签证、领事认证事务的领事部、针对双边政治关系的政治处以及双边经贸往来与合作的经商处，① 尚未发现专门负责双边文化交流与合作的文化处，这一现状一方面不利于中斐文化交流与合作，另一方面，也不利于发挥斐济作为太平洋岛国中心在我国对太平洋岛国外交中的支点作用。

第二，充分发挥在斐华人华侨对中国文化的引领作用。根据最近一次即2012 年 6 月斐济统计局的人口普查数据，截至 2007 年，在斐济中国人已有4704 人，比在斐欧洲人（2953 人）还要多。② 他们虽身在斐济，但是深受中国文化的熏陶，对于祖国和中国文化有着深刻的认同与好感，加之他们或者拥有雄厚的经济实力，或者拥有一技之长，在斐济有着较大的影响力，我们应充分借助他们在斐济的优势，进一步推动中斐文化交流与合作。

第三，选派更多的优秀教师或志愿者赴斐交流，扩大中国文化在斐济的传播与交流。与我国相比，西方国家更加注重文化在斐济的传播，早在 1826 年，西方传教士就已到达斐济，开始传播基督教与西方文化，至今在斐济 837271（2012 年统计数字）人中已有 539553 人信仰基督教，233414 人信仰印度教，③52505 人信仰伊斯兰教。④ 在汤加、萨摩亚、纽埃等太平洋岛国也都存在

---

① "机构设置"，中华人民共和国驻斐济共和国大使馆，http://fj.china-embassy.org/chn/sgxx/jgsz/。

② "CENSUS OF POPULATION NY ETHNICITY 1881– 2007", Fiji Bureau of Statistics - Key Statistics: June 2012.

③ 1879 年斐济总督戈登通过"契约劳工"方式，将第一批共计 481 名印度人引入斐济，到2012 年，在斐济的印度人已达 313,798 人。具体参见拙著：《列国志·斐济》，社会科学文献出版社 2015 年版，第 68—69 页。

④ "CENSUS OF POPULATION NY ETHNICITY 1881– 2007", Fiji Bureau of Statistics - Key Statistics: June 2012.

着类似的情况，西方的志愿者深入民众，与他们同吃共住，在潜移默化中传播西方文化与价值观，使越来越多的太平洋岛国民众认可西方文化。因此，2015年6月前汤加驻华大使夫人、一秘西亚梅利耶·拉图在聊城大学太平洋岛国研究中心讲学时，建议中国应向汤加、斐济、萨摩亚等太平洋岛国派遣更多的志愿者，促进双方的交流与合作。2015年教育部启动"中国对萨摩亚教育援助"项目，于2016年1月派遣聊城大学5名教师赴萨摩亚进行为期一年的交流活动，此举极大推动中萨文化交流与合作，同时，我们也希望此项目逐渐惠及到斐济等其他太平洋岛国，推动中斐文化交流与合作再上新台阶。

第三节　中斐卫生交流与合作

自1970年斐济独立以来一直实行公立医院免费医疗制度，各大城镇都设有一家条件比较好的公立医院，除了牙科外，在其他科看病、体检、化验、住院全部免收费用。但是，作为一个发展中国家，斐济公立医院面临着医疗设备条件及所能提供药品有限，医务人员严重不足，看病耗时长、效率低等问题。

为了帮助斐济人民解决看病难的问题，中国政府先后派遣多名医生前往斐济，直接参与对斐济人民的救治；援建纳武阿医院，改善斐济的医疗条件；派遣医疗队赴斐济开展义诊，造福斐济人民；在斐济遭受飓风和地震灾害时，中国红十字会又及时开展危机救援；中国海军和平方舟医院船造访斐济，开展人道主义医疗等。中国在斐济的医疗活动，极大地提升我国在斐济乃至整个南太地区的形象，是我国增强在斐济软实力的重要举措。

一、中国医生援斐，开展医疗援助

与其他太平洋岛国一样，斐济也面临着多种疾病的困扰。除当地主要传染病是登革热及血丝虫病外，肥胖症、糖尿病、高血压、心血管病、白内障等也严重影响着斐济人民的健康。然而，由于种种原因，独立后的斐济不仅医疗水平较低，而且医疗设施不足，医疗人员缺乏。这种情形，不但存在于斐济独立初期，而且时至今日，这些问题仍然没有得到完全解决。根据斐济统计局2007年的统计数字，目前斐济约有83.7万人口，公立医院医生仅有500余人，私立医院医生只有200多人。斐济全国医生和患者的比例约为1∶1200，距离世卫组织1∶1000的标准还有一定距离。

为了解决医疗人员缺乏的问题，斐济政府采取了诸多措施，其中最为重要的举措就是从国外聘请医生。1988年斐济首次聘任中国医生，帮助斐济开展医疗工作。

虽然中斐两国在1975年即已建交，但建交后双方的交流与往来并不频繁，医疗方面的交往此前更是一片空白。因此斐济政府虽然设想从中国聘请医生，但对于中国的医疗水平并不了解，因此在聘请中国医生之前，斐济卫生部常务秘书专程到杭州与应聘的中国医生会面，结果对中国医生的医疗经验和专业英语都比较满意，随即与浙江国际经济技术合作公司签订了意向性协议，并邀请浙江医科大学的副校长访问斐济。通过双方的考察，增进了相互间的了解和合作，随后签订了合同。

1988年3月22日，斐济政府首次聘请10名中国医生的议定书在苏瓦签订。4月下旬，10名中国医生陆续赴斐济工作，这是除澳大利亚、新西兰、印度、菲律宾和埃及等国的医生外，斐济第一次聘请中国的医生。[①] 斐济政府的这一举措，标志着中斐两国卫生交流的正式开启。此后，双方在医疗卫生领域的交流与合作不断扩大。2003年11月6—7日，上海市政协副主席左焕琛率代表团访问斐济，与斐济卫生界的政府部门和医疗机构进行了广泛的接触，深入了解斐济医疗卫生状况，与斐济卫生界建立了友谊，为开展合作奠定了基础。

2017年7月，广东省人民医院重症医学科的陈纯波、内分泌科的李忠文

---

① 何伊：《斐济首聘中国医生》，《国际经济合作》1988年第7期，第20页。

和心内科的倪忠涵赴斐济执行为期 3 个月援外任务。他们利用刚刚揭牌的两个平台——斐济－中国（广东）医学培训中心和斐济－中国（广东）纳乌瓦医院急救中心——积极展开培训工作，在 3 个月时间内，共开展 11 期培训，300人次。

在中斐两国的共同努力下，2018 年 12 月，中国政府在斐济举办了首个卫生健康领域的双边海外培训班——"2018 年援助斐济临床专业护理海外培训班"，来自斐济全国各地 50 余名医护人员参加培训。此举进一步加强和扩大中斐两国医疗卫生领域的交流合作，为两国人民带来实实在在的好处。斐济殖民地战争纪念医院院长卢克·纳塞德拉表示，经过培训，斐方基层医护人员学到很多有用的知识技能，对提高斐济临床专业护理水平有很好的促进作用。

二、开展义诊活动，造福斐济民众

义诊活动，不仅可以解除患者的痛苦，而且可以使医疗人员与患者甚至家属密切接触，可以说是了解当地民情、密切双方关系的重要渠道。同时，义诊还能够展示国家的医疗水平，增强当地民众对援助国的认知。基于此，我国十分注重义诊活动，从 2013 年开始向斐济等太平洋岛国派出了一批又一批的医疗代表团，积极开展义诊活动。其中，广东省走在全国前列。

1.广东省在斐济的义诊活动

由于地域优势、人员优势等原因，作为中国改革开放的前沿省份之一的广东省，长期和太平洋岛国保持良好关系，一直非常重视发展和包括斐济在内的太平洋岛国的关系，在经贸、人文、教育等领域与斐济等国开展了诸多卓有成效的活动。2013 年起，为配合国家总体外交战略及广东省政府外事工作，扩大广东省医疗外交影响，加强广东省与南太平洋岛国医疗卫生领域的交流与合作，广东省先后派出了多批医疗代表团访问斐济，广泛开展"光明行""爱牙日"等义诊活动，积极"送医上岛"，帮助斐济患者解除病痛，受到斐济人民的广泛好评。

（1）2013 广东医疗团的"光明行"活动

2013 年，广东省政府外事办和省卫生计生委等部门组织"送医上岛"巡诊活动，派出第一支医疗代表团，赴斐济开展短期医疗巡诊。在首次开展的"光明行"活动中，共为 200 多名患者提供了眼科检查和诊疗。

此次义诊，不仅把先进的医疗技术、服务和理念带给南太平洋岛国人民，而且充分展示了中国医生吃苦耐劳的工作精神、严谨的工作态度、精湛的医疗技术和一丝不苟的工作作风，受到斐济人民的热烈欢迎。对于加强和巩固中国与斐济人民之间的情谊，尤其是在共建 21 世纪海上丝绸之路的背景下，对进一步拓展广东和太平洋岛国的友好合作关系起到了促进作用。

（2）2014 年南方医科大学专家在斐济进行口腔义诊活动

2014 年 10 月 15—17 日，广东省医疗代表团再次访问斐济并开展口腔科义诊活动。在义诊活动中，中国南方医科大学南方医院口腔医院的医疗专家们凭借精湛的医术、热情的态度，为当地牙科患者诊治疾病，解除痛苦，宣传口腔卫生和牙齿保健，受到斐济民众的热烈欢迎和高度赞许。

医疗团还与殖民战争纪念医院及斐济国立大学的师生进行学术交流，介绍了南方医科大学口腔医学院的发展状况及开展的口腔医疗新技术，并向斐方赠送了部分医用材料。广东医疗代表团，通过向斐济民众提供医疗帮助和服务，加强双方相互了解与交流合作，为促进两国友好合作关系增添力量。

（3）广东省卫计委医疗代表团"送医上岛"

2015 年 5 月，广东省卫生和计划生育委员会组派医疗代表团远赴斐济和汤加开展医疗巡诊活动，就心血管、糖尿病、口腔、眼科、中医等科别进行巡诊。中山大学眼科中心白内障治疗中心主任陈伟蓉教授、张新愉副教授和手术室陈蔼环副护长组成的三人眼科医疗组，携带 14 箱价值共计数百万元的仪器设备和眼科药品，先后到位于斐济首都苏瓦的殖民战争纪念医院（Colonial War Memorial Hospital）和汤加 VAIOLA 医院开展"送医上岛"巡回医疗活动。

6 月 1 日，中山大学中山眼科中心陈伟蓉教授带领眼科医疗组克服时间短、任务重、人手少和当地医疗条件落后等重重困难，从仪器设备安装、手术器械消毒、患者术前眼部检查、术前准备到完成 26 例白内障超声乳化联合折叠式人工晶状体植入术，整个过程仅仅用了 6 个小时。而且这些病例中不乏小瞳孔、硬核、角膜屈光术后和青光眼术后等复杂情况，但术后无一例出现并发症，术后反应也非常轻，视力得到显著提高，所有患者对手术效果都非常满意，当地医生对陈伟蓉教授的手术技术表示赞叹。[①] 除进行义诊和手术外，中山眼科中心还向殖民战争纪念医院捐赠了一批价值十余万元的人工晶状体、手术器械耗材和眼科药品，这对于缺医少药的岛国医院来说可谓雪中送炭。其间，广东卫计委和斐济卫生部签署了在纳务瓦医院建立医疗培训中心的合作备忘录。

2023 年 9 月，陈伟蓉教授第四次率队来斐开展"光明行"义诊，两天完成近 60 例白内障手术，其中包括多例情况非常复杂的疑难病例，并对斐眼科医护人员进行了培训，受到斐政府、医疗机构和当地民众热烈欢迎。

(4) 广东省南方医科大学医疗代表团在纳武阿医院[②] 开展义诊

为了落实两地卫生部门签署的关于加强医疗合作的备忘录，2015 年 8 月 2 日—3 日，广东省组派第四批赴斐开展短期义诊活动。

此次义诊由南方医科大学承担。为此，南方医科大学余艳红校长亲自带队，组成了由附属南方医院消化内科陈烨、耳鼻喉科梁勇、内分泌科关美萍、妇产科黄莉萍、呼吸内科胡国栋、神经内科姬仲、新生儿科阳勇等 8 名专家参加的优秀团队。医疗队在斐济纳务瓦医院开展短期医疗巡诊活动，为当地民众提供免费的消化科、耳鼻喉科、心血管内科、内分泌科、妇产科、儿科、呼吸科和神经内科检查与诊治。此行医疗队共接诊患者 175 名，并齐心协力成功抢救 1 名濒死性哮喘患者。

除开展传统义诊外，医疗队特别针对当地糖尿病、高血压、心血管病等慢性病高发态势，指导医院开展人群社区防治和个性化健康教育，帮助医院完善

---

① 《我校中山眼科中心赴南太平洋岛国开展"送医上岛"巡回医疗活动》，中山大学新闻网，2015 年 6 月 29 日，http://news2.sysu.edu.cn/news01/143400.htm。

② 因翻译的不同，国内有些媒体也使用"纳务瓦医院"或"纳乌瓦医院"的名称。

了慢性病人群管理档案，制订了不同层次人群的慢性病管理策略。余艳红校长会晤了斐济卫生与医疗服务部代常秘图伊卡考、斐济国立大学执行校长罗斯等。就推进纳武阿医院培训中心建设达成了共识，并期望斐济学子和医务人员通过中国政府留学生奖学金项目到南方医科大学进修深造。①

（5）广州番禺养和康复与健康研究中心专家在斐济开展义诊

为了宣传和推广中医文化，使更多的斐济人可以享受和体验中医的好处，2015 年 4 月 10 日，广州番禺养和康复与健康研究中心的涂志辉医师应斐济华人文化体育协会邀请，访问斐济并为楠迪和苏瓦的华人华侨举行义诊。

第一批来就诊的有 3 人，其中一位是中国援斐济菌草技术合作项目专家组的高级农艺师陈克华。陈先生 6 年前右脚膝关节小叶板 2 级受伤（积水），最近一个月右手腕痛，有时甚至拿不起碗，还有腰椎的病痛。涂医师问诊后，为患者做了相关检查。然后就开始为患施针。大约过了半小时后，涂医师为患者取针，然后针对相关病症进行了推拿按摩治疗。最后涂医师再对患者进行祖传的穴位针灸诊疗。经过一系列的治疗后，陈克华表示诊疗效果非常好，相关症状已经有了相当的好转。他表示非常支持在斐济推广中医文化，还说如果在斐济有中医的门诊，他也会推荐在他们菌草项目研究站内的斐济当地人去尝试中医的治疗，给他们普及中医知识，宣传中医文化。

涂医师还赠予了陈先生一幅他自己编著由广东科技出版社出版的《头面部反射区挂图》，希望他能帮忙推广中医文化。

2. 2015 年湖北医疗队在斐济的义诊活动

2015 年 8 月 2—13 日，湖北省卫生计生委组织武汉协和医院 8 名医务人员组成义诊医疗队来到斐济，与当地劳托卡医院的同人携手展开门诊、手术。其中白内障与糖尿病是该医疗队面临的主要疾病。

关于白内障，我们知道是常见的致盲性眼病，是人眼中的晶状体由于某

---

① 《海上丝路续友谊"送医上岛"暖人心——中国广东省南方医科大学医疗代表团访问斐济》，斐济华人新闻网，2015 年 8 月 7 日，http://www.fijichinesenews.com/likepikeke/vip_doc/1329184.html。

些原因发生混浊导致视力下降所致，常见 40 岁以上人群。在斐济，湖北医疗队面临的白内障患者大多是美国和澳大利亚医疗队基于医疗安全筛选后留下的复杂病例，情况十分复杂。然而，援斐医生们仍然用精湛的医术，克服重重困难，解除了斐济白内障患者的病痛。医疗队在斐济的白内障手术虽然多为高难度手术，但术后复查，除一例患者因患眼底疾病视力提高有限以外，其余患者的视力均超过 0.6，超过一半的患者视力达 1.0。劳托卡医院协助手术的眼科护士罗珊（Losan）说："真希望中国医生每年都来！"一位因患严重白内障疾病而无法工作的出租车司机，术后视力恢复到 1.0，他再次开上车后对乘客说："看到中国医生，就知道疾病能治好了！"许多当地患者，慕名来找中国医生看病。[1]

　　糖尿病是斐济的高发疾病，近 20 年来，国民糖尿病发病率迅猛增长，目前已达 30%。究其原因，主要与斐济人的饮食结构有关。在斐济，由于盛产蔗糖，再加上殖民地时期欧洲人的有意引导，人们十分喜爱甜食，可乐、面包等高热量、高糖食物是斐济人的最爱，甚至商店销售的食糖最低也是两公斤起步。另外，斐济人的主食以面包果、甘薯、薯蓣等为主，甚至有人一日三餐都吃高淀粉的食物，淀粉的摄入量严重超标。以面包果为例，它的淀粉含量非常高，每 100 克面包果所含碳水化合物最高达 82 克，若糖尿病患者长期食用，非常不利于血糖控制。面对这种情况，湖北医疗队一方面积极为患者诊治，另一方面也认真讲授糖尿病诊疗的最新研究进展，使当地医护人员树立糖尿病"防大于治"的观念。

　　截至 8 月 13 日返回时，湖北医疗队在劳托卡医院共完成白内障手术 15 例、疝气手术 10 例，接诊 10 余名糖尿病患者，并为 40 余名患者进行了超声影像检查。除此以外，2015 年年底，10 名斐济劳托卡医院医护人员前往武汉，开展医疗交流，接受免费白内障手术培训。湖北医疗队的义诊取得了很好的成效。

―――――――――

① 龙华：《湖北医生在斐济》，《湖北日报》2015 年 9 月 30 日。

3."亲情中华"中医药交流慰问团斐济义诊

2016 年 10 月 12—13 日，中国侨联"亲情中华"中医药交流慰问团应斐济华人文化体育协会邀请，前往斐济首都苏瓦市，为旅斐侨胞义诊，讲授中医养生健康知识和开展中医药文化交流等活动，弘扬中医药文化，服务旅居侨胞。

前来诊治的患者除了华侨华人外，还有斐族人和印度族人。一位前来就诊的斐族人就表示，他患有眼疾，眼睛经常十分干涩，在以前的中医义诊中他有幸试过了中国的针灸疗法，效果十分显著，所以在这次得知中国侨联"亲情中华"中医交流慰问团前来斐济义诊后，他也是马上来就诊。他坦言之前试过西医，但是效果都不理想，但在试过中医针灸后，眼睛有了很大的好转，他觉得中医非常神奇。在杨骏医师为他针灸后，他表示效果很好，希望以后能有更多机会体验中医治疗。① 短短 4 小时内，5 位中医药专家共提供了超过 70 人次的诊治和咨询。

4.中国海军和平方舟医院船造访斐济

中国海军和平方舟医院船是我国专门为海上医疗救护"量身定做"的专业大型医院船，也是中国自行研制的首艘万吨级医院船，由广船国际生产制造，它战时可为作战部队伤病员提供海上早期治疗及部分专科治疗，平时可执行海上医疗救护训练任务，也可为舰艇编队和边远地区驻岛守礁部队提供医疗服务。自从 2009 年在海军成立 60 周年暨多国海军活动中首次公开亮相后，和平方舟医院船秉持"以人为本、共同发展、播撒健康、共建和谐"的理念，圆满完成了对拉美、柬埔寨、菲律宾人道主义医疗与救助和"环太平洋—2014"军演任务，并成功执行了"和谐使命—2010""和谐使命—2011"任务。和谐使命系列任务是新时代我国军事外交的延伸和扩展，其内涵就是"红五星"相伴"红十字"，"红十字"辉映"红五星"。"红五星"代表着中国人民解放军，"红

---

① 《中国侨联"亲情中华"中医药专家慰问团斐济义诊》，新华网，2016 年 10 月 14 日，http://www.xinhuanet.com/world/2016-10/14/c_129322659.htm。

十字"寓意着国际人道主义，二者合而为一，集中体现了中国军队关爱生命、珍视和平。反映出中国正有效履行大国责任，践行大国担当。

2014 年 8—9 月，根据军委总部赋予海军的年度重大军事外交使命，和平方舟医院船首次对南太平洋地区岛国汤加、斐济、瓦努阿图和巴布亚新几内亚进行访问。8 月 22 日，和平方舟医院船抵达斐济苏瓦港，开始为期 8 天的友好访问和人道主义医疗服务。斐济方面高度重视，斐济总统奈拉蒂考、国防部部长索卡纳辛加、军队总司令蒂科伊托加和总参谋长阿齐兹等出席了为"和平方舟"医院船举行的甲板招待会和欢送仪式，对中国海军医院船的友好访问和医疗服务表示由衷的欢迎和感谢。

从 8 月 22 日到 8 月 29 日，和平方舟医院船在医院船主平台及斐济多个医院广泛开展医疗服务，共开展门诊诊治 5898 人次，体检 34 人次，收治住院患者 37 人次，实施手术 68 例，CT、DR、心电图、超声等辅助检查 2249 人次①。

中国海军医院船"和平方舟"号的造访，大大缓解斐济医疗资源短缺、民众看病难的问题，为斐济民众带来切实帮助，在斐济社会各界引起强烈反响。与此同时，和平方舟医院船也传播和谐理念、加强友好合作、促进共同发展，进一步促进中斐两军务实合作，增进两国政府和人民之间的友谊。

2018 年 8 月 2 日，执行"和谐使命—2018"任务的中国海军和平方舟医院船抵达苏瓦港，对斐济进行为期 8 天的友好访问并提供人道主义医疗服务，这是和平方舟第二次访问斐济。访问期间，医院船主平台全天候展开，为当地民众、中方机构人员和华人华侨提供免费医疗服务，同时派出多支医疗分队深入当地医疗中心，与斐方医护人员开展联合诊疗，派出直升机搭载医护人员前往外岛巡诊，最大限度地惠及更多当地民众。斐济前总统奈拉蒂考两次登船并体验诊疗。

①《中国海军和平方舟医院船圆满完成访斐任务》，中国驻斐济大使馆，2014 年 8 月 31 日，http://fj.china-embassy.org/chn/xw/t1186981.htm。

三、援建医院，改善斐济医疗条件

1. 援建纳武阿医院

在距首都苏瓦大约 30 公里的纳武阿镇，有一座地标式建筑，它就是中国政府援建的纳武阿医院，正门上的"CHINA AID"（中国援助）英文字样清晰可见。

纳武阿医院 2012 年 9 月 28 日开工，2014 年 5 月 30 日竣工，建筑用地 45572 平方米，建筑总面积 3672 平方米，由门诊楼、住院部、后勤辅助用房及职工宿舍 4 部分组成。医院每天可接诊 150 人次，担负周边约 2.5 万名居民的医疗服务，成为斐济中部地区最大，也最领先的现代医院之一。①

纳武阿医院多次选址，不仅考虑了覆盖人群问题，同时地理位置也非常重要，因为旧的纳乌瓦医院靠近河边，雨季经常被水淹。新医院建在小山丘，解决了水涝的问题。纳武阿医院的建立，不仅有效地满足了当地民众就诊的需求，而且极大地提高了该地区医疗服务质量和水平。"过去旧医院一次只能接纳一个孕妇，多出来的病人只能转院。现在妇产科已经增加到 8 张床位，有效地满足了需求。""过去孕妇来医院生产时，还得吃力地爬上高高的手术台，现在有了中国提供的电动妇科产床，只要动动手指，就能调节产床高低。"纳乌瓦医院院长赛劳斯对中国援助的医疗器械竖起大拇指。他告诉记者，中国不但援建了这座新医院，还带来了先进的牙科设备、X 光机、彩色 B 超机、心电图机和救护车等。

纳武阿医院由山东烟建集团承建，是中国企业在斐济回馈当地民众、造福当地人民的表现，有力地回击了国际上对中国企业只知开发和掠夺资源、不知惠及民众的指责。同时，也极大地提高了该地区医疗服务质量和水平，造福了斐济民众。

---

① 《斐济：中国援建医院造福南太岛国民众》，新华网，2015 年 4 月 24 日，http://news.xinhua-net.com/photo/2015-04/24/c_127729113.htm。

2. 斐济新 BA 医院项目

2015 年 6 月 4 日，山东烟建集团国际常务副总经理刘敬先代表承包商与斐济卫生部代理常秘麦休赛拉医生签订斐济新 BA 医院项目合同，为斐济修建一座造型美观、结构安全、质量良好的新医院。这一项目地处斐济西部地区巴镇（BA）境内，占地面积 45115 平方米，建筑面积 9801 平方米，包括医院主楼、职工宿舍、室外工程等的建设及设备安装等，附带 73 个停车位，工期 15 个月。这为斐济当地人民造福的同时，进一步巩固了中斐友谊。2022 年 1 月 19 日，烟建集团中标斐济 BA 医院重新调试工程项目，继续服务斐济西部地区。

四、通过红十字会，加强中斐卫生合作

"红十字会"是红十字国际委员会的简称，1863 年创立于日内瓦，是根据 1949 年《日内瓦公约》以及国际红十字与红新月运动章程所赋予的使命和权力，在国际性或非国际性的武装冲突和内乱中，以中立者的身份，开展保护和救助战争和冲突受害者的人道主义活动。此外，红十字国际委员会还通过推广和加强人道法与普遍人道原则，尽力防止苦难发生。

中国红十字会是中华人民共和国统一的红十字组织，是从事人道主义工作的社会救助团体，是国际红十字运动的成员。中国红十字会以发扬人道、博爱、奉献精神，保护人的生命和健康，促进人类和平进步事业为宗旨。中国红十字会 1904 年成立。建会以后从事救助难民、救护伤兵和赈济灾民活动，为减轻遭受战乱和自然灾害侵袭的民众的痛苦积极工作，并参加国际人道主义救援活动。在中斐两国的卫生交流与合作中，中国红十字会与斐济红十字会通力合作，为救助难民、减轻伤害与赈灾做出了突出贡献。1979 年 4 月 11 日，华国锋总理致电马拉总理，对斐济部分地区遭到飓风袭击表示深切慰问。中国红十字会慰问斐济灾民。1985 年 2 月 13 日，斐济遭受风灾，中国政府捐助款项。

1. 中国红十字会与斐济红十字会签署合作协议

2012 年 11 月 23 日，全国人大常委会副委员长、中国红十字会会长华建

敏率团访问斐济。

24 日，中国红十字会与斐济红十字会在斐济首都苏瓦签署合作协议，为双方在信息交流和相互支持、对易受损害群体开展人道主义援助以及人力资源等领域合作确立框架。中国红十字会常务副会长赵白鸽和斐济红十字会会长杰罗姆·卡多当天分别在协议上签字。协议以国际红十字与红新月运动的基本原则和红十字会与红新月会国际联合会《2020 战略》为基础，有效期 5 年。

根据协议，两国红会确保在国际事务上就共同关注的重要问题交换信息和看法，加强相互协作与支持。在对易受损害群体开展人道主义援助方面，当发生自然灾害或突发事件时，两国红会在协商一致后，在各自能力和资源允许范围内相互支持。在人力资源合作方面，两国红会将在项目发展和双方达成共识基础上，在国际人道法和人道价值观的宣传和传播、红十字青少年、针对气候变化的减灾工作及相关国际活动的组织筹划等业务领域开展人力资源交流。①

2. 双方人道主义救援

（1）中国对斐济的人道主义救援

中国对斐济的人道主义救援是通过中国红十字会实施的。中国红十字会在斐济的人道主义救援行动主要表现在如下几个方面：

2008 年 1 月 28 日，斐济主岛维提岛等岛屿遭受强烈热带飓风"吉恩"袭击，首都苏瓦地区受灾严重，港口关闭，航班停飞，停水断电，部分通讯中断。飓风灾害发生后，中国政府和人民对此十分关注，对于风灾给斐济人民造成的生命和财产损失深表同情。中国政府在南部多省遭受冰雪灾害的情况下，没有忘记遭受风灾的斐济人民，中国是第一个向斐济红十字会捐款的国家。2 月 1 日下午，中国驻斐济大使蔡金彪代表中国红十字会向斐红十字会捐赠赈灾款，并代表中国政府和人民向斐政府和人民表示亲切慰问。蔡大使和斐济红十字会会长威廉·克拉克会长分别代表两国红十字会签署了赈灾款交接证书。

---

① 《中斐两国红十字会在斐济首都苏瓦签署合作协议》，中国政府网，2012 年 11 月 24 日，http://www.gov.cn/jrzg/2012-11/24/content_2274896.htm。

2009 年飓风"米克"袭击斐济后，为帮助斐济开展救灾和灾后重建，中国政府向斐方捐赠 3 万美元人道主义援款。

2010 年 3 月 15 日至 16 日，4 级飓风"托马斯"袭击斐济全境，一些偏远的岛屿及北部受飓风影响最严重的第二大岛瓦努阿岛与外部的通信完全中断。斐济国家灾难管理委员会 16 日宣布国家东部及北部地区进入 30 天的紧急状态，并下令军队以最快的速度赶赴受灾地区，为灾民提供食品、饮用水及基本生活所需等物资。为帮助斐方开展救灾和灾后重建工作，中国政府通过中国红十字会向斐济红十字会提供 5 万美元（约合 9.6 万斐元）紧急人道主义援助，此外，中国驻斐济大使馆还向斐总理府救灾账户捐款 5 万斐元。

2012 年 12 月 17 日，飓风"伊万"登陆斐济，强度为 3—4 级左右［折合中国蒲福风力等级 17 级（202—220km/h）以上］，是自 1983 年以来登陆斐济岛最强烈的飓风之一。20 年罕见的飓风"伊万"在斐济各岛造成不同程度的损失，西部劳托卡地区受飓风灾害最严重，这个地区有常住居民 6 万人，1.3 万个家庭。据斐济政府初步统计：受损家庭 3000 户，受灾人口 1.5 万人。受灾地区有的房屋被飓风刮倒、有的房顶被飓风揭起，种植的甘蔗、农田被飓风摧毁，饮用水、通讯、电力中断，生活陷入困难之中，斐济政府向民众发出号召，向灾区民众奉献爱心，捐赠生活物资和食品，帮助灾民度过暂时困难。为此，中国红十字会向斐济红十字会提供 5 万美元紧急援助。中铁一局斐济公司了解到受灾地区的基本情况和急需生活品后，全体人员兵分几路，在苏瓦市区多个商店采购灾区急需的毯子、床垫、面粉、大米等生活物品。20 日下午，中铁一局斐济公司将满载着爱心的价值约 5 万元人民币得救灾生活物资，送到受飓风损害最严重的斐济西部劳托卡地区。

2016 年 6 月 20 日夜间，热带飓风"温斯顿"横扫斐济，造成房屋损毁，电力中断，甚至 29 人遇难。22 日，中国驻斐济大使馆临时代办谷雨向斐济红十字会转交了中国红十字会捐赠的 10 万美元紧急人道主义援助。对此，斐济红十字会主席凯茜·王对中方援助表示衷心感谢，指出中国是斐济灾后第一个向斐济红十字会捐款的国家，中方的援助非常及时，斐济红十字会将及时把中方援助送到灾民手中。① 3 月 27 日，中国在钓鱼台国宾馆举行"斐济温斯顿飓风赈灾慈善晚宴"，为深受"温斯顿"影响的斐济民众募集慈善资金 130 多万元。② 中国相关部门也密切跟踪灾情，竭尽所能协助斐济开展救援和灾后重建工作。

2018 年 4 月，斐济主岛西部地区遭受"乔西"飓风袭击，造成人员伤亡，房屋被淹，电力、供水中断，学校被迫停课，驻斐济使馆第一时间向灾区捐赠了包括电锯、抽水泵等价值 4 万斐元的救灾设备，帮助灾区抗洪救灾。2020 年 12 月，中国政府向斐济政府提供 42 万斐济元（约合 20 万美元）的紧急人道主义援助，以帮助斐济在遭受热带气旋"亚萨"与"安娜"袭击后进行灾后重建。2021 年 3 月 30 日，中国政府向斐济政府提供 100 万斐济元（约合 50 万美元）的紧急人道主义援助，用于灾后重建，这是中国政府向斐济政府提供的第二批紧急人道主义援助款，支持斐济开展热带气旋袭击后的重建工作，特别是修复学校和恢复农渔业生产。

（2）斐济对中国的人道主义救援

2008 年 5 月 12 日 14 时 27 分 59.5 秒，四川省阿坝藏族羌族自治州汶川县发生里氏 8.0 级地震，造成重大人员和财产损失。

斐济华侨华人得悉汶川地震消息后，纷纷打电话到中国驻斐济大使馆，表达对灾区人民的关心和支持。5 月 13 日，斐济中国和平统一促进会向中国驻斐济大使馆转交了《致四川地震灾区人民慰问信》，代表斐济全体华侨华人，对遭受地震灾难的广大灾区人民致以最深切的慰问，对在地震中罹难的同胞表示最沉痛的哀悼。

5 月 21 日，斐济临时政府外交、国际合作和民航部长埃佩利·奈拉蒂考到中国驻斐济大使馆吊唁四川汶川大地震罹难者；5 月 22 日，斐济临时政府总理乔萨亚·沃伦盖·姆拜尼马拉马到中国驻斐济大使馆吊唁四川汶川大地震罹难者。

---

① 《中国向斐济红十字会捐款抗灾》，外交部，2016 年 2 月 22 日，http://news.xinhuanet.com/world/2016-02/22/c_1118121706.htm。

② 慈善捐赠数量来自于太平洋岛国贸易与投资专员署。

5月27日，斐济逸仙中学在校礼堂为四川汶川地震遇难者举行悼念活动。全校师生集体默哀，对地震遇难者表示深切哀悼，并听取了由该校中文教师所作的灾情介绍。师生们对灾区人民的损失和痛苦深表难过和同情，为灾区人民真情祈祷。全校师生还在现场为灾区人民捐款共1000斐元。① 5月28日，斐济苏瓦国际学校举行悼念四川汶川地震遇难者活动，全校500多名师生参加，并向灾区捐款400斐元。该校校长克拉里致信中国驻斐济大使馆，介绍有关活动情况，并祝愿灾区人民早日渡过难关，重建美好家园。斐济各界特别是广大华侨华人、中资机构纷纷捐款。截至2008年5月29日，中国驻斐大使馆已收到并转国内斐各界捐款75590斐元及23203美元，共约51万元人民币。6月3日，斐济政府表示，为支援中国四川汶川地震灾区的重建工作，斐济政府决定向中方捐款2.5万斐元。

五、签署《中斐卫生合作备忘录》，规划未来合作前景

1. 中斐签署卫生合作备忘录

2015年4月12—14日，中国国家卫生计生委一行访问斐济。在与斐济卫生和医疗服务部乌萨马特部长的会谈中，双方回顾了近年来两国在医疗领域开展的合作和取得的成效，并就进一步加强中斐双方在卫生领域的交流与合作交换了意见。访问期间，中国国家卫生计生委与斐济卫生和医疗服务部在苏瓦共同签署《中华人民共和国卫生和计划生育委员会与斐济共和国卫生和医疗服务部关于卫生合作的谅解备忘录》。根据这一文件，中斐双方将在卫生体系加强、新发再发传染病防控、慢性病防控、传统医药等领域开展合作。

斐济卫生和医疗服务部长乔恩·乌萨马特向《南方日报》记者表示，过去一段时间内，中国为斐济提供了大量医疗援助，赢得了斐国政府和人民的一致

---

① 《斐济逸仙中学悼念四川汶川地震遇难者并为灾区捐款》，中华人民共和国外交部，2008年5月30日，http://www.fmprc.gov.cn/mfa_chn/wjdt_611265/zwbd_611281/t488409.shtml。

赞誉，"比如中国为我国援建了设备完善、功能先进的纳乌瓦医院，去年中国海军和平方舟号医院船抵达斐济，开展免费巡诊等"。

乌萨马特告诉记者，目前斐济有 80 多万人口，公立医院医生仅有 500 人，私立医院医生只有 200 多人，"目前斐济全国医生和患者的比例约为 1∶1200，距离世卫组织 1∶1000 的标准还有很大距离。"乌萨马特说，"我希望未来中国尤其是广东省，能够为斐济培养更多这方面的医护人员。"乌萨马特表示，十分期待未来能派遣医生、护士赴广东开展短期培训，同时也希望中国医疗队为斐济的医护人员提供更多培训。①

2. 中斐卫生合作的未来前景

中斐两国在医疗卫生领域的合作，不仅提高了斐济医生的医疗水平，改善了斐济人民的医疗条件，而且加深了两国人民的感情。在"一带一路"倡议实施后，中斐卫生交流与合作更是成为两国人民民心相通的重要平台。我们应该进一步丰富"送医上岛"的内涵，例如，可以开设专科门诊、建立友好医院、培训医务人员等，特别是针对该国人民的常见病，比如心血管疾病、高血压、糖尿病等，重点加大巡诊力度或者开设更多专业性门诊等。

第四节　中斐体育交流与合作

体育运动不仅能强身健体，而且有利于增进各国人民的友谊和了解，甚至推动两国关系走向正常轨道，1971 年中美两国乒乓球代表团的互访即推动了中美两国关系的正常化，在中美关系发展史上写下浓浓的一笔。中斐两国的体育交流，虽然未能在两国建交过程中扮演如此重要的角色，但对于增进中斐两国人民的相互了解和友谊发挥了重要作用。尤其是在 2010 年国家体育总局局

---

① 祁雷：《广东为太平洋岛国送医送戏　开拓合作新局面》，《南方日报》2015 年 5 月 11 日。

长、中国奥委会主席刘鹏成功访问后，中斐体育交流开启了新的篇章。此后，中方开始向斐济派出武术教练，教授太极拳课程；派出武术代表团，向斐济民众展示中国武术的魅力；邀请斐济代表团参加深圳大学生运动会和南京青年奥林匹克的运动会。同时，中方也加强了对斐济的体育援助与捐赠，使斐济能够成功参加大洋洲运动会、2016里约奥运会等重要国际赛事。

一、中斐体育代表团实现互访

虽然1978年斐济总理马拉首次访华时就带来了该国篮球队，并与正在筹建中的中国篮球队进行了友谊比赛，但与中斐其他方面的关系相比，体育交流在2000年前所占比重不大。不过，在2005年1月23日中国与斐济国家奥林匹克委员会签署协议后，两国体育交流逐渐频繁，双方体育代表团也实现互访。

1. 深圳大运会执行局代表团访问斐济

2010年7月20—22日，深圳第26届世界大学生夏季运动会执委会副主席、执行局局长梁道行应斐济国家大体协邀请，率大运会执行局代表团访问斐济，并与斐济国家大体协、斐济国家体委暨斐济国家奥林匹克委员会、斐济南太平洋大学、斐济国家大学、大洋洲国家大体协、大洋洲奥林匹克委员会进行了座谈。代表团此次访问斐济，不仅受到斐济国家大体协、斐济国家体委以及大洋洲大体协的高度重视，同时也受到斐济媒体的关注，斐济国家电视台及《太阳日报》记者分别对梁道行进行了专访，促进了中斐体育交流。[1]

2. 中国武术代表团访问斐济

2011年6月，以国家体育总局武术管理中心书记何青龙为团长的中国武术团，应斐济武术协会的邀请前往苏瓦和楠迪进行访问演出。6月2日，中国武术团在斐济首都苏瓦克服了场地滑的困难，完美地展示了中国武术的魅力。

---

[1]　深圳大运网，http://www.sz2011.org/zx/gfxw/10623.shtml。

在表演过程中，武术团还安排了太极扇的教学互动，观众争相登台，气氛热烈。6月4日下午，鉴于斐济国家武术协会成立时间不长，武术运动的普及程度和水平都不高，也没有专业的武术运动员的现状，中国武术团在楠迪针对喜好武术的20多个青少年进行了分组教学活动，根据他们喜好的拳种和水平分成了南拳一组、南拳二组、长拳一组和长拳二组共4个组别同时进行。虽然教学时间有限，但取得了立竿见影的效果。此次访演取得了圆满成功，不仅进一步宣传了中华武术，而且获得各方高度评价，有力推动了武术在斐济的普及和发展。

3. 斐济体育代表团参加北京奥运会

2008年7月15日，驻斐济大使蔡金彪夫妇在官邸举行招待会，为即将赴北京参加第29届奥运会的斐济体育代表团饯行。斐济派出6名运动员参加北京奥运会和残奥会，参加田径、射击和举重等项目的比赛。斐济奥委会主席拉凯恩在饯行招待会上说，中国为办好本届奥运会付出了巨大努力，修建了许多出色的比赛场馆。北京奥运会不但为斐济运动员提供了与世界其他国家运动员同场竞技的机会，也有助于增进斐中两国和两国人民间的友谊。

4. 斐济大学生参加深圳大运会

2011年8月12—23日，第26届世界世界大学生运动会在深圳举办，斐济打破以往仅有1名队员参加大运会的惯例，派出了由1名领队、1名教练和5名运动员组成的大学生代表团，参加了标枪、短跑等田径项目的角逐。为了使斐济体育代表团顺利参加深圳大运会，中国驻斐济使馆还在7月29日向斐济大运协会主席艾丽菲热提·卡瓦尼布卡（Alifereti Cawanibuka）赠款，资助斐济大学生运动协会派团参加2011年深圳大运会。

8月12日，中国国家主席胡锦涛分别会见了到深圳出席开幕式的斐济总统奈拉蒂考，表示"中方重视发展中斐关系，视斐济为太平洋岛国地区的好朋友、好伙伴。斐济政府坚定奉行一个中国政策，中方对此表示赞赏。"奈拉蒂考表示，斐方愿意同中方共同努力，加强政治、经济等各领域对话合作，推动两国关系不断向前发展。斐方将恪守一个中国政策。① 体育外交在中斐关系中愈益重要。

二、中国在斐济开展太极拳培训

太极拳是中华武术优秀的瑰宝之一，其丰富的文化中所蕴含的适宜当今健康追求与崇尚自然的价值理念和形式技巧，是搭建不同文化间交流互通的最好桥梁，2010 年中国政府启动在斐济进行太极拳培训的工作。

2010 年 9 月 15 日，应斐济政府邀请，由中国政府全额资助、中国武术协会直接承办的"中国太极拳培训教程"开班仪式在首都苏瓦市中心苏库那公园隆重举行。斐济总理姆拜尼马拉马、青年体育部长博列等多位高级官员及斐济公务员代表和公众近百人共同见证了开班仪式。

为了使这次培训班顺利进行，中方特意派遣曾在欧洲留学且在文莱、毛里求斯传授过武术的徐向东担任太极拳教师。由于条件有限，斐济并没有提供足够的教学用物质条件，甚至连徐向东教练的个人生活也未安排。徐教练只能居住在大使馆安置在的一个设施陈旧的汽车旅馆里，以驻斐大使的三点要求——要做好宣传、要留下"种子"、要服务好斐济高层为己任，任劳任怨地投入工作。他将报名学习的人区别不同情况分成五个班，分别为政府公务员班、斐济民众班、华人华侨班、使馆人员班和斐济高层班。每周各班授课一次到三次不等，在规定的三个月时间内共开展 120 小时的有效课程教学，培训人员超过 500 人。

11 月 29 日，中国太极拳培训教程结业仪式在斐济苏瓦市政厅礼堂举行。此次培训，使得中国太极拳的"种子"在斐济落地生根，斐济民众通过学习太极拳，不仅强身健体，而且领略到中国武术的博大精深、中国文化的和谐之道。中斐体育交流的内容更加丰富。

---

① 《胡锦涛设宴欢迎大运会贵宾》，人民网，2011 年 8 月 13 日，http://politics.people.com.cn/GB/1024/15407318.html。

三、中国支持斐济发展体育

1. 资助斐济举办 2003 年太平洋运动会

太平洋运动会（the Pacific Games）开始于 1963 年，至今已有 60 余年的历史。它与奥运会一样，也是一项多项体育赛事，只不过规模较小，参加者也仅限于南太平洋周边国家，因此最初被称为南太平洋运动会（the South Pacific Games），每四年举行一次。作为一个爱好体育的国度，斐济不仅参加了每次太平洋运动会，而且还先后主办了三次，即 1963 年、1979 年和 2003 年太平洋运动会。为了使斐济能够成功主办 2003 年太平洋运动会，应斐济请求中国向斐济提供了高达 1600 万美元的援助计划，帮助斐济建造了一个新的体育馆和室内体育中心、游泳池和体育馆曲棍球场及看台，并帮助斐济升级现有设施。

2. 中国政府向斐济教育部捐赠体育用品

体育是斐济全民教育的一个重要组成部分，但由于经济困难，很多学校经费不足，买不起体育器材。中国政府得知斐济这一困难后，决定通过联合国教科文组织向斐教育部捐赠部分体育器材。2007 年 8 月 17 日，斐济教育部举行了中国政府捐赠体育用品的交接仪式。中国政府的捐赠，对斐济学生的体育教育来说无疑是雪中送炭，有助于斐济学生培养健康的生活方式，增强对体育活动的兴趣，通过体育活动强身健体，提高智力水平。

3. 驻斐中资企业向斐济国家板球队捐款

2010 年 12 月 22 日，驻斐中资企业——信发奥若姆勘探（斐济）公司、中国水电有限公司、中国水产海鲜（斐济）公司、中铁一局（斐济）集团有限公司、中铁五局集团有限公司、上海金优远洋渔业有限公司向斐济国家板球队（Fiji Netball）捐款仪式在苏瓦举行，总捐款金额为 7.1 万斐元。斐济总理姆拜尼马拉马、中国驻斐济大使韩志强、政务参赞黄河出席捐赠仪式，中国驻斐济使馆蔡水曾参赞受邀致辞。

4. 中国大使馆资助斐济国家排球队参加第 15 届太平洋运动会

2015 年 7 月 4—18 日，第 15 届太平洋运动会将在巴布亚新几内亚举行，斐济国家排球队却因经济困难面临无法参赛的困境，得知这一情况后，中国驻斐济大使馆及时伸出援手，使得斐济国家排球队的队员们能够顺利参赛，实现梦想。6月12日，斐济运动协会和奥委会为中国大使馆资助斐济国家排球队参加第15届太平洋运动会举行仪式暨发布会。张平大使出席并向斐运动协会和奥委会交付捐赠支票，斐代总理艾亚兹·赛义德·海尤姆、斐运动协会和奥委会主席乔·罗丹分别致辞，斐总理府、斐运动协会和奥委会、教练员和运动员代表、各主流媒体出席活动。

5. 中国企业赞助斐济奥运代表团参加 2016 里约奥运会

中国福建红木家具企业四君子古典家具有限公司，是 2015 米兰世博会官方活动唯一指定家具、联合国全球契约组织成员单位，是红木家具企业中信誉度、影响力极高的高端红木家具品牌。该公司在坚持打造世代相传的艺术品、在不断研发创新中追求更高品质的同时，大力推行走出去战略，积极拓展在大洋洲的业务。在开展大洋洲业务的过程中，四君子古典家具有限公司注意到斐济人民十分喜爱七人制橄榄球运动，而且斐济男子七人制橄榄球实力不俗，拥有"强大的一号种子"之名，甚至承载着整个国家拿到奥运史上首枚金牌的希望。但这样一支球队却面临着资金不足，甚至无法参赛的窘境，面对如此情况，四君子古典家具有限公司决定提供赞助。2016 年 7 月 26 日晚，斐济奥委会主席乔·罗丹在首都苏瓦为四君子古典家具有限公司董事长陈玉树颁发2016 里约奥运会斐济奥运体育代表团官方合作伙伴授权证书，这是中国红木家具企业第一次成为国家级奥运体育代表团官方合作伙伴，标志着中国企业与斐济体育合作取得新的进展。

四、中斐体育合作的前景展望

中斐体育领域合作前景广阔、空间巨大。众所周知，中国武术、乒乓球在世界上首屈一指，中国女排顽强拼搏的精神与成绩举世瞩目，斐济的七人制橄榄球队获得 2016 年里约奥运会金牌，高尔夫也在国际上享有盛誉，这些都是两国体育合作的基础，中斐两国应以此为抓手，将体育交流与合作推向更高、更广阔的层面。

1. 七人制橄榄球合作

七人制橄榄球运动起源于 1882 年苏格兰地区，场地、规则与传统 15 人制橄榄球大致相同，但因人数少，比赛节奏较快而且平均得分较高，普遍受到欢迎。"现代奥运之父"顾拜旦年轻的时候就为这项运动深深着迷，并亲身推动它登上 1900、1908、1920、1924 和 1928 五年奥运会的舞台，1896 年他还在一篇文章中形容橄榄球运动为"生活的缩影，现实生活的实验课，一流的教育手段"。

斐济是英联邦国家，英式橄榄球即七人制橄榄球是斐济国球，全国人民对橄榄球充满热情，大街小巷、菜市场、学校空地，都可以看到玩橄榄球的人们。孩子们则在会跑的时候，就三五成群地去玩橄榄球。这种热情让斐济在七人制橄榄球比赛中，取得了不菲的成绩。2005 年斐济队获得世界杯七人赛冠军；2006 年 2 月 4 日，斐济在世界七人制橄榄球新西兰站的比赛中，以 27：22 的比分战胜南非队，获得分站赛冠军；2010 年 2 月 6 日，斐济队在世界七人制橄榄球新西兰站比赛中以 19：14 的比分战胜萨摩亚队，获得分站冠军；2013 年 3 月 24 日，卫冕冠军斐济队以 26：19 逆转战胜威尔士队，称霸香港；2013 年，斐济在世界女子七人制橄榄球赛中，获得第 13 名的成绩；2014 年斐济又赢得了 2014 年 7 人橄榄球巡回赛杜拜及东京站的冠军；2015 年太平洋运动会斐济队男女双双夺冠。

2016 年 8 月 11 日，里约奥运会男子七人制橄榄球决赛中，赛前夺冠热门斐济队以 43：7 的比分"吊打"英国，赢得了斐济代表团历史上的首枚奥运金牌。[1] 斐济夺冠后，民众欣喜若狂，高举国旗庆祝，总理姆拜尼马拉马则宣布放假一天，举国庆祝。8 月 22 日，斐济驻华大使约阿尼·奈法卢拉在访问聊城大学太平洋岛国研究中心时即表示，要向该中心赠送橄榄球，并表示可以介

---

[1] 《斐济迎来史上首枚奥运金牌　橄榄球运动员下跪领奖》，中新网，2016 年 8 月 12 日，http://www.chinanews.com/tp/hd2011/2016/08-12/666835.shtml。

绍斐济的橄榄球运动员前来聊城大学，教授大家七人制橄榄球，斐济人民对橄榄球的喜爱可见一斑。在某种程度上说，斐方的这一做法，实际上是准备以橄榄球为抓手，大力推行橄榄球外交，这不仅为中斐体育交流与合作提供了很好的契机，而且也十分有利于两国的民间交往。

2. 高尔夫球合作

高尔夫球运动是一种在优美环境中进行的高尚娱乐活动，因为玩这种游戏的设备十分昂贵，所以在一些国家它又被称作"贵族球"，高尔夫球运动已经成为贵族运动的代名词。然而，在斐济高尔夫球运动却非常普及，是典型的全民运动。

斐济拥有许多环境优美、设施精良的高尔夫球场，甚至到斐济打高尔夫也成了斐济政府推广休闲旅游的方式。在斐济，酒店里可以没有电视机，但不能没有高尔夫球场，即使是很小的岛上也都会有高尔夫球练习场，街上随处可见扛着高球用具、帐篷和整箱啤酒的游客，他们往往几天的假期都会在某一个小岛上度过。斐济本土也曾产生了三个大满贯冠军获得者维杰·辛格（Vijay Singh），他在世界高尔夫球排名中位居第一。除此以外，2014—2018 年斐济还根据澳大利亚 PGA 与斐济政府签订协议，连续五年举办 100 万美元的同一亚洲赛事·斐济国际赛（Fiji International）事，以展示斐济在国际高尔夫舞台上的地位。

斐济优越的高尔夫球运动条件为两国在该领域的合作奠定了良好的基础。中国应充分借助斐济的这一优势，加强我国高尔夫球运动员与斐方的交流与合作，进一步提高我国高尔夫球运动员的水平，争取在国际舞台上占有一席之地。

3. 乒乓球合作

乒乓球运动被称为中国的国球，它不仅是我国人民十分喜爱的运动，而且承载着几代中国人的梦想，在国际体育舞台上一次又一次地为中国人民争得荣誉与自豪。今天，我们中国无疑已经成为世界上当之无愧的乒乓球大国，我国的乒乓球设施与技术也成为许多国家效仿与学习的榜样。斐济同样如此，也希望有机会来中国，学习中国的乒乓球技术与技巧。

2011 年，经斐济国家乒协副主席、广东省海外交流协会海外理事施杰先生的联系安排，斐济乒协派出三名青年选手来广州伟伦体校训练学习，在他们结束学习即将回国之前，还组队前往广东省侨办、省海外交流协会访问比赛，达到增进友谊、促进交流的目的。

此外，我国还向斐济青年学生提供政府奖学金，邀请喜欢乒乓球运动的学生前来中国观摩学习。譬如，斐济全国女子优秀运动员——乒乓球之星李璇，11 岁开始参加乒乓球比赛，曾连年获得"斐济公开赛"女子单打冠军，"新西兰公开赛"13 岁以下女子单打冠军，后被选入大洋洲女子青少年队，同年代表大洋洲参加在日本东京举办的"世界青少年循环赛总决赛"，是斐济乒乓球界有史以来首位获得大洋洲青少年队资格的运动员，荣获 2009 年度斐济奥委会及斐济国家体育部颁发的全国女子优秀运动员奖。① 为了进一步提高乒乓球水平，2013 年她利用我国政府提供的奖学金，前来暨南大学国际学院会计CGA 专业学习，同时观摩学习乒乓球技术，相信在中国的经历和学习一定会让她的乒乓球水平更上一层楼！

此外，中斐两国在女子排球、沙滩排球、跳水、射击等领域也有十分广阔的合作空间。加强两国体育代表团的互访；增强双方在各自优势项目上的交流与合作；扩大中国武术在斐济的影响；在体育领域提供更多的援助，使斐济运动员能够参加更多的体育赛事，使斐济能够主办更高层面的国际赛事应是中斐两国未来体育合作十分重要的内容。

第五节　中斐旅游合作

中斐旅游合作起步较晚，发端于 2001 年。不过由于斐济旅游资源丰富、

---

① 《斐济全国女子优秀运动员——乒乓球之星李璇》，斐济华人新闻网，http://www.fijichinese-news.com/likepikeke/vip_doc/476833.html

风景独特，加上中斐关系的日渐紧密，中斐两国在旅游领域的合作发展迅速，尤其是 2014 年习近平主席访问斐济后，我国掀起了一个赴斐旅游的高潮，中国企业也开始投资斐济的旅游业。

一、斐济旅游资源与旅游业发展概况

斐济是南太诸国中区位优势较为突出、经济发展水平相对较高的国家，也是世界上旅游资源较为丰富的国家，被誉为"南太平洋上的一颗明珠"。同时，斐济还是"世界排名第六的蜜月地""世界软珊瑚之都""世界上最幸福的国度"。凭借丰富的旅游资源和便利的交通条件，斐济自独立以来就开始大力发展旅游业。历经 50 多年的发展，斐济已成为大洋洲旅游业十分发达的岛国。旅游收入已成为斐济最大的外汇收入来源，旅游业得到当地政府和人民的高度重视，全国约有 4 万人在旅游部门工作，占就业人数的 15%。斐济旅游业之所以发展如此迅速，是因为斐济拥有众多发展旅游业的有利条件。

（一）斐济发展旅游业的有利条件

斐济发展旅游业具有诸多有利条件，主要包括优越的区位优势、丰富的旅游资源、便利的交通条件、多元的住宿设施以及对外实行免签政策等。

第一，斐济具有旅游区位条件优越。斐济位于太平洋美拉尼西亚群岛的东南部，是大洋洲和南北美洲之间海、空航线的"十字路口"，也是国际上重要的交通运输枢纽，这种地理位置十分便于旅游者的抵达。据南太平洋旅游组织（South Pacific Tourism Organization，简称 SPTO）统计，太平洋岛国 2013 年接待国际旅游者约 170 万人，旅游收入 25 亿美元，年增长率为 6%。其中，斐济接待游客 60 万人，约占太平洋岛国接待游客总量的 35%，斐济旅游收入 10 亿美元，占太平洋岛国旅游总收入的 40%。

第二，斐济旅游资源十分丰富。由于地处热带，阳光充足，雨量充沛，加上东南信风的影响，气候非常宜人（全年平均气温为 24—30℃），各主要岛屿上林木繁茂，绿草如茵，鲜花似锦，给人赏心悦目的感觉。斐济近海珊瑚广布，鱼类繁多；岛内还有引人入胜的瀑布、岩洞、热带雨林等自然景观和独具特色的土著村落。香港最受欢迎的言情小说家张小娴在《流浪的面包树》里这样形容斐济："每逢月满的晚上，螃蟹会爬到岸上，比目鱼也会游到浅水的地方，天与海遥遥呼应……这个岛上，几乎到处都可以看到攀向蓝色天空的面包树。"人文景观如塔佛乌尼岛上180°经线处的东西两半球的界碑、具有历史意义的第二次世界大战战场以及有着浓厚地方色彩的手工艺品和各种文化现象并存的社会体制，等等，对旅游者都有很大的吸引力。

第三，岛内以及各岛屿之间具有十分便利的交通条件，虽然没有铁路，但几个主要的岛屿上已基本形成了独立体系的公路网络，公路总长度为3872公里，客运能力达到2.95亿人公里，有定期航班机场17处（1988年），其中楠迪机场可起降大型波音747飞机。维提岛和瓦努瓦岛以及它们周围星罗棋布的岛屿之间都有船只来往，为旅游者的出行提供方便。斐济水电、通讯、车船租赁等配套服务设施都相对较好。

第四，斐济的住宿种类繁多，度假村、星级酒店、青年旅馆、家庭旅馆等应有尽有，能够满足不同人群、不同价位的需求。

第五，斐济免签政策。为了鼓励旅游业的发展，斐济对外实行免签，只要持有自到达斐济之日起有效期四个月以上的护照、显示有到达斐济及或去往下一站地点的日期的往返机票，以及充足的假日经费，人们即可自由赴斐济旅行。

此外，斐济还是自由港，免税店特别多，钻石、珠宝、香水、银器、水晶制品等世界一流商品皆可以免税的价格购得。在有斐济政府观光局标记的免税商店，旅客可安心地购买。特色产品有手编的篮子、珊瑚、贝壳制品、木雕品、塔巴桌巾、印度沙丽、龟甲等。印度产的金银制品色彩鲜艳做工精致。

正因为如此，旅游业在斐济经济中一直占据重要地位。自1989年以来，旅游业已超过制糖业，成为斐济最主要的支柱产业。据统计，2018年到斐济的旅游人数已达87万多人，旅游收入达20多亿斐济元，在南太平洋旅游组织14个国家和地区中居主导地位。斐济已成为南太平洋地区的旅游中心。

（二）斐济旅游资源与主要景点

1. 斐济旅游资源

斐济旅游资源十分丰富，主要分布在以下三个区域：

（1）楠迪—玛玛努萨群岛—雅萨瓦群岛

楠迪镇位于斐主岛维提岛西部，是国际空港和旅游城市，其西北依次是玛玛努萨群岛和雅萨瓦群岛。各岛均有白沙滩，海面下有大片珊瑚和各色热带海洋生物。很多地方保留了原始自然环境，以"水晶般剔透的海水"和众多蔚蓝的礁湖闻名于世。

（2）珊瑚海岸及南部岛屿

维提岛西南的辛加托卡镇与首都苏瓦以西50公里处的太平洋港间的沿海地区被称为"珊瑚海岸"，沿岸有大片珊瑚和连绵的白沙滩，并有卡莱乌传统文化中心等景点。维提岛以南的坎达武岛和班嘎岛是潜水胜地，有世界级的冲浪环境。班嘎岛一带有大量海豚、海龟栖息。

（3）北方二岛

斐第二大岛瓦努阿岛和第三大岛塔乌尤尼岛位于主岛东北，是世界闻名的潜水胜地。塔岛被誉为"花园之岛"，60%的陆地上覆盖着原始森林，并有博乌玛瀑布和180°经线标志等景观。北方二岛目前主要是生态游项目。

2. 主要景点

斐济的名胜古迹众多，几乎处处是景点，比较有特色的是：

（1）斐济古代文化中心

为了吸引游客，1979年，斐济政府出资在距苏瓦市40公里的太平洋港设计建造了一座古朴典雅并富有民族传统色彩的文化中心。这里的主要建筑物均以斐济的传统材料和方法建成。建筑材料是木料、树叶和用椰子壳纤维做成的绳子。有一条几十米的长廊，不用一根铁钉和其他任何金属材料，顶上盖满一米多长的树叶，别有一番情趣。在这座建筑中，最引人注目的是一座堡垒，按照古代斐济人抵御外来侵略者进行自卫的工事修建，堡垒墙壁四周的木栅栏上，装备着古代作战用的矛枪。古代文化中心还模仿英国维多利亚女皇时代第一批移民到达此地时的景象修建富有特色的古代街市，两旁的建筑物、店铺和市场，一色古代风格，出售古老的木器家具、檀香木雕、珍珠项链、各种贝壳制品及其他精美的手工艺品。每到太阳落山以后，文化中心都要在古堡旁边的天然舞台上举办富有浓厚民族色彩的演出晚会。兴致勃勃的游人络绎不绝地来到露天餐厅或是河边茅舍，边谈笑，边欣赏着土著艺术家传统的歌舞表演，饶有兴味地沉湎于浓郁的异国情趣之中。

（2）科罗森林公园

科罗森林公园是斐济著名的森林公园，坐落在首都苏瓦的北部。由苏瓦市区出发，北行十余公里，便进入山林地带，那茂密的热带雨林遮天蔽日，使人顿觉凉爽。步行 20 分钟，即可到达公园的第一个景点。这是一块落差十余米的小瀑布，瀑布落处是一个约 20 米直径的水潭，此潭最深处只有 3 米。在潭周围的山坡上，设有不少休息亭，内设木板桌凳。亭旁便是野餐烤炉，每座烤炉的上方均备有干木柴。森林公园除了河流、水潭、小径和休息野餐场所外，全部被林木覆盖。林中落叶长年积落，路上去软如地毯。每逢假日，这里游人如云。林区之内，炊烟四起，香味缭绕。但在最后，每座烤炉都是人走火熄，周围也被清理得干干净净，不能不称赞这里人们的文化素质和道德水平之高。科罗森林公园的确是一个幽静、美丽的绿色世界。游过森林公园，唐诗"十里行松色，千重过水声"之句立即浮现于脑海。①

（3）酋长的家乡——"宝岛"

在维提岛东海岸不远的地方，有一个面积只有 8 公顷的小岛，叫宝岛。这个小岛虽然面积小，但是它在斐济很有名，因为这里是斐济族酋长们的家乡。至今在宝岛上还保留着当年酋长制度下的一些风俗习惯，一些高级酋长们的家依然在这个小岛上。根据传统，游人上岛，头上不能有任何遮掩之物，不管阳光多强，或下雨刮风，一律不许人们戴帽或打伞。在此岛的土地上，除了看上去相当拥挤的建筑物外，有的地方还种植花草树木，有的地方荒芜，但没有一

① 徐明远：《南太平洋岛国和地区》，世界知识出版社 2003 年版，第 242—244 页。

处开发种植蔬菜或粮食作物。因此，岛上只有淡水可饮，其他食用、日用品等物资需由维提岛运进。

（4）斐济博物馆

斐济博物馆是一个花园博物馆，位于美丽的瑟斯顿热带花园（Thurston Botanical Gardens）内，是世界上收集斐济传统工艺品最多的博物馆，同时它还是最大的关于斐济历史文化的博物馆，这里陈列了大量的关于英国皇家海军的物品和战利品。

（5）沙巴马尼亚湿婆庙

沙巴马尼亚湿婆庙位于楠迪市，是斐济最大的印度神庙，展现了斐济闻名于世的独特岛国文化，是传统的太平洋岛国的一个历史缩影。这座神庙从建筑学方面来说也是非常玄妙的，体现了斐济古代庙宇建筑上的多样性、复杂性和独特性。

（6）贝卡岛

贝卡岛位于维提岛南面。这个小岛景色优美，岛上一片绿色，树木葱茏，有许多柚子树和柠檬树。当地居民经常举行一种"走火仪式"，斐济人叫"维拉维莱雷"，也就是"跳进火炉"的意思。走火仪式一开始，人们先把许多大块石头放到一个用树枝、木柴架起来的坑里，然后点火燃烧，等到石头炽热、发烫，走火者便光着脚，纵身跳到石头上，时快时慢地在坑里走圈，这些走火者的脚底丝毫也没有烫灼的痕迹。这种奇特的走火仪式吸引了广大的旅游者。

（7）瓦努阿岛

瓦努阿岛是斐济第二大岛，位于维提岛的东北面，瓦努阿岛亦称为北岛，其面积5538平方公里，人口十余万。岛上地形比较复杂，有高耸的台地、陡峻的山峰和峡谷、瀑布，还有20多处温泉，有的温泉水温高达80℃，当地人称这个岛是"太阳燃烧的地方"。

（8）塔佛乌尼岛

在瓦努阿岛附近有个长42公里、宽11公里的小岛，这个小岛雨量充沛、土壤肥沃，适合各种热带作物的生长，过去塔佛乌尼岛上盛产海岛棉，现在改种椰子。如果从空中鸟瞰，整个岛屿是一片椰林。岛上有一个湖，湖边四周鲜花盛开，这种名叫塔吉玛乌西亚即红花的鲜花，是斐济独有的，非常鲜艳美丽。塔佛乌尼岛是斐济风景最优美的一个小岛。把地球分为东西两个半球的180°子午线正好在塔佛乌尼岛上穿过。因其处于这个独特的地理位置，许多旅游者都喜欢到此一游。

(9) 比尔·盖茨的蜜月岛

斐济还有许多这样的小岛：只有一个酒店，只有几间客房，只接待一家人。那些好莱坞的大明星和欧洲的皇室最喜欢在这样的地方度假，既悠闲轻松又可以躲开狗仔队。当年比尔·盖茨的蜜月之旅就曾选择在瓦卡亚岛，据说他还曾在岛上举办传统的斐济婚礼。瓦卡亚岛一次只可接待20人，岛上有9间木屋，木屋四周围绕着种满热带特色植物的大花园。每间木屋前都有一片专属的海滩，可以尽享私人度假时光。而如果想体验更具现代感的住处，瓦卡亚岛上有一个1.2万平方英尺的豪华别墅，配备司机、管家和私人厨师，令纯粹的假期和家一样的体贴舒适完美结合，名流们都视这里为度假首选。

(三) 斐济旅游业的发展进程

1. 斐济旅游业的起步

20世纪20年代初，斐济为解决过境旅客需要，最早开始在首都苏瓦市建设旅馆，这成为斐济旅游业的发端。但由于斐济政府对于旅游业的发展缺乏兴趣，再加上地理位置的孤立和交通运输工具的落后，在第二次世界大战前前往斐济的旅游者人数一直比较少，每年约为8000人。

2. 楠迪机场与斐济旅游业的迅速发展

1940年楠迪国际机场的修建，引起斐济旅游业戏剧性发展。1960年，随着斐济被国际航线选择为檀香山—奥克兰／悉尼国际航线最佳的中途加油站，楠迪国际机场的地位凸显，对斐济旅游业发展也开始发挥起关键的作用。同时，许多现代旅游产业也在这20年间出现，例如免税购物商场，旅馆和旅游设施建设。

1952 年，斐济旅游局（FVB）的成立，则表明斐济旅游业已具一定规模。就全国而言，旅游业从主岛的楠迪和科罗海岸迅速扩展到近海岸的马马努加斯岛以及其他一些岛上。当然，因交通状况不同，尤其是与境外是否直接交通联系，各地的发展程度也有一定的差异。如在维提岛上的楠迪市和苏瓦市发展速度较快，因为前者本身有国际机场，而后者则靠近瑙索里机场。同样，在靠近维提岛附近的亚萨瓦群岛、马马努卡群岛和欧伐劳岛等由于邻近交通中心，发展状况也比较好。

旅游业经营上也各有其特点，靠近机场的旅馆很大程度上依赖的是一些短期旅游逗留者，那些在科罗海岸附近的旅馆吸引的则是从澳大利亚和新西兰及其他国家的一些有详细旅行计划的旅游者，而近海岸的旅馆接待的是一些怀有特殊兴趣的旅游团体，常去有独特风格的岛屿（如塔佛乌尼岛、加米阿岛和坎达伍岛）旅游。

苏瓦市作为斐济的首都，拥有全国最大的海港，也是南太平洋重要的经济、交通中心，岛内有航空服务网络，从其机场位于瑙索里中转有和西萨摩业、汤加等地联系的航班，市内有各种等级的接待旅馆，大至国际宾馆，小到廉租公寓，因而这个城市对商业旅游者颇具吸引力。而那些途经旅客和背包旅游者则倾向于到远海岸的岛屿去。

3. 斐济旅游业的停滞

到 1970 年 10 月独立时，斐济旅游业一直持续迅速发展，1973 年游客已达 18.6 万人。20 世纪 70 年代末到 80 年代初由于受石油危机、国内经济的不景气以及正在东南亚兴盛的河流探源风的影响，斐济的旅游业面临困境。

80 年代以来，由于美国经济一直不景气，使斐济重要客源市场疲软；再加上旅游高峰时期，到斐济的航空费用和到澳大利亚相比不太有利，因而新西兰到斐济的游客也大为减少；只有澳大利亚人和规模相对较小的日本人及欧洲人在 80 年代中期提供了较为乐观的形势。但是 1987 年受到两次军事政变的严重冲击，旅游人数陡然下降，导致 2000 人失业，旅馆建设陷入困境。

4. 斐济旅游业的复苏

20 世纪 80 年代末斐济旅游业形势有所好转，游客突破 25 万。进入 90 年代，斐济旅游业随着政局趋于稳定，有了新的发展，年均游客数量超过了 27 万人次，年外汇收入超过 3 亿美元，从而越过了斐济传统出口产品蔗糖与木材的收入，跃升至外汇收入的第一位。从 1994 年起，斐济政局完全稳定，社会秩序与生产恢复正常，旅游事业又上了一个台阶。1996 年的游客人数突破了 30 万人次，上升为 32 万人次，外汇收入达 4.3 亿美元。

游客中，澳大利亚人最多，新西兰人、日本人和美国人次之。1995 年随着斐济与韩国通航，韩国游客增多。然而，1998 年受亚洲金融危机影响，日韩两国游客锐减。1999 年来自美、英、德、法等国的游客增多。2000 年受政变影响游客减少。

2001 年后，斐济政府非常重视旅游业的持续发展，特别注重开发生态旅游项目；旅游发展预算不断增多，并加强了政府机构与私营部门的协调与合作。旅游业开始复苏，接待游客数量和国际旅游收入逐年增加。2002 年斐济入境客源中，亚洲、太平洋地区占 65.8%，美洲占 17.2%，欧洲占 16.3%，其他地区占 0.7%。旅游收入约占斐济 GDP 的 10%—20%（2003 年为 12.8%），是最大的外汇收入来源。全国约有 4 万人在旅游部门工作，占就业人数的 15%（见表 4—5）。

表 4—5　1999—2018 年斐济出入境人数

年份	入境人数	出境人数
1999	409,955	404,510
2000	294,070	294,286
2001	348,014	342,067
2002	397,859	395,118
2003	430,800	424,058
2004	504,075	461,907
2005	545,145	535,063
2006	548,589	546,247
2007	539,881	535,190

年份	入境人数	出境人数
2008	585,031	578,962
2009	542,186	536,889
2010	631,868	625,779
2011	675,050	667,729
2012	660,590	652,520
2016	792,320	756,288
2017	892,884	800,441
2018	870,309	831,639

资料来源：Embarkation and Disembarkation Cards - Department of Immigration，http://www.statsfiji.gov.fj/statistics/tourism-and-migration-statistics/visitor-arrivals-statistics。

与此同时，斐济的旅游收入不断增加。2012 年为 13 亿斐济元，2013 年为 13.18 亿斐济元，2014 年 15.122 亿斐济元，2018 年达到 20 多亿斐济元。[1] 参见表 4—6。

表 4—6　2000—2018 年斐济旅馆入住率与床位使用率

年份	入住率（%）	床位使用率（%）
2000	48.7	36.3
2001	46.5	37.3
2002	55.6	43.7
2003	55.9	44.9
2004	61.3	51.7
2005	64.4	54.6
2006	56.2	49.8
2007	49.7	45.2
2008	45.2	38.2
2009	42.2	36.2
2010	45.8	41.8
2011	47.4	43.6

---

[1]　Tourism Earnings, http://www.statsfiji.gov.fj/statistics/tourism-and-migration-statistics/tourism-earnings-fjd-million26。

年份	入住率（%）	床位使用率（%）
2012	47.2	43.4
2013	48.8	44.6
2014	50.1	45.4
2015	55.2	49.8
2016	51.7	45.8
2017	52.5	47.6
2018	53.9	49.0

资料来源：斐济统计局，Room and bed night occupancy rates, Fiji Bureau of Statistics, https://www.statsfiji.gov.fj/index.php/statistics/tourism-and-migration-statistics/hotels-and-tourist-accommodation。

二、中斐旅游合作的起步与发展

中斐两国的旅游合作既与中国经济的迅速发展和对外开放有关，又与中斐两国关系的密切相连。同时，与斐济国内局势的变化也有着千丝万缕的联系。应该说，中斐旅游合作发端于中国经济的迅速增长和出国游的快速增加，发展于两国政府和旅游部门的大力推进。

（一）中国旅游业的发展简史

1.近代中国旅游业的发端

中国旅游业的发端可追溯至近代时期，其重要标志就是银行家陈光甫于1923年在上海商业储蓄银行设立"旅行部"。1927年，旅游部独立挂牌，正式更名为"中国旅行社"。中国旅行社及其分社成立后，积极组织国际、国内旅游业务。但是旅游在近代中国没有普遍进入国民的生活和消费之中，具有半封建半殖民地社会形态下旅游经济发展的依附性和被动性。

2.新中国成立后的中国旅游业

新中国成立后，为了适应对外交往的需要以及为华侨、港澳同胞提供出入境服务，中国政府相继组建中国华侨旅行服务总社、中国国际旅行社。1965

年设立中国旅行游览事业管理局，作为国务院直属机构负责统一领导和管理全国旅游事业。

这一时期中国旅游业的特点是：旅游接待被作为外事活动的一部分，接待对象主要是外国友好团体和华侨、港澳同胞，旅游接待规模小；接待单位多为事业性质，旅游行政部门与旅游接待单位合为一体。这一时期是新中国旅游业的初始时期。但是，1966 年开始的"文化大革命"，使刚刚起步的新中国旅游业遭受严重干扰和破坏。

3. 1978 年以后中国旅游业的增长

1978 年 12 月，党的十一届三中全会确定党和国家的工作重点转移到社会主义现代化建设上来。随后，党中央提出促进技术进步、提高经济效益、对外开放对内搞活等重大决策，为旅游业带来了生机与活力，中国旅游业进入正常发展轨道。

1985 年国务院批转国家旅游局《关于当前旅游体制改革几个问题的报告》，明确我国旅游管理体制采取"政企分开，统一领导，分级管理，分散经营，统一对外"的原则。随着国家旅游方针政策框架体系的形成以及各地旅游行政管理机构的充实完善，中国旅游业加快了改革步伐并开始四个转变：一是从以旅游接待为主转变为旅游资源开发与旅游接待并举；二是从只抓国际旅游转变到国际国内旅游一起抓，相互促进；三是旅游基础设施建设以国家投资为主转变为国家、地方、部门、集体、个人一起上，自力更生与利用外资一起上；四是旅游经营单位由事业单位转化为企业，从所属行政管理部门独立出来，自主经营。这四个转变的出现和逐步实现，是新中国旅游发展史上的重大转折。

1986 年，旅游业正式列入我国国民经济和社会发展计划，从而在国民经济体系中确立自身的地位，在产业序列中取得优先发展的保障。1987 年我国旅游外汇收入增长率超过旅游人数增长率。这意味着我国旅游业的前期投入开始产生效益，实现了从数量型增长向效益型发展的根本转变。

4. 中国旅游业的自然增长

自 1988 年始，中国旅游业由改革开放初期的超常增长阶段步入自然增长阶段，旅游业供求关系逐步从卖方市场转变为买方市场，市场竞争日趋激烈。在 1988—1993 年的六年中，旅游市场呈现大波大折、大起大落的特点，从而使全行业较早接受了市场观念和竞争观念；同时，旅游业投入继续增长，旅游产业逐步形成规模，为旅游业的持续发展奠定了较为雄厚的基础。

5. 中国旅游业的竞争性增长

1994 年以后，随着社会主义市场经济体制和运行机制在我国的确立和完善，中国旅游业的市场运行机制基本形成，旅游业进入一个新的历史阶段，即竞争性增长阶段。在这一阶段，市场组织加速发育，跨地区、跨行业、跨所有制的多元化经营日渐兴盛，新的市场规范和秩序也在进一步发展中产生，旅游业步入良性循环发展轨道。

1998 年中央经济工作会议把旅游业作为国民经济新的增长点，旅游业在国民经济和社会发展中的作用受到高度重视。2002 年，旅游外汇收入和入境旅游人数已经双双进入世界前五位。

2009 年 12 月国务院下发的《国务院关于加快发展旅游业的意见》（国发[2009]41 号）被社会各界一致认为是一个具有里程碑意义的重要文件，《意见》明确提出要把旅游业培育成为国民经济的战略性支柱产业和人民群众更加满意的现代服务业。成为中国经济社会发展阶段划分的一个新标志，标志着全面建设小康社会背景下民生内容的拓展，标志着消费立国、服务业主导产业经济发展的新经济时代已经来临。①

（二）中国出境游的快速发展与中斐旅游合作的起步

1. 中国出境游的快速发展

改革开放以来，随着中国经济的快速发展和人民生活水平的提高，有钱消费的新兴中产阶层快速崛起、交通枢纽的改善、签证限制的逐渐减少以及有利的政府政策，越来越多的人不再满足于国内旅游，希望走出国门，领略异国风

---

① 王玉成主编：《导游基础》，中国旅游出版社 2014 年版，第 31 页。

光。在这一大背景下，中国出境游获得了良好的发展机遇，出境人数和花费不断刷新纪录。

对于出境游，《中国旅游统计年鉴》的定义为："指中国（大陆）居民因公或因私出境前往其他国家、中国香港特别行政区、澳门特别行政区和台湾省进行的观光、度假、探亲访友、就医疗病、购物、参加会议或从事经济、文化、体育、宗教等活动。"出境旅游发展初期，由于其规模较小，国家对出境旅游进行政策性限制，因此有关出境旅游统计资料出现较晚，直到1993年，国家统计局才开始统计国内居民出境人数。但事实上，我国出境旅游自1983年就开始出现了，"新中国成立以来，出境只是政府部门的公务。直到1983年，国家才正式批准普通公民可以自费出国，但仅限于有海外亲属的人"[1]。

自1993年开始，中国出境旅游人数逐年增加，出境人次和花费屡创新高（参见表4—7）。2000—2013年我国因私出境旅游业呈持续高位增长的趋势，因私出境人次年均增长率高达25.3%。[2] 2003年，中国出境游达到2022.46万人次，首次超过了日本。2017年突破1.3亿人次，成为世界最大出境游客源国。

表4—7　1993—2018年中国出境游概况

年份	出境人次（万人次）	出境人次增长率	出境花费（亿美元）	出境花费增长率
1993	374.00	27.7%	27.97	11.35%
1994	373.36	−0.17%	30.36	8.54%
1995	452.05	21.08%	36.88	21.48%
1996	506.07	11.95%	44.74	21.31%
1997	532.39	5.20%	81.3	81.72%
1998	842.56	58.26%	92.05	13.22%
1999	923.24	9.58%	108.65	18.03%
2000	1047.26	13.43%	131.14	20.70%
2001	1213.62	15.89%	139.09	6.06%

---

[1]　刘文波：《我国出境旅游市场的现状及趋势》，《商业经济与管理》1999年第3期，第54页。

[2]　胡静、谢双玉主编：《2014中国旅游业发展报告》（上），中国旅游出版社2014年版，第11页。

年份	出境人次（万人次）	出境人次增长率	出境花费（亿美元）	出境花费增长率
2002	1660.23	36.80%	153.98	10.71%
2003	2022.46	21.82%	151.87	−1.37%
2004	2885.29	42.66%	191.49	26.09%
2005	3110.23	7.80%	217.59	13.63%
2006	3452.36	11.00%	243.22	11.78%
2007	4095.40	18.63%	297.86	22.47%
2008	4584.44	11.94%	361.57	21.39%
2009	4765.63	3.95%	437.02	20.87%
2010	5738.65	20.42%	548.8	25.58%
2011	7025.00	22.42%	725.85	32.26%
2012	8318.27	18.41%	1.19.77	40.49%
2013	9818.52	18.0%	—	—
2014	10700.00	8.98%	896.4	—
2015	11700.00	9.0%	1045	16.6%
2016	12200	4.3%	1098	5.1%
2017	13051	7%	1152.9	5%
2018	14972	14.7%	—	—

资料来源：国家旅游局数据中心、中国旅游研究院网站等整理而成。

2005 年中国出境游客在境外购物额平均每月 2.35 亿美元，交易量 4.5 万单，居各国第一；中国游客境外旅游的平均购物花费以 987 美元居全球之最。2009 年，中国游客在法国的平均购物消费超过了日本游客。中国游客已经跻身世界五大度假消费群体。其中购买奢侈品占中国游客旅行花费的相当部分。[1] 到 2009 年底，中国的奢侈品消费已经超过了美国，为世界第二，约占世界的 25%。[2]

从 2012 年开始中国成为世界第一大出境旅游消费国后，连续四年保持这一

---

[1] 中华人民共和国年鉴编辑部：《中华人民共和国年鉴 2006》，中华人民共和国年鉴社 2007 年版，第 758 页。

[2] 张维为：《中国震撼：一个"文明型国家"的崛起》，上海人民出版社 2015 年版，第 42 页。

纪录。根据 11 月 12 日从正在举行的 2016 中国国际旅游交易会上数据，2016 年前三季度，中国国内旅游人数为 33.6 亿人次，入出境旅游总人数 1.94 亿人次，旅游收入 2.9 万亿元人民币，同比分别增长 11%、13.5% 和 3.7%。中国已连续四年成为世界第一大出境旅游消费国，对全球旅游收入贡献平均超过 13%。①

2. 中斐旅游合作的起步

中国出境游的迅速发展，引起了斐济政府的高度关注。一直以来，斐济的旅游客源市场以澳大利亚、新西兰、美国、欧洲和日本为主，其中澳大利亚和新西兰客源市场的份额占到一半以上。由于过度依赖澳大利亚和新西兰的客源市场，斐济旅游业的发展非常易受两国政治经济形势的影响。譬如，1987 年、2000 年和 2006 年斐济发生军事政变后，澳大利亚与新西兰即对斐济实施经济制裁，极大影响了斐济的旅游业。同样，2008 年的全球金融危机，对澳大利亚和新西兰这两大经济体产生重大影响，斐济旅游业也深受重创。中国公民出境游的迅速发展，尤其是中国公民强大的购买力，对斐济产生了极大吸引力。斐济十分重视中国这个巨大的客源市场，两国旅游业的合作与交流也不断深入和发展。

（1）中斐旅游合作的开端

2001 年 7 月，中国国家旅游局局长何光暐在钓鱼台国宾馆与应中国政府邀请来访的斐济外交部长塔沃拉一行进行了亲切友好的会谈，双方就相互关心的问题深入地交换了意见。何局长首先对塔沃拉外长一行访华表示欢迎，并介绍了中国旅游业发展的历史和经验。塔沃拉外长听后说，斐济人口少，旅游业规模不能与中国相比，但旅游业对斐济非常重要，潜力很大。斐济要学习中国发展旅游业的经验，欢迎中国游客到斐济旅游。何局长表示，中国旅游部门愿意与斐济旅游部门加强交流，相互学习，祝愿斐济社会和经济，特别是旅游业，取得更大的发展。

---

① 《中国已连续四年成为世界第一大出境旅游消费国》，新华社，2016 年 11 月 12 日。http://www.gov.cn/shuju/2016-11/12/content_5131727.htm。

（2）中国加入南太平洋旅游组织与中斐旅游合作的新机遇

南太平洋旅游组织成立于 1986 年，原名为"太平洋旅游理事会"（Tourism Council of the South Pacific，简称 SPTO），1999 年改为南太旅游组织。该组织原来只允许南太平洋地区的小国家（包括一些未独立的领地）参加，成员包括库克群岛、斐济、法属波利尼西亚、基里巴斯、新喀里多尼亚、纽埃、巴布亚新几内亚、萨摩亚、所罗门群岛、汤加、图瓦卢和瓦努阿图等 12 个国家或地区。

2001 年，南太旅游组织基于自身需要（如客源市场、经济和技术援助等）的考虑，在汤加举行旅游部长理事会议，决定修改章程，打破成员来源的地域限制。此后，该组织先后向中国、美国、日本、印度、澳大利亚和新西兰等国家发出入盟邀请。中国率先接受了邀请，并得到 2003 年 10 月库克会议的原则认可，从而成为南太旅游组织从本地区之外接纳的第一个大国成员。

2004 年 4 月 20 日，中国加入南太旅游组织仪式在位于斐济首都苏瓦的南太旅游组织总部举行。中国驻斐济大使蔡金彪代表中国政府向总部设在苏瓦的南太平洋旅游组织交纳了第一年度会员费 7.5 万美元，标志着中国即日起成为该组织的第 13 个正式成员。这是中国首次以正式成员身份加入南太平洋地区性组织。

中国加入南太旅游组织后，积极参加该组织的活动，推动中国与南太平洋岛国的旅游合作。2013 年 10 月 24 日，中国国家旅游局局长邵琪伟会见南太平洋旅游组织和太平洋岛国部长团一行，并举行会议，达成了进一步开展合作的意向。11 月 8 日，中国国家旅游局副局长杜江在中国—太平洋岛国经济发展合作论坛上强调："未来将鼓励有条件的中国企业到太平洋岛国进行旅游投资，开展业务合作；鼓励开通更多航线或旅游包机，增加运力。此外，中国还将加强与南太平洋旅游组织的合作。"中国政府的这一举措，为推动中斐旅游合作奠定了良好的基础。

（3）中斐签署旅游备忘录

2004 年 6 月，斐济旅游部长纳苏瓦访华，与何光暐局长就加强中斐两国旅游合作达成了共识。10 月 18 日，中国国家旅游局局长何光暐率领由外交部和国家旅游局联合组成的中国政府代表团对斐济进行了友好访问，并于当日上午在斐济首都苏瓦与斐济旅游部长皮塔·纳苏瓦(Pita Nacuva) 共同签署了《中华人民共和国国家旅游局和斐济群岛共和国旅游部关于中国旅游团队赴斐济旅游实施方案的谅解备忘录》，标志着两国旅游交流与合作迈上了一个新台阶。

（三）中斐两国积极推动旅游合作

为了推动双边旅游合作的进一步发展，中斐两国政府采取了种种措施，主要包括：宣布斐济为中国旅游目的地、开通国际漫游以及斐济对中国公民实行免签等。

1. 中国政府的有关举措

（1）2004 年中国宣布斐济为旅游目的地

我国对中国公民出境旅游采取出境旅游目的地制度（Approved Destination Status，ADS）。出境旅游目的地资格的获得采取 ADS 协议谈判方式。中国公民出境旅游目的地的审批与开放，是在拟开放作为中国公民出境游目的地向中国提出申请的前提下，由国家旅游局会同外交部、公安部研究以后，报国务院批准而确定。依据以下几个筛选标准：一是对方是中国的入境旅游客源国，相互开放有利于双方旅游合作与交流；二是政治上对我国友好，开展国民外交符合中国对外政策的目标；三是对方的旅游资源有吸引力，服务设施适于接待中国旅游者；四是在外交、法律、行政方面，对中国旅游者没有歧视性、限制性、报复性的政策，中国旅游者的人身安全有保障；五是具有良好的交通和旅游可进入性。[①]

出境旅游的 ADS 制度，虽然只是特定时期中国关于公民出境旅游政策的一个创造，只是一个过渡性政策，但是出境旅游目的地开放的多少，却直接关系到中国公民"境外消费"的范围。斐济被确定为中国公民的旅游目的地，意

---

① 李文汇、朱华主编：《旅游政策与法律法规》，北京大学出版社 2014 年版，第 139 页。

味着越来越多的中国人将前往斐济旅游，也将越来越多地购买斐济的旅游产品，从而推动斐济旅游业的进一步发展。

2004 年 6 月底斐济总理访华时，中方原则上批准斐济为中国公民自费出境旅游目的地。10 月 18 日，随着中斐签署《关于中国旅游团队赴斐济旅游实施方案的谅解备忘录》，斐济成为中国公民出国旅游目的地，中国旅游团队赴斐旅游业务将在双方完成必要的准备工作后开始实施。2005 年 5 月 1 日，中国公民组团赴斐济旅游正式实施，与澳大利亚和新西兰等国不同，中国公民组团赴斐济旅游一开始即全面展开，而不是先在北京、上海和广州试行，两年后再全面展开。①

（2）2010 上海世博会"斐济日"

2002 年 12 月 3 日，经国际展览局大会投票表决，中国获得 2010 年世博会举办权后，积极推动世界各国参加上海世博会。2008 年 6 月 3 日，南太平洋旅游组织与上海世博会组织者在斐济首都苏瓦正式签署《中国 2010 年上海世博会太平洋联合馆总参展协议》。上海市政协副主席、上海世博会事务协调局副局长周汉民与南太平洋旅游组织代表、南太平洋旅游组织董事会主席彼得·文森特签署协议。

太平洋联合馆建筑面积 8100 平方米，由包括斐济、瓦努阿图、巴布亚新几内亚、帕劳、汤加、密克罗尼西亚联邦、萨摩亚、库克群岛、基里巴斯、所罗门群岛、图瓦卢、马绍尔群岛、瑙鲁、纽埃在内的 14 个太平洋岛国和南太旅游组织、太平洋岛国论坛 2 个国际组织共同参展。这一举措为太平洋地区旅游业走向世界创建新的窗口，更多的中国民众和来自世界各地的游客通过参观太平洋联合馆，更好地了解了太平洋岛国美丽神奇的自然景观、独具特色的人文环境和热情奔放的民俗风情。

为了促进旅游和经贸合作，2010 年 7 月 30 日，斐济总理姆拜尼马拉马亲自启程前往中国参加上海世博会"斐济日"的相关活动，并带来了约 90 人的

---

① 中华人民共和国旅游局，http://www.cnta.gov.cn/ztwz/cjyzt/gltl/201507/t20150708_723265.shtml。

庞大代表团，他在讲话中表示"斐济不仅是新人举办婚礼、度蜜月的胜地，也非常适合家庭举家旅游"。

(3) 中国联通新增斐济漫游业务

国际漫游是指移动电话用户在离开本国归属网络时，仍可以在其他国家和地区的其他网络继续使用移动电话进行语音、短信、上网等通讯。这一业务的开通，不仅有效免除了中国大陆的移动用户出国旅游或工作时错过任何重要信息与资讯的担忧，而且在漫游开通国家与地区亦可继续与家人、朋友、客户保持联系。

为了推动中国公民赴斐济旅游，2012 年中国联通向工信部提交了《中国联通关于调整预付费用户国际及台港澳漫游业务资费标准备案的报告》，拟于 2012 年 7 月 1 日起，陆续开通预付费用户在墨西哥、斐济等 39 个国家和地区的国际漫游出访业务。此后，中国移动和中国电信也陆续在斐济开通了国际漫游业务，具体收费标准参见表 4—8。

表 4—8　中国移动、联通、电信在斐济收费标准一览表

	拨打漫游地（元 / 分钟）	拨打中国大陆（元 / 分钟）	漫游地接听（元 / 分钟）	发中国大陆短信（元 / 条）	发其他国家和地区短信（元 / 条）	数据漫游元 /KB
中国移动	4.99	12.99	5.99	1.99	2.89	0.05
中国联通	3.86	8.86	5.86	2.86	3.86	0.2
中国电信	2.99	2.99	2.99	1.99	2.89	0.01

为响应"一带一路"建设要求，进一步满足中国公民前往"一带一路"共建国家商务、旅行的境外漫游需求，2017 年，中国三大通信运营商降低国际长途电话与国际漫游资费水平。其中，主叫国内、被叫接听以及拨打当地，均为 0.99 元 / 分钟（主叫第三国为 3 元 / 分钟），年均资费降幅达 67%，另外还推出每天 30 元的不限流量包。2024 年 6 月，中国移动推出的"'一带一路'多国流量包"适用于斐济，每天 28 元。

2. 斐济政府推动中斐旅游合作的举措

2006 年斐济军事政变后，斐济经济面临着澳大利亚和新西兰的严厉制裁，为此，2007 年 11 月 16 日斐济旅游局在辛加托卡（Sigatoka）市举办大型贸易展，进一步促进旅游业的复苏。此外，斐济政府还采取系列措施大力发展本地旅游业。具体包括：将部分商铺定为免税店，游客购买商品后可在指定机构申请退税，以刺激游客消费；鼓励本地居民参与旅游业，推出村庄海豚观看之旅，热气球之旅及木筏漂流之旅等项目；倡导"购买斐济商品、斐济制造"计划，如鼓励酒店和度假村使用本地水果蔬菜及本土其他产品，降低运营成本并促进相关产业发展。[①] 具体到中斐旅游合作，主要涉及如下几个方面：

（1）宣布对中国公民实行免签

2007 年 9 月 10 日起，斐济给予中国公民免签证待遇。11 日，斐济政府与中国政府签订互为旅游目的地的协议，取消中国公民到斐济旅游的预签证，自 9 月 1 日开始对中国公民实施落地签证。

中国同斐济互免签证协定 2015 年 3 月 14 日正式生效。根据备忘录，持有效的中华人民共和国外交、公务、公务普通及普通护照的公民入境斐济，停留不超过 30 日，免办签证。入境时，需携带返程或赴第三国联程机票以备查验。斐济成为了继圣马力诺、塞舌尔、毛里求斯、巴哈马之后，第 5 个和中国达成互免签证协定并适用于持普通护照公民的国家。此举激发了中国游客赴斐旅游的热情。

（2）致力开发中国市场

2008 年 5 月，斐济旅游局宣布，将率领由香格里拉酒店、索纳索利酒店以及政府部门代表共同组成的代表团参加 2008 年 6 月 19—22 日在北京举行的北京国际旅游博览会，宣传推介斐济风光，吸引更多的中国游客赴斐旅游。在华期间，斐济旅游局还在北京举办了"斐济风情"展。为取得更好的推介效

---

① 《斐政府采取系列措施大力发展旅游业》，中华人民共和国驻斐济大使馆经济商务参赞处，2010 年 5 月 23 日，http://fj.mofcom.gov.cn/article/jmxw/201005/20100506927233.shtml

果，斐济旅游局专门印制了中文版宣传手册。

2008 年 8 月，斐济旅游局与中国环境国际旅行社联合在北京首都大酒店举行了"珍爱生活，斐同澳新—中国起航"为主题的新闻发布会。环境国际旅行社在会上对"斐同澳新"进行了解释，一层含义是将斐济纳入澳新产品线中，另一层含义是指不一样的澳新产品。斐济旅游局近年来非常重视对中国市场的开发和合作，此次是协同环境国旅合作开发的蜜月之旅作为正式进入中国市场的首度蜜月产品。会上，斐济旅游局人员就斐济的蜜月计划进行了讲解和说明，希望能吸引更多的中国新婚夫妇选择到斐济度蜜月。

2009 年 3 月 13 日，斐济旅游局宣布任命李南希（Nancy Li）女士为驻中国首席代表，办公室设在上海。与太平洋其他岛国相比，斐济旅游市场吸引中国游客数最多，并且呈逐年上升趋势。2008 年中国游客来斐济数量较 2007 年增长达 28.3%。中国市场已成为斐济旅游业新的增长点。

斐济旅游局制定 2010 年发展目标，游客总量达 60 万人次。旅游局首席执行官同时表示，旅游业不应过度依赖澳大利亚市场，应注重开发新市场，如中国、韩国、日本和印度等。①

（3）开通直飞香港航班

受日本经济发展低迷影响，日本赴斐游客人数持续走低，2006 年较 2005 年减少 11%，2007 年再降 6.8%。太平洋航空经营该线路年亏损近 800 万斐元，在过去 4 年共亏损 3800 万元。

为了吸引更多中国游客赴斐旅游，刺激斐济旅游业进一步发展，斐济政府一直积极努力促进开通北京—楠迪直达航班。2008 年 3 月 7 日，斐驻华大使何志美与斐济民航局局长，就开通中国上海至斐楠迪直达航班一事在斐济首都苏瓦进行磋商。根据斐济与韩国、斐济与中国签署的空中服务协定，该航线计划由大韩航空公司执行，以后斐航可与中国航空公司合作共同经营该线路。5

---

① 《斐济旅游局重视开发中国市场》，中华人民共和国驻斐济大使馆经济商务参赞处，2009 年 12 月 15 日，http://fj.mofcom.gov.cn/article/jmxw/200912/20091206672759.shtml。

月，何志美大使与中国国际航空公司有关领导举行会谈，就开通斐济—中国直达航班继续进行讨论。

2009 年 4 月 23 日，斐济民航局与中国香港特区政府签订航空服务备忘录。斐济最大航空公司——太平洋航空宣布，将于 2009 年一季度停飞斐济旅游城市楠迪至日本东京的航班，转而开通楠迪直飞香港航班。9 月，斐济太平洋航空公司与香港国泰航空公司达成代码共享协议，自 2009 年 12 月 3 日起开通从斐济楠迪到香港的直达航班，每周两班，后来增至每周 5 班。2009 年 12 月 3 日，香港特别行政区政府与斐济政府在港签署民用航空运输协定，为中国香港特别行政区与斐济之间的航空运输联系提供法律基础，为中国内地游客赴斐济旅游提供便利，有助于促进旅游和经济发展。

斐济旅游局局长帕特里克·黄（Patrick Wong）先生表示，此举符合斐旅游市场发展需求，有助于进一步开发中国、印度、英国、欧洲和俄罗斯市场。目前，经香港赴斐济从事商务和旅游活动已成为国人新时尚。

（4）其他

2009 年 2 月 9 日，斐济驻华大使在福建省贸促会举办"斐济旅游投资推介会"，推广斐济旅游，介绍斐济投资环境以及政策，寻找同福建省旅游业合作商机。2009 年 5 月，斐济政府推荐 8 家旅行社承办在斐济境内接待中国旅游团队的业务，具体参见表4—9。

表4—9 斐济接待中国旅游团队的旅行社

序号	旅行社名称
1	无尽冒险（Adventure & Endless）
2	太平洋目的地（Pacific Destinations）
3	玫瑰假期（Rosie Holidays）
4	南太假日旅行社（South Pacific Holiday）
5	斐济南方世界（Southern World Fiji）
6	斐济联合旅游（United Touring Fiji）
7	阿拉曼达旅游有限公司（Alamanda Tours Limited）
8	珊瑚礁旅游度假有限公司（Reef Resort Tours Limited）

（四）中斐旅游合作的进一步发展

随着中斐两国政府一系列措施的实施，中斐两国的旅游合作进一步发展，不仅表现为中国游客赴斐热情大增，赴斐旅游人数激增，而且中国旅游企业开始在斐济建造度假村和影视基地，以进一步吸引中国游客赴斐旅游。

1. 中国游客赴斐人数激增

根据斐济旅游局公布的最新统计资料显示，截至 2008 年 11 月，前往斐济的游客人数达 532561 人次，同比增长 8.9%。其中，澳洲依然是斐最大游客来源国，总计 211374 人次，同比增长 19.7%。而增幅最大的是中国，增长 32.8%；其次为印度，增长 23.9%。日本和韩国游客数量均有不同程度的减少。[1]

2009 年是斐济旅游业发展历史上最艰难的一年之一，遭受金融危机和特大洪灾的双重打击，发展举步维艰。[2] 但仍然有 4087 名中国公民赴斐旅游，占赴斐旅游总人数的 0.7%。2010 年后，赴斐中国游客激增，首次超过 1 万人，达到 18147 人，增幅 2.9%。2014 年习近平主席访问斐济后，中国游客超过 4 万人，此后每年以 5% 左右的增幅上升，2018 年接近 5 万人。（具体参见表 4—10）。

表 4—10　2009—2018 年中国游客赴斐旅游统计

年份	人数	占赴斐旅游总人数的比例
2009	4087	0.7%
2010	18147	2.9%
2011	24389	3.6%
2012	26395	4.0%
2013	23423	3.6%
2014	28333	4.1%
2015	40174	5.3%

---

① 《中国公民到斐济旅游人数增势强劲》，中华人民共和国驻斐济大使馆经济商务参赞处，2009 年 1 月 5 日，http://fj.mofcom.gov.cn/article/jmxw/200901/20090105989710.shtml。

② 《中国成为斐济增幅最显著的游客来源国之一》，中华人民共和国驻斐济大使馆经济商务参赞处，2010 年 1 月 7 日，http://fj.mofcom.gov.cn/article/jmxw/201001/20100106727229.shtml。

年份	人数	占赴斐旅游总人数的比例
2016	49083	6.2%
2017	48796	5.8%
2018	49271	5.7%

资料来源：斐济统计局。

2. 苏州青旅投资 1.6 亿元拓展斐济旅游市场

苏州青年旅行社股份有限公司（简称苏州青旅）是国家旅游局首批公布批准的国际旅行社，成立于 1984 年 10 月，其前身最早为苏州市青年联合会旅游部。同时，苏州青旅是苏州一家有实力的旅游企业，连续 12 年在苏州排名第一，也是全国旅游企业中的佼佼者，2011 年在全国旅行社百强企业中位列第13 名。

在旅游业务蒸蒸日上之时，苏州青旅积极实施"走出去"战略，开始尝试到海外投资。2003 年苏州青旅在新西兰组建了 SSS 国际集团（新西兰）有限公司，当年就完成了营业收入 1500 万元，实现利润 50 万元；其后，在加拿大温哥华市也组建了 SSS 国际集团（加拿大）有限公司，以开拓了中加旅游市场，同时还收购了一家当地旅行社，注册了加拿大旅游学院。

2006 年 4 月，温家宝总理出席由中国政府和斐济政府联合主办的"中国—太平洋岛国经济发展合作论坛"首届部长级会议，苏州青旅的投资项目入选商务部在会议期间的签约项目，获得中央及苏州各级政府的支持。7 月 2 日，苏州青旅计划投资 1.6 亿元在斐济建设 SSS 国际大酒店的项目通过国家发改委核准，拟在斐济辛加托巴市建设集住宿、餐饮、康乐、会议于一体的五星级酒店，开发总面积约 5 万平方米。苏州青旅成为第一家在斐济投资建设酒店的苏州旅行社。

为了吸引更多的中国游客，提升酒店的知名度，2012 苏州青旅与国内一家影视文化公司合作，以斐济中国大酒店为拍摄地，投资近 500 万元拍摄了一部 50 集的电视连续剧《蜜月岛》。苏州青旅的这一做法，不仅在国内提升了该公司的知名度，而且恰好与斐济政府宣传推广其国家的方法契合。为了借助各国的影视作品扩大斐济的知名度，斐济非常鼓励来自外国的影视机构将其作为拍摄地，鼓励措施之一就是对国外影视制作公司实行极为优惠的奖励政策。为了充分利用好斐济当地对影视产业的优惠政策，苏州青旅成立了苏州青旅文化产业有限公司，并在斐济当地注册了一家影视拍摄中介机构，以便将其酒店开发为中国海外影视拍摄基地暨五星级度假村。中斐旅游合作领域进一步拓宽。

三、中斐旅游合作的进一步扩大

习近平主席访问斐济后，中斐两国的旅游合作发展迅猛。主要表现为：中斐政府高度重视；媒体宣传力度加大；中国赴斐济旅游的人数激增；中国—斐济的旅游包机直航开通等。

（一）斐济政府高度重视发展斐中旅游合作

旅游业是斐济的支柱产业，在斐济经济中占有举足轻重的地位，在斐济目前国内生产总值组成部分中，有34%来自旅游业，因此历届斐济政府对旅游业都非常重视。由于斐济地处南太平洋，再加上与英国的特殊关系，因此澳大利亚、新西兰和英国是斐济的传统客源国。但是，在2006年军事政变后，随着澳新对斐济的经济制裁以及英国将斐济从英联邦中驱逐，斐济与澳新和英国的关系恶化，斐济政府开始实施"向北看"的战略，积极发展与中国、日本、韩国和印度等国的关系。其中，斐济与各国的旅游开发与合作是一项非常重要的内容。

2015年8月，斐济驻华大使约阿尼·奈法卢拉 [①] （Ioane Naivalurua）在接受《法制晚报》记者李志豪访问时表示，他在就任斐济驻华大使这一职位时，

[①] 2016年5月16日，斐济政府宣布任命约阿尼·奈瓦卢拉为新任驻华大使，接替原驻华大使、海军准将埃萨拉·泰莱尼（Esala Teleni）。

有 5 个最重要的任务,其中促进旅游事业的发展是重中之重。他希望在任期间能够大力地发展中国公民去斐济的旅游事业,为此使馆也将会举行一系列的旅游推介活动,并希望更多的中国旅行团能够开设前往斐济的旅行线路。①

2016 年 1 月 26 日,约阿尼·奈法卢拉大使参观国家重点全日制公办技师学院——龙岩技师学院,就斐济与该学院的教育合作进行磋商,并就"美食旅游"计划提出美好愿望。3 月 10 日上午,约阿尼·奈法卢拉大使率斐济旅游代表团一行拜访天津市旅游局。在充分了解天津旅游特色、近年来的发展情况以及中国旅游产业博览会的基本情况后,奈法卢拉大使对天津旅游美景和民俗文化赞不绝口,希望能够以中国旅游产业博览会为平台,向天津人民推介斐济、展示斐济,吸引天津游客前往斐济观光度假。3 月 17 日,奈法卢拉大使会晤四川省委常委、常务副省长王宁,双方就进一步促进四川和斐济在各领域的交往,特别是推动旅游领域的密切合作交换了意见。奈法卢拉表示,将进一步密切与四川在旅游领域的合作,并以此为契机,拓展双方在经贸投资、人文教育、友城交往等领域的深度合作。7 月,奈法卢拉再赴武汉,推介斐济旅游。

(二)积极推广与宣传

为了推动中斐旅游合作的发展,斐济加大了在中国的旅游推广力度,尤其是开始与中国制片商合作,打造以斐济为背景的电影,通过电影方式吸引更多的中国人前往斐济旅游。电影《斐济 99℃ 爱情》和《爸爸去哪儿 2》都在斐济取景拍摄,这些影片都向中国大众展示了斐济独特的文化和旖旎的风光。对此,2015 年 2 月,斐济工业、贸易和旅游部部长法亚兹·科亚(Faiyaz Koya)在接受采访时表示,中国是目前斐济旅客数增长最快的市场,斐济旅游部门将宣传重心放在中国市场,希望吸引更多的中国游客赴斐济旅游。"对斐济来说,中国是客源增长最快的新兴市场。我们希望越来越多的中国游客到斐济旅游。"

---

① 《法制晚报》2015 年 8 月 12 日。

1.《斐济99℃爱情》

《斐济99℃爱情》是中斐首部合作巨制的爱情轻喜剧电影，讲述了一个极度恐婚的"恐婚疗愈"心理女顾问，一个萌到天然呆的IT精英男，一款匹配精准的爱情配对APP软件，几对欢喜冤家，温馨爆笑的追爱旅程。该影片由上海星泓文化传播有限公司、励骏会（北京）文化传媒有限公司联合出品，中韩影星张佑赫、姚星彤、赵多娜、李茂、何琢言、刘子豪、金草联合主演。

《斐济99℃爱情》跨越中国在斐济取景拍摄，是中外文化交流的重大举措。2014年1月5日在北京开机拍摄，3月8日全剧杀青，11月21日全国公映。

2.《爸爸去哪儿2》

谢涤葵、林妍执导的子互动真人秀类电影《爸爸去哪儿2》，由陆毅父女、黄磊父女、曹格及子女和杨威父子领衔主演，2015年2月19日即农历大年初一在中国内地首映。影片主要讲述了四组明星家庭接到了一个神秘的邀请，邀请他们去岛国斐济完成一个个不可思议的任务与挑战，最后四组爸爸和孩子们顺利完成了村长交给他们的任务。由于该影片在斐济取景拍摄，所以该片的公映使得越来越多的中国人开始认识斐济。

3. 斐济旅游局首次在中国指定公关代理商

随着国人不断拓展远行足迹，近年来中国赴斐旅客数量也开始攀升。2014年以前，每年约有2.5万名中国游客造访斐济。为了借助有效的传播持续吸引更多的中国游客造访体验，2014年斐济旅游局与在旅游行业拥有丰富经验的凯维公关（Cohn & Wolfe）达成为期三年的公关合作协议，将致力于在中国大陆协助推广斐济这一南太海岛天堂。同时，这也是斐济旅游局首次在中国指定公关代理商。

4. 2016斐济—北京站旅游推介会

2016年3月11日下午，"跃幸福·约斐济"2016斐济—北京站旅游推介会暨辛巴达旅行定制游分销平台北京发布会在北京丽都皇冠假日酒店隆重举行，斐济驻华大使约阿尼·奈法卢拉、斐济卡梅亚度假村、珍珠度假村、雅图乐度假村、库克船长游轮公司等10多家斐济知名度假村、地接社及斐济旅游局、斐济航空公司等参加了推介会。

这次推介会不仅为华北地区的旅游界带来了斐济最新的旅游资讯、旅游动态和旅游接待资源，而且还隆重推出了辛巴达旅行定制游分销平台。辛巴达旅行定制游分销平台是我国目前上线的唯一智能定制 B2B 平台，该平台以神经网络系统（ANNS）为核心，通过对用户 POI 进行分布式并行信息处理，链接起各方资源，替换定制规划师，帮助用户快速创建最佳行程方案。目前该平台已经上线包括斐济卷浪岛、维提岛、Navini 岛等在内的多条旅游线路产品，覆盖蜜月婚拍、海岛休闲、奢华度假等众多旅游主题。约阿尼·奈法卢拉大使希望斐济旅游界能够进一步深化与中国旅游界的合作，共同推广斐济绝美的旅游资源，并透露斐济与中方正在积极争取早日实现直飞，届时，从北京前往斐济只需 12 个小时的旅程。

（三）中国赴斐旅游人数激增

2014 年习近平主席访问斐济后，中国赴斐旅游人数激增，根据斐济统计局的数据，2015 年中国赴斐济旅游人数为 40174 人，比 2014 年的 28333 人增加了 11841 人，增幅达 41.8%，与 2009 年中国赴斐人数相比，几乎翻了 8 番。更为重要的是，中国游客占赴斐济旅游总人数的比例有了大幅度的提升。2009 年，中国赴斐济的游客为 4087 人，仅占赴斐济旅游总人数的 0.7%，但在 2015 年这一比例上升到 5.3%，也接近翻了 8 倍。参见表 4—11。

表 4—11　2014—2022 年中国游客赴斐旅游统计

年份	人数	占赴斐旅游总人数的比例
2014	28333	4.1%
2015	40174	5.3%
2016	49083	6.2%
2017	48796	5.8%
2018	49271	5.7%
2019	47027	5.3%

年份	人数	占赴斐旅游总人数的比例
2020	9319	6.3%
2021	2178	6.9%
2022	5756	1%

资料来源：斐济统计局。

2016 年 1—5 月，前往斐济旅游的外国游客为 276597 人，其中中国游客 15495 人，占比 5.9%，比去年同期增长 30.4%；2015 年 5 月—2016 年 5 月，前往斐济旅游的外国游客共计 768440 人，其中中国游客 44882 人，比去年同期的 32638 人增加了 12244 人，增长率为 37.5%。①

2016 年 5 月赴斐旅游的统计数字同样表明了这一趋势。根据斐济统计局 2016 年 6 月 17 日公布的统计数字，2016 年 5 月前往斐济旅游的外国游客为 60369 人，比去年同期下降 0.2%，其中斐济的最大客源国澳大利亚下降 2312 人，降幅为 7.6%。同时，加拿大与英国也分别下降了 21.3% 和 3.2%。与此相反，韩国、日本与新西兰中国赴斐旅游人数却急剧增加，增幅分别为 43.4%、17.3% 和 10.7%。中国游客也从 2015 年 5 月的 3326 人增加到 3378 人，增加了 52 人，增长率为 1.6%。具体参见表 4—12。

表 4—12　2016 年 1—10 月各国赴斐旅游人数一览表

年份\国别	10 月			1—10 月				
	2016	2015	增长幅度（%）	2016	占比（%）	2015	占比（%）	增长幅度（%）
澳大利亚	35804	35186	1.8	296006	45.0	303304	48.2	-2.4
新西兰	14732	12953	13.7	139031	21.2	119334	19.0	16.5
美国	5952	6071	-2.0	57223	8.7	56576	9.0	1.1

① Provisional Visitor Arrivals: May 2016, Fiji Bureau of Statistics, June 17, 2016 http://www.stats-fiji.gov.fj/latest-releases/tourism-and-migration/visitor-arrivals/626-provisional-visitor-arrivals-may-2016.

	10 月			1—10 月				
	2016	2015	增长幅度(%)	2016	占比(%)	2015	占比(%)	增长幅度(%)
加拿大	1138	782	45.5	9571	1.5	9488	1.5	0.9
英国	1284	1246	3.0	13811	2.1	13733	2.2	0.6
欧盟	2896	2917	−0.7	26387	4.0	25816	4.1	2.2
日本	386	474	−18.6	5275	0.8	5302	0.8	−0.5
中国	4377	3458	26.6	42005	6.4	33788	5.4	24.3
韩国	761	637	19.5	6477	1.0	5276	0.8	22.8
亚洲其它国家	1783	1217	46.5	17086	2.6	11862	1.9	44.0
太平洋岛国	4194	3783	10.9	40640	6.2	39993	6.4	1.6
其他国家	288	402	−28.4	3601	0.5	4833	0.8	−25.5
到访总人数	73595	69126	296006	657113	100.0	629305	100.0	4.4

资料来源：斐济统计局。

从表4—12可以看出，2016年10月份与上一年同比，新西兰（增加1779人，增加13.7%，达到14732人）、中国（增加919人，增加26.6%，达到4377人）、澳大利亚（增加618人，增加1.8%，达到35804）、亚洲其他国家（增加566，增加46.5%，达1783人）、太平洋岛国（增加411人，增加10.9%，达4194人）、加拿大（增加356人，增加45.5%，达1138人）、韩国（增加124人，增加19.5%，达761人）和英国（增加38人，增加3.0%，达1284人）赴斐济旅游人数呈上升趋势。而美国、日本、欧洲大陆和其他国家赴斐人数则有所下降：美国减少119人，下降2%；日本减少88人，减少18.6%；欧洲大陆减少21人，下降0.7%；其他国家减少114人，下降28.4%。

（四）中国—斐济旅游开通直航包机

自2004年10月中斐签署《关于中国旅游团队赴斐济旅游实施方案的谅解备忘录》以来，斐济成为中国公民出国旅游目的地已有10多年的时间。在这10余年间，中国内地旅客去斐济的主要航线都需要经由中国香港、韩国首尔、澳大利亚悉尼、日本东京其中一地进行中转，而到达的过程也将近20个小时。

中转旅行的不便，大大影响了中国大陆旅客赴斐济旅行的积极性。

但随着中国大众旅游经验的增加以及对高端旅游的需求，内地赴斐观光旅游的人数日渐增多，尤其是春节和"五一"假期，香港飞斐济机票更是一票难求，需要提前预订，而且价格往往是过去的两倍以上。面对如此现状，2014年，北京南太管理顾问有限公司联合胜景旅游、斐济玫瑰假日及中国部分旅行社启动了2015年"斐济，幸福起航"上海—楠迪的春节包机项目。

1.上海—楠迪直航包机项目

2014年11月12日，斐济航空成立63年以来的首次包机、斐济群岛旅游进入中国10余年来的第一个包机项目2015年"斐济，幸福起航"在上海发布，斐济驻华大使汗（Khan）、斐济航空市场营销总经理奥托·盖尔杰（Otto Ger-gye）、斐济航空亚洲区总经理王文琦、斐济玫瑰假日总经理埃罗尼（Eroni）、北京南太管理顾问公司业务总监俞泉及"去哪儿网"、浙江中旅等国内旅游企业参加此次发布会。

通过包机将大大节省中转所需时间，只需要10个小时就可以到达斐济。斐济航空市场营销总经理奥托·盖尔杰先生指出，选择上海作为首次包机首发城市，主要是基于市场成熟度以及航线的里程和时间的考虑。未来会联合中国合作伙伴们尝试开发更多城市的包机。亲自参与首航活动的斐济工业、贸易和旅游部部长法亚兹·科亚表示，"直航包机是中国政府对中斐旅游业发展最积极的回应"。他不仅与第一次来斐济旅游的上海客人会面、交谈，而且还要做更多工作让上海—楠迪包机变成正常航线。

2015年2月13日，257名乘客搭乘上海—斐济的直航包机赴斐旅游。因为正值中国春节以及西方情人节，斐济当地也为搭乘包机的中国游客精心准备了情人节和中国春节特殊的活动和仪式。伴随着上海直航开通，斐济旅游业界迎来发展的春天。

2.广州—斐济直航包机

2015年斐济航空的首次包机，在斐济当地产生了巨大的反响，斐济政府及当地各旅游相关企业也非常支持中国的包机项目。2016年5月21日，斐济旅游局中国区办公室宣布，5月31日、6月1日，南航将开通广州至斐济直航旅游包机，这将大大减少华南旅客赴太平洋岛国的时间。

为满足广东游客对海岛高端度假旅游的需求，2015年5月31日南航执行一班广州——斐济楠迪机场的旅游包机。此包机5月31日北京时间18：10分由广州白云机场起飞，6月1日当地时间09：00到达楠迪机场，6月2日当地时间10：00由楠迪机场返回，北京时间16：45到达广州。此次广州——斐济航线由南航不定期旅游包机A330—200执飞，飞行时间约11小时。

3.北京上海两地直航斐济项目开通

由于2015上海——斐济包机产生的良好效果，2015年7月，陪伴斐济群岛共和国总理访华的斐济旅游部长特意感谢了中国包机商对斐济旅游的贡献并希望包机商可延续此项目，斐济旅游部长也在来华访问中与中国政府相关部门及企业进行了洽谈。

为此，成功运作了首次上海——斐济包机航行的胜景旅游及北京南太管理顾问有限公司、斐济玫瑰假日通过对市场的调研，决定同时运作北京及上海口岸出发的直飞包机。10月13日，北京南太管理顾问有限公司联合胜景旅游、斐济玫瑰假日及中国实力较强的旅行社推出的2016年"Go斐济，炫幸福！"北京、上海两地包机直飞项目新闻发布会在京举行。此次包机北京、上海各有2架次，为7天5晚行程。客人可以自由选择主岛5晚，或者主岛＋外岛的行程。包机旅行社为：春秋国旅、上海锦江旅游、携程旅行网、浙江省中青旅国际旅游有限公司、温州国旅旅游有限公司、中青旅自由行、恺撒旅游、海涛假期、鑫海国旅东美假日、盛行国际、百程旅行、信捷假期及海豚哆哆。

由于该包机对北京来说还是首航，因此2016年2月2日，胜景旅游董事总经理李力与搭乘包机首航斐济的客人们在首都机场乘坐FJ2382起飞。2016年首架北京包机使用全新空客A330—300型飞机，内饰部分除了斐济特有民族元素外，还特意配合中国春节进行了细节的装饰与点缀，使包机更加有人情味，更温暖地服务包机客人。当包机抵达斐济第一大城市楠迪，热情的斐济人民即刻欢呼起来，斐济总统亲自前来接机，并献上当地最高水门礼仪，参与这次接机仪式的还有斐济当地各大电视新闻媒体，并第一时间登上了斐济当地政府官方 Facebook 头条。如此国宾级待可谓缔造了斐济包机史上的里程碑，就此 2016 斐济包机圆满成功！继北京首航后，北京、上海口岸另外三班包机，也顺利抵达斐济。

（五）我国企业投资斐济旅游业的优势与风险问题

1. 斐济旅游业有关政策与管理体制

（1）斐济政府的旅游优惠政策

斐济政府重视发展旅游业，近年来加大了相关投入，并出台了多项优惠政策。例如，投资酒店或度假村可享受以下优惠税收政策中的任何一项：一是投资津贴，即核定投资成本的 55% 可以冲抵收入所得税。对投资项目不设完工期限，但项目所需进口物资不减免关税。二是短期投资政策，即 700 万斐元以上的投资前 10 年免缴收入所得税，项目所需进口物资免除关税，但须于 2018 年 12 月 31 日前完工。在瓦努阿岛等 9 个免税区投资可享受 13 年免税期，且所需进口物资免除关税。

（2）有较完善的旅游管理和服务系统

斐济有着较为完善的旅游管理和服务系统，其中，旅游部负责旅游业综合管理及制定旅游政策；旅游局是专门负责旅游营销与推广的半官方机构；斐济旅游协会等众多非官方机构也提供旅游咨询服务。此外，斐济还设有旅游警察，专门负责旅游区安保工作。

2. 我国企业投资斐济旅游业的优势

（1）良好的双边关系

斐济政府重视发展对华关系，欢迎中国企业前往投资兴业。长期以来，中国向斐济提供了大量的经济、技术援助，斐济民众普遍对华友好。

（2）中国客源市场潜力巨大

我国已成为亚洲最大的出境旅游客源市场，目前仍保持较高增速。特别是香港至楠迪航线开通后，前往斐济的中国游客量增速明显。斐济旅游部门提供的数据显示，2012 年赴斐济旅游的中国游客为 2 万多人次，2018 年增加至 4.9 万多人次，客源市场潜力巨大。

（3）其他便利条件

中国人出国旅游，最大的障碍在于签证，例如，出于防范恐怖主义和打击非法移民的需要，中国游客赴欧洲签证经常遭到拖延和拒签。手续的繁琐和签证的低效，在一定程度上降低了中国游客赴欧旅行的热情。[1] 斐济则不同。在 2015 年中国和斐济两国政府签署互免签证谅解备忘录之前，斐济对中国公民实行单方落地签政策，中国公民持有效期 6 个月以上护照，可在当地机场申请落地签证。

2015 年 3 月 14 日，中国政府和斐济政府互免签证谅解备忘录生效。斐济成为继圣马力诺、塞舌尔、毛里求斯、巴哈马之后，第 5 个和中国达成互免签证协定适用于持普通护照公民的国家。该备忘录适用双方持外交、公务（含中方公务普通）和普通护照公民。根据备忘录，中华人民共和国持有效的中华人民共和国外交、公务、公务普通及普通护照的公民，入境斐济，停留不超过 30 日，免办签证。入境时，须携带返程或赴第三国联程机票以备查验。[2]

（4）投资时机有利

受全球金融危机等因素影响，斐元 2009 年一次性贬值 20%，资产相对价格较低，斐政府大力振兴旅游业，有多方面支持和鼓励政策。

3. 我国企业需要注意的风险和问题

斐济旅游业的快速发展，尤其是中国公民赴斐热情的高涨，也为我国企业投资斐济旅游业、经营赴斐旅游等项目提供了难得的机遇。但是，由于国情不同、土地政策不同、风俗习惯不同，我国企业应主要规避如下风险与问题：

---

[1] 谭吉华：《构建中欧新型大国关系研究》，光明日报出版社 2015 年版，第 164 页。

[2] 《中国与斐济互免签证生效，赴斐旅游说走就走》，人民网，2015 年 3 月 15 日，http://world.people.com.cn/n/2015/0315/c157278-26695418.html。

（1）妥善处理土地问题

与其他太平洋岛国一样，土地是土著斐济人最重要的财产，所有权自然也归土著人所有。这一点，即便是斐济沦为英国的殖民地时期，也没有改变。然而，为了满足日益增多的外来移民尤其是欧洲人与印度裔斐济人对土地的需求，1907 年斐济制定了一项条例，准许斐济人公有的土地出售或出租给私人。在这一条例下，一些目光短浅的斐济人为了一时的利益，将部分土地出售。①

1940 年，斐济根据《土著居民土地信托条例》建立土著居民土地信托局，专门管理斐济的土地问题。根据该条例，属于斐济族人民的土地将被保留下来，原来被印度裔斐济人租赁的土地在租期满了之后也要收回，成为土著居民的"保留地"，而这些"保留地"不仅被划定明确的界线，而且还将在斐济全国予以公布。在这些"保留地"中，部分斐济族业主不需要的土地将由中央政府以信托的方式加以掌握，并出租给租地申请人。当然，对于申请人并没有严格的种族限制，不论是斐济人、印度人或其他种族人民，均可申请。

1970 年后，为了保障土著斐济人的权益，斐济政府依旧延续原来的土地政策。目前斐济 87% 的土地仍然为土著人土地所有，且禁止买卖，外人需要土地者必须通过土著土地信托局租赁。不过，在租赁土著人的土地时，往往会遇到一些意想不到的麻烦，因此外资在斐济用地更倾向于采取租赁国有土地和购买自由土地。其中前者由政府出租，租期最长 99 年；后者可自由买卖产权。这两种方式可避免租赁土著人土地的种种麻烦，一旦签约租赁或购买，可享有稳定的使用权或所有权。

（2）做好前期调研，履行合法程序

我国企业在进军斐济旅游业之前，一定要做好充分的前期调研，并选择当地权威性咨询公司进行专业评估，认真履行合法程序，以免不必要的麻烦。

另外，应注意引导国人的旅游喜好。中国人出门旅行喜欢以动为主，西方人出行很多是以度假为主，也就是到了一个风景美不胜收的地方，静静地享受

---

① 1909 年该条例被废止。

上帝赐予的时间，慢慢来消磨与打发每一天，游泳与晒太阳是必不可少的过程。在斐济，海里游泳、晒太阳，潜水、划船、钓鱼等都是很好的消遣方式。在日益与西方接轨的今天，旅游企业应注意引导国人的旅游喜好，赴斐济旅游就是用来发呆、消磨时光的，应逐渐成为赴斐旅游的共识。

（3）对客源季节性应有充分准备

由于斐济位于西南太平洋中心，南纬15—22°、东经174°和西经177°之间方圆71万平方公里的南太平洋中心地带，气候与大多数的南太平洋岛屿一样，属于信风海洋性气候。每年5—11月为旱季，温度较低，平均气温为22℃，降雨较少；12月—次年4月为雨季，气温较高，平均气温为32℃，风向多变，且降雨较多，有时雨季降雨过多，会造成洪水泛滥，更严重的水灾常常伴随飓风与海啸。这种明显的季节性差异使得斐济旅游业也呈现出明显的季节性，一般干季为旅游旺季，6—9月为高峰期，酒店入住率一般高达80%以上；湿季为淡季，酒店入住率仅30%左右。

对此，我国企业应有充分准备，在设计旅游产品与旅游线路时规避风险，并注意投资方面的轻重缓急。

（4）尊重当地风俗习惯，积极履行社会责任

在斐济，有着许多奇特的风俗习惯，例如男人戴鲜花穿裙子、周末不工作、交警管牛羊等，其中与现代社会最不相宜的是斐济人对时间的认识与"慢生活"特点。

如果你到斐济，你听到最多的或许是"斐济时间"。"It's Fiji time！"在斐济，时间是用来浪费的。热情的斐济人总是把这句话挂在嘴边，时时刻刻提醒着远道而来的人们，"慢"是斐济的主旋律。斐济人主张慢生活，慢工作节奏，在楠迪、苏瓦街头，趿拉着拖鞋的当地人，三三两两地或立在街角，或立在商店门口，时光就在他们有一搭没一搭的闲聊中，缓缓地流淌过。一顿简简单单的午餐他们也能吃上两个小时。不仅如此，那些酒足饭饱的客人，仍然占着桌子不走，喝茶、聊天，或者干脆就坐在桌旁发呆。

在乡村山区，民众的吃饭、干事根本没有固定的时间。在城镇，中下层人

士的时间观念也很淡薄。就是在某些上层人士中不按约守时也是常有的事。约定 7 时的宴会或会见，7 时 30 分或 8 时到来是见怪不怪的。人们生活缺节奏，办事的效率也低。无论你来这里是为了什么，在斐济，一切都要慢慢来，匆匆忙忙被认为是不礼貌的。这一点，对于注重办事效率的现代企业来讲，是一个极大的挑战。若一味追求效率，而不顾斐济慢节奏的现实，不仅会碰得头破血流，而且还会招致当地人的反感。

同时，在斐旅游企业还应处理好与当地社会的关系，注意回馈当地社会，尽可能多地吸纳当地居民到企业工作，增加他们的收入，以达到互利共赢。

总之，中斐旅游合作的前景广阔，一方面，作为中国旅游目的地与免签国以及免税天堂，斐济对中国游客有着巨大的吸引力，另一方面，中国强大的购买力，尤其是中国人对奢侈品和化妆品的喜爱，也必将推动两国旅游合作进一步发展。同时，我们也应看到，中斐旅游合作也存有一些障碍。例如，时间和交通成本较高。由于中国与斐济之间的直飞航班尚未开通，中国人前往斐济旅游必须经由第三方中转，造成中国赴斐旅游的时间支出增多，不便于在节假日安排行程，而转机的过程中也相应增加了中国游客的交通成本。再如，相关配套建设不够完善。主要集中在机票和宾馆预定及其车辆出租体系不统一，银行、信用卡制度不能与中国很好地对接，双方旅游从业人员外语水平有待提高。

第五章　中斐在非传统安全领域的合作

冷战结束后，随着非传统安全问题的凸显和国际形势的变化，中国的安全观念逐渐更新，安全战略不断调整，开始逐渐由传统安全认知转向非传统安全认知，并于 2002 年发布了《中国关于新安全观的立场文件》，正式形成了非传统安全观。随着非传统安全观的形成和综合国力在全球舞台上质的飞跃，中国开始在许多非传统领域的外交上发挥了负责任大国的作用，更以其大国风范和杰出表现让中国成为全球非传统领域治理的关键力量。[①]2014 年 4 月，习近平主席开创性地提出总体国家安全观的战略思想后，这一思想体系不断丰富与完善，2017 年党的十九大将坚持总体国家安全观纳入新时代坚持和发展中国特色社会主义的基本方略，并写入党章。在总体国家安全观的引领下，中斐两国基于共同的利益诉求，在应对海盗、海上恐怖主义、海上跨国犯罪、海洋灾害和气候变化等非传统安全问题方面展开了广泛合作，取得了较大成效。

---

① 杨洁勉：《中国共产党和中国特色外交理论与实践》，东方出版中心 2011 年版，第 221 页。

第一节　非传统安全及其问题领域

一、非传统安全及特点

非传统安全是相对于传统安全而言的安全问题，也是近些年来随着全球化的发展才备受国内外学者关注的话题。虽然早在 1983 年普林斯顿大学著名国际关系教授理查德·乌尔曼 (Richard H. Ullman) 就在《国际安全》期刊上发表文章——《重新定义安全》，把人类的贫困、疾病、自然灾害、环境退化等均纳入安全的范畴中，最早提出了"非传统安全"的概念。[①] 但是由于"安全"定义本身就很不成熟，且界限模糊，因此国际学术界迄今对非传统安全的认识都存在很大的差异，争论十分激烈。有的认为研究非传统安全就是对"非传统威胁"的关注和研究；[②] 有的认为非传统安全观念应该强调"让人民免受暴力的威胁"；[③] 有的认为非传统安全研究应该突破现实主义范式在研究中的主导地位，将传统对军事层面的安全关注转向新的、非传统的社会、文化和认同层面的安全研究，应该是安全研究理论范式的革命。[④] 这一研究现状让我们很难给非传统安全下一个明确的定义，尽管如此，它与传统安全之间存在着明显的不同，主要表现为：

1. 传统安全主要研究"国家与国家之间"的安全互动或安全问题，而非传

[①] Richard H. Ullman, "Redefining Security", *International Security*, Vol.8, No.l (Summer 1983), pp. 129-153.

[②] Terry Terriff, Stuart Croft, Lucy James and Patrick M.Morgen, *Security Studies Today*, New York: Polity press, 1999, pp.115-117.

[③] Michael Nicholson, *International Relations:A Concise Introduction*, London:Macmillan, 1998, p.137.

[④] Ken Booth, "Security in Anarchy: Utopian Realism in Theory and Practice", *International Affairs*, vol.63, No.3, July 1991, pp.527-545.

统安全则主要指向"跨国家"的安全互动，以及国家内部产生的安全威胁。

2. 传统安全研究的是"国家行为体"之间的安全互动，并把国家视为主要的安全威胁，非传统安全着重研究的就是"非国家行为体"（non-state actor）所带来的安全挑战。

3. 传统安全研究侧重安全议题中的军事安全，非传统安全则研究的是"非军事安全"（non-military security）对国家和国际安全造成的影响。

4. 传统安全更倾向于将"国家"视为安全主体，强调安全问题的本质是"国家安全"，而非传统安全则希望完成对安全观念的重构，更多将"人"——在概念解释中无差异、无区别的人类整体，视为安全主体和实现安全的目的。[1]

传统安全与非传统安全不仅相互依存，相互交织，相互渗透，相互牵制，而且在一定条件下相互转化。这使得维护国家安全的问题变得更加错综复杂。党的十七大报告中明确指出："传统安全威胁和非传统安全威胁相互交织，世界和平与发展面临诸多难题和挑战。"

为了维护国家安全和社会稳定，党的二十大报告指出，必须坚定不移贯彻总体国家安全观，把维护国家安全贯穿党和国家工作各方面全过程，确保国家安全和社会稳定。"我们要坚持以人民安全为宗旨、以政治安全为根本、以经济安全为基础、以军事科技文化社会安全为保障、以促进国际安全为依托，统筹外部安全和内部安全、国土安全和国民安全、传统安全和非传统安全、自身安全和共同安全，统筹维护和塑造国家安全，夯实国家安全和社会稳定基层基础，完善参与全球安全治理机制，建设更高水平的平安中国，以新安全格局保障新发展格局。"

二、非传统安全的问题领域

由于人们对非传统安全的认知不同，因此对于其问题领域的看法也存在明

---

[1]　朱锋：《非传统安全解析》，《中国社会科学》2004 年第 4 期，第 140 页。

显差异：

蒯正明认为："传统安全威胁主要是指国与国之间的军事威胁。非传统安全威胁是相对于传统安全威胁因素而言的，主要涉及经济、金融、生态环境、信息、资源等安全，还包括恐怖主义、武器扩散和疾病蔓延等。"[1]

朱锋则认为，非传统安全的"问题领域"虽然很广，但基本上可以分为五大类：第一类是人类为了可持续发展而产生的安全问题，包括环境安全、资源利用、全球生态问题以及传染性疾病的控制和预防；第二类是人类社会活动中个体国家或者个体社会失控失序而对国际秩序、地区安全乃至国际稳定所造成的威胁，包括经济安全、社会安全、人权、难民等问题；第三类是跨国界的有组织犯罪，如贩卖人口、毒品走私等；第四类是非国家行为体对现有国际秩序的挑战和冲击，最典型的是国际恐怖主义；第五类是由于科技发展以及全球化所产生的安全脆弱性问题，例如网络安全、信息安全以及基因工程安全。[2]

随着人类经济、科技以及全球化的发展，相互依存关系不断超出政治、经济和军事范围，世界各国面临的非传统安全危机日趋全球化，形成全球治理在各国以及国际组织中不断磨合的趋势。[3] 积极开展国际非传统领域合作已经成为当代中国外交的重要内容。

第二节　中国对非传统安全的认知及总体国家安全观的确立

对于非传统安全，在较长时期内并不是中国国家安全关注的首要目标，直

---

① 蒯正明：《中国共产党维护意识形态安全研究》，中央文献出版社 2016 年版，第 317 页。

② 朱锋：《非传统安全解析》，《中国社会科学》2004 年第 4 期，第 140 页。

③ 徐华炳：《以危机机制应对中国的非传统安全问题》，《求索》2005 年第 2 期。

到冷战结束后，随着中国实力攀升，中国与原有霸权国家的话语权博弈渐趋频繁，国内国外、传统非传统等各种关乎安全的问题不断凸显，传统的安全观开始暴露出其单一、滞后与保守的特征，中国才从传统安全观发展为新安全观，正式形成非传统安全观。

党的十八大以后，以习近平同志为核心的党中央顺应时代发展大势，从新时代坚持和发展中国特色社会主义的战略高度，把马克思主义国家安全理论和当代中国安全实践、中华优秀传统战略文化结合起来，创造性提出了总体国家安全观，成为新时代国家安全工作的根本遵循和行动指南。

一、中国对非传统安全的认知

新中国成立后，由于面对极端恶劣的国际环境，以军事、政治和外交为核心的传统安全一直是国家安全关注的首要目标。从中华人民共和国成立到1983年以及此后的若干年内，中共中央和中央政府也经常讲到当前人们所说的一些非传统的安全问题，例如安全生产、交通安全、人民生命财产安全、抗击自然灾害等，但在当时，无论官方还是民间，都没有把这些不同方面的安全问题与国家安全联系起来，没有把它们作为国家安全论域中的非传统安全问题。

冷战结束后，由于冷战时期被两极对抗所掩盖的地区性矛盾与冲突纷纷爆发，加上长期以来人类过度崇尚经济主义，使环境保护、能源的合理利用等问题日益突出；经济全球化所导致的全球相互依存关系日益加深，各国的命运也更多地与外部的稳定和发展紧密相连，非传统安全问题更加突出。在这一背景下，中国的安全观念逐渐更新、安全战略不断调整，中国官方开始逐渐由传统安全认知向非传统安全认知过渡。

1996年，中国根据时代潮流和亚太地区特点，提出应共同培育一种新型的安全观念，重在通过对话增进信任，通过合作促进安全。1996年7月，钱其琛在东盟地区论坛大会上的讲话，第一次显露了中国政府新安全观的端倪。钱其琛在讲话中说，我们主张通过对话与协商，增进相互了解和彼此信任；通过扩大和深化经济交往与合作，共同参与和密切合作，促进地区安全，巩固政治安全。他还说，中国作为亚太的一员，对本地区安全环境高度重视、十分关注，始终致力于发展与各国的对话与合作。中国经济的发展不构成对任何国家的威胁，相反，如果有 12 亿人口的中国陷入贫困和混乱，这将对地区的稳定构成不利的影响。钱其琛提议东盟地区论坛开展军转民方面的对话，并适时开始探讨综合安全方面的合作问题。① 1997 年 3 月，中国政府与菲律宾政府在北京共同举办东盟地区论坛信任措施会议时，首次开始用"新安全观"予以表述。从 1997 年东南亚爆发金融危机开始，中国政府高度关注经济安全和金融安全，与非传统安全相关的问题开始进入外交实践领域。

2002 年，中国政府发布《中国关于新安全观的立场文件》，这标志着中国官方非传统安全观的正式形成。

二、新安全观的提出与非传统安全问题日渐重要

2002 年 7 月 31 日，在东盟地区论坛外长会议上，中国代表团发表了《中国关于新安全观的立场文件》，全面系统地阐述了中国在新形势下的安全观念和政策主张，表达了中国对外安全观与国际安全观的最完整形态。这份《中国关于新安全观的立场文件》，包括引言、背景、政策和实践四部分。

其中"引言"部分通过对人类历史上战争的总结，指出武力不能从根本上解决争端与矛盾，以行使武力或以武力相威胁为基础的安全观念和体制难以营造持久和平，以对话与合作为主要特征的新安全观逐渐成为当今时代的潮流之一。

"背景"部分则在分析冷战后国际形势发展变化后指出，安全的含义已演变为一个综合概念，其内容由军事和政治扩展到经济、科技、环境、文化等诸

---

① 《钱其琛在东盟地区论坛会议上发表讲话》，《人民日报》1996 年 7 月 24 日。

多领域；寻求安全的手段趋向多元化，加强对话与合作成为寻求共同安全的重要途径；当今世界安全威胁呈现多元化、全球化的趋势，各国在安全上的共同利益增多，相互依存加深。

"政策"部分在回顾中国政府提出并不断强调新安全观的历程后指出，"新安全观的核心应是互信、互利、平等、协作"，新安全观的合作模式应是灵活多样的，安全合作不仅是指发展模式和观点一致国家之间的合作，也包括发展模式和观点不一致国家之间的合作。

最后的"实践"部分，从五个方面阐述了中国对以上新安全观的具体实践，从而证明新安全观具有可行性，指出中国积极寻求通过和平谈判解决与邻国的争议问题；中国把加强经济交流与合作作为营造周边持久安全的重要途径；中国努力推动地区安全对话合作机制的建设；上海合作组织是对新安全观的成功实践；东盟地区论坛在开展建立信任措施、推动预防性外交方面取得了积极进展。[①]

此后，中国官方在历年发布的各种公开文件中，继续强调并不断丰富和深化 2002 年形成的非传统安全观，并使其在安全构成要素、安全影响因素与威胁因素以及安全保障体系等安全理论的三方面逻辑构成中不断得以丰富和完善。

在中国新安全观中，非传统安全问题逐步被重视。2000 年，唐家璇在第七届东盟地区论坛会议上首次使用"非传统安全"一词，以此说明全球化和亚洲金融危机的影响。具体表述为"与此同时，全球化和亚洲金融危机的余波对亚太安全带来负面影响，贫富差距不断扩大，民族和宗教冲突此起彼伏，一些国家的传统和非传统安全受到一定冲击"[②]。2002 年 11 月 8 日，中共十六大报告中出现了"传统安全和非传统安全威胁的因素相互交织"的论述，非传统安全议题开始纳入党的文件和政府工作报告中。《2002 年中国的国防白皮书》中，

---

① 《中国关于新安全观的立场文件》，中国外交部网站，2002 年 7 月 31 日，http://www.fmprc.gov.cn/mfa_chn/ziliao_611306/tytj_611312/t4549.shtml。

② 《新华每日电讯》2000 年 7 月 28 日电。

进一步将非传统安全列为中国的国防任务。①

三、总体国家安全观的确立与非传统安全重要性凸显

2013 年，随着"我国面临对外维护国家主权、安全、发展利益，对内维护政治安全和社会稳定的双重压力，各种可以预见和难以预见的风险因素明显增多"②，党的十八届三中全会历史性地提出设立国家安全委员会，完善国家安全体制和国家安全战略，确保国家安全，开启了中国国家安全工作的新时代。

2014 年 4 月 15 日，习近平总书记主持召开中央国家安全委员会第一次会议并发表重要讲话，开创性地提出并系统阐释了"总体国家安全观"。强调"当前我国国家安全内涵和外延比历史上任何时候都要丰富，时空领域比历史上任何时候都要宽广，内外因素比历史上任何时候都要复杂，必须坚持总体国家安全观，以人民安全为宗旨，以政治安全为根本，以经济安全为基础，以军事、科技、文化、社会安全为保障，以促进国际安全为依托，走出一条中国特色安全道路。"这五个逻辑严密、思想深邃的"以……为……"共同构成了总体安全观的"五大要素"。同时，习近平总书记指出，贯彻落实总体国家安全观，必须既重视外部安全，又重视内部安全；既重视国土安全，又重视国民安全；既重视传统安全，又重视非传统安全；既重视发展问题，又重视安全问题；既重视自身安全，又重视共同安全。③ 这五个"既"和"又"便是总体国家安全观的"五对关系"，"五对关系"和"五大要素"共同构成了总体国家安全观的丰富内涵。④

---

① 张伟玉、陈哲、表娜俐：《中国非传统安全研究》，《国际政治科学》2013 年第 2 期，第 97 页。

② 《十八大以来重要文献选编》（上），中央文献出版社 2014 年版，第 506 页。

③ 《在中央国家安全委员会第一次会议上的讲话》（2014 年 4 月 15 日），《人民日报》2014 年 4 月 16 日。

④ 总体国家安全观研究中心：《总体国家安全观透视》，时事出版社 2023 年版，第 7—8 页。

2015 年 1 月 23 日，中共中央政治局审议通过《国家安全战略纲要》。2015 年 7 月 1 日，第十二届全国人大常委会第十五次会议通过《中华人民共和国国家安全法》，把坚持总体国家安全观上升到了法律和国家意志的高度，还将每年的 4 月 15 日定为"全民国家安全教育日"。2017 年 10 月，党的十九大将坚持总体国家安全观纳入新时代坚持和发展中国特色社会主义的基本方略，并写入党章，反映了全党全国人民的共同意志。总体国家安全观是我们党历史上第一个被确立为国家安全工作指导思想的重大战略思想，是习近平新时代中国特色社会主义思想的重要组成部分，是当代中国对世界的重要思想理论贡献。[①]

在总体国家安全观中，非传统安全被提高到前所未有的地位。2014 年 4 月 15 日，习近平总书记在系统阐释"总体国家安全观"时指出，贯彻落实总体国家安全观，必须重视"五对关系"，其中之一就是既重视传统安全，又重视非传统安全。2015 年，《中华人民共和国国家安全法》总则第八条明确规定，国家安全工作应当统筹内部安全和外部安全、国土安全和国民安全、传统安全和非传统安全、自身安全和共同安全。[②] 2017 年，习近平总书记在党的十九大报告中强调，坚持总体国家安全观，必须统筹发展和安全，必须坚持国家利益至上，以人民安全为宗旨，以政治安全为根本，统筹外部安全和内部安全、国土安全和国民安全、传统安全和非传统安全、自身安全和共同安全，完善国家安全制度体系，加强国家安全能力建设，坚决维护国家主权、安全、发展利益。2020 年，十九届五中全会明确把"统筹发展和安全"纳入"十四五"时期经济社会发展的指导思想，首次设置为了"统筹发展和安全，建设更高水平的平安中国"专章，再次强调"统筹传统安全和非传统安全"。2021 年，在中国共产党建党百年之际，十九届六中全会通过《中共中央关于党的百年奋斗重大成就和历史经验的决议》，提出"五个统筹"，在审议通过的《国家安全战略

① 中共中央宣传部 中央国家安全委员会办公室：《总体国家安全观学习纲要》，学习出版社、人民出版社 2022 年版，第 1 页。

② 《中华人民共和国国家安全法》，中国法制出版社 2015 年版，第 4 页。

(2021—2025 年)》中，提出"五个坚持"。无论是"五个统筹"，还是"五个坚持"，其中之一均为"统筹传统安全和非传统安全"，非传统安全的重要性可见一斑。

在此背景下，中国外交日益关注非传统问题，进入生态环境、卫生防疫、减灾、遏制跨国犯罪等新领域。由于中国与斐济在应对海盗、海上恐怖主义、海上跨国犯罪、海洋灾害和气候变化等非传统安全问题方面具有广泛的共同利益诉求，双方在这些领域展开了广泛合作。气候问题作为一个全球性问题，成为中斐两国在非传统安全问题领域合作的典范。

第三节 中斐在气候变化领域的合作

近百年来，全球变暖已成为气候变化的最主要的特征，也深刻影响着人类的生存与社会发展。气候系统综合观测和多项关键指标表明，气候变暖趋势仍在持续。2013—2022 年，全球地表平均温度较工业化前水平高出 1.14℃，较 2011—2020 年平均值高出 0.05℃。[1] 全球升温一旦突破临界点，气候灾害发生频率和强度将大幅度上升，打破生态平衡危及动植物生存，破坏生物多样性并对地球上的水资源、能源、碳和其他元素循环产生复杂而深远的负面影响。[2] 海平面上升、洪涝和风暴潮、农业生产力降低、极端气候事件、海洋和陆地生态系统服务功能丧失以及流行疾病和其他健康风险等都是全球气温上升产生的后果，已经深刻影响了人们的生活。

中斐两国都深受气候变化的影响，两国充分尊重各自立场观点，在多个方面展开合作。中国作为一个负责任的大国，积极应对气候变化，踊跃参与应对

---

[1] 中国气象局气候变化中心：《中国气候变化蓝皮书 2023》，科学出版社 2023 年版，第 1 页。

[2] 总体国家安全观研究中心 中国现代国际关系研究院：《气候变化与国家安全》，时事出版社 2022 年版，第 9 页。

气候变化的全球治理，竭力帮助斐济等国家共同应对气候变化。

一、气候变化对太平洋岛国的影响

太平洋岛国地处太平洋板块、美洲板块与南极洲板块三大板块交汇处，地震与火山活动频发，又因位于赤道附近，每年还要受到热带飓风的侵扰，属于联合国《濒危物种公约》认定的"生态脆弱区"，生态环境非常脆弱，极易受各种原生及次生环境问题的影响，是全球环境"重灾区"之一。全球温室气体排放不断增加所引发的气候变化，加之人为因素带来的次生环境问题，给太平洋岛国带来了严重的不利影响，主要包括热带气旋强度增加，海平面上升，风暴潮（storm surges）越来越严重，极端天气事件更加频繁，珊瑚白化，海水入侵，飓风引发的"王潮"（king tides）越来越猛烈，海岸遭到侵蚀，降雨模式被改变，岛屿和海洋酸化等。[①] 海平面上升，直接侵蚀岛国有限的陆地面积；土壤盐渍化和海水侵蚀对岛国赖以生存的支柱产业农业造成威胁，食品安全难度加大；极端气候增加，飓风、热带风暴等气候灾害频率增加，部分岛国干旱增加。[②] 伴随着气候变化，热带传染性疾病的传播加快，卫生领域威胁增加。

以地震为例，仅 2015 年，太平洋岛国地区就发生了 19 次里氏 6.0 级以上地震（参见表 5—1），尤以斐济群岛和所罗门群岛地区为最，它们在 2015 年各发生 7 次和 6 次地震，瓦努阿图和汤加则发生 3 次 6.0 级以上地震。每当地震发生，太平洋岛国地区人民往往会流离失所，土地流失，给人民的生命和财产安全造成巨大损失。

---

① "Suva Declaration on Climate Change", Pacific Island Development Forum Secretariat, September 4, 2015.

② "Pacific Islands-EU relations: Focus on Climate Change", European Commission Website, http://europa.eu/rapid/press-release_MEMO-12-435_en.htm?locale=en.

表5—1　2015年太平洋岛国地区发生的地震（6.0级以上）

时间	国家	震级	时间	国家	震级
1月23日	瓦努阿图	6.5	6月22日	斐济群岛地区	6.0
1月28日	斐济群岛地区	6.0	7月2日	所罗门群岛	6.0
2月19日	瓦努阿图	6.5	7月10日	所罗门群岛	6.7
3月30日	汤加	6.5	7月18日	斐济群岛地区	6.0
4月2日	斐济群岛地区	6.0	8月10日	所罗门群岛	6.5
4月7日	汤加	6.1	8月15日	所罗门群岛	6.5
4月17日	斐济群岛地区	6.5	10月21日	瓦努阿图	7.2
4月29日	斐济群岛地区	6.2	11月19日	所罗门群岛	6.8
5月20日	汤加	6.1	12月19日	斐济群岛地区	6.1
5月23日	所罗门群岛	6.9			

资料来源：中国地震台网 http://www.ceic.ac.cn/history。

由于太平洋岛国多位于赤道附近，因此太平洋岛国也经常遭受飓风袭击。据不完全统计，2000年以来仅有代号的飓风就有13次（参见表5—2）。每逢飓风来临，太平洋岛国的沿海城市和周边都会受到严重冲击，不仅居民住房被摧毁，而且电力和自来水供应被切断，道路和桥梁被淹没，而且会造成当地河流水位快速上涨或引发洪灾，甚至大量人员伤亡。如2004年"赫塔"过后，纽埃的住房、政府大楼和唯一的医院都被摧毁，商业区面目全非，所有农作物全面绝收；2015年的飓风"帕姆"使瓦努阿图惨遭重创，瓦努阿图总理称该国多年发展成就毁之殆尽；2018年的飓风"吉塔"从2月13—14日持续侵袭了斐济南部一些小岛和首都苏瓦，所到之处，大风夹杂着暴雨，造成30多处房屋受损，通信一度中断。

表5—2　2000年以来袭击太平洋岛国的飓风（仅统计有代号的飓风）

时间	国家	代号	时间	国家	代号
2002年12月28日	所罗门群岛	左伊	2014年1月12日	汤加	伊恩
2003年1月15日	斐济	阿米	2014年4月	所罗门群岛	伊塔
2004年1月	纽埃	赫塔	2015年3月14日	瓦努阿图	帕姆
2007年11月	巴布亚新几内亚	Guba	2016年2月20—21日	斐济	温斯顿

时间	国家	代号	时间	国家	代号
2009 年 12 月 14 日	斐济	米克	2018 年 2 月 10—14 日	萨摩亚、汤加和斐济	吉塔
2010 年 2 月 15 日	汤加	雷娜	2018 年 4 月	斐济	乔西
2010 年 3 月 15 日	斐济	托马斯	2020 年 12 月	斐济	亚萨
2012 年 2 月 7 日	汤加	西里尔	2023 年 3 月 1 日	瓦努阿图	朱迪
2012 年 12 月 14 日	萨摩亚	伊万	2023 年 3 月 3 日	瓦努阿图	凯文
2012 年 12 月 17 日	斐济	埃文			

资料来源：中国驻太平洋岛国大使馆网站、人民网、中新网与新华网。

气候变化不仅影响着太平洋岛国的经济社会发展，更为严重的是，它已成为决定太平洋岛国生死存亡的头等大事。目前，基里巴斯已有两座岛屿被海水吞噬，最高的地方仅高出海平面约 1.8 米，如果海平面继续上升，基里巴斯将面临着被海水吞没的危险。在 2015 年太平洋岛国论坛会议期间，基里巴斯总统阿诺特·汤强调："对于我们，气候变化的影响不是经济发展问题，也不是政治问题，而是攸关我们生存的问题。"图瓦卢总理索波阿加表示："气候变化是图瓦卢的头号敌人。"马绍尔群岛的外长布朗姆表示："如果未来全球平均气温上升 2 摄氏度，我们（太平洋岛国）将会被海水淹没。"[1]

二、太平洋岛国应对气候变化的举措

鉴于气候变化带来的严重后果，太平洋岛国已将气候变化视为本地区面临的最大威胁，亦采取了多种措施予以应对。

从国家层面看，为应对日益严重的气候变化，各太平洋岛国首先借助报刊媒体、建立气候变化网站等方式，加强了对气候变化不利影响的宣传，以增强

---

[1] Kathy Mark, "Climate change talks our 'last chance', say Pacific islands:'This is not politics, it's survival'.", Independent, September 8，2015, http://www.independent.co.uk/news/world/australasia/climate-change-talks-our-last-chance-say-pacific-islands-this-is-not-politics-its-survival-10490376.html.

民众对气候变化的认知，引导民众对气候变化带来的风险做好准备，进一步完善气候变化预警系统。其次，太平洋岛国地区的高校与研究机构，尤其是南太平洋大学也加强了对气候变化的研究。在欧盟"全球气候变化联盟"的支持下，南太平洋大学针对 15 个太平洋岛国的 40 个地区，建立了针对适应气候变化最佳实践的收集项目，并成立了"全球知识分享平台"，以促进全球范围内各相关机构知识与经验的分享。[①] 最后，太平洋岛国还纷纷建立国家行动方案，促进国内各领域、部门的协调。如所罗门群岛，不仅内阁签署了国家灾害风险管理计划，把国家灾害管理办公室与环境、气候变化和气象部予以合并，以便将气候变化与灾害防控工作有机结合，而且所罗门群岛规划部门还建立发展援助数据库，以管理资助国相关信息与数据等。

为了联合太平洋岛国地区力量，共同应对气候变化问题，它们成立了跨国组织"太平洋气候勇士"（Pacific Climate Warriors），目前成员遍及巴布亚新几内亚、萨摩亚、美属萨摩亚、汤加、所罗门群岛、瓦努阿图、托克劳、纽埃、库克群岛、密克罗尼西亚联邦、马绍尔群岛、帕劳、图瓦卢、瑙鲁、基里巴斯和斐济等 16 个国家和地区。该组织成立后，不仅创办了气候变化网站，呼吁全世界关注太平洋地区的气候变化，而且发起了"太平洋站起来运动"，通过建造传统风格的独木舟，把"勇士"们运送到澳大利亚，抗议化石燃料工业，用和平但有力的方式传达气候变化的信息，保护太平洋岛国免于受气候变化的影响。2014 年 10 月 17 日，30 名"太平洋气候勇士"驾驶着在本国建造的传统独木舟来到澳大利亚，封锁了新南威尔士州的纽卡斯尔煤炭码头；10 月 22 日，大约 80 名"太平洋气候勇士"举着"澳新银行助纣为虐"和"别淹没太平洋"等警示牌，封锁了位于墨尔本柯林斯大街 833 号的澳新银行，抗议澳新银行资助矿物燃料，对太平洋岛屿上的气候变化产生了影响；它们呼吁的从化石燃料工业撤资的国际行动——"国庆节撤资行动"导致澳大利亚四大银行澳新银行、

---

① NicMaelellan，"Preparing for storms—protecting the islands"，*Islands Business*，2011(2)，pp.50-58.

联邦银行、澳洲国民银行和西太平洋银行至少流出资金 2 亿澳元。①

从地区层面看，为了应对气候变化，太平洋岛国多次召开"太平洋小岛屿发展中国家领导人会议"，共同探讨如何通过合作应对本地区面临的共同挑战。2012 年 10 月 31 日，太平洋岛国地区三大区域组织之一的美拉尼西亚先锋集团 (Melanesia Spearhead Group) 秘书处，发表了《美拉尼西亚先锋集团领导人关于环境与气候变化的声明》。随后，另外两个区域组织——波利尼西亚领导人集团 (Polynesian Leaders Group) 和密克罗尼西亚领导人峰会 (Micronesian Chief Executives' Summit)，相继于 2015 年发表了关于气候变化的声明和公报，即《波利尼西亚领导人关于气候变化的声明》和《密克罗尼西亚总统峰会公报》，呼吁重视气候变化，加强彼此之间的合作，共同努力，力争到 2100 年将全球温度升高的幅度控制在低于 1.5℃，利用各种方式应对气候变化带来的不利影响，保护海洋生物多样性，保障正义与太平洋岛国人民的生存权。②

作为太平洋岛国最主要的地区组织，历届"太平洋岛国论坛"均将气候变化纳入重点议题并写入公报，凸显该议题的极端重要性。2011 年太平洋岛国论坛峰会强调，（援助国）必须提供适应气候变化资金，帮助岛国应对气候变化带来的影响，并责成论坛秘书处和太平洋区域组织理事会研究对策。2015 年签署《苏瓦宣言》，对矿物燃料生产特别是新煤矿建设表示严重关切，要求减少全球温室气体排放，实现低碳化全球经济的目标。③ 论坛秘书处还与各岛国政府、太平洋区域组织理事会以及援助伙伴国合作，制定各岛国应对气候变化的国别方案。各岛国还将对照《太平洋气候变化财政评估框架》，评估各国

---

① Fenton Lutunatabua, "Pacific Climate Warriors Day of Action: Canoe Build", http://350.org/pacific-climate-warriors-day-of-action-canoe-build/.

② "Polynesia Against Climate Threats Taputapuatea Declaration On Climate Change", West-East Center, July 16, 2015. http://pidp.eastwestcenter.org/pireport/2015/July/07-22-dc.htm.

③ "Suva Declaration on Climate Change", Pacific Islands Forum Secretariat, September 4, 2015. http://pacificidf.org/wp-content/uploads/2013/06/PACIFIC-ISLAND-DEVELOPMENT-FORUM-SUVA-DECLARATION-ON-CLIMATE-CHANGE.v2.pdf.

在资金来源、政策计划、机制、公共财政管理、人力资源、发展有效性等六个方面获取和管理气候变化资金的能力。但囿于资源和能力限制，太平洋岛国自身应对气候变化的能力非常有限，迫切需要外界提供更大支持。①

从国际层面看，太平洋岛国在国际场合积极发声，呼吁全球关注气候变化对太平洋地区的影响。在 2009 年的哥本哈根的气候大会开幕致辞上，那位斐济女孩声泪俱下地说：我们的家园可能明天就会被洪水冲毁⋯⋯在 2014 年 9 月召开的联合国气候变化峰会上，马绍尔群岛女诗人凯瑟·基吉纳发表演讲，并以一首献给她出生六个月女儿的诗作为结尾，赢得现场极大关注。

总体来说，太平洋岛国在气候变化问题上较为团结，希望通过"抱团"扩大对外影响。但各国立场仍有一定差异。以 2015 年太平洋岛国论坛峰会为例，部分岛国严厉批评澳新现任政府在应对气候变化方面的低标准，呼吁澳新在应对气候变化方面作为岛国的"真朋友"，敦促其重视暂停新开煤矿、将全球气温上升控制在 1.5℃ 以下的倡议。如基里巴斯总统阿诺特·汤警告称，如果澳新两国不采取更多措施应对气候变化，有可能被要求退出太平洋岛国论坛，斐济、图瓦卢、帕劳等对此表示支持。然而，作为矿业大国的巴布亚新几内亚却立志平衡，呼吁各岛国在论坛会议期间保持团结，达成一个各方都满意的方案。萨摩亚、纽埃等则对各岛国的立场存在差异表示理解。

三、中国对气候变化的应对

（一）中国应对气候变化机制的确立

为了统筹协调参与应对气候变化的国际谈判，我国早在 1990 年即在国务院环境保护委员会下设立了领导协调小组——气候变化协调领导小组。1992 年联合国在里约热内卢召开环境与发展大会，我国政府签署并批准了《气候变

---

① "The role of PIFS in Climate Change", Pacific Islands Forum Secretariat, September 2014, http://www.forumsec.org/pages.cfm/strategic-partnerships-coordination/climate-change/.

化框架公约》。1998 年，我国开始设立国家气候变化对策协调小组作为部门间议事协调机构，以增强应对气候变化的能力。2003 年 10 月，成立新一届国家气候变化对策协调小组。为切实加强对应对气候变化和节能减排工作的领导，2007 年 6 月，国务院决定成立"国家应对气候变化及节能减排工作领导小组"，对外视工作需要可称"国家应对气候变化领导小组或国务院节能减排工作领导小组"（一个机构，两个牌子），作为国家应对气候变化和节能减排工作的议事协调机构。① 领导小组的主要任务是：研究制定国家应对气候变化的重大战略、方针和对策，统一部署应对气候变化工作，研究审议国际合作和谈判对策，协调解决应对气候变化工作中的重大问题；组织贯彻落实国务院有关节能减排工作的方针政策，统一部署节能减排工作，研究审议重大政策建议，协调解决工作中的重大问题。② 这一机构的确立，标志着我国应对气候变化机制最终确立。

（二）中国应对气候变化的举措

作为一个负责任的发展中国家，自 1992 年联合国环境与发展大会以后，中国从国情出发采取了一系列政策措施，为减缓全球气候变化做出了积极的贡献。党的十八大以来，在以习近平同志为核心的党中央领导下，我国积极应对气候变化，全力推动绿色低碳发展，为全球应对气候变化做出积极表率，成为全球生态文明建设的重要参与者、贡献者、引领者。

1. 批准《气候变化框架公约》

1992 年 11 月，第七届全国人大常委会批准了《气候变化框架公约》。为履行该公约所规定的国际义务，1994 年 3 月 25 日，全国人大常委会第 16 次常务会议讨论通过领导《中国 21 世纪议程——中国 21 世纪人口、环境与发展白皮书》，《议程》包括 20 章，设 78 个方案领域。《议程》从我国具体国情和

---

① 国务院：《关于成立国家应对气候变化及节能减排工作领导小组的通知》（国发〔2007〕18 号）。
② "国家应对气候变化领导小组"，国家发展和改革委员会应对气候变化司，http://qhs.ndrc.gov.cn/ldxz/。

人口、环境与发展总体联系出发，提出人口、经济、社会、资源和环境相互协调、可持续发展的总体战略、对策和行动方案。中国政府决定将《议程》作为各级政府制订国民经济和社会发展计划的指导性文件，其目标和内容将在"九五"计划和2010年规划中得到具体体现。

1996年，中国政府首次将可持续发展作为经济社会发展的重要指导方针和战略目标，2003年又制定了《中国21世纪初可持续发展行动纲要》。2001年，国家气候变化对策协调机构开始组织编写《气候变化初始国家信息通报》。

2. 强化应对气候变化政策

在中国特色社会主义思想的指导下，中国进一步强化了一系列与应对气候变化相关的政策措施，主要包括：2004年，国务院通过《能源中长期发展规划纲要(2004—2020)》(草案)，国家发展和改革委员会发布了中国第一个《节能中长期专项规划》；2005年，全国人大常委会审议通过了《中华人民共和国可再生能源法》，国务院下发了《关于做好建设节约型社会近期重点工作的通知》《关于加快发展循环经济的若干意见》《关于发布实施〈促进产业结构调整暂行规定〉的决定》和《关于落实科学发展观加强环境保护的决定》；2006年，国务院发布了《关于加强节能工作的决定》。2007年5月，国务院印发国家发展改革委员会同有关部门制定的《节能减排综合性工作方案》，把节能减排与应对气候变化联系在了一起，指出："我国经济快速增长，各项建设取得巨大成就，但也付出了巨大的资源和环境代价，经济发展与资源环境的矛盾日趋尖锐，群众对环境污染问题反应强烈……温室气体排放引起全球气候变暖，备受国际社会广泛关注。进一步加强节能减排工作，也是应对全球气候变化的迫切需要。"在此基础上，该方案提出了"十一五"期间单位国内生产总值能耗降低20%左右，主要污染物排放总量减少10%的约束性指标。[1] 为加强对节能减排工作的组织领导，国务院成立"节能减排工作领导小组"作为国家应对气

---

① 国务院：《国务院关于印发节能减排综合性工作方案的通知》(国发〔2007〕15号)。

候变化工作的议事协调机构，负责制定国家应对气候变化的重大战略、方针和对策，协调解决有关重大问题。这些政策性文件为进一步增强中国应对气候变化的能力提供了政策和法律保障。

2007 年 6 月，国务院制定了《应对气候变化国家方案》，充分认识应对气候变化的重要性和紧迫性，指出气候变化所导致的气温增高、海平面上升、极端天气与气候事件频发等，对自然生态系统和人类生存环境产生了严重影响，也引起全世界的广泛关注，成为当今人类社会亟待解决的重大问题。明确了到 2010 年我国应对气候变化的具体目标、基本原则、重点领域及其政策措施，这些政策措施涉及面广，包括八个方面：第一，调整经济结构，推进技术进步，提高能源利用效率；第二，发展低碳能源和可再生能源，改善能源结构；第三，大力开展植树造林，加强生态建设和保护；第四，实施计划生育，有效控制人口增长；第五，加强了应对气候变化相关法律、法规和政策措施的制定；第六，进一步完善了相关体制和机构建设；第七，高度重视气候变化研究及能力建设；第八，加大气候变化教育与宣传力度。[1] 我国成为世界上第一个发布《应对气候变化国家方案》的发展中国家。

2009 年 8 月 27 日，全国人大常委会通过《关于积极应对气候变化的决议》，积极应对不断增加的温室气体排放。2014 年，国务院批复《国家应对气候变化规划（2014—2020)》，提出到 2020 年，实现单位国内生产总值二氧化碳排放比 2005 年下降 40%—45%、非化石能源占一次能源消费的比重达到 15% 左右、森林面积和蓄积量分别比 2005 年增加 4000 万公顷和 13 亿立方米的目标。

3. 制定 "碳达峰" "碳中和" 重大战略决策

2020 年 9 月 22 日，中国国家主席习近平在第七十五届联合国大会一般性辩论上表示，"应对气候变化《巴黎协定》代表了全球绿色低碳转型的大方向，是保护地球家园需要采取的最低限度行动，各国必须迈出决定性步伐。中国将提高国家自主贡献力度，采取更加有力的政策和措施，二氧化碳排放力争于

---

① 国务院：《国务院关于印发中国应对气候变化国家方案的通知（国发〔2007〕17 号)》。

2030 年前达到峰值，努力争取 2060 年前实现碳中和。"① 在全世界人民面前宣布了中国碳达峰碳中和的目标任务，向全世界做出了实现"双碳"目标的承诺，彰显了我国负责任大国的形象，体现了中国致力于构建人类命运共同体的责任担当和推进高质量发展的主动作为。

实现"双碳"目标，是以习近平同志为核心的党中央统筹国内国际两个大局作出的重大战略决策。2021 年，中共中央、国务院印发《关于完整准确全面贯彻新发展理念做好碳达峰碳中和工作的意见》，国务院印发《2030 年前碳达峰行动方案》，逐步形成碳达峰碳中和的"1+N"政策体系，为建设"零碳社会"的美好愿景营造了良好的制度环境。2021 年，中国开始任命中国气候变化事务特使，历经全球气候谈判的解振华被任命为第一位中国气候变化事务特使。2022 年 10 月 16 日，习近平总书记在党的二十大报告中强调，积极稳妥推进碳达峰碳中和，立足我国能源资源禀赋，坚持先立后破，有计划分步骤实施碳达峰行动，深入推进能源革命，加强煤炭清洁高效利用，加快规划建设新型能源体系，积极参与应对气候变化全球治理。

在国际上，中国一方面积极参与国际气候变化合作和全球气候谈判，为推动巴黎气候变化大会取得积极成果，并为最终协议锁定 2℃ 以下的升温目标做出了自己的贡献。另一方面，中国遵循《联合国气候变化框架公约》规定的"共同但有区别的责任"原则，努力控制温室气体排放，并向发展中国家提供资金和技术支持。2015 年 9 月，为了支持发展中国家应对气候变化，习近平主席出席联合国发展峰会时宣布，中方将设立 200 亿元人民币的中国气候变化南南合作基金。

2021 年，习近平主席以视频方式参加领导人气候峰会上，发表《共同构建人与自然生命共同体》的重要讲话，首次全面系统阐释人与自然生命共同体理念，并提出了"坚持人与自然和谐共生""坚持绿色发展""坚持系统治理""坚持以人为本""坚持多边主义""坚持共同但有区别的责任原则"的"六个坚持"

---

① 《习近平在第七十五届联合国大会一般性辩论上的讲话》，中国政府网，2020 年 9 月 22 日。

具体主张，为全球应对气候变化提供了中国方案。

四、中斐在气候变化领域的合作

在气候变化领域，虽然中国目前的碳排放量位居世界第一，但从历史积累来看，中国的碳排放总量远低于英国、美国等早已完成工业化的国家。即便如此，中国政府仍然遵循《联合国气候变化框架公约》规定的"共同但有区别的责任和能力"原则、公平原则和各自能力原则，就应对气候变化开展了卓有成效的工作，并在可再生能源开发、救灾减灾、能力建设等方面向包括斐济在内的诸多国家提供援助，增强他们应对气候变化的能力，帮助各国开展减缓和适应气候变化行动。2021年10月，国务委员、外交部部长王毅在首次中国—太平洋岛国外长会上宣布，成立中国—太平洋岛国应对气候变化合作中心。2022年4月28日，中国—太平洋岛国应对气候变化合作中心在山东省聊城市正式启用，成为中国与包括斐济在内的太平洋岛国进行气候变化合作的重要平台。

（一）中国支持斐济应对气候变化的措施

第一，中国政府通过积极强化能源节约和结构优化的政策导向，竭力减少温室气体排放，为实现低碳发展目标付出了巨大努力。据统计，1950—2002年间中国化石燃料燃烧二氧化碳累计排放量占世界同期的9.33%，人均累计二氧化碳排放量61.7吨，居世界第92位。根据国际能源机构的统计，2004年中国化石燃料燃烧人均二氧化碳排放量为3.65吨，相当于世界平均水平的87%、经济合作与发展组织国家的33%。[1] 2020年9月22日，习近平主席在第七十五届联合国大会一般性辩论上，向世界作出碳达峰碳中和目标的中国承诺，并在2022年10月党的二十大报告提出积极稳妥推进碳达峰碳中和。

---

[1]　国务院:《国务院关于印发中国应对气候变化国家方案的通知（国发〔2007〕17号）》。

第二，中国政府充分理解斐济在气候变化方面的立场，积极呼应在气候变化方面的关切，并制订切实的援助措施。譬如，2006 年，温家宝总理出席在楠迪举行的中国—太平洋岛国经济发展合作论坛首次会议，强调中国理解、重视和支持岛国应对气候变化；2015 年 9 月，中国—太平洋岛国论坛对话会特使杜起文出席第 27 届太平洋岛国论坛对话会，表示中方理解太平洋岛国在气候变化方面面临的特殊困难和挑战，愿继续帮岛国提高应对气候变化能力；2022年 5 月 30 日，国务委员兼外长王毅同斐济总理兼外长姆拜尼马拉马在苏瓦共同主持第二次中国—太平洋岛国外长会时表示，气候变化是太平洋岛国面临的最现实、最紧迫挑战，中方将在气变上率先行动，"继续在南南合作框架下为岛国增强应对气候变化能力提供帮助和支持，通过中国—太平洋岛国应对气候变化合作中心向岛国提供应对气变物资，为岛国培训气变领域人才。中方将继续支持太平洋区域环境规划署开展工作，愿共同呼吁发达国家率先提升行动力度，尽快兑现资金承诺。"①

第三，近年来中国政府在南南合作框架下向太平洋岛国提供了力所能及的帮助，开展了小水电、海岸防护堤、示范生态农场、沼气技术等一批应对气候变化相关项目。在斐济，中国援建了索摩索摩小水电站、基务瓦村海岸防护工程等；2014 年 11 月，习近平主席对斐济进行国事访问期间，两国签署《关于应对气候变化物资赠送的谅解备忘录》，中方向斐济赠送数千套、价值 2000 万元人民币的 LED 路灯等应对气候变化物资。② 中国愿继续积极履行发展中大国责任，为世界可持续发展贡献力量。

第四，对于斐济因气候变化而遭受到的灾害，中国政府也在第一时间提供紧急人道主义援助。譬如，2009 年飓风"米克"袭击斐济后，为帮助斐济开

---

① 《王毅：中国和太平洋岛国的全面战略伙伴关系必将行稳致远》，中国外交部网站，2022 年 5 月 30 日。

② 张平：《应对气候变化：中国在行动——驻斐济大使张平在斐济〈太平洋人〉杂志发表署名文章》，中国驻斐济大使馆，2015 年 11 月 26 日，http://fj.chineseembassy.org/chn/xw/t1318635.htm。

展救灾和灾后重建，中国政府向斐方捐赠 3 万美元人道主义援款；2010 年 3 月
15 日至 16 日，飓风"托马斯"袭击斐济全境，造成人员财产损失，为帮助斐
方开展救灾和灾后重建工作，中国政府通过中国红十字会向斐济红十字会提
供 5 万美元（约合 9.6 万斐元）紧急人道主义援助，此外，中国驻斐济大使馆
还向斐总理府救灾账户捐款 5 万斐元；2012 年 12 月中旬，斐济遭受 20 年罕见
的飓风"伊万"侵袭，飓风带来的狂风和强降水切断了很多地区电力和自来水
供应，并引发洪灾，导致许多房屋、道路和桥梁被冲毁。为向受飓风影响的灾
民提供救助，中国红十字会向斐济红十字会提供 5 万美元紧急援助。2016 年 3
月斐济遭受飓风"温斯顿"侵袭后，中国政府和人民非常关心斐济灾情，对斐
济人民所遭受的困难感同身受。应斐济政府请求，中国政府以最快速度筹集了
帐篷、发电机、急救包、手电筒、净水片等大量救援物资，并紧急协调、租用
包机将救灾物资跨越半个太平洋送抵斐济，体现了中斐两国人民"患难见真情"
的真挚友谊，也体现了习近平主席 2014 年访斐期间双方建立的中斐"相互尊
重、共同发展的战略伙伴关系"的真实内涵。①

　　第五，中国还积极开设应对气候变化的研修班，为斐济等太平洋岛国和
发展中国家培养人才，增强其应对气候变化的能力。如 2013 年 7 月 16 日至
8 月 5 日，海南省商务厅商务培训中心承办的援外人力资源项目 2013 年发展
中国家热带岛屿气候变化与经济发展研修班，斐济即派官员参加了培训。研
修班开设了《全球气候变化的特点及其规律》《海南省的气候条件、自然资
源特征与区域经济发展》《气候变化与海南产业发展—国际旅游岛体制与政
策》《中国应对气候变化的政策与体制》《气候变化、技术进步与经济发展的
关系》《气候变化与经济发展机遇》等相关专业课程，还组织学员到琼海、万
宁、三亚、厦门、泉州等地参观考察，大大增强了斐济官员应对气候变化的
能力。

---

① "中国政府援助斐济风灾首批救灾物资运抵斐济"，中国驻斐济大使馆，2016 年 3 月 17 日，
　　http://www.fmprc.gov.cn/web/zwbd_673032/gzhd_673042/t1348569.shtml。

（二）中国援助斐济应对气候变化的主要项目

作为一个发展中国家，斐济的经济虽然在太平洋岛国中位居前列，但是也面临着电力设施严重不足的问题，为了帮助当地居民获得稳定、清洁、便宜的电力供应，早在 1988 年中国政府就参与了斐济的可再生能源建设，向斐济无偿援助了布库亚水电站。此后又有威尼丘水电站项目（1989 年）、库路浮输电线路网（1990 年）、瑞瓦三角洲农村供电项目（1999 年）、南德瑞阿图水电站（2008 年）和索摩索摩水电站（2013 年）等。为了保护当地居民免受海平面上升等气候变化影响，2012 年又援建了基务瓦村海岸防护工程，有效改善了斐济的电力不足问题，也大大提升了斐济应对气候变化的能力。下面仅以南德瑞阿图水电站和索摩索摩水电站为例，予以具体剖析。

2006 年 4 月，中国总理温家宝出席中国—太平洋岛国经济发展合作论坛首届部长会议期间，与斐济总理恩加拉塞和总统伊洛伊洛进行了会晤，签署了《联合新闻公报》在内的一系列双边文件，承诺今后将帮助斐济建造水力发电站。

2008 年，中斐双方确定南德瑞瓦图水电站项目。该项目位于维提岛中北部辛加托卡河源头上游，建设合同总额 1.24 亿美元，其中约 60%由中国开发银行提供商业贷款，其余由澳新银行和南太平洋银行融资。工程由中国水利水电建设集团公司总承包建设。主要作用是拦河蓄水发电，工程包括 2×22.5 兆瓦的立轴冲击式水轮发电机组、41.5 米高的混凝土重力坝、1.937 公里长引水隧洞、1.43 公里压力钢管、发电厂房和 132 千伏输电线路等。年均发电量约为 1.01 亿千瓦时。2012 年 9 月 14 日，斐济南德瑞瓦图水电站竣工典礼在斐济南德瑞瓦图大坝现场举行，斐济总理姆拜尼马拉马和中国驻斐济大使黄勇应邀出席典礼。当地民众举行了传统仪式，热烈庆祝水电站竣工投产。姆拜尼马拉马总理致辞，对中国的资助和电站建设者的辛勤劳动表示诚挚的感谢，表示南德瑞瓦图水电站的建成将缓解斐济电力短缺的局面，提高人民的生活水平。而且水电站是可再生清洁能源，可以大大减少国家对燃油进口的依赖，每年可节约经费 4200 万斐元（约合 2400 万美元）。①

索摩索摩水电站项目是中国政府对斐济的无偿援助项目，位于斐济东北部的第三大岛塔韦乌尼岛，建设项目包括装机容量 700 千瓦的小水电站以及附属 10 公里 11 千伏输电线路。该项目由长江勘测规划设计研究院设计、湖南省建筑工程集团总公司承建，于 2013 年 12 月 23 日开工，2016 年 4 月 22 日竣工，2017 年 3 月 2 日正式投入使用。斐济政府对该项目十分重视，在开工仪式上，不仅总理姆拜尼马拉马，而且斐济工程部部长、农业部部长等政府部门官员都积极参与，姆拜尼马拉马总理和中国驻斐济大使黄勇一同视察工地后，还与黄大使一起为项目挥锹奠基。在水电站启用仪式上，姆拜尼马拉马总理在致辞中感谢中国政府对斐济的援助。他表示，该项目改善了塔岛的电力设施，为该岛提供了价格低廉的能源，方便了岛上民众的工作和生活，使得孩子们能晚上进行学习，为他们追求更好的人生创造了条件。该水电站的启用，每年将为斐济节省 190 万斐元（约 600 万元人民币）的柴油进口，为当地社会经济发展带来了新的机会，也有利于斐济实现 2025 年前可再生能源占比 90% 的目标，帮助斐济应对气候变化。②

（三）成立中国—太平洋岛国应对气候变化中心

2022 年 5 月 26 日至 6 月 4 日，中国国务委员兼外长王毅应邀对所罗门群岛、基里巴斯、萨摩亚、斐济、汤加、瓦努阿图、巴布亚新几内亚、东帝汶等八国进行正式访问，对密克罗尼西亚联邦进行"云访问"，同库克群岛总理兼外长、纽埃总理兼外长举行视频会晤，并在斐济主持召开第二次中国—太平洋岛国外长会。在王毅外长访问太平洋岛国期间，中国外交部于 5 月 30 日发布《中国关于同太平洋岛国相互尊重、共同发展的立场文件》，宣布将建立中国—

① 《南德瑞瓦图水电站竣工投产》，中国驻斐济大使馆经济商务参赞处，2012 年 9 月 17 日，http://fj.mofcom.gov.cn/article/zxhz/tzwl/201209/20120908342062.shtml。
② "中国援斐济索摩索摩水电站正式启用"，中国驻斐济大使馆经济商务参赞处，2017 年 3 月 10 日，http://fj.mofcom.gov.cn/article/todayheader/201703/20170302531494.shtml。

太平洋岛国应对气候变化中心等 5 个中心，推动中国与太平洋岛国关系的发展，并"通过中国—太平洋岛国应对气候变化合作中心为太平洋岛国培训人才，继续开展应对气候变化南南合作物资援助项目"[1]。

2022 年，中国—太平洋岛国应对气候变化中心先后主办了两届面向太平洋岛国的应对气候变化线上培训班，2023 年 11 月份，成功举办首次现场培训。2023 年 12 月 7 日，第二届中国—太平洋岛国应对气候变化培训班开班，为期 12 天。来自巴布亚新几内亚、基里巴斯、斐济、萨摩亚、密克罗尼西亚、所罗门群岛和斯里兰卡的 25 名官员参加此次培训班学习。

通过培训和实地考察亲身体会到，太平洋岛国的学员们深切感受到，中国是全世界最认真落实减排的国家之一，中国的新能源技术是世界应对气候变化和环境保护的福音。中国政府、企业和普通民众对节能减排和应对气变的立场是严肃的，对推动绿能发展和减少碳排放的努力是积极认真的，对帮助广大发展中国家应对气变的态度是真诚的。[2] 相信通过中国—太平洋岛国应对气候变化中心这一重要平台，将会为斐济等太平洋岛国培养更多更优秀的气候变化人才，共同致力于建设一个更加美好的地球，构建人与自然生命共同体。

---

① 《中国关于同太平洋岛国相互尊重、共同发展的立场文件》，中国外交部网站，2022 年 5 月 30 日。

② 于镭：《帮助太平洋岛国，中国说到做到》，《环球时报》2023 年 11 月 16 日。

第六章　华人华侨与斐济经济社会

自 1855 年第一位华人梅屏耀在斐济居住生活开始，华人华侨在斐济的历史已长达 160 多年。在这 160 多年的时间里，广大华人筚路蓝缕，艰苦创业，不仅为斐济经济社会发展作出重要贡献，为斐济多元文化注入新鲜血液，同时他们也是中斐关系的重要桥梁，为两国关系发展做出了重要贡献。

第一节　华人艰苦创业史

如前所述，早在近代时期，已有不少华人跟随欧洲人捕杀鲸鱼和海豹，或者寻找檀香木的船只到达斐济，但有历史记载的第一位在斐济定居的华人是梅屏耀。在中国被卷入资本主义世界体系之后，又有许多华人通过契约劳工方式来到斐济。同世界上其他地方一样，他们在南太平洋地区经历了一个筚路蓝缕的艰苦创业过程。

一、华人在斐济的缓慢增长及其原因

南太平洋各岛屿虽然深处大洋，交通不便，在经济状况、生活条件方面，

更不可与欧美发达国家同日而语，但这些都没有成为华人前往谋生的阻碍。事实证明，凡是有阳光的岛屿上就有华人的足迹。截至2007年，南太平洋岛国拥有常驻华人移民8万人左右，具体来看统计较为明确地包括：巴布亚新几内亚和斐济各2万人左右（2007年斐济人口普查时华人数量为4704人）[1]，北马里亚纳联邦为1.5万人左右，法属波利尼西亚1.4万人左右，关岛4000人左右。[2]

1. 斐济华人的缓慢增长

如前（第一章第二节）所述，华人赴斐的最早时间并未有定论，最为人所知的早期华人移民是广东台山的梅百龄（屏耀）。光绪八年（1882年）梅屏耀回中国娶妻阮氏，并为之取了一个英文名字"玛丽"，后诞下子女福祺、福裕、福祥、福就等。从博物馆保存的梅家照片看来，梅屏耀当时经济富裕，且受澳洲白人文明影响，老小均着西式服饰。蓄须留发的梅屏耀乍看上去与欧洲人无异。梅的妻子阮氏百岁始殁，卒于1956年，享年101岁。阮氏的墓冢现在苏瓦华人坟场，被萋萋荒草所掩没。今时来此"行青"的华人已极少知晓在这个简朴的墓冢下长眠的，是第一位来斐定居的华人女性。

然而，斐济华人的增长速度却十分缓慢。1900年，斐济华人仍不足百人。后来中国爆发辛亥革命，引起了华南地区局势动荡，大批华人从中山、四邑（恩平、开平、新会、台山）和东莞迁到斐济，令本地华人各行各业增添了一批生力军，为日后华人经济的发展与扩张，提供了必不可少的人力资源。1911年，斐济有华人305名（包括29名妇女），1915年有821名。这是我国同胞在斐济最早的官方记录。[3] 此后，赴斐华人逐渐增多，到1936年即突破千人大关达到1751人，1966年达到峰值5166人。但华人在斐济总人口中的比重一直很低，1911年华人仅占斐济总人口的0.2%，此后随着华人数量的增多，

① http1921://www.statsfiji.gov.fj/.

② 费晟：《南太平洋岛国华人社会的发展：历史与现实的认知》，《太平洋学报》2004年第11期，第59页。

③ 徐明远：《南太平洋岛国和地区》，世界知识出版社2003年版，第278页。

其在斐济总人口中的比重也有所增加，但总体上比重不大，最高时的 1956 年达到 1.2%。具体情况参见表 6—1。

表 6—1　斐济华人数量及人口占比统计（1911—2007）

年份	华人数量	斐济总人口	华人占比（%）
1911	305	139541	0.2
1921	910	157266	0.58
1936	1751	198379	0.88
1946	2874	259638	0.1
1956	4155	345737	1.2
1966	5149	476727	1.08
1976	4652	588068	0.79
1986	4784	715375	0.67
1996	4939	775077	0.64
2007	4704	837271	0.56

资料来源：1881—2007 年斐济人口普查统计，斐济统计局。

2. 斐济政府对华人的忽视与限制

斐济政府对华人不重视。一个典型的例子就是斐济的人口普查。在斐济官方统计中，虽然对于斐济人口的统计 1881 年已经开始，但是在 1881 年、1891 年和 1901 年的人口普查中，都未见到有关华人的统计数字。相反，土著斐济人、印度人、欧洲人、具有部分欧洲血统的人、罗图马人和其他太平洋岛国人却都有极为详细的记载，斐济政府对华人的忽视可见一斑。具体情况参见表 6—2。

表 6—2　斐济人口普查数字（1881—1991）

种族　　　　时间	1881	1891	1901	1911
华人	—	—	—	305
土著斐济人	114748	105800	94397	87096
印度人	588	7468	17105	40286
欧洲人	2671	2036	2459	3707

续表

时间 种族	1881	1891	1901	1911
具有部分欧洲血统的人	771	1076	1516	2401
罗图马人	2452	2219	2230	2176
其他太平洋岛国人	6100	2267	1950	2758
其他人	156	314	467	812

资料来源：1881—2007 年斐济人口普查统计，斐济统计局。

更有甚者，当时部分立法院成员对华人人数的增加颇有微词。虽然斐济政府表示华人遵纪守法，并因出口海参、开发辛加托卡盆地、生产大量水果等，对斐济经济做出显著贡献，但迫于多方压力，1923 年斐济政府颁布了《外国人移民限制法案》。1935 年，为了缓和欧洲移民和大酋长委员会对华人移民的恐慌，默奇森·弗莱彻（Murchison Fletcher）总督颁布了"华人移民配额"，禁止未婚华人女性入境，以便达到控制华人数量增长的目的。1946 年，鉴于 165 份华人移民申请中有 136 份为商人或店主而农业从业人员，斐济当局实施了更为严格的移民措施。

1949 年中华人民共和国成立后，由于意识形态的不同，作为英国殖民地的斐济也站到西方阵营一边，进一步减少了对华人移民的申请许可。1950 年竟没有发放新的移民许可，仅有原居民的妻子和 18 岁以下持有有效移民许可的儿童获得批准。此后，凡与中国大陆有书信往来的斐济华人均被列入黑名单，同时已婚华人要想加入斐济国籍，妻子也必须生活在斐济，否则不予批准。

1955 年，在一名斐济华人因被怀疑同情共产党在新西兰被捕后，罗瑟里（G. W. Rothery）被从马来西亚派到斐济，他在一份有关斐济华人的报告中提出建议，要求完全禁止华人移民。同时，斐济警方还在斐济苏瓦、瑙索里、劳托卡、巴城等地，对一些华人公司如爱迪轩公司、店铺与家庭进行搜查，警方发现了一些"左"倾杂志、书籍和私人日记，并因此拘捕了一些华人，钟积深、杨灿明、黄润云等四人则被驱逐出境。1959 年，除中国香港、台湾地区居民以及东南亚等地的华侨可以移民斐济外，来自印度和中国内地的移民均告停止。

1961 年，在巴镇发现一个被认为是共产人士的团体后，斐济当局出台了《外国人登记和遣返法案》，要求华人必须定期亲自到苏瓦更新登记信息，给生活在偏远地区的店主带来了极大不便和经济上的损失。同时，该法案亦用于对华人居民的监控，防止他们在发生战争期间短期内受到鼓噪。[1] 对于未入籍的斐济华人，规定他们到达斐济后，必须先领一份"REGISTRATION CERTIFI-CATE"的登记证，当时的华人称之为"牌仔"。法律规定任何一位警察都有权要求"牌仔"持有人出示该证件，尤其苛刻的是无论转工或搬家，都必须要在24 小时内向原地警署报备，登记往何处去，然后再到新住地警署报到，说明因何事从哪里来。[2] 这种情形一直持续到中斐正式建立外交关系和中国改革开放之后才真正有所改观。

1972 年，随着中美关系走向正常化，澳大利亚和新西兰先后与中华人民共和国建交以及加拿大开放移民，不少斐济华人外迁至澳大利亚、新西兰、美国和加拿大。随着华人在斐济境遇的改善以及 1975 年中斐正式建交，也吸引着部分中国人移民斐济。据统计，2014 年，斐济华裔人口约为 8000 人，其中多数是第二、三代华裔，且 95% 以上已加入当地国籍。以原籍广东人为主，其中又以东莞（占华侨华人总数的 30%）、开平、中山、台山的人数为最，华侨华人主要集中在首都苏瓦（近 3000 人）和劳托卡市。[3]

二、华商的艰苦创业与华商王国的建立

斐济华人大部分以经商为业，且以中餐馆、杂货店、饮食店居多，少数人从事农业种植，很少有人从政，这一现象的出现与华人在斐济艰苦奋斗的历史

---

[1] *The Chinese in Fiji 1855–2015*, Fiji, Chinese Association of Fiji, 2016, p.37.

[2] 孙嘉瑞：《华人领「牌」的年代》，斐华网，http://www.fijichinese.com/history/registry_years.htm。

[3] 世界华人公益联合会：《斐济地区简介及华人社团组织名录》，转自郭又新：《南太平洋岛国华侨华人的历史与现状初探》，《东南亚研究》2014 年第 6 期，第 86 页。

密切相关。

1.早期斐济华商概况

因为商业贸易需要的资金不多，所以华人来到斐济之后大多从事商业贸易，经商成为华人的普遍职业。一般来说，早期华人通常在斐济人村庄里开店，进货渠道主要依靠家人的关系在香港进货，因此与欧洲人的公司商铺相比，华人商店具有成本较低、价格便宜的优势。再加上华人十分吃苦耐劳，经营时间远超欧洲人的公司，所以华人商铺增长的速度十分迅速，这一点与华人总体数量增加缓慢形成鲜明的对比。

据统计，1913 年斐济殖民政府向华人发放了 105 个生意牌照，1914 年是118 个，1915 年是 146 个，1916 年是 171 个，1917 年已增至 198 个。拿到生意牌照的华人多以经营中餐馆、杂货店、饮食店为主，少数经营进出口贸易和电子、电器商业。

2.第一家华人公司——康利

1855 年，华人梅百龄（屏耀）在列武卡创办第一家华人商店——行利（即后来广为人知的"康利"），很快发展壮大，具体我们可以从《斐济时报》的一则广告窥知一二。1873 年 10 月 15 日，《斐济时报》刊出了一则广告："行利公司进口食品杂货，特靓红茶，锡兰红茶，各种食品杂货，各式衣服，降低20%廉售，平通本镇。"1874 年，随着斐济沦为英国殖民地，首都从列武卡迁至苏瓦，列武卡的政治经济文化中心地位不再，也失去了贸易商站的价值，康利也日渐式微。不过，1886 年 7 月 13 日，《斐济时报》的另一则广告"行利有限公司总贸易、经营销售与收购产品"，表明康利至少此时还在照常运营，梅氏子孙后来则多从事电器、机械等技术工作。

康利之后，1894 年来斐的 Ming Ting 创办了另一家颇有名气的华人公司——"英昌"（Zoing Chong）。① 据《海外华人百科全书》记载，英昌当时进口中国货，出口海参、椰干、珍珠贝和木材到中国去，同时经营家私厂和碾米

---

① *The Chinese in Fiji 1855–2015*, Fiji, Chinese Association of Fiji, 2016, p.56.

厂，种植水果、稻米、生姜供应出口。随后，其他华人也在梅屏耀之后接踵而至，在斐济建立了自己的事业，并且抓住了市场的契机，在极短的时间内将生意的触角伸到了斐济大小岛屿的各个角落。

3. 华商王国的建立

20世纪初，斐济华人已经开创了今天流行全球的生意网络。当时，华人除了经营洗衣馆、饼铺、餐馆、种植之外，还经营贸易和零售批发。因为斐济的土特产散布在各地，精明的华人就到各处建立分店。这些用铁皮木板搭建的小店，成为了城中大商号与斐济土著的商业纽带。华人通过这些遍布全岛的分店，抓住了椰干、木材、海参等土特产资源，由于这类小店从伙食到日用杂货一应俱全，大大方便了山区乡野的住民，华人甚至提供以物易物的服务方式。分店把收购到的土特产运返城中大商号总部，而总部又向其源源供给各类货品，其中也包括华人面包炉烘制的面包，这种外脆内韧的面包，甚得土著居民的喜爱。为了扩张壮大生意，更在亲朋戚友和同姓宗亲中招股集资，有了足够的资金便可大量囤积货物，保障供应。这种集团性的经营模式，使得华商能广泛及时地将各地的檀香木、海参、土酒与椰干资源掌握在手，当时华商建立的巨大商业网络，那些无处不在、日夜营业的小店，几乎垄断了全岛的零售批发生意。

从20世纪初到20世纪40年代，可以说是斐济华人的黄金时代，当时华人大小商号已不下数百间，在苏瓦金明街（Cuming TF.）、玛街（Marks ST.）、威玛鲁道（Waimanu RD.）和阿米街（Amy ST.）一带，几乎是三步一间华人店铺，这一带亦因此而成为首都闹市旺区。直到21世纪的今天，这一地区的店铺仍被视为"黄金铺位"，十分抢手，甚至一铺难求。① 华侨司徒泽波著述的《斐济国所罗门群岛西萨摩亚群岛华侨概况》一书中写道："华侨商业鼎盛时期，是从19世纪初到20世纪中叶，在这一时期，印度人还在乡村，而华侨

---

① 孙嘉瑞：《华商王国话兴衰》，斐华网，http://www.fijichinese.com/history/chinese_business_fiji.htm。

的大小商店，已遍布斐济的大小岛屿，面包厂、汽水厂、肉铺、餐馆、椰干收购、香蕉出口、杂货商，除少数欧洲人大贸易商之外，完全由华人控制。"①《中国人在斐济：1855—2015》一书也记载："曾经的华人大公司中兴隆、广泰、英昌等在维提岛和瓦努阿岛及其他小岛遍布商铺，掌握着 20％的香蕉市场。中兴隆、广生和广泰则拥有 25％的椰干市场。"②

　　1948 年以后，华商王国遭到巨大打击。其原因一是由于斐济殖民政府听从澳洲财团卡宾特（Carpenter）的建议，颁布法令，禁止华商收买椰干，又鼓动土著斐济人在各乡各村开办合作社与华商展开竞争。二是为了彻底排除在各岛经商的华人，对所有租赁的土地、铺位，租满不续，各岛的华商被迫纷纷结束。三是抗战期间，出于爱国热情，华商严拒销售日本货物，于是日本人反过头来资助印度人，以极其优越的条件供货，因此从 1938 年印度商人开始抬头。四是1948 年马来西亚共产党试图以武装斗争反抗英国殖民政府的活动也影响了斐济。英国政府下令斐济殖民政府颁布新移民法，全部禁止中国移民，以往华商人才新陈代谢的源流被切断。而斐济年轻一代，多数受过教育，厌恶老一代生活方式，多数投身公务员、技师等白领蓝领工作，而不愿继承祖业。近年来还有余氏、李氏及黄氏，奋发图强，发展业务，打进工商界为旅斐华人争口气。③

　　正是由于华商王国遭受到巨大打击，印度人才趁机掌握了斐济的商业，并进而掌控了斐济的经济命脉，造成了今天印度裔斐济人控制斐济经济，而土著斐济人则掌控斐济政治的现象。这一现象虽然给斐济带来了稳定，但随着印度裔斐济人对政治权力的渴望与努力，也造成了当今斐济两大民族之间巨大的分歧与冲突，并最终导致了 1987 年（两次）、2000 年和 2006 年的四次军事政变，给斐济国家和人民造成了严重损失。

① 司徒泽波、陈本健：《斐济国、所罗门群岛、西萨摩亚群岛华侨概况》，台北：正中书局 1991 年版，第 17 页。

② *Chinese in Fiji 1855–2015*, Suva, Fiji, Chinese Association of Fiji, 2016, p.38.

③ 司徒泽波、陈本健：《斐济国、所罗门群岛、西萨摩亚群岛华侨概况》，台北：正中书局 1991 年版，第 19 页。

三、华商王国的佼佼者

在华商的黄金时代，出现了一批著名的华人商店，广泰（Kwong Tiy）、永安泰（Sang On Tiy）、安和祥（Fong Sam）、中兴隆（Joong Hing Loong）和广生（Kwong Sang）是其中最为突出的公司，被称为五大华人公司。

1. 广泰

继康利和英昌之后，来自广东开平横江的余械中，在1913年来到了斐济岛（当时的华人都称"飞枝岛"）。起初，他开了一间名为"新盛号"洗衣馆，后来觉得以体力劳动为主的洗衣生意利润微薄，于是在1918年与同宗兄弟余扳中，还有余凤、邝祥修（即后来的安和祥创办人）一起成立了广泰公司。次年，余械中思乡心切，返回中国大陆，广泰业务遂由他的弟弟余扳中主持。1920年，余械中返回，出任广泰总经理。1928年，广泰注册成立有限公司，当时公司销售的货物只限丝绸布匹和日用杂货等。

1935年，余械中返香港成立开源公司，为广泰采购各式货物，未几他避日寇侵华战乱于坏里。此一时期的广泰也由第二代接手，在余扳中的儿子余锦池和余械中的儿子余海湘（1925年来斐济）经营下，广泰逐渐成为有名气的大公司，并在各地设立多间分店。全盛时期的广泰，经营项目有美都酒店、利伦有限公司、屠场、养猪场、养牛场、伟德灵顿有限公司、克尽诚有限公司、霓虹汽水厂、杂货店、面包房、椰子园和电影院。20世纪60年代斐济政府统一管制椰干销售。广泰也就退出椰干行业，转向房地产物业的长线投资。此时，横跨金明街和玛格士街的广泰大商场也落成了，经营品种齐全的国货，这个商场也被称为"中国城"，游人如织。到了1990年之后，在商界叱咤一时的广泰家族逐步出售名下之物业，并结束了在"中国城"的总店业务，目前只有利伦冻肉公司仍在运营之中。

2. 永安泰

永安泰是谭炳南在1938年与司徒文湘共同创建的，当时公司位于苏瓦玛街（MARKS ST.），今"巴城汽车零件店"的楼宇。谭炳南是斐济首任总督梅含理（Henry May）于 1931 年带来的私人厨师，他离开总督府后曾开过饼铺。在创办永安泰的次年，即 1939 年，谭炳南就脱离了公司，创办和利（Wahley's）肉铺。和利后来扩张到五间分店及养猪场，分布在苏瓦、拉米（Lami）。和利的分店后来减少至三间，但和利有长达 63 年的历史，是斐济华人诸大公司中唯一至今仍在继续经营的。

3. 安和祥

与其他华人公司一样，安和祥的创始人同永安泰、广泰、和利都有亲缘关系。安和祥创始人邝祥修曾是广泰的创造人之一，而安和祥第三代的邝灼富，其夫人谭莲娇便是谭炳南的长女。安和祥是邝敬居（祖籍广东台山）、邝祥修在 1930 年左右创办的。当时公司业务以收购海参、椰干为主。据公司原股东邝灼富先生回忆，当时正式分店有七八间。1975 年，安和祥总部大楼落成。1999 年，作为斐济华人大公司之一的安和祥歇业，结束了长达 70 年的历史。

4. 中兴隆

振兴隆（Jang Hing Loong）是郭清河创建的，他来自永安百货集团的郭氏家族，当时也是唯一携带资金去斐济投资的华商。后来振兴隆改名为中兴隆（Joong Hing Loong），也是经营百货及零售批发，所进口货物都是在苏瓦现在市场河边码头上岸的。中兴隆公司兴建有"汉臣大厦"。郭清河（英文名汉臣）热心社会而又长袖善舞，如今在苏瓦的大镬餐厅一带拥有大块地皮，故那处被命名为"汉臣路"，他捐出了一大块地皮给逸仙学校，体现了造福社会弘扬文化的儒商风范。

这些华人公司曾在相当长时间中成为了斐济经济中显赫的明星，这些公司创始人白手兴家的故事，也成为后人流传的美谈，并作为一种精神的感召与激励，促使无数华人后进努力奋斗，开创在斐济的人生新天地。

四、斐济华人的杰出代表

虽然由于种种原因，斐济华人总体数量并不多，在斐济总人口中的比重也很低，但在斐济商界也涌现出一批优秀的代表，他们早期有余锦荣、方万亭、方万辉和方作标等，现在主要有李华业、黄润江、杨灿荣与何志美等。部分华人如方文清、余汉宏、何志美和黄润江等还涉足政界，担任了斐济的地方议员、中央政府的上议院议员，甚至财政部部长，为斐济华人争取政治权利。此外，在艺术领域，斐济华人中还出现了一位著名的国画书法家——刘征明。

1.早期华商代表

余锦荣是"余锦荣公司"的创始人，在 20 世纪 20—40 年代的斐济颇具名气。其子余国明是太平绅士，曾任国会议员与华人协会会长。

在香蕉种植业方面以方万亭较为突出，他的蕉园分布在塔麻乌（Tamavua）至威老歌（Wailoku）的广大地区，他曾出任苏瓦市政长官，并捐赠一座教堂给塔麻乌村，与当地酋长及村民关系十分友好。这座教堂至今仍屹立在沙湾（Savani）河边。另一位"香蕉大王"方万辉因性格豪迈、乐善好施，被当地人称之为"罗宾汉"式的绿林好汉。后来香蕉种植业在澳洲的限制（1920 年）以及病虫害两方面影响下逐渐衰落。

20 年代在维提大岛的西区巴城，有一位叫方作标的中山人，他来自广东中山县沙溪镇墩头村。后来当地人均称他作为"方利"。1920 年，方利虽是个目不识丁的小商贩，但却独具慧眼，全力支持一位白人朋友开采金矿。当时，政府、银行和大公司都认为这个白人的计划是痴人说梦，拒绝给予支持，唯独方利为他提供后勤补给供应。后来这位朋友居然真的找到金矿并挖到黄金，为了报答方利力排众议的宝贵支持，他将矿场的后勤补给供应专利权给了方利，当四面八方的工程技术人员与劳工涌进瓦图科拉这个小地方之后，此地很快就繁荣起来，而方利的商店由于独家经营也生意兴隆，发展成西区最大的华人商行"方利行"。他还经营房地产生意，在巴城至今仍有不少当地人知道"方利行"在哪里。

当年为方利工作过的华人不计其数，他们之中有不少人后来自立门户，成了大商家。如李华叶，曾在方利旗下工作，后来创立李氏企业，专营食品加工并兼营胶管、家具等生意。黄润江、杨轩当年也是方利的雇员，后来也创立"爱特轩公司"，生产"六宝"饮料。方利的生涯充满传奇性，后来在抗日战争中，他捐献了一架飞机，蒋介石曾题词褒奖，并与之合影，赠以中正剑。他当选过国大代表，在他病逝后，蒋介石也题了"贞固流芳"以示悼念，这几个字还刻在方的墓碑上。①

2.现代华商中的佼佼者

华人中最大的工商业家是住在西部劳托卡的李华业先生的李氏家族，他主要经营食品的制造。其子罗伯特·李曾留学美国，获经济学博士学位，他28岁继承父业，掌管李氏家族的全部工商业，并被推选为"斐济制造业协会"主席。目前，以LEES（李氏）为商标的各类食品，不仅垄断了斐济的整个市场，而且扩展到南太平洋地区各个岛国。在斐济，不论是繁华的城市还是遥远的山村，都能看到大幅的LEES的广告。1991年，李华业先生受国务院侨办的邀请曾到北京参加国庆活动。他为家乡中山县捐献的一所小学校早已落成启用。李先生现在仍然不断捐款，资助家乡的教育事业。

华人在斐济制造业中的另一巨头是西部地区的黄润江先生，他的汽水厂生产的汽水是斐济市场上的主要饮料。居住在劳托卡的杨灿荣先生在西部经营百货业，在当地首屈一指。居住在苏瓦的华人何志美经营电子机械和房地产，均有相当的规模，也堪称华人中的巨富。"斐济环岛旅游公司"（Zone Island Tours Company）创始人陈庆伟（Kevin Chan）在斐济旅游业享有很高的声誉，他所创办的微信群——"斐济资讯互助社区"在广大华人中影响颇大。

3.政界中的斐济华人

斐济华人与其他出外谋生的中国人一样，大多有浓厚的乡土观念，对自己来到斐济谋生，只抱着临时过客的心理，把斐济看作掘金的矿藏，只希望早有积蓄，返回故乡买田置业，衣锦还乡，光宗耀祖，因此对当地的政治并没有参与的兴趣。只有少数热衷于社会活动的华人，由于各方面因素的影响，参与了政治。由于华人与斐济族裔上下层关系都十分融洽，所以在政治活动中，华人

---

① 孙嘉瑞：《斐济华人史话》，《中山侨刊》第66期，2005年12月1日，中山市外事侨务局网，http://www.zsnews.cn/zt/zsqwj/2006/01/26/650896.shtml。

一直是靠拢斐济人这一边的，斐济人也把华人视为没有野心的盟友。

19 世纪末，华人方文清出任苏瓦镇议员，应该说，这是参与斐济政治的第一位华人。随后，在地方政治和国家政治层面，均有多位华人参与。

在地方政治层面，1911 年 Ming Ting 当选为苏瓦市政厅长官；1946 年起郑观陆、马乐臣、余国明均先后任苏瓦市议会官派议员。1976 年司徒泽波（Peter Keith Seeto）任苏瓦选区的首位民选议员，并于 1976—1977 年出任苏瓦市副市长。[1] 谢焯、黄润江、刘孟光先生曾先后出任劳托卡市市长。1941 年到斐济的黄润江从政历史更为悠久。1965—1970 年黄润江任劳托卡市议员，1967—1968 年任劳托卡市市长，1970—1973 年任上议院议员，后又历任劳托卡郊区地方政府当局议员和主席及公共航空监督委员会委员、斐济海港监督委员、斐济电力监督委员、城市规划委员会委员和房屋监督委员会委员等重要职务。

在国家政治层面，1965 年，殖民地政府筹备斐济独立时，由于土著斐济人与印度裔斐济人在国会议席的分配、选举法的取决等方面分歧严重，因此英国政府遭派殖民部副部长怀特夫人前来斐济处理，征集各方民意，作为制定宪法的依据。华人推举出郑观陆、余汉宏、邝余瑞琴四位知名人士会见了怀特夫人，并呈上备忘录。一般均将此视为斐济华人正面参与政治的开端。[2]

1966 年，华人余汉宏（Bill Yee）成功当选国会议员，这也是斐济历史上第一位华人议员。余汉宏，1930 年出生，祖籍大涌叠石村。其父余彩翁于第一次世界大战时到斐济，以种植甘蔗捕鱼为生。余汉宏 10 岁时与父团聚。1954 年入读新西兰大学机械工程科。20 世纪 60 年代在斐济苏瓦主持策划邮政大厦、政府议院总部等建筑工程，后自立公司。曾任斐济中华协会会长，筹划和促成于 1962 年建起建筑面积 3000 平方英尺的中华俱乐部，成为当地华人历史的重要标志。1966 年当选为第一位华人国会议员，且连任三届。在国会提出废止歧视华人的条例，游说政府给予在斐华人（包括合法和非法居留者）国

[1] *The Chinese in Fiji 1855–2015*, Suva, Chinese Association of Fiji, 2016, p.40.
[2] 孙嘉瑞：《政界中的华人》，斐华网，http://www.fijichinese.com/history/chinese_in_politics.htm。

籍，使斐济政坛开始有华人的声音。1999 年被委任为上议院议员，由英女王授予"太平绅士"称号。1999 年被邀回国参加国庆 50 周年观礼。2003 年 4 月，斐济中国同乡会成立，当选为首届会长。①

余汉宏后连任三届后，1982 年祖籍广东、具有 50% 中国血统的何志美接任余汉宏成为国会议员。1987 年何志美迁往另一选区参选后，司徒慈胜出，获得这一华人议席。1992 年，何志美出任兰布卡政府财政部部长、斐济国家贸易投资局主席，2008 年又成为首任斐济驻华大使，为推动中斐友好与合作做出了不懈努力。余汉宏、余国明和波·陈（Paul Chan）均先后出任过参议员。2001 年 10 月，刘孟光出任恩加拉塞政府参议员。2006 年 6 月，斐济总理恩加拉塞提名司徒新耀为参议员。

4. 华人国画书法家刘征明

斐济华人中不仅涌现了许多企业家、政治人物和社会活动家，而且还出现了一位华人艺术家，他就是华人国画书法家——刘征明。

刘征明，广东中山人，号一庄，是旅斐老侨刘晃的儿子。刘征明 1955 年到斐，带去画纸千张、笔墨砚台、书画碑帖无数。在斐济期间，他的父母及妻子负担起家事店务，他本人除了在劳托卡中华学校教书外，便把大部分时间都放在书画艺术上，每天晨起就执笔展纸，临画摹帖。10 多年的潜心钻研，使得刘征明走上了艺术创作的巅峰，在原有的书画技法的基础上，他的用墨赋色，已逐渐有了齐白石的神韵，书法则以汉隶为主，兼习行草，师古而不泥古。据刘征明回忆，仅兰、竹题材的画作就超过 1000 幅，不过他个人最为满意的仅为 3 幅。后来，他与斐济本地画家邝灼沛结成好友后，加入了本地艺术协会，参加斐济画展 18 次，在澳洲布里斯班、新西兰举办画展各一次，均好评如潮。②

斐济华人华侨对中国的看法随着形势的发展不断发生变化。斐济与我国建交之前，国民党在斐济设有特别支部，在那里散布了一些反共恐共和仇共的言

---

① 《余汉宏》，中山市档案信息网，2012 年 8 月 25 日，http://www.zsda.gov.cn/plus/view.php?aid=352637。

② 孙嘉瑞：《纸山墨池写丹青》，斐华网，http://www.fijichinese.com/history/artist_loweiming.htm。

论，使有的同胞对我国政府心存疑虑。随着中斐建交，他们对国内真实情况了解得越来越多，疑虑自然消失了。绝大多数老一代华人都不存偏见，心向祖国，并愿为祖国的改革开放和祖国统一贡献力量。据观察，旅斐老一代华人，不论持何种信仰，他们都在弘扬祖国文化、为侨胞谋福祉等方面做出了可贵的贡献。在斐济社会发生动乱的年代，华人安分守法，不参与政治纷争，得到斐济当局的称赞。在斐济社会中，华侨与华人数量不多，但经过几代人的辛勤劳动，对斐济社会的发展和促进中国同斐济之间的友好关系做出了巨大贡献。

第二节　华人社团与华语学校

与其他南太平洋岛国一样，斐济华人为了保护自己的利益，也成立了华人社团组织。其中，最早的华人社团就是1916年成立的国民党支部，该组织一直延续到1949年才宣告结束。该团体的职责是作为华人群体的代言人，在华人遇到个人或商业问题或其他影响华人利益的问题时与殖民政府协商。后来，又陆陆续续出现了一些华人社团，比较著名的有中华俱乐部（China Club）、斐济华人协会、中华青年文化协会和中华教育协会，以及2016年成立的华侨华人互助中心（简称"华助中心"）。

同时，为了传承传统文化，斐济华人也创办了华语学校，尤以斐济华人小学为最，1986年逸仙中学部成立，这就是著名的逸仙学校。80多年以来，逸仙学校坚持汉语教学，传承中华文化，为弘扬中华文明做出了突出贡献。

一、华人社团的成立与发展

1.中华俱乐部

斐济"中华俱乐部"是联络各界华人的商业性社团，始建于20世纪50年代，曾经作为在斐华侨华人聚集地而鼎盛一时。当时，为了加强与斐济各界沟通，维护华人应得权益，斐济华人中的部分有识之士建议成立一个专门的团体，于是在华侨领袖余海湘（Yee Hoy Shang）和 Gordon Gock Honson 的倡议下，苏瓦的部分华人于1955年2月召开筹备会议。3月23日，选举产生正式的筹委会，拟定该组织是一个非政治性、发扬传统文化的社团，其宗旨是联络会员感情，向华人青年提供社交、体育活动等场所。[1] 1959年斐济"红花节"，中华俱乐部举办了"中国之夜"。1961年"红花节"，中华俱乐部举办了"丰收月"活动。

1958年，为了欢迎新西兰惠灵顿华人的"东方篮球队"访问比赛，中华俱乐部特意购买了一块3000平方米的土地，并在此土地上建造了一个三合土的篮球场，与"东方篮球队"举行了友好比赛。1961年8月，中华俱乐部通过活动筹款、私人贷款、银行贷款、会费和用老虎机摸彩等方式筹集资金，开始建造会所。1962年5月，会所落成，建筑面积达3000平方英尺，包括室内羽毛球场、乒乓球场地和室外篮球场。此外，还有酒吧和桌球设备等。会所的建成，掀开了中华俱乐部历史新的一页。随后的数十年，这里便成为华人的体育、文娱、节日庆典、婚娶寿宴的地方，曾伴随诸多华人走过悠悠漫长岁月，是斐济华人历史上的一个重要标志。[2]

中华俱乐部的会员也从最初的120名，逐渐发展为一个大家庭式的华人社团，足球队、篮球队、乒乓球队、西洋乐队、狮队等应有尽有，到1977年会员已有600多名。随着中华俱乐部及会所的创始人、骨干的相继老去，加上斐济独立后不少华人担心独立后难以保持原先的优越地位，纷纷移居他国，中华俱乐部日渐衰败。

2009年，中华俱乐部开始重组，吸纳了100多名新会员，选举产生了新的俱乐部管理委员会，积极筹措资金，重建家园。在华人社团和中国驻斐济大

---

① *The Chinese in Fiji*, Suva, Chinese Association of Fiji, 2016, p.72.

② 孙嘉瑞：《中华俱乐部》，斐华网，http://www.fijichinese.com/history/china_club.htm。

使馆的大力支持下，中华俱乐部克服各种艰难困苦，终于喜获重生。新建的俱乐部蓝顶白墙，前后两进，前为一层平房，由一华商承包开设中餐馆；后为两层小楼，楼下为大礼堂和若干间单独隔开的小会客室，楼上则计划开辟为培训华人子弟和供华人休闲娱乐的活动场所，包括图书阅览室等。整个建筑错落有致，色调雅观。建筑前面是一片广场，既可停车也可举行大型室外活动。①

2. 斐济华人协会

斐济华人协会是斐济影响最大、成员最广泛的华人社团。它成立于1965年，旨在推动华人在斐济的政治影响力，希望在议会中获得两个专门为华人保留的席位，遗憾的是，由于斐济当时的国内形势，再加上冷战的大环境，斐济华人协会的这一愿望并没有实现。1992年，斐济华人协会重新恢复，宗旨内容得以扩大，希望推动在1997年斐济宪法中为华人保留一个议会席位，然而，这一愿景也没有能够实现。尽管如此，斐济华人协会仍继续为维护华人的利益而努力。后来，在西部城市劳托卡建立了斐济华人协会西北区分会。迄今，斐济华人协会是斐济影响最大、成员最广泛的华人社团。目前，该协会的会长陈婉娴2015年参与组织"庆祝华人抵斐160周年"大型纪念活动，树立了斐济华人良好的社会形象。

3. 斐济华人青年会

斐济华人青年会（Chinese Youth Social and Cultural Association of Fiji）成立于1971年，几乎全部由当地出生的华裔青年组成，其中不少是逸仙学校毕业的学生，他们在逸仙学校受到过中华文化的启蒙教育。该会的宗旨与中华俱乐部类似，但更着重于研究和弘扬中华文化，主要活动是举办中国舞蹈表演和音乐、电影、录像观赏，以传播中国文化。

4. 斐济华人教育协会

斐济华人教育协会（Chinese Education Society of Fiji）是最早的华人社团

---

① 《特写：斐济华人"回家"过年》，新华网，2011年1月30日，http://news.xinhuanet.com/world/2011-01/30/c_121042392.htm。

之一，成立于 1936 年，也是逸仙小学校董会，也是逸仙小学合法的管理机构。1970 年改英文，后来更名为斐济华人教育协会，同时也是具有法律效力的信托机构。它以逸仙学校为基础，团结华人，以中华文化教育新一代。教育协会理事会每年 3 月改选一次。余汉宏、余其祥等人都曾连任该协会主席或理事，为中华教育事业做出了贡献。

5.培华社

1988 年，由工程师余汉宏、绅士余其祥和商业家高伟忠等人首创培华社。顾名思义，培华社的宗旨就是通过各种活动培养华人弘扬和继承中华文化的意识、促进中斐人民之间的了解和友谊。培华社主要联系以苏瓦为中心的东部地区的新老华侨和华人。

6.华侨华人互助中心

为了更好地服务于斐济侨胞、来斐中国游客和驻斐中资企业等，促进中斐两国经贸合作与人文交流，2016 年 12 月 20 日，斐济首个华侨华人互助中心在苏瓦正式成立。据华助中心主任赵福刚介绍，华助中心把斐济数十家力量相对薄弱的侨团汇聚成共享人力、物力和财力的统一民间非营利性机构，向侨胞免费提供生活指南、法律咨询、医疗义诊、英语教学、翻译等服务，同时与斐济政府建立友好关系，反映侨社在治安、税务、劳工事务等方面诉求，维护同胞权益。[①]

此外，还有 1960 年成立、旨在弘扬中国戏曲文化的华人艺术俱乐部 (Chinese Arts Club)。1994 年在西部城市劳托卡还建立了一家地区性的中华商会，其活动范围在西部地区。还有一些基于地缘关系的社团组织，如东莞同乡会、中山同乡会、开平乡亲联谊会、恩平联谊会和四邑同乡会等，值得一提的是，所有这些华人同乡会都承认斐济华人协会的统领地位。

---

① 刘鹏：《斐济首个"华助中心"正式成立》，中国政府网，2016 年 12 月 20 日，http://www.gov.cn/xinwen/2016-12/20/content_5150815.htm。

二、逸仙学校及其汉语教学

在斐济，有一所华语学校，深受华侨华人的爱护。此校原名为华侨学校，因斐济是多民族国家，斐济政府明令学校不得冠以本民族的名称，故后来改名为逸仙学校。逸仙学校由逸仙小学和逸仙中学组成。

1. 逸仙小学

逸仙小学 1936 年 6 月 15 日创建于首都苏瓦的国民党总部，原名为飞枝华侨小学。经当时各界侨胞慷慨解囊，几经筹措，于 1937 年正式开学，首任校长为乔治·希钦斯（George Hithches）。后侨胞组织建校委员会（即华校主管部门——华人教育协会的前身）向侨胞筹得数千镑巨款，并从英国教会购买哥顿街物业，华侨小学便于 1938 年从苏瓦国民党总部迁往至此。

1947 年，富商郭清河（Gock Honson）先生在苏瓦扯旗山地区开发大面积租地，建校委员会副董事长兼华侨小学校长余锦荣先生，要求郭清河先生从该地中保留 7 英亩（24000 平方米）土地作为华校用地。在捐赠土地的郭清河先生和承建商谢池着先生及当时号称"六君子"的余锦荣、邝士奇、司徒炳璇、谭炳南、方瑞田和方作标（方利）共同努力下，1952 年 2 月 7 日华侨小学第一幢教学楼建成，次年该校由哥顿街旧址搬进新校园。1947—1956 年，校长一直由广为尊崇的詹宁斯（A. Jennings）女士担任。1955 年，逸仙小学成立学前班。

1970 年斐济脱离英国殖民者宣布独立，政府明令学校不得冠以本民族名称。华侨小学遂于 1976 年改名为逸仙学校，并招收非华人子女入学。直至现在，该校不但有华人子女，也有斐济族、印度族等民族子女在该校读书。从 1936 年华侨小学 12 名男生、5 名女生，到 1986 年，逸仙学校已有学生 675 名。目前小学部全体学生总数约为 700 人，其中包括学前班约 80 人。①

逸仙小学为华人在斐济专业和商业领域的成功奠定了基础。大多数华人专业人士如医生、律师、工程师、会计师、电脑编程员和企业家都曾在逸仙

---

① *The Chinese in Fiji 1855–2015*, Suva, Chinese Association of Fiji, 2016, p.39.

小学学习。比如在专业领域方面，斐济四大会计师事务所中的三家负责人都是华人，即普华永道（Pricewaterhouse Coopers，简称 PwC）的陈婉娴和 Chirk Yam、毕马威（KPMG）的余国梁（Michael Yee Joy）以及安永的 Francis Chung 都毕业于逸仙小学。其他知名华人还包括：原联合电信控股公司的 CEO 余鼎新（Lionel Yee），原斐济律师协会会长 Graham Leung，南太平洋大学图书馆馆长、南太平洋岛国孔子学院院长、斐济华人教育协会原会长余倩庄（Sin Joam Yee），英联邦运动会驻斐济的负责人 Christopher Yee 以及已故华人社团领袖余汉宏等。

2. 逸仙中学部

1984 年 10 月 1 日，斐济教育部批准设立逸仙学校中学部。为此，中国政府捐赠 3 万美元，斐济政府教育部则提供了 1 万元的捐助。1986 年首次招生，逸仙中学成立，仍合称逸仙学校。

1989 年中华人民共和国开始向逸仙学校中学部资送中文教师，自此中学的中文教材采用简体字和汉语拼音。逸仙小学一直得到台湾当局的资助，使用的汉语教材由台湾"侨委会"提供，教授的是繁体字和注音符号。中学使用的教材由国务院侨办提供，教授的是简体字和汉语拼音。逸仙学校还得到中国侨联的帮助，中国侨联多次捐赠了电脑等教学设备，具体参见表 6—3。

表 6—3 中国对斐济逸仙学校的捐赠一览表

序号	捐赠时间	捐赠内容
1	2010 年 7 月 14 日	汉语教材 300 套
2	2012 年 4 月 17 日	教材 2079 本、乐器 1 套
3	2013 年 10 月 15 日	汉语教材 8048 本
4	2014 年 7 月 1 日	图书 4547 本
5	2014 年 10 月 28 日	教学设备
6	2014 年 8 月 4 日	1.35 万美元文化用品
7	2016 年 8 月 9 日	图书 1120 本

资料来源：中华人民共和国驻斐济大使馆。

3.逸仙中学的汉语教学

逸仙中学是斐济唯一设置汉语课程的中学。修汉语课的不仅有华人子弟，也有其他民族的学生，如斐济族、印度族学生及少量澳大利亚人、新西兰人、日本人、韩国人等。学校规定凡有华人血统的学生必须学习汉语，所以对他们来说汉语课是必修课，对其他民族的学生则是选修课。无论是必修课还是选修课，汉语考试成绩一律登入期末成绩单，对学习优秀者发奖以资鼓励。毕业班汉语成绩最佳者授予最高荣誉奖——汉语杯。

各年级的汉语课均按学生的程度分为快班和慢班。华人学生一般分在快班。他们的汉语有一定基础，大多会说广东话，能听懂普通话，所以教师用普通话授课；使用的教材是北京语言学院编写的汉语课本，教学进度比较快，每周3课时，除了课本内容外，还由教师根据实际需要编选一部分补充材料。非华人血统学生分在慢班，教学进度较慢，每周2课时，教学要依靠英语这一语言媒介。

斐济的通用语言是英语、斐济语和印地语，学生的汉语学习缺乏必要的语言环境，只能接触到一些中文报刊、中文电影字幕以及汉语广播等，有一定的听、读的机会，说、写的机会是很少的。针对这种情况，斐中汉语课的教学采取了突出听、读，以听、读带动说、写的做法。例如，在语音教学中，辨音能力的训练领先于发音能力的训练，先安排大量的辨音练习，在此基础上安排适量的发音练习，必要的时候对发音要领作些简单扼要的说明，不从理论上作过细的讲解，主要让学生通过实践慢慢找到正确的发音部位和发音方法。在汉字教学中，先教认字，通过大量辨字练习培养学生认读汉字的能力，然后逐步开展汉字书写能力的训练。

斐济中学的汉语课不是主课，学生的主要精力放在国家规定要统考的几门主课上，课后不可能花很多的时间来复习汉语，所以汉语课上学过的东西很容易忘记。为此，教师采取了加强循环复习的对策，每次上课先进行综合复习，然后才进入新语言点的讲解与操练。这种以旧带新，边学边巩固，在巩固的基础上提高的办法取得了预期的效果，多数学生学得相当扎实。

该校汉语班除讲授汉语课外，还设有中国文化课。文化课每周一次，课上利用图片、录像介绍中国历史、地理、教育、文化、风俗习惯等情况，很受学生欢迎。围绕语言教学，还开展了丰富多彩的语言文化实践活动，如学中国民歌和中国民间舞蹈，定期举办汉语故事会，配合各民族传统节日的庆祝活动组织学生进行汉语节目表演，等等。这些活动既丰富了学生的文化生活，增进了他们对中华文化的了解，又提高了学习兴趣，增强了学好汉语的信心，实在是一举多得。

4.逸仙学校的贡献与影响

逸仙学校自建校迄今80余年来，一直秉承弘扬中华文化，不忘祖国的宗旨，培养了大量的华人子弟，为继承和弘扬中华文化做出了重大贡献。

随着社会的发展，逸仙学校也发生了重大变化。首先，学校的规模由单一的小学部发展为中学、小学两部，学生由几十人到今天的数百人。与此同时，学校的占地规模、教室校舍及各项设施也今非昔比。其次，为使华人子弟适应当地就业的需要，由原来的着重中文教学，发展为中英文并重。这样，作为华人子弟，既学习了中文，饮水思源，不忘祖宗，同时作为斐济社会的一分子，又学了英文，便于就业。

经过80余年的教学，逸仙学校越办越好，教学质量和管理水平之高已闻名遐迩。当前，不仅华人子弟必进逸仙，就是其他民族，如印度、斐济、澳大利亚、新西兰人对其也深为仰慕，纷纷把自己的子弟送入逸仙就读。故现在的逸仙学校已成为以华人子弟为主也吸收其他民族儿童的多民族的学校。由此也显示了华人社会和当地人民之间友好相处的良好关系。

逸仙学校的每届校庆、毕业典礼或年节假日，都是学校舞蹈队、歌咏队大显身手的时机。学生的表演，不论是服装道具和造型，还是舞蹈技巧，均称优良，每每使在座的各族家长、来宾赞不绝口。一次，学生推出的从汉朝至今的中国历代服装表演，令观众如痴如醉，年长的华人看后迟迟不愿离去。一位斐济朋友说，这是他平生首次在斐济看到这么精彩的表演，从中了解到中华文化是那么丰富多彩。还有朋友说，虽然没去过中国，但中国灿烂的文化和古老的文明早已吸引了自己，希望自己的孩子在逸仙学校学好中文。至于那些参加表演的学生家长，看过表演后，自豪之情更是溢于言表。

三、劳托卡中华学校

斐济另一所历史悠久的华校是 1930 年建于斐济维提岛西部的第二大城市劳托卡的劳托卡中华学校。该校现为公立学校，学校理事会全是华人。该校 1930年由旅斐华侨华人集资创建，现有总面积达 3600 多平方米的两幢双层教学大楼、礼堂以及操场等。学校有教职员工 12 人，设有 8 个年级，各民族学生 300 多人，以斐济裔和印度裔学生为主，华裔学生约占 10%。办校至今，劳托卡中华学校培养了近万名学生，其中不少人成为各行各业的领导者和高级技术人员。①

第三节　斐济华人与中斐关系

自 19 世纪跟随欧洲人的船只来到斐济之日起，华人便与中斐关系结下了不解之缘。1855 年华人梅屏耀来到斐济并开设首家华人商店后，斐济华人与中斐关系更是密切联系在一起，他们融入当地文化，成为真正的斐济人，并在斐济播种下中华文化的种子。他们不仅是中斐关系的牵线人，而且更是中斐关系的推动者和维护者，是发展中斐友好关系的一支重要力量。斐济前总理姆拜尼马拉马认为："华人在斐济的人数虽然不多，但是对斐济的发展做出了卓越贡献，他们依靠勤劳、自力更生和诚信在斐济立足，并成为商业、医疗、教育等领域的领军人物。华人对斐济的贡献使得斐济提升了自己的国际地位，充实了多种族文化。""斐济新老华人移民作为斐中友谊的桥梁，为两国间的理解和互信做出了卓越贡献。"②

---

① 《裴援平一行考察斐济劳托卡中华学校》，中国新闻网，2015 年 10 月 5 日，http://www.chinanews.com/hr/2015/10-09/7561042.shtml。

② The *Chinese in Fiji 1855–2015*, Suva, Chinese Association of Fiji, 2016, pp.12–13.

一、中斐关系的牵线人

中国与斐济，一个地处北半球，一个地处遥远的南半球，中间隔着浩瀚的太平洋，在科学技术并不发达的古代，仅仅是从中国到达斐济就已经是一个不可逾越的鸿沟，更谈不上两者之间有什么关系。

在中国，很早就已经形成了对世界的认识，即中国中心主义的天下观。这种天下观的形成，最早可在古人对"四海"的描述中窥见一二，《庄子》内篇《应帝王》中关于南海、北海、中央的描述，实际上已经蕴含了一个当时关于中国与天下的基本想象。天下由中国与四海、四方、万国构成，而中国作为天下的中央，位居中心，四方则在其周围，因而，中国又意味着"中央之国"。到了周代，这种天下想象被明确发展为一套关于服制的制度思想，天子居于中央，其贡赋主要来自王畿的甸服；其外层是环绕于王畿之外的诸侯，其贡赋来自侯服与绥服，目的是奋武卫以屏障天子，诸侯之外是要服、荒服的蛮夷之地。而《荀子·王制》对此则有更明晰的论述："北海则有走马吠犬焉，然而中国得而畜使之，南海则有羽翮、齿革、曾青、丹干焉，然而中国得而财之，东海则有紫紶、鱼、盐焉，然而中国得而衣食之，西海则有皮革、文旄焉，然而中国得而用之!"四海之物，中国皆可得而畜使之，得而财之，得而衣食之，得而用之，这显然是以中国为关切中心的叙述，由此也可以看出，"四海"作为中国的外部范畴，与"中国"在内涵上相互构成。[1]

在中国中心主义天下观的影响下，加上中国的文化水准和生产力发展水平远高于周边各民族和国家，所以自秦汉以来，周边各民族和国家被视为蛮夷戎狄，中国与他们的关系也因此而呈现为册封、会盟、修贡，并在此基础上形成了完整的"封贡体系"。中国的这种中心主义天下观，使得中国不可能主动与遥远的斐济交往，加上明朝以后为了防止倭寇骚扰，中国政府开始实施"海禁"政策，禁止民众与海外交往。

---

[1]　陈赟：《"混沌之死"与中国中心主义天下观之解构》，《社会科学》2010 年第 6 期，第 109 页。

地处南太平洋的斐济，虽然没有这种中心主义天下观，但是正处于原始社会的斐济既没有能力跨越浩瀚的太平洋来到中国，也根本没有与中国交往的意识。在这种情况下，中斐两国发生关系几乎成了天方夜谭。然而，欧洲人前往南太平洋搜集檀香木和海参的船只却把华人从中国带到了斐济，让他们看到了一个与此前完全不同的世界。经营檀香木和海参所赚取的高额利润，也刺激了早期的中国人，尤其是那些在国内无法生存的人，远赴太平洋，来到斐济。他们把中国的丝绸、茶叶、瓷器等带到斐济，再把斐济盛产的檀香木、海参等运回国内，从中盈利，中斐贸易关系随之产生。仅从这一点而言，斐济华人作为中斐关系牵手人的地位就是毋庸置疑的。

二、中斐关系的推动者

在中斐贸易关系之后，中斐其他关系如婚姻关系、文化关系、教育关系、旅游关系等随之发生，而在这诸多关系发展的历程中，斐济华人发挥着极其重要的作用，一直在推动着中斐关系向更丰富、更深远的层次发展。

华人在斐济居住经商后，为了生存与竞争，往往会资助自己的乡亲或亲戚前往斐济，帮助他们看店或经营，这样使得越来越多的中国人来到斐济。由于是去一个遥远的、人生地不熟的国度谋生，加上当时中国的男尊女卑思想，最初到斐济的中国人都是男性，直到 1882 年梅屏耀回国娶妻阮氏并把她带回斐济，斐济才有了第一位华人女性。然而，斐济华人女性的增长速度十分缓慢。据统计，"截止 20 世纪初，斐济只有 18 名华人男性和 3 名女性。1908 年时男性华人增加到 150 人，女性仍为 3 人。1921 年华人总数已经增加至 910 人，其中男性 845 人，女性 65 人。"[1] 从这一统计数字来看，斐济华人的男女比例严重失衡，若仅仅与华人女性结婚，很多华人男性将面临着孤独终生的结局。其实，华人的善良淳朴、吃苦耐劳、踏实肯干早已吸引了许多斐济姑娘的心，

---

[1] The *Chinese in Fiji 1855–2015*, Suva, Chinese Association of Fiji, 2016, pp.36–37.

加上后来斐济殖民政府出台移民法规，规定只有妻子也在斐济生活的外籍人士才能加入斐济国籍，因此最终促成了中斐两国人民之间的联姻，越来越多的斐济姑娘喜欢嫁给华人为妻。

随着更多中国人的到来，华人在斐济的经营更加多元化。他们不仅仅经营日用百货，而且开始进军餐饮业。众所周知，中国以美食见长，中国人走到哪里中国餐馆就开到哪里。不管是 1848 年加利福尼亚发现金矿，还是澳大利亚发现金矿，中国人在前往那里淘金的过程中，都把餐馆开得遍地开花。当然，究其原因，除了中国美食的吸引力之外，也与当时欧美人把洗衣、做饭等看作是女人的活计有关，早期华人就是通过从事这些欧美人看不上的职业才最终在当地站稳了脚跟，并逐渐占据了当地市场的重要份额。斐济华人也一样，他们凭借着自己的艰苦努力，凭借着中国食物的诱人味蕾、质优价廉，很快在斐济餐饮界站住了脚。遗憾的是，后来斐济殖民政府对华人实施限制，加上日本人对斐济印度人的扶植，使得印度人在餐饮业后来居上，牢牢地掌控着斐济的餐饮市场。幸运的是，斐济的中国餐馆并没有就此消失，它们依然顽强地生存着。改革开放之后，随着越来越多的中国人来到斐济，中国的快餐馆也在斐济遍地开花。在首都苏瓦，乃至楠迪及别的城镇，到处都可以找到中华美食。而杂碎、红烧肉、馄饨面等都是出名而深受社会欢迎的佳肴。① 目前，斐济大概中餐酒楼 10—20 家，以粤菜为主，加上酒店度假村的中国餐厅，中国餐馆在斐济市场所占的份额还不足 10%。②

华人的到来，也把中华传统文化带到了斐济。1927 年，侨社领导人与斐济殖民政府协商，获得了位于 Reservoir 路边的一块土地作为华人墓地。这样，每年的清明和重阳节，华人都会到这里来缅怀和纪念逝去的亲属，使中国传统文化在斐济生根发芽。更值得一提的是，逸仙学校和劳托卡中华学校的创立。可以说，斐济华人创办两所学校的初衷就是为了传承中华文化，让中华文化在

---

① 孙嘉瑞：《华人在斐济的未来》，斐华网，http://www.fijichinese.com/history/future_of_chinese_in_fiji.htm。

② 2017 年 3 月 6 日对"斐济环岛旅游公司"经理陈庆伟的电话采访。

斐济发扬光大。如前所述，虽然两所学校最初只招收华人学生，但是到后来一些印度人、斐济人、澳大利亚人和新西兰人也慕名前来。两所华人学校给社会提供了良好的教育，在不同的节日中通过舞蹈和歌曲的演出让斐济华人的社会文化生活变得更加丰富多彩等。

三、中斐友好关系的维护者

广大斐济华人不仅是中斐关系的推动者，更为重要的是，他们还是中斐关系坚定的维护者。在中斐关系因外界因素影响而发生动摇甚至后退之时，斐济华人华侨坚定地站在祖国一边。

同时，华裔数量在斐济稳步增长，经济地位也显著提高，不断融入当地主流社会，成为社会的上层群体，但是他们的合法权益在很多时候却没有得到相应的保护。尤其是 2000 年政变以后，斐济华侨华人被盗、被抢案件增多，如2002 年发生在苏瓦的李氏灭门惨案，包括一名儿童在内的一家四口全部被乱刀砍死，[1] 在斐济开展经营活动要时刻提防被偷、被抢。因此，保护华人华侨在斐济的利益不受损害以及人身安全，也是中国积极发展与斐济关系的一个动因。[2]

---

① 毛春玲：《旅斐华侨华人与中斐文化交流》，东北师范大学 2008 年硕士学位论文，第 21 页。
② 吴婧：《21 世纪初中国与斐济的关系发展研究》，华中师范大学 2015 年硕士学位论文，第22 页。

第七章　中斐关系的特点及未来前景

第一节　中斐关系的基本特点

纵览 160 余年以来的中斐关系史，尤其是 1975 年中斐建交近 50 年的历史，可以发现，中斐关系呈现出鲜明的特点，主要包括：坚持一个中国原则是中斐关系平稳发展的前提；相互尊重彼此选择的发展道路是中斐关系的基石；首脑外交擘画中斐关系的发展方向等。

一、坚持一个中国原则是中斐关系平稳发展的前提

一个中国原则不仅是我国与其他国家发展友好关系的基础，也是中斐关系的基石，在中斐关系近 50 年的发展历程中，斐济一直恪守这一原则。

1975 年中斐两国签署的中斐建交公报明确表示，斐济政府承认中华人民共和国政府为中国的唯一合法政府；台湾是中华人民共和国领土不可分割的一部分，斐济政府承认中国政府的这一立场。① 此后，斐济政府和领导人一直坚

---

① "中华人民共和国政府和斐济政府关于中、斐两国建立外交关系的联合公报"，中华人民共和国外交部，2000 年 11 月 7 日，http://www.fmprc.gov.cn/mfa_chn/gjhdq_603914/gj_603916/dyz_608952/1206_609054/1207_609066/t4950.shtml。

持这一立场，并多次进行强调。如 2001 年 7 月，斐济驻华大使馆在北京正式开馆时，斐方表示坚持 1975 年与中国建交时所阐述的一个中国原则。2011 年斐济总统奈拉蒂考在苏瓦接受新华社采访时表示，斐济政府和人民一直感谢中国政府和人民了解斐济的情况和斐济的立场，强调斐济将始终坚持一个中国的政策。①

中国元首和各部门与斐济交往时也屡屡强调中方的这一立场，斐方同样都表示极力赞同。如 2004 年 10 月 18 日，中国国家旅游局局长何光暐与斐济旅游部部长皮塔·纳苏瓦共同签署《中华人民共和国国家旅游局和斐济群岛共和国旅游部关于中国旅游团队赴斐济旅游实施方案的谅解备忘录》后，强调指出：一个中国原则，即世界上只有一个中国，台湾是中国不可分割的一部分，中华人民共和国政府是代表全中国的唯一合法政府，这是中国与世界各国交往的重要政治基础，也是中斐旅游合作的先决条件，中方的这一立场得到斐方完全认同。2006 年 4 月 4 日，温家宝总理在与斐济总理恩加拉塞会谈时，恩加拉塞重申，斐济政府奉行一个中国的政策，承认中华人民共和国政府是代表全中国的唯一合法政府，台湾是中国的一部分。斐济反对任何制造"两个中国"或"一中一台"的活动，反对"台湾独立"，不与台湾进行官方往来。斐方今后将继续恪守上述原则。② 在此基础上，两国决定将中斐关系推上一个新台阶，建立和发展"中斐重要合作伙伴关系"。2010 年 10 月 14 日，国家副主席习近平在人民大会堂会见了斐济外交、国际合作和民航部部长昆布安博拉时，昆布安博拉表示斐济政府坚持奉行一个中国政策，感谢中方长期以来向斐济提供经济技术援助，希望进一步扩大双方交流与合作，推动两国关系取得新的发展。

当然，在中斐建交 40 多年间，斐济方面也偶有不一致的情况出现，但都被中方及时而坚决地制止。典型事件之一就是 2005 年 5 月，中国台湾地区领

---

① "Fijian president highlights development of Fiji-China relations", Xinhua News Agency - CEIS [Woodside] 13 Sep 2011.

② 《温家宝与斐济总理恩加拉塞会谈 取得多项成果》，中国政府网，2006 年 4 月 4 日，http://www.gov.cn/ldhd/2006-04/04/content_245205.htm。

导人陈水扁在访问马绍尔群岛、基里巴斯和图瓦卢的途中经停斐济，并会见
了斐济大酋长委员会（the Great Council of Chiefs）主席拉图·奥维尼·博基
尼（Ratu Ovini Bokini）、几位参议员和众议员，以及首席大法官丹尼尔·法蒂
亚基（Daniel Fatiaki）和几位法官。陈水扁的这一做法是台湾地区的惯用手法，
试图以此挑战一个中国的原则，对此，中国方面向斐方提出抗议，认为斐济此
举是向国际社会发出了一个错误的信号。面对中国的严正抗议，斐济外交外贸
部部长卡利奥帕蒂·塔沃拉（Kaliopate Tavola）表示他本人和外交部既没有邀
请陈水扁访问斐济，对陈的来访也不知情，斐济更无意与中国台湾建立"外交"
关系。① 由于斐方的明确立场，这一小插曲并未影响中斐关系的发展，两国关
系依然继续朝着良好方向发展。

二、相互尊重彼此选择的发展道路是中斐关系的基石

由于两国国情不同，中斐选择了符合各自国情的特色发展道路，两国都理
解并尊重对方的选择，同时在国际社会中能给予对方坚定支持，这是中斐关系
不断迈向前进的持续动力。

就中国而言，自新中国成立以来一直坚持的外交原则之一就是不干涉别国
内政，如 1950 年《中苏友好同盟互助条约》第 5 条就明确规定："缔约国双方
保证以友好合作的精神，并遵照平等、互利、互相尊重国家主权与领土完整及
不干涉对方内政的原则，发展和巩固中苏两国之间的经济与文化关系，彼此给
予一切可能的经济援助，并进行必要的经济合作。"1953 年 12 月底，周恩来
总理在会见来访的印度代表团时又第一次完整地提出了"互相尊重主权和领土
完整、互不侵犯、互不干涉内政、平等互利、和平共处"五项原则。和平共处
的五项原则一经提出，即在中国外交实践中不断贯彻与完善，成为我国对外政
策的重要原则。对于和平共处原则中的不干涉原则，周总理也有针对性的阐

---

① China reminds Fiji of policy, *The Fiji Times*, May 6, 2005.

述，即"各国不分大小强弱，不论其社会制度如何，是可以和平共处的。各国人民的民族独立和自主权利是必须得到尊重的。各国人民都应该有选择其国家制度和生活方式的权利，不应受到其他国家的干涉。"①

不干涉原则贯穿中斐关系的始终。中国政府不仅在1975的中斐建交公报中明确表示支持斐济政府和人民为维护国家独立、主权和发展致力于和平的自给经济所作的努力，②而且中国领导人在与斐济领导人会晤时亦多次强调，在中国对斐济的各种援助中也坚决贯彻执行。如1985年5月，中共中央总书记胡耀邦会见斐济总理马拉时一方面重申了中国与南太平洋国家发展友好合作关系的基本方针，另一方面也表示中国理解、赞赏、尊重斐济的内外政策。③

2006年斐济政变后，中国与国际社会一样十分关注斐济的政治形势，中国一方面表示"对斐济目前的局势感到担忧，希望有关各方共同努力，寻求妥善解决方案，保持社会稳定。""我们赞赏斐济政府自1975年11月5日两国建交以来一贯坚持一个中国原则。"④另一方面，也尊重斐济自主选择发展道路，并在澳大利亚、新西兰、英国等对之制裁的情况下，提供力所能及的帮助。2014年1月，中联部副部长于洪君率领友好代表团访问斐济，高度赞扬斐济的"向北看"政策以及将中国作为政策重点的举措，表示"我们尊重斐济人民选择符合自己民族特色的发展的权利，并相信人民有能力在建设自己的未来方面向前迈进"，无论未来国际格局发生什么，中国仍然致力于成为一个好邻居。⑤

斐济方面深信中国尊重斐济选择的发展道路。2011年斐济信息部即援引中国驻斐济大使韩志强的话说，中国认为斐济有权解决自己作为一个主权国家

---

① 陈明显：《中华人民共和国政治制度史》，南开大学出版社1998年版，第357—358页。
② 《中华人民共和国政府和斐济政府关于中、斐两国建立外交关系的联合公报》，中华人民共和国外交部，2000年11月7日，http://www.fmprc.gov.cn/mfa_chn/gjhdq_603914/gj_603916/dyz_608952/1206_609054/1207_609066/t4950.shtml。
③ 唐家璇主编：《中国外交辞典》，世界知识出版社2000年版，第192页。
④ "China concerned about Fiji's political situation", Xinhua News Agency, Deccmber 7, 2014.
⑤ "China commends Fiji's look north policy", Xinhua News Agency, January 20, 2014.

的问题，中国不会像澳大利亚和新西兰那样不断对斐济进行谴责和施压，"斐济和中国是国际舞台上的完美兄弟，我们尊重彼此的主权"，无论国际政治中发生什么，中国都会亲斐济，支持斐济，像斐济人一样对待斐济。斐济和中国都是发展中国家，面临着类似的挑战和任务，因此应该相互理解。① 对此，斐济总理姆拜尼马拉马表示高度赞赏，认为中国是理解斐济正在进行的改革的。② 相互尊重主权与发展道路，互不干涉内政已成为中斐关系发展的重要基石。

三、首脑外交擘画中斐关系的发展方向

自 1978 年斐济总理马拉首度访华开始，首脑外交一直在中斐关系中发挥着至关重要的作用。

1978 年斐济总理首度访华，首先开启了中斐高层交往的大门。随后，1979 年，中国副总理陈慕华访问斐济；1980 年，斐济副总理加尼劳访问中国，两国领导人实现互访，两国经济、文化交流逐步展开。

1985 年中共中央总书记胡耀邦访问斐济后，斐济总理马拉 1985 年和 1990 年两度（1988 年非正式）访问中国，斐济总统加尼劳 1991 年对中国进行国事访问，2003 年和 2004 年伊洛伊洛总统也接连访华。在斐济领导人频繁访华的同时，中国领导人包括国家主席杨尚昆访问斐济（1990）、国务院总理李鹏（1992）、中国政协主席、人大常委会委员长（1992、1995）等先后对斐济进行友好访问。在中斐高层交往日益频繁的基础上，两国教育、卫生、军事交流与合作逐步展开。

2006 年温家宝总理访斐后，两国领导人一直同意将中斐关系发展为重要伙伴关系。此后，中斐经济、文化、教育、司法、航天等领域交流与合作再上

---

① "China Respects Fiji's Sovereignty: Envoy", *Asia Pulse* [Rhodes]，June 14, 2011.

② Fiji PM: "China understands", *The Nelson Mail*, August 12, 2010.

新台阶。尤为重要的是，这一时期，中国对斐济的经济援助大幅度增加，中国在斐济外交中的地位不断上升。

2014年，中国国家主席习近平对斐济国事访问，并在斐济重要城市楠迪会晤建交岛国领导人，更加凸显了斐济在中国对南太外交中的重要性。随着两国关系上升为战略合作伙伴关系，以及中斐"一带一路"建设备忘录的签署，两国关系迎来新的发展机遇。

纵览中斐关系发展近50年的发展历程，可以看出，两国首脑不仅是中斐关系的设计者，规划着中斐关系的发展蓝图，而且是中斐友好合作关系的实施者，主导中斐关系的发展与走向。

第二节 "一带一路"倡议与中斐关系的未来前景

一、"一带一路"倡议的提出

"一带一路"是丝绸之路经济带和21世纪海上丝绸之路的简称。作为一种合作发展的理念和倡议，旨在借用古代"丝绸之路"的历史符号，依靠中国与有关国家既有的双多边机制，借助既有的、行之有效的区域合作平台，高举和平发展的旗帜，主动地发展与共建国家的经济合作伙伴关系，共同打造政治互信、经济融合、文化包容的利益共同体、命运共同体和责任共同体。①

2013年9月7日，中国国家主席习近平在哈萨克斯坦纳扎尔巴耶夫大学演讲时提出共同建设丝绸之路经济带。2013年10月，习近平主席在出席亚太经济合作组织领导人非正式会议期间，在印度尼西亚国会发表演讲时提出中

---

① 《高层大讲堂》编写组编著：《高层大讲堂：十八大以来中央政治局集体学习的重大议题》，红旗出版社2016年版，第192页。

国愿同东盟国家加强海上合作，发展海洋合作伙伴关系，共同建设海上丝绸之路。

2015 年 3 月 28 日，国家发展改革委、外交部、商务部联合发布了《推动共建丝绸之路经济带和 21 世纪海上丝绸之路的愿景与行动》，系统勾勒出"一带一路"路线图。根据这一愿景，21 世纪海上丝绸之路重点方向有两条：一是从中国沿海港口过南海到印度洋，延伸至欧洲；二是从中国沿海港口过南海到南太平洋。南太平洋地区正式成为 21 世纪海上丝绸之路的南线，从而为中国与太平洋岛国的友好合作，为太平洋岛国经济社会发展提供了巨大机遇。正如国家海洋局局长刘赐贵所言，"中国提出建设 21 世纪海上丝绸之路，是为了适应经济全球化新形势，扩大与沿线国家的利益汇合点，与相关国家共同打造政治互信、经济融合、文化包容、互联互通的利益共同体和命运共同体，实现地区各国的共同发展、共同繁荣。"

这一倡议是在新时期背景下，立足于中国历史和现实环境，秉承和平发展的外交方针，旨在加快中国经济全面发展的重要战略；是一条开放、合作、共赢的"发展之路"，是一条共同打造政治互信、经济融合、文化包容的命运共同体和利益共同体的"构建之路"，是对周边国家释放出和平发展的善意信号，是睦邻、安邻、富邻周边外交战略的具体体现，已成为我国与沿线各国之间开拓新的合作领域、深化互利合作的战略契合点。

二、"21 世纪海上丝绸之路"与太平洋岛国的发展机遇

太平洋岛国包括美拉尼西亚、密克罗尼西亚和波利尼西亚三大族群、27 个国家和地区，其中已经独立的国家有 14 个，即巴布亚新几内亚、所罗门群岛、斐济、萨摩亚、瓦努阿图、汤加、纽埃、库克群岛、密克罗尼西亚、马绍尔群岛、图瓦卢、瑙鲁、基里巴斯和帕劳，其中与中国建立外交关系的有 11

个国家。① 这一地区虽然人口相对较少，除巴布亚新几内亚、斐济和所罗门群岛人口达 732.1 万（2013）、84.9 万（2014）和 57 万（2014）外，多数国家人口不足 20 万，人口最少的纽埃只有 1311 人（2014）。然而，太平洋岛国地区的自然资源却十分丰富，特别是水产资源、矿产资源和旅游资源。其中，专属经济区占全球地表面积的 8% 和海洋面积的 10%，金枪鱼产量占世界总产量的一半以上。更为重要的是，太平洋岛国地区战略地位十分重要，它连接太平洋和印度洋，扼守美洲至亚洲的太平洋运输线，占据北半球通往南半球乃至南极的国际海运航线，是世界东西、南北两大战略通道的交汇处，是当前海上强国极为重视的战略要地。令人遗憾的是，太平洋岛国地区的经济普遍不太发达，绝大多数国家依然是发展中国家，经济形势脆弱亟须大国援助和庇护，所罗门群岛、基里巴斯、瓦努阿图和图瓦卢还被联合国大会和经济社会理事会列为最不发达的国家。②

2014 年 11 月，习近平主席访问斐济，在斐济《斐济时报》和《斐济太阳报》发表题为《永远做太平洋岛国人民的真诚朋友》的署名文章。在斐济为期两天的访问期间，习近平与斐济总理姆拜尼马拉马以及其他岛国的领导人进行集体会晤，就发展双边友好合作交换意见，一致同意建立相互尊重、共同发展的战略伙伴关系，并提议共建"21 世纪海上丝绸之路"。

我国建设"21 世纪海上丝绸之路"，以互联互通为抓手，以金融合作为前导，激发大市场活力，共享发展新成果，符合太平洋岛国发展经济、改善民生的根本利益。而且，"21 世纪海上丝绸之路"并未设置门槛，任何有意参与合作的沿途国家，都可以将本国交通网络与海上丝路进行对接从而分享海上丝路互联互通的便利服务和优势互补的发展红利。太平洋岛国即使是无力完成对接，只要有合作意愿，也能通过亚洲基础设施投资银行获得中国及其他合作伙

---

① 自 1975 年始，斐济、萨摩亚、巴布亚新几内亚、瓦努阿图、密克罗尼西亚联邦、库克群岛、汤加、纽埃、基里巴斯和所罗门群岛以及瑙鲁等 11 个国家先后与中国建交。

② "Least Developed Countries: Country resolutions and reports", http://www.un.org/en/development/desa/policy/cdp/ldc2/ldc_countries.shtml。

伴国的资金和技术援助，从而有效提高参与国际合作的交通运输能力，实现自身经济转型提升。正如太平洋岛国论坛驻中国总代表大卫·莫里斯先生在悉尼大学中国研究中心的演讲中所言，"海上丝绸之路为资源丰富但缺乏基础设施、资本和能力，但具有巨大发展潜能的地区提供一个建立更加全球经济一体化的机会"，"海上丝绸之路为南太平洋岛国提供了一个商业与发展双赢的机会"。具体表现为：

第一，"21世纪海上丝绸之路"能够极大地改善太平洋岛国的基础设施。众所周知，"21世纪海上丝绸之路"是以基础设施建设为切入点，以亚洲基础设施投资银行为支点，通过深水港、铁路网、公路网、内河航运的交通基础设施建设，将沿途各国有序纳入互联互通的合作框架。为了促进互联互通建设和经济一体化进程，2013年10月2日，习近平主席在雅加达同印度尼西亚总统苏西洛举行会谈时，倡议筹建亚洲基础设施投资银行，向包括东盟国家在内的本地区发展中国家基础设施建设提供资金支持。在得到苏西洛总统的积极回应，缅甸、印度、新加坡等更多国家积极参与后，诸国共同决定成立亚洲基础设施投资银行。2015年12月25日，亚洲基础设施投资银行正式成立。亚投行的成立，将为包括太平洋岛国在内的发展中国家提供更多的资金支持和帮扶，借此，太平洋岛国的基础设施建设，包括机场、道路、桥梁、港口、信息网络、体育场所、办公大楼甚至居民住宅等都将从中获益，得到改善。

第二，"21世纪海上丝绸之路"能够推进中国与太平洋岛国的海洋产业合作。中国与太平洋岛国在海洋渔业、海洋旅游、海水淡化、海洋可再生资源开发等领域有着巨大的合作空间。为了与太平洋岛国进行渔业合作开发，2002年中国已与斐济签署《中斐部门间渔业合作谅解备忘录》。上海水产集团、辽宁金轮远洋渔业、山东荣成俚岛海科和永进公司等在积极与太平洋岛国开展捕捞合作的基础上，相继在斐济和所罗门群岛等建立远洋渔业综合保障基地；上海远洋渔业公司与斐济金洋公司、基里巴斯国家渔业公司三方组建基里巴斯合资公司项目，共同捕捞金枪鱼……双方的合作日益密切。正如大卫·莫里斯所言，"太平洋国际领海是一个巨大的渔业养殖场，如果管理得当，未来可满足巨大的市场需求。当中国渔业向太平洋岛国缴纳捕鱼许可证费用的同时，也会为整个区域带来更多的附加值以及一个可持续发展的水产养殖业。"除海洋渔业的合作外，中国五矿集团还从国际海床协会获得开采权，这对于巴布亚新几内亚、汤加等岛屿国家来说是一个很好的发展经济的机会。

第三，"21世纪海上丝绸之路"能够提升中国与太平洋岛国旅游合作的空间。太平洋岛国环境优美，拥有独特的自然和人文旅游资源，因而旅游业成为多数太平洋岛国的支柱产业，每年都吸引着众多游客前往观光旅游。然而，由于路途遥远、交通不便等原因，我国每年赴太平洋岛国旅游的人数还极为有限。以斐济为例，根据斐济统计局的记录，2008年以前尚无中国人前往斐济旅游的记载。但在2009年，随着斐济太平洋航空公司与香港国泰航空公司达成代码共享协议，2009年即有4087人前往斐济，虽然所占比例极低，仅占该年度赴斐济旅游总数的0.0075%（2009年赴斐济旅游总人数为542186人），但毕竟开启了中国内地游客赴斐济旅游的大门。然而，在中国提出"21世纪海上丝绸之路"后，中国赴斐济旅游人数激增，2014年即达28333人，2015年则高达40174人，比2009年增加10倍之多。[1] 有鉴于此，太平洋岛国应把与中国开展旅游合作放在重要位置，以吸引更多的中国游客前往太平洋岛国观光旅游，带动餐饮、旅馆等相关产业的发展。

第四，"21世纪海上丝绸之路"能够加强中国与太平洋岛国在非传统安全领域的全面合作。近年来，海盗、海上恐怖主义、海上跨国犯罪、海洋灾害和气候变化等非传统安全问题日益凸显，太平洋岛国在应对上述问题方面具有广泛的共同利益诉求。以气候变化为例，太平洋岛国地处太平洋板块、美洲板块与南极洲板块三大板块交汇处，地震与火山活动频发，又因位于赤道附近，每年还要受到热带飓风的侵扰，属于联合国《濒危物种公约》认定的"生态脆弱区"，态环境非常脆弱，极易受各种原生及次生环境问题的影响，是全球环境

---

[1] "Provisional Visitor Arrivals - December 2016", *Fiji Bureau of Statistics*, January 17, 2017. https://www.statsfiji.gov.fj/index.php/latest-releases/tourism-and-migration/visitor-arrivals/697-provisional-visitor-arrivals-december-2016.

"重灾区"之一。而为沿线国家提供海上公共服务和产品，共同应对非传统安全挑战，是"21世纪海上丝绸之路"建设的另一重要目标。

第五，"21世纪海上丝绸之路"能够促进中国与太平洋岛国的人文交流与技术合作。2006年温家宝总理访问太平洋岛国以来，中国大大加强了与太平洋岛国的联系，正式倡议建立"中国—太平洋岛国经济发展合作论坛"，以促进中国与太平洋岛国在环保、旅游、立法、教育、农渔业和卫生领域的合作。与此同时，中国政府开始向太平洋岛国的学生提供奖学金，并针对农业、渔业以及其他重要的经济发展领域对相关管理人员进行培训。中国实施"21世纪海上丝绸之路"之后，不仅会加大这一方面的资金投入，而且涉及的领域与范围也将逐步扩大，这对于中国与太平洋岛国的合作而言，意义重大。譬如，2014年习近平主席在访问斐济时即表示，"中国将继续加强重视与太平洋岛国的合作，投入只会增加，不会减少"，在未来5年，中国还将向太平洋岛国提供2000个奖学金和5000个各培训名额，[1] 中国与太平洋岛国人文交流与技术合作的空间巨大。

第六，"21世纪海上丝绸之路"还将推动太平洋岛国的区域一体化。太平洋岛国除巴布亚新几内亚、所罗门群岛、斐济和瓦努阿图国土面积较大，分别有46.28万平方公里、2.85万平方公里、1.83万平方公里和1.22万平方公里，萨摩亚有2934平方公里外，其余岛国面积都在1000平方公里以下，图瓦卢和瑙鲁的面积仅有26平方公里和24平方公里。不仅如此，太平洋岛国经济并不发达，都属于发展中国家，所罗门群岛、基里巴斯、瓦努阿图和图瓦卢还被联合国大会和经济社会理事会列为最不发达的国家。在这种情况下，"如果一对一的合作，多数南太平洋岛国与中国在国家实力方面将呈现大失衡的现象，从而失去优势……如果太平洋岛国能够联合起来作为一个整体区域出现，那么将可以采取更好的战略，追求更高的利益"。[2] 因此，融入中国"21世纪海上丝

---

① 孙伟伦：《习近平以千万新元援助结束斐济访问》，联合早报网，2014年11月23日，http://www.zaobao.com/realtime/world/story20141123-415754。

② 参见2016年2月太平洋岛国论坛驻中国总代表大卫莫里斯在悉尼大学的演讲。

绸之路"的需要，将会极大地推动太平洋岛国的区域一体化进程，使之在区域一体化的道路上走得更快更远。

三、太平洋岛国可能面临的挑战

在充分评估"21世纪海上丝绸之路"给太平洋岛国提供巨大机遇的同时，我们也应该清醒地认识到，"21世纪海上丝绸之路"的实施也使得太平洋岛国面临着极大的挑战，可谓机遇与风险并存。这些挑战主要表现为：

第一，基础设施建设的加快，有可能导致碳排放的增加，从而引起气候变化。纵观历史，我们发现世界各国在经济发展尤其是基础设施建设的过程中，都会或多或少地增加碳排放，甚至在不同程度上引发气候灾难，最为典型的应该是19世纪的英国，伴随着工业革命的推进，英国在享受工业化成果的同时也造就了"举世有名"的"雾都"。同样，美国和中国这两个最大的发达国家和发展中国家，在经济高速发展的同时，也不可避免地增加了碳排放，并引发了某些气候问题。"21世纪海上丝绸之路"在利用中国资金和技术，给太平洋岛国带来经济社会发展，扩大就业，带来更加便捷生活的同时，也会遇到类似的问题。双方应大力加强协商，注重绿色发展，实现合作共赢，共享"21世纪海上丝绸之路"的发展成果。

第二，海洋产业的开发，有可能破坏海床和引发过度捕捞。其一，海洋资源的开发，虽然既有利于中国，也给太平洋岛国的经济社会发展带来巨大机遇，但是如果开发不当或者过度开发，有可能会导致海床的破坏，这是太平洋岛国融入"21世纪海上丝绸之路"时应该注意问题之一；其二，在太平洋岛国进行远洋渔业捕捞时，如果不进行合理规划，不制订严格的计划，没有一个严密的机制予以保证，很可能会出现过度捕捞破坏生态系统平衡，海洋中生存的某些生物种群不足以繁殖并补充种群数量的现象，进而影响太平洋岛国海洋生物的多样性，使整个海洋系统生态退化。

第三，经济的快速发展，有可能会对太平洋岛国的生活方式产生影响。太平洋岛国具有得天独厚的自然条件，气候适宜，物产丰富，不仅盛产椰子、香蕉、菠萝、面包果等热带作物，而且四面环海，渔业资源十分丰富，因此岛国人民无需每天进行紧张的生产劳动，甚至仅仅依靠自然，也能自由自在地生存。再加上岛国人民心态十分淡然，并不十分看重物质财富的积累，因此形成了较为悠闲的"慢生活"方式。这种生活方式在太平洋岛国融入"21世纪海上丝绸之路"时，可能面临着极大的挑战，因为"21世纪海上丝绸之路"在促进岛国经济发展，给岛国民众带来更多工作机会和收入的同时，也要求他们按照规范的程序、严格的时间去进行生产，这对于已经习惯于悠闲生活、无拘无束的民众而言，无疑是一个很大的挑战。

第四，中国与太平洋岛国旅游合作的扩大，有可能会因文化传统的不同引发某些不适。随着"21世纪海上丝绸之路"的推进，预计将有越来越多的中国人赴太平洋岛国观光旅游，但是若国人不了解当地的风俗习惯，可能会闹出许多笑话，甚至引发冲突。我们知道，太平洋岛国远离欧亚大陆，又多是英国、法国、德国、美国和日本等国的殖民地，在长期发展过程中，形成了与中华文明迥异的文明，许多岛国都保持着一些十分独特的传统。譬如，在斐济的某些村庄，有个特殊的规矩，那就是不能戴帽子，也不能摸小孩子的头，否则会引起一些麻烦。同时，前往斐济旅游的人们不能戴太阳镜，不能穿短裤和超短裙，女子不能穿肚兜和裸露着肩膀的衣服，等等。再如，在萨摩亚，萨摩亚人见到重要客人时不仅要举行传统的"卡瓦"仪式，而且还要亲脸，行"亲脸礼"，若初到萨摩亚的中国客人不了解这一风俗，在萨摩亚人习惯性地伸头欲行"亲脸礼"时不知所措，甚至把头扭开，将极大伤害萨摩亚人的感情。因此，为了避免这些麻烦或冲突的发生，国人在赴太平洋岛国旅游之前，必须事先了解旅游目的地的风土人情，尤其是各国的禁忌。

通过以上对"21世纪海上丝绸之路"对太平洋岛国影响的剖析，我们应深刻地认识到，我们在太平洋岛国推进"21世纪海上丝绸之路"时，一方面要秉承"创新、协调、绿色、开放、共享"的新发展理念，充分利用太平洋岛国的资源优势、战略优势和经济发展的迫切需求，实现中国与太平洋岛国的优势互补，合作共赢；另一方面，也要牢记太平洋岛国论坛 16 位领导人提倡的原则——可持续发展；经济增长；加强治理、法律、金融和管理系统；安全保障，稳定的人身安全、自然及政治环境等，与太平洋岛国携手共建"21 世纪海上丝绸之路"，打造命运共同体。

四、"一带一路"倡议下中斐关系的未来前景

作为最早与中国正式建立外交关系的太平洋岛国，斐济与中国的关系自 1975 年建交之日起一直发展良好，且在诸多太平洋岛国中起到引领作用。中国提出"一带一路"倡议后，斐济率先融入，并积极参加在北京召开的首届"一带一路"国际合作高峰论坛，为中斐关系的发展奠定良好的基础。

1. 中斐互为机遇，合作空间巨大

中方尊重斐济独立自主的外交政策，支持斐济在国际和地区问题上的合理诉求并发挥自己的独特作用。在中斐"相互尊重、共同发展的战略伙伴关系"引领下，双方要着眼长远，做好彼此发展战略对接，发挥互补优势，创新合作方式，多种投融资方式并举，挖掘双方在基础设施、农林、渔业、旅游、新能源等领域合作的新增长点。一个锐意进取、不断开放的中国和一个致力于发展与振兴的斐济互为机遇，合作天地广阔。①

2. 中斐关系影响中国——太平洋岛国关系的发展

由于斐济在南太地区的经济、交通与战略地位，再加上其在区域社会和国际舞台上的重要作用，特别是在"太平洋岛国发展论坛"崛起以后，斐济已成为南太地区不容小觑的强国。2014 年 11 月，中国国家主席习近平访问斐济并在斐济的重要城市楠迪会见太平洋岛国领导人就是一个很好的明证。11 月 21 日，习近平主席选择在斐济的《斐济时报》和《斐济太阳报》发表署名文章——

---

① 钱波大使在斐济主流媒体发表署名文章《深化改革开放之路　引领合作共赢之道》，中国驻斐济大使馆，2018 年 4 月 28 日，http://fj.china-embassy.org/chn/xw/t1555423.htm。

《永远做太平洋岛国人民的真诚朋友》，其深意也正在于此。可以说，中斐关系已在某种程度上成为中国—太平洋岛国关系发展的风向标，并将继续影响中国—太平洋岛国关系的发展。

3.中斐对话机制有待建立与完善

目前，虽然中国已成为太平洋岛国发展论坛、南太旅游组织等诸多南太区域组织的参加国或观察员国，与太平洋岛国论坛定期举行中国—太平洋岛国论坛会后对话会，并建立了中国—太平洋岛国经济发展合作论坛，但与其他地区相比，中国在南太地区的参与度除基础设施外还相对较低，对话机制也不够完善，也缺乏长期的、有效的对话机制，尤其是高级的对话机制。中国与斐济之间除两国元首与各层级的互访外，目前已形成以双方经济合作为主的对话机制，主要包括：中国—太平洋岛国经济发展合作论坛、中国—太平洋岛国农业合作论坛、中国—太平洋岛国农业部长会议、中国—太平洋岛国渔业合作发展论坛、中国—岛屿国家海洋合作高级别论坛、中国—小岛屿国家海洋部长圆桌会议、中国—大洋洲及南太地区国际贸易数字博览会。此外，还有中国—太平洋岛国政党对话会、中国—太平洋岛国教育部长会和中国—太平洋岛国外长对话会等，但与中国与其他国家的对话机制相比，仍需要进一步加强与完善。

第三节　影响中斐关系发展的主要因素分析

自1975年正式建交以来，中斐两国已经共同走过了近50年的风风雨雨。纵观中斐近50年的建交史，可以发现中斐关系的发展受到诸多因素的制约，既涉及澳新美日英等大国与斐济关系的变化，又与斐济国内政治以及中国对斐政策密切相关。另外，由于中斐两国特殊的政治体制，两国领导人亦在中斐关系中扮演了重要角色，他们既主导着中斐关系的发展方向，又规划着两国关系的未来蓝图。

一、原宗主国英国

作为英国的殖民地，斐济曾是一个没有自主外交的国家，其对外政策主要是紧跟英国的步伐。最为典型的事例就是第一次世界大战时期因为英国政府对华的不友好，英斐政府也在国内推行排华政策，对国内的华人及企业进行打压，同时却在经济上大力扶植来源于英国殖民地的印度人，致使原本的华商王国不复存在，而印度裔斐济人却一跃成为斐济经济的主导力量，为后来土著斐济人与印度裔斐济人的冲突与矛盾埋下祸根。第二次世界大战期间，因为英国殖民政府修改了不许斐济人入伍的规定，所以斐济人跟随英国积极参加了世界反法西斯战争，特别是太平洋战争。因为特殊的地理位置，在太平洋战争爆发后，斐济还被选为同盟国的训练基地，斐济人也因在所罗门群岛战役中的杰出表现获得英勇善战的美名。就中斐关系而言，这一时期因为中国与英美苏三国结盟，斐济也积极向中国人民的反法西斯战争提供援助。

1970年斐济独立后，虽然英国对斐济外交的影响逐渐减弱，但是由于斐济经济上严重依赖外国，尤其是地区大国澳大利亚和新西兰，因此其外交在很大程度上深受两国影响。一个典型的例子就是中斐建交谈判，虽然建交是两个独立国家之间的事，但两国的谈判却在第三国——澳大利亚进行，澳大利亚对斐济外交的影响可见一斑。

然而，1987年斐济军事政变却改变了这一格局。1987年4月，斐济举行议会大选，结果代表印度族的民族联合党在大选中获胜，击败了马拉领导的代表土著斐济人利益的保守政府，并与工党联合组建起印度族人占多数的政府，蒂莫西·巴万德拉当选总理。巴万德拉的当选，打破了斐济土著斐济人掌控政权、印度裔斐济人主导经济的局面，斐济族人对此十分担心，他们害怕斐济最终会成为印度族人的国家，本族会沦为"次等土著人"，也唯恐印度族人控制的政府会剥夺斐济人的土地和权利，遂群起反对，游行示威和骚乱活动此起彼伏，要求恢复斐济人对政府的控制权。5月，在陆军中校西蒂文尼·兰布卡

（Sitiveni Rabuka）的率领下发动政变，逮捕了包括斐济新任总理巴万德拉在内的全体内阁成员和部分议员，控制了斐济。

政变发生后，英国立即进行谴责，认为此行为阻碍了斐济民主发展的进程，要求对斐济进行经济制裁，此后英国所主导的英联邦又宣布暂时中止斐济的成员资格。2000 年政变和 2006 年斐济政变后，类似的一幕再次上演，英国不仅再次从经济上制裁斐济，而且在国际政治舞台上煽风点火，呼吁国际社会共同对斐济实施围堵，以使其回到所谓的"正常发展轨道"。在英国的影响下，英联邦、太平洋岛国论坛等纷纷暂停斐济的成员资格，使斐济外交一度陷入僵局。正是在这一情势下，斐济才清醒地认识到自己已经独立，再也不能把斐济与英国紧紧地绑在一起，否则只能受制于人！痛定思痛，斐济决心实施更加独立的外交政策——"向北看"，发展与亚太国家特别是中国的关系，英国与斐济关系的变迁对中斐关系的影响可见一斑。

二、澳大利亚和新西兰

除了原宗主国英国以外，地区性大国澳大利亚和新西兰对外政策尤其是对斐济政策的变化也深刻影响着斐济的对外关系，从而对中斐关系产生影响。

作为地区性大国，澳新在南太地区一直居于领导地位，尤其是澳大利亚，更是掌控着南太地区的主导权，一直宣称自己对南太地区负有特殊责任，太平洋岛国对澳大利亚的安全至关重要，是澳大利亚的前沿防线。加之澳大利亚国内的土著居民与斐济人一样，同属美拉尼西亚人种，因此澳大利亚一直把巴布亚新几内亚、所罗门群岛、瓦努阿图和斐济等国看作是自己的后院。基于这种认知，澳新一直积极发展与太平洋岛国的关系，并通过地区性组织太平洋岛国论坛和太平洋共同体对太平洋岛国施加影响，其中最重要的方式之一就是积极对太平洋岛国提供各种援助。1973 年 4 月 2 日，为了帮助斐济解决修路和机场所急需的材料，澳大利亚特别国务大臣（Special Minister of State）、外交事务部助理部长唐纳德·罗伯特·威尔西（Donald Robert Willesee）宣布向斐济提供两部大型岩石破碎装置，价值 19 万澳元。① 从 1977 年到 1980 年，仅澳大利亚就向太平洋岛国提供 6300 美元的援助，1980—1983 年提高至 1.2 亿美元，1983—1988 年达 3 亿美元。新西兰对斐济的援助同样如此，自斐济独立后一直呈现出逐年递增的趋势，然而，1987 年斐济军事政变的发生使得这一趋势戛然而止。

1987 年政变是澳大利亚与斐济关系的转折点。早在政变发生前，澳大利亚就派出了军舰前往斐济，警告斐济妥善处理国内问题，尤其是土著斐济人与印度裔斐济人之间的矛盾。政变发生后，澳大利亚以政变推翻民选政府为借口，积极呼吁国际社会对斐济实施经济制裁，呼吁英联邦与太平洋岛国论坛驱逐斐济，试图以此孤立斐济，迫使其就范。新西兰积极响应，拒绝承认斐济军政府、冻结官员互访、停止经济援助，最终斐济被暂停英联邦与太平洋岛国论坛的资格。澳新的这一做法，一方面造成了斐济在南太地区及国际社会中极度孤立，另一方面也恶化了澳新与斐济的关系，甚至双方互相驱逐外交官。

澳新与斐济关系的恶化使得斐济开始对其外交政策进行反思，最终决定放弃严重依赖澳新的做法，积极实施"向北看"战略，积极发展与马来西亚、中国、日本和俄罗斯等国的关系。因此，1987 年以后中斐关系开始快速发展，不仅两国关系从重要伙伴关系提升至战略伙伴关系，而且双方经济、文化、教育等方面交流与合作都得到极大发展。

中斐关系的发展引起了澳大利亚的警觉，为此，澳大利亚一方面在国际上丑化中国，在南太地区炒作所谓的"中国威胁论"，另一方面也在 2014 年斐济大选后积极谋求与斐济关系的正常化，加强了对斐济的援助。澳大利亚与斐济关系的发展再次影响到中斐关系。其中最为典型的事例就是黑石基地事件，原本中斐两国已经就此事达成了共识，但因为澳大利亚从中作梗，最终使得黑石基地的重建由澳大利亚承担，严重影响了中国在南太地区的利益。

---

① Aid to Fiji, Department of Foreign Affairs of Austrilia, April 2, 1973. http://120.52.72.46/pmtran-scripts.dpmc.gov.au/c3pr90ntcsf0/sites/default/files/original/00002877.pdf.

与澳大利亚相比，新西兰对太平洋岛国的控制相对温和，除与库克群岛和纽埃保持特殊关系外，主要是通过提供援助及寻求与太平洋岛国的共同点等方式影响南太地区，尤其是波利尼西亚人种分布区。由于斐济不在波利尼西亚人分布区，加上中国与新西兰的关系十分密切，因此新西兰对中斐关系的影响相对较小。

三、美国、日本和印度

除地区大国澳大利亚和新西兰外，美国、日本和印度在南太地区的影响也不容小觑。它们对斐济政策的改变，也会对中斐关系产生一定的影响。

1. 美国

美国与斐济的关系可追溯至近代时期，早在19世纪初寻求檀香木等商品的美国人及传教士就已来到斐济，随着1844年居住在新西兰奥克兰的美国商务代办约翰·威廉姆斯（John B. Williams）被任命为首任驻斐济领事，美国与斐济建立了领事级外交关系。二战时，双方又在太平洋上合作，共同对抗日本的侵略。1968年，美国和平队进入斐济。1970年10月10日斐济宣布独立，美国驻联合国安理会代表查尔斯·伍德拉夫·约斯特（Charles Woodruff Yost）即发表声明，承认斐济独立。1971年7月22日，斐济驻美大使塞梅萨·斯科沃武（Semesa K. Sikivou）向尼克松总统递交国书，标志着双边外交关系的正式建立。① 此后，美国在苏瓦建立大使馆，派驻大使，美斐关系稳步向前发展。

然而，1987年斐济军事政变的发生及后来美国对斐政策的转变，使得美斐关系越来越紧张。1987年5月18日，澳大利亚《悉尼先驱晨报》即在一篇报道中透露斐济一位高级情报人士表示，美国中央情报局的5名特工人员正在斐济积极活动；政变发生后的当天，其领导人兰布卡还曾会见了美国驻斐济大使。2006年斐济发生政变后，美国国务院发言人肖恩·麦科马克（Sean Mc-

---

① "A Guide to the United States' History of Recognition, Diplomatic, and Consular Relations, by Country, since 1776: Fiji", https://history.state.gov/countries/fiji.

Cormack）不仅在新闻发布会上谴责斐济军事首脑弗兰克·姆拜尼马拉马发动的政变，而且立即中止 250 万美元的对斐军事援助计划，呼吁斐济军方退出，恢复宪制。① 随后，美国又以斐济拒不恢复民主的名义加入了澳新等国对斐济实施积极制裁的行列。美国干涉斐济内政的做法引起了斐方的极大不满，而经济制裁对于长期依赖外援的斐济来说是一个极大的打击，因此为了维持社会稳定和经济发展，斐济只能"另起炉灶"，寻找新的合作对象。而此时逐渐成为世界经济新增长点的中国等亚太国家和印度，无疑是斐济抗衡西方打压的最佳选择。因此，斐济开始调整外交政策，实施"向北看"政策，积极发展与中国、日本和韩国等亚洲国家及中东国家的关系，开拓新的发展空间，中斐关系也因此而更加密切。2006 年斐济与中国建立"重要伙伴关系"，2014 年又发展为"战略伙伴关系"。

2012 年，随着美国"重返亚太"政策的实施，美国强化了在南太地区的存在，一个突出的表现就是 2012 年 8 月 27 日美国国务卿希拉里参加太平洋岛国论坛，这是该论坛举办以来美国国务卿第一次参加该活动，其象征意义十分明显。② 随后，2013 年 4 月 22 日，美国负责东亚和太平洋事务的助理国务卿帮办埃德加德·卡根（Edgard Kagan）通知斐济驻华大使温斯顿·汤普森（Winston Thompson），美国将采取措施恢复自 1987 年政变以来中止的援助，支持斐济的宪制进程和 2014 年将要举行的大选。③ 2014 年斐济举行大选前，美国取消了对执政政府成员的某些基于外交政策的签证限制等；大选时，美国参加了由 13 个国家组成的多国观察小组（Multinational Observer Group）；大选后，美国重新启动了对斐济的安全援助，放松了自 2006 年政变以来对斐济融资援助的限制，④ 并积极寻求恢复与斐济军队接触的机会，包括培训以及共同

---

① U.S. condemns Fiji military coup, suspends aid, http://www.australiannews.net/index.php/sid/219821, Feburary 16, 2016.

② 《美媒：希拉里出席太平洋岛国论坛凸显美对其重视》，中国广播网，2012 年 9 月 3 日，http://news.cnr.cn/gjxw/list/201209/t20120903_510821047.shtml。

③ United States of America Prepared to assist Fiji election, http://www.fiji.gov.fj/Home.aspx.

④ https://www.state.gov/r/pa/ei/bgn/1834.htm.

关心的全球问题上的合作等。①

2017 年 6 月 12 日，斐济总理姆拜尼马拉马在华盛顿会晤美国负责东亚和太平洋事务的代理助理国务卿苏姗·桑顿（Susan Thornton）和其他政府高级官员，这是自从 2014 年总理贝尼马拉马就职以来美国与斐济举行的第一次双边对话，标志着美斐关系日益密切。② 美斐关系的强化对于目前因贸易摩擦而紧张的中美关系而言是一个挑战，中国应警惕美国在中美关系中打"斐济牌"。

2. 日本

日本自明治维新以来一直秉承"海洋立国"的宗旨，对海洋尤其是太平洋十分重视。1907 年，日本秘密制定帝国国防方针，将美国确立为假想敌，设想日本海军实力应为美国海军的 70%，并强调在与美国、德国和法国等作战时，首要任务是歼灭其海上力量。③ 第一次世界大战结束后，日本通过接收德国在太平洋上的殖民地，获得了对南太平洋岛国的委任统治权，开始在南太地区实行殖民统治。

1921 年，日本借美国试图拆散第三次英日同盟之际与美国、英国和法国缔结《四国条约》，获得三国对其在太平洋区域内岛屿属地和领地权利的承认。1922 年，日本又以同意海军主力舰的吨位比例 5∶5∶3 的比例为条件，换取了美英两国不再加强新加坡和夏威夷之间的太平洋防御区和海军基地。这样，日本虽然在全球范围内还无法与英美媲美，但由于其舰队主要在太平洋上活动，而美英又同意不在西太平洋加强海军力量，所以在太平洋上日本实际上处于相对的优势。④ 第二次世界大战中，日本实施"南进"战略，发动对东南亚和南太地区的大肆侵略。然而，日本在二战中的惨败，导致日本在南太地区的

---

① Shelvin Singh, U.S *set to lift sanctions on Fiji*,Mailife, October 30, 2014, http://www.mailife.com.fj/u-s-set-to-lift-sanctions-on-fiji/.

② Deepen Trade and Defense Cooperation with the United States: FIJI-US talks in Washington, https://fj.usembassy.gov/deepen-trade-defense-cooperation-united-states-fiji-us-talks-washinton/.

③ 麻田贞雄:《从马汉到珍珠港》，朱任东译，新华出版社 2015 年版，第 57 页。

④ 韩立娟:《中日关系中的美国因素研究（1871—1945）》，博士学位论文，华中师范大学 2017 年，第 122 页。

影响转入低迷。

20世纪70年代以后，随着战后日本经济实力的增长，资源丰富又有基础的南太再次进入日本的视野，日本在"多边自主外交"中逐步加深与它们的联系。80年代，日本将南太平洋岛国纳入到它的援助倍增计划国之列，与南太平洋岛国的关系开始向前发展。1987年1月，日本外务大臣仓成正 (Kuranari Tadashi) 趁访问南太之际，阐释了日本的南太政策，即"尊重南太岛国的独立与自主；支持南太区域合作；维护南太地区的政治稳定；为南太地区的经济繁荣提供援助；促进日本与南太岛国间的人员交流"。① 在"仓成主义 (Kuranari Doctrine)"的指导下，日本积极扩大与太平洋岛国论坛的对话，在经济、渔业、贸易和环境等领域，不断加强对南太岛国的援助，逐渐扩大自身在这一地区的影响力。

冷战结束后，日本与南太岛国的关系出现了加速发展的趋势。1997年，日本通过主办第一届日本与太平洋岛国首脑峰会 (the Japan-Pacific Islands Leaders' Meeting)，将其与南太岛国的双边关系机制化。日本借由日本与太平洋岛国首脑峰会机制，积极参与南太地区事务，不断巩固和拓展其在该地区的战略利益，进一步强化了南太岛国在经济和政治领域对它的依赖。② 日本重视发展与南太地区的关系，不仅仅是因为该地区丰富的资源、重要的战略地位，更为重要的是，南太地区拥有12个独立国家，是日本实现政治大国尤其是成为安理会常任理事国的重要票仓，"作为一个国家集团在联合国等国际组织中的投票权对于日本具有关键作用"。③

对于中国在南太影响的扩大，日本十分警惕，针对中国在南太援助的增加，日本加大了对南太援助的力度。为抗衡中国通过经济援助对斐济影响力

---

① Mary McCourt, "Japan makes breakthroughs in defense, economy, AIDS", in *Executive Intelligence Review*, Vol. 14, No. 2, 9 January, 1987, pp.42–44.

② 宋秀琚、叶圣萱：《日本—南太岛国关系发展及中国的应对》，《国际观察》2016年第3期，第144—145页。

③ Finin G A, Wesley-Smith T. "A new era for Japan and the Pacific Islands: the Tokyo Summit", *Asia - Pacific Issues*, No.32, 1997, p.4.

增强，日本打破以往9年排挤斐济的做法，邀请斐济参加2015年的太平洋岛屿峰会，意图通过此次峰会加深与斐济联系，抗衡中国影响。① 2018年5月，日本首相安倍晋三在福岛县磐城市举行的第8届"太平洋岛屿峰会"上指出，海平面上升等气候变化对岛屿国家而言是最重要的问题，鉴于中国正在通过巨额援助加大对岛屿国家的参与度，日本将在今后三年内向峰会成员国提供550亿日元以上的援助，并计划开展4000人规模的人才交流以培养防灾等领域专家。在首脑宣言《福岛磐城宣言》中，则主张根据国际法原则维持海洋秩序，对中国加以制衡。

3. 印度

在所有太平洋岛国中，斐济是一个十分特殊的国家，其主要表现就是从1946年到1986年，印度裔移民（Indo-Fijian）在斐济全国总人口中的比重一直超过土著居民。不仅如此，印度人还在英国殖民政府的支持下，逐步排挤华商，掌控了斐济的经济命脉，并在1987年与斐济工党联合组建起了印度族人占多数的政府，蒂莫西·巴万德拉（Timoci Bavadra）当选总理。虽然巴万德拉组阁后不久，该政府就因1987年军事政变被推翻，但在1999年5月斐济举行大选时，印度裔马亨德拉·乔杜里再次当选，成为斐济总理，印度裔在斐济政治生活中的重要性可见一斑。

正因为如此，印度对独立后的斐济十分重视，不仅向斐济派出外交代表，而且积极提供各种援助。如2005年8月斐济总理莱塞尼亚·恩加拉塞对印度进行国事访问，印度与斐济签署四项合作协议，涉及经济、卫生、旅游等多个领域，同时印度政府表示将向斐济提供8600万斐济元贷款，用于升级斐济的糖厂，并为该行业的重组提供技术支持。2014年莫迪当选印度总理后，斐济更是成为其实现"印太战略"十分重要的一颗棋子。为了与中国争夺在斐济的影响力，2014年11月，莫迪抢在习近平主席之前对斐济进行国事访问，承诺

---

① 《太平洋岛国峰会宣言草案出炉　日拟撒钱推进安理会改革》，人民网，2015年5月20日，http://world.people.com.cn/n/2015/0520/c1002-27030803.html。

为斐济陷入困境的制糖业提供 7000 万美元的信用贷款，帮助当地制糖厂建设一座热电联产的发电厂。此后，印度在斐济建立卫星跟踪和情报站；2017 年又与斐济签署了一项加强斐济海军能力、训练和武器生产等的防务协议。在印太战略下，印度对中斐关系的发展影响应引起我们足够的重视。

此外，中斐两国对外政策的改变也会深刻影响两国关系的发展方向与进程，这一点在前面章节中已有涉及，这里就不再一一赘述。

参考文献

一、报刊、文献

《人民日报》。

《我国对外关系文件选编1977年12月31日—1978年12月31日》，新华通讯社，1979年。

中华人民共和国外交部政策研究室编：《中国外交2001》，世界知识出版社2001年版。

世界知识出版社编：《世界知识年鉴2009—2010》，世界知识出版社2010年版。

《我国对外关系文件选编》（一九七七年十二月三十一日——一九七八年十二月三十一日），新华通讯社，1979年。

《我国对外关系文件选编1985年》，新华社国际资料编辑组，1985年。

中华人民共和国国务院新闻办公室：《中国的对外援助》，人民出版社2011年版。

中华人民共和国对外贸易经济合作部等：《中国对外经济贸易白皮书》（1998年），经济科学出版社1998年版。

中华人民共和国外交部、中共中央文献研究室编：《毛泽东外交文选》，中央文献出版社、世界知识出版社1994年版。

《全国妇联对外活动大事记（1949年至1994年）》。

唐家璇主编：《中国外交辞典》，世界知识出版社2000年版。

中国对外开放30周年回顾展筹备办公室编：《双边经贸合作大事记：斐济》，商务部内刊，2008年。

二、中文著作

陈一云：《各国对外经济贸易概况》，华中师范大学出版社1990年版。

《当代中国》丛书编辑委员会：《当代中国对外贸易》（上），当代中国出版社1992年版。

对外贸易经济合作部美洲大洋洲司编著：《加拿大和大洋洲经贸投资指南》，中国对外经济贸易出版社 1994 年版。

地图出版社：《大洋洲及太平洋岛屿》，商务印书馆 1972 年版。

J.W. 库尔特：《斐济现代史》，吴江霖、陈一百译，广东人民出版社 1976 年版。

侯敏跃著：《中澳关系史》，外语教学与研究出版社 1999 年版。

胡静、谢双玉主编：《2014 中国旅游业发展报告》（上），中国旅游出版社 2014 年版。

[日] 井上清、铃木正四：《日本近代史》上卷，商务印书馆 1959 年版。

[美] 赖德烈：《早期中美关系史（1784—1844）》，陈郁译，商务印书馆 1963 年版。

李定一：《中美早期外交史》，北京大学出版社 1997 年版。

李向阳、赵江林、张中元主编：《中国周边贸易环境监测指数报告（2012—2013)》，社会科学文献出版社 2012 年版。

李文汇、朱华主编：《旅游政策与法律法规》，北京大学出版社 2014 年版。

吕桂霞：《斐济》，社会科学文献出版社 2015 年版。

马士：《东印度公司对华贸易编年史》（第三卷），广东人民出版社 2016 年版。

马武业：《各国概况·美国和大洋洲部分》，世界知识出版社 1990 年版。

潘翎编著：《世界华人百科全书》，三联书店 1998 年版。

戚其章：《甲午战争史》，上海人民出版社 2014 年版。

司徒泽波、陈本健：《斐济国、所罗门群岛、西萨摩亚群岛华侨概况》，正中书局 1991 年版。

世界经济年鉴编辑部：《世界经济年鉴 2001》，经济科学出版社 2001 年版。

[美] 唐纳德·B.弗里曼：《太平洋史》，王成至译，东方出版中心 2015 年版。

王华：《夏威夷近代社会转型研究：1778—1854》，人民出版社 2016 年版。

汪诗明、王艳芬：《太平洋英联邦国家：处在现代化的边缘》，四川人民出版社 2005 年版。

吴仪主编：《世界各国贸易和投资指南·大洋洲国家册》，经济管理出版社 1995 年版。

席龙飞：《中国古代造船史》，武汉大学出版社 2015 年版。

徐明远：《一人三使风雨疾》，新华出版社 2009 年版。

徐明远：《南太平洋岛国和地区》，世界知识出版社 2003 年版。

张廷茂：《明清时期澳门海上贸易史》，澳亚周刊出版有限公司 2004 年版。

章昌裕：《国际发展援助》，对外贸易教育出版社 1993 年版。

周弘：《对外援助与国际关系》，中国社会科学出版社 2002 年版。

左常升：《国际发展援助理论与实践》，社会科学文献出版社 2015 年版。

三、中文论文

费晟：《南太平洋岛国华人社会的发展：历史与现实的认知》，《太平洋学报》2014 年第 11 期。

傅玉能：《论甲午战前日本对华政策的演变》，《近代史研究》1995 年第 1 期。

郭卫东：《檀香木：清代中期以前国际贸易的重要货品》，《清史研究》2015 年第 1 期。

郭又新：《南太平洋岛国华侨华人的历史与现状初探》，《东南亚研究》2014 年第 6 期。

何伊：《斐济首聘中国医生》，《国际经济合作》1988 年第 7 期。

胡仿西录：《分类本草诗》，《中医杂志》1925 年第 14 期。

孔妃妃：《浅析中国对于太平洋岛国的对外援助》，外交学院硕士学位论文，2010 年。

赖怡忠：《台湾的南太平洋战略》，《台湾国际研究季刊》，第 3 卷，第 3 期，2007 年秋季号。

李景卫：《中国与太平洋岛国论坛举行对话会》，《人民日报》2003 年 8 月 19 日。

刘鹏：《斐济正式发行鸡年纪念邮票》，新华网，2017 年 2 月 22 日。

刘文波：《我国出境旅游市场的现状及趋势》，《商业经济与管理》1999 年第 3 期。

吕桂霞：《1987 年斐济军事政变及其深层原因》，《中国浦东干部学院学报》2013 年第 5 期。

石岩：《从日本史料看有关九一事变的几个问题》，《日本侵华史研究》2016 年第 3 期。

王光华：《斐济华人》，《华裔世界》2004 年第 2 期。

王泺、郭语：《对太平洋地区援助的分析与建议》，《国际贸易论坛》2014 年第 4 期。

吴卫群、唐蓓茗：《从出海到上岸——上海水产集团斐济捕鱼记》，《解放日报》2011 年 8 月 29 日。

张兵：《1978，中斐构筑了高端平台》，《纵横》2006 年第 6 期。

张锡佳：《赴斐济国海蜇人工育苗试验》，《齐鲁渔业》，2008 年第 3 期。

周锡生：《增进了解扩大合作——胡耀邦总书记访问南太平洋五国》，《瞭望周刊》1985 年第 15 期。

朱启祯：《胡耀邦总书记出访大洋洲五国——朱启祯副外长答本刊记者问》，《世界知识》1985 年第 7 期。

四、英文资料、论著

（一）英文资料

"Census of population NY ethnicity 1881–2007", *Fiji Bureau of Statistics*, June 2012.

"Census 2007 of Population & Housing", *Fiji Bureau of Statistics*, 15 October, 2008.

"2017 Population and Housing Census," *Fiji Bureau of Statistics*, Januaray 2018.

"Constitution", the Fiji Government,http://www.fiji.gov.fj/Govt--Publications/Constitution.aspx.

"Principal Imports by Hs", *Fiji Bureau of Statistics*, April 2019,https://www.statsfiji.gov.fj/index.php/statistics/economic-statistics/merchandise-trade-statistics.

"Ranking of China Exports to FICs 2015–2017, 7）, Trade Statistical Handbook 2017 between China and Forum Island Countrie", PIF Secretariat. https://pacifictradeinvest.com/media/1587/pacific-islands-statistical-handbook2017.pdf.

"Suva Declaration on Climate Change", Pacific Island Development Forum Secretariat, September 4, 2015.

（二）英文论著

Andrew, E. M., *Australia and China: The Ambiguous Relationship*, Melbourne University Press, 1985.

Bolatiki,Maika, "Black Rock Camp To Be Military's Deployable Force HQ", *Fiji Sun*,Febuary 22, 2018.

Brady, Anne-Marie ed., *Looking North, Looking South, China, Taiwan and the South Pacific*, World Scientific publishing Co., 2010.

Brant,Philippa, "Chineses aid in the Pacific", *Reports, Lowy Institute for International Policy*, March 2015.

Brant, Philippa,"No strings attached? Chinese foreign aid and its implication for the international aid regime", *PHD Dissertation*, The university of Melbourne, 2012.

D'Arcy, Paul & Matbob, Patrick & Growl, Linda, *Pacific-Asia Pacific Partnerships in Resource Development*, DWU Press (Madang), 2014.

Dornan, Matthew & Brant, Philippa, "Chinese Assistance in the Pacific: Agency, Effectiveness and the Role of Pacific Island Governments", *Asia & the Pacific Policy Studies*, Lowy Institute for International Policy, June 2014.

Fraser, John, "Fiji PM confounds Chinese", *The Globe and Mail*, June 14 1978.

Hanson, Fergus, "The Dragon Looks South", Analysis, Lowy Institute for International Policy, June 2008.

Hanson, Fergus & Fifita, Mary, "China in the Pacific: The New Banker in Town", *Policy Brief*, Lowy Institute for International Policy, April 2011.

Lengauer, Sara, "China's Foreign Aid Policy: Motive and Method", cite in *Culture Mandala: Bulletin of the Centre for East-West Cultural & Economic Studies*, Vol. 9, Issue 2, September-December 2011.

Mark, Kathy, "Climate change talks our 'last chance', say Pacific islands: 'This is not politics, its survival'", *Independent*, September 8 2015.

Mediansky, A. F. & Palfreeman, A. C., *In Pursuit of National Interests: Australian Foreign Policy in the 1990s*, Pergamon Press (Sydney), 1988.

Morgenthau, Hans, "A Political Theory of Foreign Aid", *American Political Science Review*, Vol.56, No. 2, June 1962.

NicMaelellan, "Preparing for storms: protecting the islands", *Islands Business*, 2011.

Powles, Michael, *China and the Pacific: the View from Oceania*, Victoria University Press, 2016.

Shie, Tamara Renee, "Rising Chinese Influence in the South Pacific: Beijing's 'Island Fever'", *Asian Survey*, Vol.47, No.2（March/April 2007）.

Smith, Graeme, "The top four myths about China in the Pacific", *the Interpreter*, Lowy Institute for International Policy, November 2014.

Smith, Terence Wesley, "China in Oceania, New Force in Pacific Politics", *Pacific Islands Policy* 2, East-West Center, 2007.

The Chinese in Fiji 1855–2015, Suva, Chinese Association of Fiji, 2016.

Tweedie, S., *Trading Partners: Australia and Asia 1790–1993*, Sydney: University of New South Wales Press, 1994.

Vakasukawaqa, Garieta, "Govt officials urged to make use of Chinese scholarships", *Fiji Times*, November 16, 2018.

五、主要网络资源

中华人民共和国外交部网站：http://www.fmprc.gov.cn/web/

中华人民共和国商务部网站：http://www.mofcom.gov.cn/

中华人民共和国驻斐济大使馆网站：http://fj.china-embassy.org/chn/

中华人民共和国驻斐济大使馆经济商务参赞处网站：http://fj.mofcom.gov.cn/

中华人民共和国农业部网站：http://www.moa.gov.cn/

斐济政府网站：http://www.fiji.gov.fj/

斐济统计局网站：http://www.fijichinese.com/

《斐济时报》网站：http://www.fijitimes.com/

斐华网：http://www.fijichinese.com/

《斐济太阳报》网站：http://fijisun.com.fj/

附录 1 中斐关系大事记

1970 年

10 月 10 日，斐济宣告独立，周总理致电卡米塞塞·马拉总理，祝贺斐济独立。

1972 年

11 月 5 日，中国红十字会致电慰问斐济灾区人民并赠款。

1974 年

11 月 17 日，新中国第一位记者获准抵斐访问，斐济总理马拉会见新华社记者。

1975 年

8 月 4 日，中国足球队结束对新西兰和斐济的访问。

8 月 25 日，《人民日报》发表"中国和斐济人民情谊深"社论。

11 月 5 日，中国与斐济正式建立外交关系。

1976 年

1 月，中国开始在斐济设立使馆，并派驻大使。

4 月 28 日，中国驻斐济大使馆临时代办张英离京赴任。

5 月 14 日，中国驻斐济大使馆临时代办张英向斐济总理马拉递交介绍信。

7 月 31 日，斐济总督乔治·萨空鲍接见我使馆临时代办张英。

1977 年

4 月 26 日，中国斐济大使米国钧离京赴任。

5 月 10 日，米国钧大使向斐济总督萨空鲍递交国书。

7 月 16 日，马拉总理接见我驻斐济大使米国钧。

6 月 20 日，斐济代总督克利福德·格兰特等观看重庆杂技团演出。

10 月 13 日，斐济工商部长穆罕默德·拉姆赞率斐济政府贸易代表团访华；14 日，外贸部部长李强宴请斐济贸易代表团；17 日，谷牧副总理会见斐济政府贸易代表团，拉姆赞部长举行答谢宴会。

11 月 6 日，斐济总督萨空鲍、副总理加尼劳等出席我大使庆祝中斐建交两周年宴会。

1978 年

6 月 11 日，斐济总理马拉访问中国。

6 月 13 日，许德珩副委员长会见斐济国家男子篮球队领队。

9 月 6 日，萨空鲍总督和马拉总理参观中国经济和贸易展览，我驻斐济大使米国钧宴请马拉总理。

9 月 8 日，萨空鲍总督和斐济总理马拉接见我大使米国钧。

1979 年

3 月 9—15，陈慕华副总理访问斐济。22 日，两国政府签订一项经济技术合作协定。

4月7日，华国锋总理打电报给斐济总理马拉，对斐济部分地区遭到飓风袭击表示深切慰问和同情。同日，中国红十字会打电报给斐济红十字会，决定赠送人民币5000元，帮助灾区人民克服暂时困难。

6月9日，谭震林副委员长会见斐济教育部长塞梅萨·西基武率领的斐济议员团。

1980 年

10月，斐济副总理佩纳亚·加尼劳访华。

1981 年

10月，斐济全国青年理事会代表团访华，全国政协副主席康克清会见。

1982 年

5月12日，黄华会见斐济首任驻华大使乔治·科托巴拉武。

11月22日，中国帮助斐济开发稻田的议定书在斐济首都苏瓦签字。

1983 年

7月29日，中国成套设备出口公司与斐济农渔业部签订《关于水稻田项目的备忘录（代合同）》。

1983年6月，中国藤竹编小组完成了第一批培训任务。同年11月，中斐又签署了"藤竹编合作延期协议"，即开办第二期培训班。

1984 年

1月12日，万里会见即将离任的斐济大使乔治·科托巴拉武。

2月27日，在苏瓦举行了中国无偿援助斐济发展水稻种植项目举行移交仪式。

6 月 7 日，万里代总理会见斐济新任驻华大使约瑟夫·戴维·吉布森。

6 月 6 日，斐济新任驻华大使向李先念主席递交国书。

6 月 15 日，萨摩亚和斐济妇女代表团访华，全国妇联副主席黄甘英会见。

8 月 15 日，斐济教育部部长阿里访华，国务院副总理田纪云会见。

1985 年

2 月 14 日，斐济和瓦努阿图遭受风灾，中国政府分别捐赠救灾款项。

4 月 23 日，中共中央总书记胡耀邦访问斐济，发表《希望太平洋永远太平成为友谊和平的海洋》讲话，斐济代总理戴维·托加尼瓦卢举行正式招待会欢迎。

4 月 24 日，中共中央书记处书记胡启立参观中国援助斐济的农业项目。

5 月 19 日，斐济总理马拉访问中国。

5 月 24 日，斐济总理和浙江省省长薛驹签署一项备忘录。

9 月 12 日，中国驻斐济大使冀朝铸向斐济总督递交国书。

1985 年中斐签署了关于中国政府向斐济政府提供无息贷款的协定，用于在斐济建设 4 个小水电工程。

1986 年

10 月至 1988 年 7 月，根据 1986 年 3 月 27 日和 6 月 10 日中斐两国政府换文，中方派出三名农技专家到斐济纳乌瓦水稻垦区向当地农民传授水稻种植技术。

1987 年

2 月 10 日，中国驻斐济大使冀朝铸在斐济首都苏瓦代表中国政府签署了《南太平洋无核区条约》第 2 和第 3 号附加议定书。

9 月 21 日，中国大使向斐济总督递交国书。

12 月，斐济外长菲利普·博列访华。

1988 年

5 月，中国提供无息贷款援建的斐济布库亚水电站开工。

8 月，斐济总理马拉与南太平洋岛国会议代表团对中国进行非正式访问。

1989 年

9 月，中国提供无息贷款援建的斐济布库亚水电站竣工。

11 月 10 日，中国提供无息贷款援建的斐济威尼丘水电站项目开工。

1990 年

2 月，经贸部副部长吕学俭率中国政府经济代表团访问斐济，草签《中斐经济技术合作协定》。马拉总理和斐济军队司令兰布卡分别会见。

3 月，中国提供无息贷款援建的斐济库路浮输电线路网开工。

4 月 15—20 日，斐济总理马拉第三次访问中国，正式签署《中斐经济技术合作协定》。江泽民总书记会见马拉总理，李鹏总理与马拉总理举行会谈。

4 月 29 日—5 月 9 日，斐济武装部队司令兰布卡少将应邀访华。

5 月，国家主席杨尚昆访问斐济。

8 月，中国提供无息贷款援建的斐济库路浮输电线路网竣工。

10 月 10 日，中国驻斐济大使徐明远和斐济内阁建筑委员会主席汤加尼瓦鲁在苏瓦换文确认中国为斐济建造的国际会议中心设计方案。

10 月 12 日，中国成套公司代表同斐济教育、青年和体育部常秘在苏瓦签署斐济技术培训学校建设合同。

11 月 21 日，北京市经贸委和贸促会北京分会联合在苏瓦举办北京市商品展览会。

11 月 24 日，北京出口商品展览会在斐济开幕。

1991 年

2 月 22 日，斐济总统佩纳亚·加尼劳会见中国驻斐济大使徐明远，希望斐中关系得到加强。

3 月 17—20 日，中国外交部副部长刘华秋访问斐济，同斐济外交部官员就进一步发展中斐双边关系和共同关心的国际问题进行磋商。

4 月 5—10 日，斐济初级产业和合作部长冈内列乌访问中国，先后参观了北京、杭州、广州和深圳。

4 月 8 日，斐济总理马拉会见中国新任驻斐大使华君铎，盛赞中国对斐济的援助。

4 月 22—29 日，斐济总统加尼劳对中国进行国事访问。

4 月 22—27 日，斐济就业和劳资关系部长维伊塔塔来京出席第十二届亚太地区劳工部长会议。

6 月 26—28 日，深圳市副市长张鸿义率深圳经贸代表团访问斐济。

9 月 17—23 日，斐济卫生部长库利桑吉拉访华。

1992 年

1 月，由中航技公司销售给斐济的第一架运 12 飞机到达斐济，2 月，该飞机正式启用。

2 月 20 日，中方赠送斐济一批医疗器械，价值 10 万美元。

4 月 6—9 日，斐济贸商部长乌尼博博访问北京和青岛。

4 月 14 日，中国提供无息贷款援建的斐济威尼丘水电站举行竣工移交仪式。

4 月 23—27 日，斐济妇女、文化和社会福利部部长塔巴考索若率代表团出席在北京召开的联合国亚太经社会第四十八届会议，顺访北京。

6 月 10 日，中国提供无息贷款援建的斐济图里瓦桥项目开工。

6 月 11 日，李鹏总理在前往巴西出席联合国环境与发展大会途中对斐济进行友好访问，兰布卡总理举行国宴欢迎。

8月2—6日，彭冲副委员长率全国人民代表大会代表团访问斐济，并代表全国人大常委会向斐议会赠送一辆吉普车。

8月10—17日，中国农业展览会在苏瓦举行，斐济初级产业部长马塔陶洛为开幕式剪彩。

9月23日，中国提供无息贷款援建的斐济图里瓦桥项目竣工。

9月27日，经贸部副部长王文东率中国政府经济代表团顺访斐济，并与斐初级产业部长马塔陶洛签署了中国政府向斐政府赠送两台拖拉机及配套农机具的换文。

10月30日，浙江机械设备公司代表团访斐，就中国向斐出口一艘200吨位客货轮达成协议并签订合同。中国船舶第一次进入南太平洋市场。

11月19日，中国华西企业公司在斐济注册成立中国华西企业（斐济）有限公司，是中国在斐济正式注册成立的第一家中资企业。

11月26日，中国无偿援建的斐济萨伍萨伍技术培训学校项目开工。

1993 年

1月29日，中国向斐济提供救灾物资。

8月，斐济众议长库利桑吉拉和参议长索卡纳乌托访问中国。

全国人大常委会委员长乔石和全国政协主席李瑞环分别会见斐济两院议长。

11月1日，宁波进出口公司招聘赴斐济、毛里求斯劳务人员。

12月2日，中国无偿援建的斐济萨伍技术培训学校项目竣工。

1994 年

1月26日，中国无偿援建的斐济萨伍技术培训学校举行移交仪式。

4月27日，全国人大常委会副委员长田纪云经停斐济楠迪。

5月8日，宁波招聘赴斐济服装工劳务。

9 月 19—24 日，斐济总理兰布卡对中国进行正式访问。

11 月 26 日，全国人大常委会委员长乔石经停斐济楠迪，兰布卡总理专程从首都苏瓦飞到楠迪与他见面。

1995 年

1 月 5 日，斐济政府决定与中国政府商谈建立两国间民航业务关系。

1 月 10 日，宁波市进出口公司招聘赴斐济服装工。

6 月 29 日—7 月 1 日，中国人民政治协商会议主席李瑞环经停斐济楠迪。

8 月 6—13 日，斐济议会政治党、民族联盟党、一般选民党、选举人协会和工党等五个不同党派组成的议会代表团对中国进行友好访问。

9 月 6 日，斐济卫生和社会福利部部长洪泰女士率政府代表团出席在北京举行的联合国第四次世界妇女大会。

9 月，国务院侨办副主任刘泽彭率团访问斐济。

11 月 17—21 日，全国人民代表大会副委员长王丙乾访问斐济。

11 月 30 日—12 月 6 日，中国对外贸易经济合作部部长助理杨文生率团访问斐济。

1996 年

7 月，国家副总理兼外长钱其琛访问斐济，并签署《中华人民共和国政府和斐济主权民主共和国政府关于斐济在中国香港特别行政区保留名誉领事协定》。

9 月，斐济参议院议长伊洛伊洛访问中国。

1997 年

中斐两国政府签署《中华人民共和国政府和斐济主权民主共和国政府关于民航合作的协定》和《中华人民共和国政府和斐济主权民主共和国政府关于贸易合作的协定》。

3月，中国航空技术进出口总公司投资参股斐济航空公司，先后投入5架Y12系列小型客机。

5月6日，第一名斐济学员（斐济农业部技术官员Ilaitia Naigani）赴中国武汉参加现代农业管理援外培训。

12月11日，外经贸部副部长孙振宇与斐济外交和外贸部长姆贝雷南多·武宁邦博在京分别代表本国政府签署中斐贸易协议和经济技术合作协定。

1998 年

1月15日，外经贸部部长吴仪率团对斐济进行友好访问。

2月10日，中共中央军委副主席、国防部部长迟浩田访问斐济，会晤斐济总统卡米塞塞·马拉。

4月2日，广西北海市与斐首都苏瓦市结为友好城市。

8月，中国水产（集团）总公司赴斐济海域进行捕捞作业，是最早进入斐济的中国远洋渔业船队，并于1999年在斐济设立中水（斐济）控股有限公司。

9月2日，国务委员吴仪会见斐济财政部部长何志美。

1999 年

4月1日，中国提供无息贷款援建的斐济瑞瓦三角洲农村供电项目开工。

7月31日，瑞瓦三角洲农村供电项目竣工。

12月13—20日，斐济总理马亨德拉·乔杜里对中国进行正式访问，双方签署了《中华人民共和国政府和斐济群岛共和国政府经济技术合作协定》《中华人民共和国外交部和斐济群岛共和国外交和外贸部关于建立官员磋商制度的谅解备忘录》，发表《中华人民共和国和斐济群岛共和国新闻公报》。

2000 年

2月17—21日，全国人民代表大会副委员长周光召访问斐济。

4月23—29日，斐济妇女文化部长拉韦尼亚·潘达拉斯应中华全国妇女联合会邀请访华。

8月15日—12月15日，斐济军队少校马拉应邀来中国国防大学参加军事培训班学习。

10月，斐济驻华大使（驻日本大使兼）塞雷迈亚·萨武伊拉蒂携外交外贸部政治条法司司长林加伊里就斐济在华设立使馆来华考察。

11月1日，杨洁篪副外长在出席太平洋岛国论坛第十二届会议期间在基里巴斯会见了斐临时政府总理恩加拉塞。

11月30日，中国新任驻斐济大使章均赛向斐济总统伊洛伊洛递交了国书。

12月5日，中国驻斐济大使章均赛与斐济军队司令姆拜尼马拉马签署关于中国向斐济军队提供体育器材等军事后勤物资的协议。

2001 年

4月，斐济在华设使馆并派常驻大使。斐济首位常驻中国大使拉图沃斯向江泽民主席递交了国书。

7月，斐济外交外贸部部长卡利澳帕特·塔沃拉访华并主持斐济驻华使馆开馆仪式。

8月，中国农业部副部长万宝瑞率领中国农业代表团访问斐济，中斐两国签署《中斐农业合作谅解备忘录》，成立中斐农业合作联委会，随后在北京召开中斐农业联委会第一次会议。

11月11—15日，中国政协主席李瑞环访问斐济群岛共和国，分别会见了斐济总理恩加拉塞、总统伊洛伊洛、众参两院议长、外经外贸部长等多位领导人签署《中华人民共和国政府和斐济群岛共和国政府经济技术合作协定》。

2002 年

1月16日，国土资源部副部长孙文盛率代表团访问斐济群岛共和国，与斐土地和矿产资源部部长拉拉巴拉武共同签署了《中国国土资源部与斐济群岛共和国土地和矿产资源部关于在矿业领域合作的谅解备忘录》。

2月，中国国务院侨务办公室副主任许又声率团访问斐济。

2月8日，中国无偿援助斐济多功能体育馆开工。

3月5日，《中斐（济）关于林业合作谅解备忘录》签字仪式在北京举行。

3月，钱树根副总参谋长率中国军事代表团访问斐济。

4月，斐济众议长奈拉蒂考和参议长万加瓦卡通加来华参加亚洲议会和平协会第三届年会。

5月27日—6月1日，斐济群岛共和国总理恩加拉塞对中国进行正式访问，与朱镕基总理共同签署《中华人民共和国政府和斐济群岛共和国政府关于巩固和促进友好合作关系的联合声明》。

5月，中斐两国政府签署《中斐教育合作谅解备忘录》。

5月27日，农业部部长杜青林与斐济渔业与林业部部长奈瓦鲁在人民大会堂签署了《中华人民共和国农业部与斐济群岛共和国渔业与林业部关于渔业领域合作的谅解备忘录》，宣告两国渔业领域合作向政府级别迈进。

2003 年

1月，斐济在首都举办"中国周"活动，天津杂技团赴斐演出。

3月，农业部副部长齐景发率渔业代表团访问斐济。

5月22日，中国无偿援助斐济多功能体育馆竣工。

8月，中国教育部代表团访问斐济。

8月，外交部副部长周文重在出席太平洋岛国论坛会后对话会期间会见恩加拉塞总理。

8月12日，中国文化部部长蔡武与斐济教育、国家遗产与文化艺术部部长菲利普·伯乐签署《文化谅解备忘录》，鼓励双方文化领域的交流。

9月，斐济总统伊洛伊洛对中国进行正式访问，国家主席胡锦涛会见，两国签署《中华人民共和国政府和斐济群岛共和国政府经济技术合作协定》。

11月，斐济参议长万加瓦卡通加访问中国。

11月10日，中国外交部副部长周文忠与斐济外交外贸部部长共同主持中斐第二次外交部官员磋商（在北京举行会谈）。

11 月 20 日，全国政协主席贾庆林会见斐济参议长。

2004 年

2 月，中联部副部长张志军访问斐济。

3 月 15 日，科技部刘燕华副部长率代表团访问斐济，考察斐济农业发展状况，探索中斐农业科技合作的途径。

4 月，胡锦涛主席就斐济前总统马拉逝世致电斐济总统伊洛伊洛表示哀悼。温家宝总理就斐遭受洪涝灾害致电斐总理恩加拉塞表示慰问，并以中国政府名义向斐提供 10 万美元援助；全国侨联副主席唐闻生访斐。

6 月 28 日—7 月 3 日，斐总理恩加拉塞对中国进行友好访问，温家宝总理与他会谈。

29 日，中斐两国政府签署《中华人民共和国政府和斐济群岛共和国政府关于植物检疫的合作协定》。

29 日，国家林业局局长周生贤在京会见了斐济渔业林业部部长科尼西·杨巴基，双方就进一步加强两国林业方面的合作交换了意见。

30 日，双方发表《中华人民共和国与斐济群岛共和国联合新闻公报》。

8 月，外交部副部长周文重在出席太平洋岛国论坛会后对话会期间会见恩加拉塞总理。

9 月，斐政党代表团访华并出席第三届亚洲政党国际会议，团结的斐济党与中国共产党签署两党合作谅解备忘录，正式建立党际关系。

9 月，斐济总统伊洛伊洛对中国进行正式访问，签署两国经济技术合作协定。

10 月，国家旅游局局长何光暐与斐旅游部长纳苏瓦在斐济首都苏瓦签署《关于中国旅游团队赴斐济旅游实施方案的谅解备忘录》，开放斐济为中国公民旅游目的地。

10 月，湖北武汉杂技团赴斐演出。

11 月 9—13 日，全国政协副主席罗豪才对斐济进行友好访问。

11 月，斐外交外贸部部长塔沃拉访华并出席中斐第二次外交部官员磋商会。

11 月 19—22 日，中国全国人大华侨委员会副主任委员杜铁环率领代表团一行 8 人访问斐济。

11 月 26 日，驻斐济大使蔡金彪约见斐警察总监，要求斐方保护华侨华人生命财产安全。

2005 年

1 月，曾庆红副主席在出访拉美途中经停斐济。

1 月 23 日，中国与斐济国家奥林匹克委员会签署协议。

2 月 19 日—3 月 2 日，商务部部长助理陈健访问斐济，签署中国援斐体育馆技术合作项目换文。

3 月 22—25 日，国家广播电影电视总局副局长田进率领的中国广播电视代表团访问斐济。

4 月 4 日，斐济商业部部长武埃蒂洛沃尼访华。

5 月 23 日，全国政协主席贾庆林在出访拉美后回国途中经停斐济。

5 月，斐济正式成为中国公民组团出国旅游目的地国，中国公民赴斐旅游的组团业务正式开展。

6 月 4—8 日，中联部部长王家瑞率代表团对斐济进行友好访问。

6 月 25—30 日，斐济总理恩加拉塞对中国进行工作访问。

8 月，斐反对党工党领袖乔杜里率团访华，该党与中国共产党建立党际关系。

9 月，全国人大常委会副委员长许嘉璐访问斐济。

9 月 17 日，中国无偿援助斐济多功能体育馆后续项目开工。

9 月 27 日，驻斐 10 家中资企业（代表处）发起成立"斐济中资企业联谊会"。

12 月，全国政协副主席李贵鲜访问斐济。

12 月 14 日，中国国防部长曹刚川与来访的斐济军队司令姆拜尼马拉马会谈，推动双边军事关系发展。

2006 年

1 月 9—20 日，商务部太平洋岛国论坛筹备工作小组出访斐济。

1 月 19 日，商务部副部长马秀红访问斐济，双方就进一步加强中斐双边经贸合作进行深入交流。

3 月 31 日，中国无偿援助斐济多功能体育馆后续项目竣工。

4 月 4—5 日，温家宝总理对斐济群岛共和国进行正式访问。访问期间，中斐两国政府签署并发布《中华人民共和国和斐济群岛共和国联合新闻公报》。签署《关于成立中国—斐济经济贸易联合委员会的协定》《中斐加强基础设施领域合作备忘录》《中斐蔬菜生产合作示范项目意向性协议书》《关于动植物卫生和食品安全合作谅解备忘录》等。

4 月，最高人民检察院检察长贾春旺访斐。

6 月 20—22 日，中国农业部牛盾副部长率中国农业代表团访问斐济，出席在斐济苏瓦举行的中斐农业联委会第二次会议。

8 月 3—4 日，中国外交部李肇星部长率代表团访问斐济，双方签署《中斐经济技术合作协定》。

8 月 4 日，中国交通建设集团与斐济港务公司签署《苏瓦 Rokobili 集装箱码头项目一期工程扩展备忘录》，与斐济船舶重工业公司签署《斐济船舶重工业公司修船滑道更新改造工程项目扩展备忘录》。

8 月 8 日，中国长江船舶设计院徐伟院长率代表团访问斐济，与斐济渔业林业部签署《中国援斐客货两用船舶设计谅解备忘录》。

9 月，李肇星外长在出席联大会议期间，与斐外长塔沃拉举行会晤。

9 月 5 日，签署《中国国际贸易促进会与斐济国家工商总会关于促进双边经贸合作关系的谅解备忘录》，这是中斐两国双边贸易促进机构首次签约合作。

9 月 21 日，中央电视台与斐济电视台签署协议，将向斐济提供 CCTV—4 台和 CCTV—9 台和汉语语言节目，英语语言节目将打包提供。

9 月 26 日，卫生部副部长蒋作君率团访问斐济。

10 月 2 日，使用中国优惠贷款的斐济电子政务项目开工。

2007 年

5 月，国家地震局访斐，与斐济矿产资源局签署《中斐地震研究合作谅解备忘录》。

7 月 19 日，斐济—中国贸易委员会正式成立。

7 月 19 日，斐济总理姆拜尼马拉马启动斐中商业委员会

8 月 29 日—9 月 10 日，斐济外长埃佩利·奈拉蒂考和商务部部长瓦兰迪率团访问中国，参加在北京举行的中国—斐济经贸联委会首次会议。

8 月 30 日，外交部长杨洁篪在外交部与奈拉蒂考举行会谈。

8 月 31 日，中国—斐济经贸联委会首次会议在京举行，双方就经济技术合作项目及各自关注的贸易与投资问题深入交换了意见。

9 月 10 日，中国成为斐济旅游签证免签国。

9 月 18 日，中国为斐济和汤加培训航空人员。

9 月 17 日，南太国家航空运输业务培训在天津中国民航大学举行开班典礼，斐济学员参加培训，这是中国首次为南太国家培养航空运输专业人才。

9 月 23—27 日，中国国际贸易促进委员会经贸代表团访问斐济。

12 月 19 日，斐济中资企业第二届联谊会在中国驻斐济使馆举行。

12 月，中国奇瑞汽车进入斐济市场，开创了中国产汽车在斐销售的先例。

2008 年

4 月 8 日，中国无偿援助斐济的纳务索桥项目破土动工。

5 月 22 日，斐济临时政府总理白尼马拉马到中国驻斐使馆为汶川地震遇难者吊唁，斐政府为灾区捐助 25000 斐济元。

6 月 5 日，中国山东信发铝电集团在斐济投资铝土矿开发项目介绍会在斐济首都苏瓦举行。

6 月 13 日，斐济金枪鱼项目协调小组第一次全体成员大会在中国驻斐使馆举行。

6 月 19—22 日，斐济旅游局率团参加在北京举行的国际旅游博览会，宣传推介斐济风光，吸引更多中国游客赴斐旅游。

6 月 24 日，中斐两国政府就中国向斐济无偿提供一艘多用途货船的设计、制造、交货事宜换文。

6 月，在奇瑞汽车进入斐济后，中国长城、吉利、昌河等品牌汽车也相继进入斐济，逐步打开斐济市场，为今后中国汽车行业进入南太地区奠定坚实基础。

7 月 17 日，中国援斐电子政务项目门户网站及外商投资审批跟踪系统开通仪式在苏瓦举行。

2009 年

2 月 9 日，国家副主席习近平赴拉美途中过境斐济，在楠迪分别会见了斐济总统伊洛伊洛和临时政府总理姆拜尼马拉马。

5 月 31 日—6 月 3 日，商务部副部长姜增伟率领产业司、援外司、美大司、商贸服务司和 30 多位企业家共同组成的代表团访问斐济。

12 月，斐济太平洋航空公司开通楠迪到香港直通航线。斐济总理姆拜尼马拉马赴香港出席通航仪式。

2010 年

2 月 3 日，中国向斐济农民捐赠肥料。

4 月 7 日，中国为斐济妇女捐赠缝纫机等。

5 月 19 日，中国援助斐济总统府围墙项目。

9 月，新华社在斐济首都苏瓦设立分社并派常驻记者，这是新华社在太平洋岛国地区设立的首个分社。

9月20日，中国银联卡在斐济正式发行，斐济成为除澳大利亚和新西兰以外第一个发行银联卡的太平洋岛国。

9月25日，斐济总统埃佩利·奈拉蒂考出席2010中国（宁夏）国际投资贸易洽谈会。

10月2日，斐济总统奈拉蒂考出席上海世博会中国国家馆日活动。

10月11—14日斐济群岛共和国外交、国际合作和民航部部长伊诺凯·昆布安博拉对中国进行正式访问。

2011 年

4月16日，中国贸促会董松根副会长率31位中国企业家代表访问斐济，并与斐济贸易投资局在苏瓦共同举办"中国—斐济贸易投资论坛"。

4月18日，公安部部长孟建柱会见斐济国防、国家安全与移民部代理部长索卡纳辛加，双方共同签署了《中华人民共和国公安部和斐济群岛共和国国防、国家安全和移民部合作谅解备忘录》。

5月11—14日，中共中央宣传部副部长蔡名照访问斐济。

8月12日，斐济体育代表团参加在深圳举行的第26届世界大学生夏季运动，斐济总统奈拉蒂考出席。

9月1日，第三届中国—太平洋岛国农业合作论坛在斐济成功召开。

9月21日，中国向斐济捐赠媒体设备。

9月29日，中国副总理回良玉过境斐济，受到热烈欢迎。

12月22日，中国政府向斐济政府提供无偿援助的经济技术合作协定签字仪式在斐济总理府举行，中国给予斐济2000万元人民币的赠款。

2012 年

3月19日，中国农业部与斐济初级产业部关于农业合作谅解备忘录签字仪式在斐初级产业部举行。

4 月 13 日，中国商务部部长陈德铭率团访问斐济，并与斐济总理姆拜尼马拉马签署经济技术合作协议，包括帮助斐济发展水稻项目、抗洪救灾捐赠和直接拨款项目等。

7 月 12 日，最高法院院长王胜俊在北京会见斐济最高法院首席大法官盖茨一行。

9 月，中斐合作在南太大学设立孔子学院。

9 月 21 日，全国人大常委会委员长吴邦国访问斐济，与斐济总理姆拜尼马拉马在楠迪签署经济技术合作协议、政府级优惠贷款框架协议、道路改造优惠贷款协议，将双边关系推向一个新的高度。

12 月 10—12 日，中国—太平洋岛国论坛对话会特使李强民访问斐济。

2013 年

1 月 23 日，援外司余应福副司长在京会见斐济驻华大使艾萨拉·泰莱尼，双方就对斐援助规划、项目库建设及其他共同感兴趣的事宜交换了意见。

3 月 13—14 日，中联部副部长刘结一率中共友好代表团访问斐济，并与斐济外交、司法和行政部门官员进行座谈。

3 月 22 日，中国向斐济国防部捐赠计算机。

5 月 29 日，斐济总理姆拜尼马拉马对中国进行工作访问并参加第二届中国（北京）国际服务贸易交易会暨全球服务论坛北京峰会。

5 月 30 日，澳大利亚西太平洋银行宣称斐济元可直接兑换人民币。

7 月 17 日，中国援助斐济海岸防护工程。

8 月 12 日，文化部部长蔡武率团访问斐济，双方共同签署《中斐文化合作谅解备忘录》。

9 月 13 日，援外司副司长刘俊峰会见了斐济驻华大使艾萨拉·泰莱尼，双方就中斐经援合作项目情况相互通报，协调解决有关项目存在的问题并交换意见。

11 月 7 日，中国国务院副总理汪洋在广州会见出席第二届中国—太平洋岛国经济发展合作论坛的斐济农渔林业部部长赛努伊拉图。

2014 年

1月18—20日，中联部副部长于洪君率中共友好代表团访问斐济。

1月26日，《斐济日报》旗下网站"斐济网"启动仪式在斐济苏瓦中华俱乐部举行。

6月9日，商务部美大司房秋晨商务参赞与斐济工贸部常秘阿里在斐济苏瓦共同主持召开第二届中国—斐济经贸联委会。

8月17日，斐济总统奈拉蒂考出席南京青奥会，习近平主席在南京与之会晤。

8月18日，斐济共和国驻上海总领事举行开馆仪式。

8月22日，中国海军和平方舟医院船抵达斐济，开始为期7天的友好访问和人道主义医疗服务。

9月28日，中国外交部长王毅与斐济外交外贸部部长在联合国会晤。

11月22日，国家主席习近平对斐济进行正式国事访问，并在楠迪会晤建交太平洋岛国领导人。

2015 年

1月12日，斐济总统奈拉蒂考在总统府会见了即将离任的中国驻斐济大使黄勇并授予他一枚奖章，以表彰黄勇为促进斐中关系发展所做出的杰出贡献。

1月16日，新华社与斐济华人新闻网在苏瓦悦来酒店举行新闻信息交换签约仪式。

7月14—24日，斐济总理姆拜尼马拉马对中国进行正式访问。

8月15—22日，应萨摩亚议会和斐济外交部邀请，全国政协副主席齐续春率全国政协代表团对上述两国进行友好访问。

12月4—6日，国务院发展研究中心原副主任刘世锦率中共友好代表团访问斐济。

12 月 14—17 日，文化部副部长丁伟率中国政府文化代表团应邀访问斐济。

12 月 15 日，斐济中国文化中心在苏瓦揭牌。

2016 年

1 月 11 日，中国援助斐济优惠贷款项目纳布瓦鲁公路正式通车。

2 月 20 日，南半球有史以来最强热带气旋"温斯顿"袭击斐济，中国驻斐济使馆向斐红十字会转交了中国红十字会提供的 10 万美元紧急人道主义援助。

5 月，斐济举行 2016 年猴年邮票正式发行仪式。

9 月 20—24 日，中国青年女子篮球队访问斐济。

11 月 17—20 日，全国政协外事委员会副主任蔡武应斐济议会议长卢维尼邀请率团访问斐济。

11 月 23—26 日，中国—太平洋岛国论坛对话会特使杜起文率团访问斐济。

12 月 20 日，"斐济苏瓦华助中心"举行成立暨揭牌仪式。

2017 年

1 月 28 日，斐济华人新春庆典暨华人抵斐 160 周年纪念凉亭"中国亭"落成仪式在斐济苏瓦举行。

2 月，斐济发行鸡年纪念邮票。

3 月 2 日，由中国援建的斐济索摩索摩小型水电站正式启用。

4 月 18—22 日，中国气候变化事务特别代表解振华率团访问斐济。

5 月，斐济总理姆拜尼马拉马出席"一带一路"国际合作高峰论坛。

8 月 7 日，驻斐济使馆举行仪式向获得 2017 年中国政府奖学金的 16 名斐济学生颁发中国高校录取通知书。

8 月 31 日，张平大使与斐济青年体育部部长图伊通鲍共同出席由中方赞助的斐泰莱武省 TACI 村青年家禽养殖项目移交仪式并签署交接证书。

9月7—10日，中国农业部于康震副部长率团访问斐济，就推进中斐渔业合作深入交换了意见。

10月12日，斐济总统孔罗特在苏瓦国宾馆举行特别授勋仪式，为即将离任的张平大使颁发二级"斐济勋章"。

10月13日，张平大使赴斐济苏瓦逸仙学校参加该校年度奖学金授予仪式，并为该校中文成绩优异的24位学生颁发了"大使奖学金"。

11月7日，广东省卫计委代表团向斐济卫生部捐赠新一批急救医疗器械。

12月1日，驻斐济使馆临时代办谷雨政务参赞代表使馆向斐济救助儿童组织（Save The Children Fiji）捐款。

12月5日，北京交通大学宁滨校长率团访问斐济南太平洋大学，双方签署教育合作备忘录，并就开展留学生短期交流等交换意见。

12月14—16日，全国人大常委会副委员长、中国国际交流协会会长严隽琪访问斐济。

2018 年

1月11日，中国援斐济斯丁森桥和瓦图瓦卡桥项目举行通车仪式。斐济总理姆拜尼马拉马和中国驻斐济使馆临时代办谷雨出席并致辞。

1月23日，新任驻斐济大使钱波履新。

2月13日，斐济东南部分岛屿遭受热带飓风"基塔"侵袭，中国使馆决定向斐方提供10万斐元紧急现金捐赠，用于当地救灾。

2月22日，中国援斐济车辆项目交接仪式在斐济首都苏瓦举行，斐济总理姆拜尼马拉马和钱波大使出席并致辞。

3月2日，斐济邮政公司与中国文化中心共同举办中国狗年生肖纪念邮票和首日封发行仪式。

6月23日，中国内蒙古文创产品展示周在斐济举行。

7月11日，"天际线——中国当代建筑图片展"在斐济的中国文化中心举行。

8 月，中国海军和平方舟医院船抵达斐济进行友好访问。

8 月 23—30 日，中国资助的新繁棕编培训班走入斐济农村。

9 月 12—14 日，广东省委书记李希率中共代表团对斐进行友好访问。

9 月 28 日，斐济国家图书馆设立中国图书阅览区。

10 月 30 日，国务委员兼外交部长王毅对斐济进行正式访问，在苏瓦会见斐济总统孔罗特和总理兼外长姆拜尼马拉马。

11 月 12 日，中斐正式签署《中华人民共和国政府与斐济共和国政府关于共同推进丝绸之路经济带和 21 世纪海上丝绸之路建设的谅解备忘录》。

12 月 3 日，由湖南省儿童医院承办的"2018 年援助斐济临床专业护理海外培训班"在斐济首都苏瓦殖民地战争纪念医院开班。

12 月 21 日，中国政府援助斐济水文测量船"卡扎乌"号移交斐济。

2019 年

3 月 29 日，中国—太平洋岛国农业部长会议在斐济楠迪成功召开，审议通过了《中国—太平洋岛国农业部长会议楠迪宣言》。

4 月 11 日，中国电建集团承建的斐济瑞瓦河供水项目签约仪式在斐济首都苏瓦举行，斐济总理姆拜尼马拉马出席仪式并见证签约。

6 月，中国海关总署副署长邹志武率团访问斐济。

8 月 23 日，中国—斐济旅游交流会在楠迪举行。

9 月 5—7 日，甘肃省委书记林铎率中国共产党代表团对斐济进行友好访问。

9 月，海南省委常委、秘书长胡光辉率团访问斐济。

9 月 27 日，斐济华人社团和斐济南区警察局在苏瓦阿尔伯特公园联合举办首届"中斐友谊杯"橄榄球赛，庆祝中华人民共和国成立 70 周年。

11 月，执行远航实习访问任务的中国海军"戚继光舰"对斐济进行友好访问。

2020 年

1 月 17 日，斐济邮政有限公司发行鼠年邮票，庆祝中国农历新年。

3 月 10 日，中国同建交太平洋岛国就新冠疫情举行卫生专家视频会议。

5 月 13 日，中国同太平洋建交岛国以视频方式举行应对新冠疫情副外长级特别会议。

4 月，中国向斐济提供首批抗疫医疗物资援助。

10 月 28 日，为庆祝中斐建交 45 周年，中国驻斐济使馆和南太平洋大学孔子学院在孔子学院共同举办"中斐友谊杯"中文歌曲大赛。

11 月 5 日，驻斐济使馆在斐济中国文化中心举办中斐建交 45 周年图片展。

11 月 26 日，驻斐济使馆在斐济中国文化中心举办中斐建交 45 周年纪念邮票发行仪式。

11 月 30 日，中国—太平洋岛国应对新冠疫情第二次副外长级特别会议以视频方式举行。

2021 年

5 月 28 日，中国—太平洋岛国政党对话会以视频连线方式举行，斐济总理姆拜尼马拉马向对话会致贺信，国防国家安全和警务部长兼乡村、海洋发展和灾害治理部长塞鲁伊拉图代表斐方参会并讲话。

6 月 24 日，习近平主席与斐济总理姆拜尼马拉马通电话。

10 月 21 日，首次中国—太平洋岛国外长会以视频方式举行，斐济总理姆拜尼马拉马与会。

11 月 12 日，斐济总统维利亚姆·卡托尼韦雷就职仪式在斐总统府举行。13 日，习近平主席向他致贺电。

2022 年

2 月 15 日，斐济发行中国农历虎年生肖邮票。

5 月 30 日，国务委员兼外长王毅同斐济总理兼外长姆拜尼马拉马在苏瓦共同主持第二次中国—太平洋岛国外长会。

11 月 29 日，斐济总统卡托尼韦雷向钱波大使授予"斐济荣誉勋章"，以表彰钱大使任内为斐中关系做出的突出贡献。

11 月 21—30 日，11 名斐济学员线上参加首个"中国—太平洋岛国应对气候变化培训班"，学习气候变化风险评估、应对策略和成功案例分析等系列课程。

2023 年

1 月 18 日，斐济中国文化中心与斐济邮政共同举办 2023 兔年生肖邮票发行仪式，庆祝中国农历新年。

1 月 31 日，新任驻斐济大使周剑抵达斐济苏瓦履新。

3 月 22 日，中国—太平洋岛国菌草技术示范中心在斐济正式启用。24 日，中国政府援助斐济应对气候变化南南合作物资交接仪式在苏瓦举行。

8 月 15 日，驻斐济使馆举行 2023 年中国政府奖学金录取通知书颁发仪式，15 名斐济学生获得中国政府的年度奖学金。

8 月 30 日，斐济山东省推介会在苏瓦举行。

11 月 12 日，斐济总理兰布卡在首都苏瓦表示，期待斐中两国在体育、教育和科技领域开展更深入的合作。

11 月 13 日，习近平在旧金山会见斐济总理兰布卡，兰布卡表示斐方坚持恪守一个中国原则。

2024 年

4 月，聊城市委书记李长萍率团访问斐济，就双方进一步合作进行磋商。

4 月 26 日，中国援助斐济辛加托卡镇露天剧场举行启用仪式。

5 月 17 日，"和美新疆——中国油画写生作品展"开幕式在斐济中国文化中心举行。同一天，南太平洋大学孔子学院大楼、南太孔院国际中文教育实践与研究基地，以及南太孔院国际中文教育智慧实验中心在斐济首都苏瓦揭牌。

5月31日，五邑大学与斐济国立大学签署合作谅解备忘录。

附录 2 中华人民共和国驻斐济共和国历任大使（1977— ）

米国钧（1977.05—1980.08）

申志伟（1980.12—1985.02）

冀朝铸（1985.09—1987.05）

徐明远（1987.09—1991.03）

华君铎（1990.12—1993.11）

侯清儒（1993.12—1998.08）

陈京华（1998.09—2000.10）

章均赛（2000.11—2004.01）

蔡金彪（2004.03—2008.09）

韩志强（2008.10—2011.06）

黄　勇（2011.07—2015.01）

张　平（2015.02—2017.11）

钱　波（2017.12—2022.12）

周　剑（2023.1.31— ）

附录3 历任斐济驻华大使（1982— ）

乔治·科托巴拉武（Joji Kotobalavu）（1982.5—1984.1）

约瑟夫·戴维·吉布森（Joseph David Gibson）（1984.6—1987.4）

1987年政变后因国内局势变化而空缺

塞雷迈亚·图伊瑠索里·萨武伊拉蒂（Seremaia Tuinausori Cavuilati）（1998.8—2001.4）

卢克·温迪里·拉图武基（Luke Vidiri Ratuvuki）（2001.4—2004.1）

杰雷迈亚·万加尼绍（Jeremaia Waqanisau）（2004.6—2006.12）

何志美（James Michael AhKoy）（2007.12—2010.11）

埃萨拉·泰莱尼 (Esala Teleni)（2011.3—2016.3）

约阿尼·奈瓦卢拉 (Ioane Naivalurua)（2016.3—2017.11）

马纳萨·坦吉萨金鲍（Manasa R. Tagicakibau）（2018.7—2023）

李振凡（H.E Robert Lee）（2024.2— ）

附录4 中斐之间重要的公报、声明、协定与备忘录

一、公报、声明

《中华人民共和国政府和斐济政府关于中、斐两国建立外交关系的联合公报》（1975 年 11 月 5 日）①

《中华人民共和国和斐济群岛共和国新闻公报》（1999 年 12 月 19 日）

《中华人民共和国政府和斐济群岛共和国政府关于巩固和促进友好合作关系的联合声明》（2002 年 5 月 27 日）

《中华人民共和国和斐济群岛共和国联合新闻公报》（2004 年 6 月 30 日）

《中华人民共和国政府和斐济群岛共和国政府联合新闻公报》（2006 年 4 月 4 日）

二、双边重要协定与备忘录

1990 年《中斐经济技术合作协定》

1996 年《中华人民共和国政府和斐济主权民主共和国政府关于斐济在中

---

① 《中华人民共和国政府和斐济政府关于两国建立外交关系的联合公报》，中华人民共和国外交部编，中华人民共和国条约集 第二十二集（1975），世界知识出版社 1982 年版，第19 页。

国香港特别行政区保留名誉领事协定》

1997 年《中华人民共和国政府和斐济主权民主共和国政府关于民航合作的协定》《中华人民共和国政府和斐济主权民主共和国政府关于贸易合作的协定》《中华人民共和国政府和斐济主权民主共和国政府关于斐济在中国香港特别行政区保留名誉领事协定》

1999 年《中华人民共和国政府和斐济群岛共和国政府经济技术合作协定》《中华人民共和国外交部和斐济群岛共和国外交和外贸部关于建立官员磋商制度的谅解备忘录》

2001 年《中斐农业合作谅解备忘录》《中华人民共和国政府和斐济群岛共和国政府经济技术合作协定》。

2002 年《中国国土资源部与斐济群岛共和国土地和矿产资源部关于在矿业领域合作的谅解备忘录》《中斐（济）关于林业合作谅解备忘录》《中斐渔业合作谅解备忘录》《中国国土资源部与斐济群岛共和国土地和矿产资源部关于在矿业领域合作的谅解备忘录》《中斐教育合作谅解备忘录》

2004 年《中华人民共和国与斐济群岛共和国联合新闻公报》《关于中国旅游团队赴斐济旅游实施方案的谅解备忘录》《中华人民共和国信息产业部与斐济群岛共和国信息通信部信息通信领域合作谅解备忘录》《中斐关于植物检疫的协定》

2006 年中斐《经济技术合作协定》《中国国际贸易促进委员会与斐济总商会机构促进经贸合作谅解备忘录》

2009 年《中华人民共和国公安部消防局和斐济群岛共和国消防局关于开展消防与应急救援合作的谅解备忘录》

2011 年《中华人民共和国公安部和斐济共和国国防、国内安全与移民部合作谅解备忘录》

2012 年《中华人民共和国农业部与斐济共和国初级产业部农业合作谅解备忘录》

2013 年《中斐文化合作谅解备忘录》

2014 年《中华人民共和国和斐济共和国互免签证谅解备忘录》

2015 年《中华人民共和国政府和斐济共和国政府互免签证谅解备忘录》《中斐林业合作备忘录》

2018 年《中华人民共和国政府与斐济共和国政府关于共同推进丝绸之路经济带和 21 世纪海上丝绸之路建设的谅解备忘录》

2022 年《中华人民共和国生态环境部与斐济总理办公室关于应对气候变化南南合作物资援助的谅解备忘录》

中华人民共和国政府和斐济政府
关于两国建立外交关系的联合公报

中华人民共和国政府和斐济政府根据互相尊重主权和领土完整、互不干涉内政和平等互利的原则，决定自一九七五年十一月五日起，互相承认和建立大使级外交关系。

斐济政府承认中华人民共和国政府为中国的唯一合法政府。

中国政府重申：台湾是中华人民共和国领土不可分割的一部分。斐济政府承认中国政府的这一立场。

中国政府支持斐济政府和人民为维护国家独立、主权和发展致力于和平的自给经济所作的努力。

中、斐两国政府决定在平等互利的基础上，根据国际惯例，在各自首都为对方的建馆及其执行任务提供一切必要的协助。

中华人民共和国政府代表　　　　　　斐济政府代表

驻澳大利亚大使馆临时代办　　　　　驻澳大利亚高级专员

朱启祯　　　　　　　　　　　　　　拉曼·纳拉扬·纳尔

（签字）　　　　　　　　　　　　　（签字）

一九七五年十一月五日于堪培拉 ①

中华人民共和国和斐济群岛共和国新闻公报

（一九九九年十二月十九日）

应中华人民共和国国务院总理朱镕基邀请，斐济群岛共和国总理马亨德拉·乔杜里于 1999 年 12 月 13 日至 20 日对中华人民共和国进行了正式访问。

访问期间，江泽民主席会见了乔杜里总理，朱镕基总理同乔杜里总理举行了正式会谈，讨论了中斐关系及共同关心的地区和国际问题，达成了广泛的共识。双方签署了《中华人民共和国政府和斐济群岛共和国政府关于经济技术合作的协定》等文件。双方全面回顾了两国自建交以来在政治、经贸等领域业已存在的互利合作关系，对所取得的积极成果表示满意，并愿在和平共处五项原则的基础上进一步扩大和加深两国跨世纪的友好合作关系。

双方表示将继续保持高层互访，扩大政府各部门、议会及军队间的交流，增进相互了解与信任。双方同意建立两国外交部官员不定期磋商制度，就双边关系和共同关心的国际和地区问题交换意见，加强合作。

双方认为，两国经贸合作有着良好的前景。双方强调，愿在平等互利的基础上加强在贸易、经济技术、投资、农业、渔业、文化、教育、军事和旅游等领域的合作，支持和鼓励两国有关部门和企业，不断探索扩大合作的新方式和途径。

双方重申坚持两国建交公报中阐述的互相尊重主权和领土完整、互不干涉内政和平等互利的原则。中方支持斐济政府和人民为维护国家独立、主权和发展致力于和平的自给经济所作的努力。斐方重申奉行一个中国的政策，承认中

---

① 中华人民共和国外交部编：《中华人民共和国条约集 第二十二集》(1975)，世界知识出版社 1982 年版，第 19 页。

华人民共和国政府是代表全中国的唯一合法政府。

双方重申遵循联合国宪章的宗旨和公认的国际法准则，积极致力于建立公正、合理的国际政治、经济新秩序。双方表示，在新纪元即将来临之际，两国将加强彼此间的合作，共同促进世界和平与发展的崇高事业。中方重申继续支持南太地区各国谋求本地区和平与稳定、促进经济发展与繁荣的努力。

双方认为，斐济群岛共和国政府总理马亨德拉·乔杜里对中华人民共和国的访问取得了圆满成功，这是中斐双边关系中重要的大事，必将有力地推动两国友好合作关系在二十一世纪取得更大发展。①

中华人民共和国政府和斐济群岛共和国政府关于巩固和促进友好合作关系的联合声明②

应中华人民共和国国务院总理朱镕基的邀请，斐济群岛共和国总理莱塞尼亚·恩加拉塞于二〇〇二年五月二十七日至六月一日对中华人民共和国进行正式访问。朱镕基总理与莱塞尼亚·恩加拉塞总理在热情友好的气氛中就双边关系、地区形势和共同关心的国际问题深入交换了意见，达成了广泛共识。

一、双方珍视两国的深厚友谊和在各领域的互利合作关系。

双方认为在互相尊重主权和领土完整、互不侵犯、互不干涉内政、平等互利、和平共处原则的基础上，推动两国关系长期、稳定、全面发展符合两国的根本和长远利益。双方重申恪守《中华人民共和国政府和斐济政府关于中、斐

---

① "中华人民共和国和斐济群岛共和国新闻公报"（一九九九年十二月十九日），《国务院公报》2000 年第 6 期，第 12 页。

② "中华人民共和国政府和斐济群岛共和国政府关于巩固和促进友好合作关系的联合声明"（2002 年 5 月 27 日），《国务院公报》2002 年第 20 期，第 17 页；中华人民共和国外交部网站 http://www.fmprc.gov.cn/mfa_chn/gjhdq_603914/gj_603916/dyz_608952/1206_609054/1207_609066/t5337.shtml。

两国建立外交关系的联合公报》。

二、双方愿意加强各级别的政治对话，鼓励和支持两国政府、议会及其他官方机构、地方政府和社会团体开展交流与合作，增进相互理解与信任。

三、双方认为应加强两国经贸合作。双方愿意在市场经济条件下，鼓励和支持两国企业加强接触，加深了解，开展多种形式的互利合作，推动两国经贸关系不断发展。两国将为对方企业和人员参与本国经济建设提供便利。

中方愿继续为斐发展经济提供力所能及的帮助。斐方对此表示感谢。

双方将继续采取积极措施，进一步促进两国科技、文化、教育和卫生等领域的合作与交流。

四、斐方重申支持中华人民共和国政府的立场，即世界上只有一个中国，中华人民共和国政府是代表全中国的唯一合法政府，台湾是中国领土不可分割的一部分。

斐方同意，台湾问题纯属中国内政，斐方尊重和支持中国为维护国家统一所做的努力，希望中国早日实现统一。

据此，斐方再次向中华人民共和国政府保证，斐济与台湾关系严格限于推动经济和商业关系的目的，斐济不会以任何形式与台湾进行有悖于中华人民共和国一个中国立场的接触。

中方高度赞赏斐方在台湾问题上的明确立场。

五、中方重申，支持斐济群岛共和国的独立、主权和领土完整，支持斐为维护国家独立、主权和领土完整所做的积极努力。中方希望斐社会稳定，民族和睦，经济发展，并为维护和促进南太地区的稳定与繁荣做出积极贡献。

斐方重视中国在国际事务中发挥的重要作用，高度评价中国作为联合国安理会常任理事国为维护世界和平做出的积极贡献，并期待中方继续发挥作用。

六、双方认为，国际关系民主化符合并反映国际社会绝大多数国家和人民的要求和愿望。国家不分大小、贫富、强弱，都是国际社会的平等一员，都有参与国际事务的平等权利。各国有权根据本国国情，独立自主地选择自己的社会制度和发展道路。双方愿在联合国等国际组织中加强协作，并与国际社会一道共同致力于建立公正、合理、平等的国际政治、经济新秩序。

七、双方认为恐怖主义是对人类文明的严重挑战，对国际和平与安全构成威胁。双方支持打击一切形式的恐怖主义，并呼吁预防和制止任何形式的恐怖行为。双方强调，在打击恐怖主义问题上不能搞双重标准，要彻底消除恐怖主义产生的根源。双方主张，在打击国际恐怖主义问题上，应进一步加强国际合作与团结，充分发挥联合国及其安理会的主导作用。

本声明于二〇〇二年五月二十七日在北京签署。

中华人民共和国　　　　　　斐济群岛共和国

国务院总理　　　　　　　　总理

朱镕基（签字）　　　　　　莱塞尼亚·恩加拉塞（签字）

中华人民共和国政府和斐济群岛共和国政府联合新闻公报 ①

一、应斐济群岛共和国总理莱塞尼亚·恩加拉塞的邀请，中华人民共和国国务院总理温家宝于 2006 年 4 月 4 日至 5 日对斐济进行正式访问。访问期间，温家宝总理会见了斐济总统约瑟法·伊洛伊洛·乌鲁伊温达，与恩加拉塞总理举行了会谈。双方就两国关系及共同关心的国际和地区问题深入交换意见，达成了广泛共识。

二、两国领导人对 1975 年建交以来中斐关系取得的长足进展表示满意，认为中斐关系的发展给两国和两国人民带来了实实在在的利益，也有利于亚太地区的和平、稳定与繁荣。

两国领导人回顾了 1975 年《中华人民共和国政府和斐济政府关于中斐两

---

① "中华人民共和国政府和斐济群岛共和国政府联合新闻公报"（2006 年 4 月 4 日），《国务院公报》2006 年第 15 期，第 22 页；中华人民共和国外交部，http://www.fmprc.gov.cn/mfa_chn/gjhdq_603914/gj_603916/dyz_608952/1206_609054/1207_609066/t244169.shtml。

国建立外交关系的联合公报》、2002 年《中华人民共和国政府和斐济群岛共和
国政府关于巩固和促进友好合作关系的联合声明》和 2004 年《中华人民共和
国和斐济群岛共和国联合新闻公报》，一致认为上述三份文件对中斐关系未来
发展具有重要的指导意义，决心继续遵循有关方针和原则。

三、为推动中斐关系在 21 世纪长期健康发展，两国领导人决定建立和发
展"中斐重要合作伙伴关系"，在政治上相互尊重，经济上互利合作，国际和
地区事务中相互支持、密切配合。双方同意加强高层交往，增进政治互信；利
用经贸优势互补，加强互利合作，促进双方的可持续发展；在国际和地区问题
上加强沟通，密切合作，以不断充实"中斐重要合作伙伴关系"的内涵。

四、双方对此访期间签署的有关经贸、经济技术合作、质检、电讯等协议
表示满意。斐方认为中国是世界贸易组织中一个坚定致力于发展市场经济的成
员，承认中国的完全市场经济地位。中方对此表示赞赏。双方鼓励和支持两国
企业重点在渔业、林业、旅游业、农业等领域开展多种形式的互利合作，推动
两国经贸关系不断发展。

五、斐方重申，斐济致力于同中华人民共和国发展最密切的友好合作，坚
持以尊重国家主权、不干涉内政、和平解决争端、在经济和社会发展中相互支
持和协助作为斐中关系的指导原则。

斐方重申，斐济政府奉行一个中国的政策，中华人民共和国政府是代表全
中国的唯一合法政府，台湾是中国领土不可分割的一部分。斐方反对任何制造
"两个中国"或"一中一台"的图谋，反对"台湾独立"，反对台湾加入任何必
须由主权国家参加的国际和地区组织。斐济只与台湾保持民间的经济与商业
关系。

六、中方重申，尊重和支持斐济政府在发展民族经济、改善人民生活方面
所作的积极努力，希望斐经济增长、民族和睦、人民安康，为维护和促进本地
区的稳定与繁荣做出贡献。

七、双方积极评价并同意在联合国、世界卫生组织、太平洋岛国论坛等国
际和地区组织中加强协调与合作，维护地区稳定，促进共同发展。

2006 年 4 月 4 日在斐济楠迪发表。

中华人民共和国和斐济群岛共和国联合新闻公报 ①

一、应中华人民共和国国务院总理温家宝的邀请，斐济群岛共和国总理莱塞尼亚·恩加拉塞于 2004 年 6 月 28 日至 7 月 3 日对中华人民共和国进行工作访问。

访问期间，胡锦涛主席、吴邦国委员长会见了恩加拉塞总理，温家宝总理与恩加拉塞总理举行了会谈。双方就两国关系及共同关心的国际和地区问题深入交换意见并取得广泛共识。

二、两国领导人认为，2002 年 5 月 27 日在北京签署的《中华人民共和国政府和斐济群岛共和国政府关于巩固和促进友好合作关系的联合声明》具有历史和现实意义，确立了两国关系在新世纪发展的框架。双方对近年来两国在各领域的友好合作所取得的积极进展表示满意，决心遵循《联合声明》所确立的方针和原则，继续落实有关协议，将两国关系推向新的高度。

三、双方对目前两国领导人和官员保持频繁互访表示满意。双方愿意继续推动两国官方和民间开展各领域、各层次的交流与合作，增进相互理解与友谊。

双方对此次访问期间签署的有关经济技术合作、植物检疫合作等协议表示满意，相信上述协议和本联合新闻公报中达成的共识，以及 2003 年 11 月两国外交部官员在北京磋商时达成的一致，将为两国扩大互利合作增添新的动力。

四、双方重申发展两国经贸合作的重要性，认为两国经济具有较强的互补

---

① "中华人民共和国和斐济群岛共和国联合新闻公报"（2004 年 6 月 30 日），中华人民共和国外交部，http://www.fmprc.gov.cn/mfa_chn/gjhdq_603914/gj_603916/dyz_608952/1206_609054/1207_609066/t141640.shtml。

性，中斐互利合作给两国和两国人民带来了利益。双方一致同意继续致力于探讨扩大经贸合作的新领域、新途径，以充分挖掘潜力，丰富两国关系内涵。

中方重申支持斐济政府发展经济、提高人民生活水平的努力，愿继续在力所能及的范围内提供经济技术援助。斐方对此表示感谢。

双方一致同意扩大两国在文教、科技、旅游、卫生、人力资源开发领域的合作，推动两国关系全面发展。

五、斐方重申，斐济政府奉行一个中国的政策，中华人民共和国政府是代表全中国的唯一合法政府，台湾是中国领土不可分割的一部分。斐方反对任何制造"两个中国"或"一中一台"的图谋，反对"台湾独立"，反对台湾加入任何必须由主权国家参加的国际和地区组织。斐济只与台湾保持民间的经济与商业关系。

中方对此表示高度赞赏。中方对斐济政府缓和国内矛盾、发展民族经济、推进地区合作等方面所取得的成就表示祝贺，认为斐济的经济和社会发展有助于维护和促进南太地区的稳定与繁荣。

六、双方高度评价了两国在国际和地区事务中富有成效的合作，并同意在联合国、世界卫生组织、世界贸易组织、太平洋岛国论坛及其议会大会、南太旅游组织等国际和地区组织中加强配合与协调，共同维护两国以及发展中国家的利益。

七、恩加拉塞总理以其个人名义并代表斐济政府及代表团，对在访问期间受到的热情欢迎和盛情款待，向温家宝总理、中华人民共和国政府和人民表示诚挚的谢意。

2004 年 6 月 30 日在北京发表。

附录 5　斐济华人大事记

1808 年　liu 和 Saoo 乘坐的船只在斐济失事

1850 年　华人开始在斐济定居

1872 年　梅屏耀抵达斐济并创建洪利公司

1894 年　第一位华人行政长官 Ming Ting 抵达斐济创建 Zoing Chong 公司

1908 年　在斐济华人男性 150 名，女性 3 名

1916 年　国民党支部成立

1923 年　殖民地政府颁布限制外国人移民法令

1927 年　华人墓园建成

1930 年　郑观陆被任命为第一任常驻副领事

　　　　　劳托卡华人学校（现中华小学）成立

1935 年　华人移民配额颁布

1936 年　斐济华人小学（现逸仙小学）成立

1949 年　中国副领事馆关闭

1955 年　中华协会（现中华俱乐部）成立

1959 年　禁止中国移民入境法令颁布

1961 年　外国移民限制和遣返令颁布

1965 年　斐济华人协会成立

1967 年　黄润江被任命为斐济第二大城市劳托卡市市长

1970 年　黄润江成为斐济上议院第一位华人议员

1971 年　斐济华人青年会成立

1974 年　黄润江组建斐济第一批回国访问团

1975 年　中华人民共和国驻斐济大使馆设立

1979 年　斐济鼓励中国菜农移民斐济

1986 年　逸仙中学成立

1986 年　中国开始向逸仙中学派遣汉语教师

1987 年　斐济设立免税区，吸引大量制衣厂

1989 年　斐济区域华人管理委员会成立，首任主席是曹华

1991 年　旅斐台湾同乡联谊会成立

1992 年　斐济华人协会恢复正常运作

1994 年　斐济中华商会注册

1996 年　广东侨办在斐济举办冬令营

1997 年　东莞同乡会成立

1999 年　斐济开平五邑乡亲联谊会成立

2001 年　斐济华人文化艺术经济联合会成立，华文报纸《斐济日报》创刊

2002 年　斐济华人举行座谈会，批驳"一边一国"谬论

2003 年　斐济中山同乡会成立

　　　　　北方华人协会成立

　　　　　斐济中国统一促进会成立

2004 年　斐济恩平联谊会成立

　　　　　斐济台山同乡会成立

　　　　　斐济华人工商联合会成立

　　　　　斐济华人文体协会成立

2005 年　隆重纪念华人旅居斐济 150 周年

2006 年　中国总理温家宝访问斐济

2009 年　中华俱乐部恢复正常运作

2010 年　斐济华人妇女协会成立

2012 年　南太平洋岛国孔子学院成立

2014 年　中国国家主席习近平访问斐济，《斐济日报》网站斐济网启动

2015 年　隆重纪念华人旅居斐济 160 周年

2017 年　斐济参加第一届"一带一路"国际合作高峰论坛

2018 年　中国与斐济签署共建"一带一路"合作谅解备忘录

2021 年　广州医药集团向斐济侨界捐赠抗疫物资

后　记

　　自从 2012 年开始转向斐济研究，我心中一直有一个梦想，那就是了解斐济和认识斐济，进而弄明白斐济到底是怎样的一个国家？经济情况如何？奉行怎样的政治制度？有没有受过外族入侵？人民生活如何？……在此基础上，还有一个梦想，那就是弄清楚它奉行怎样的对外政策？与外国关系如何？与中国关系又怎样？

　　带着这样的梦想，我开始了自己的斐济之旅。可以说，第一个梦想的实现就极其不易，因为斐济国小人少又远离中国，在原本就已被边缘化的世界史研究中更加不受重视，国内很难找到需要的资料，也少有文章涉及。幸运的是，2014 年我有幸入选"山东省优秀中青年骨干教师国际合作培养计划"，成为澳大利亚国立大学亚太学院的访问学者，得到国际知名学者布里吉·拉尔和保罗·达西等众多斐济和大洋洲研究专家的指点。澳大利亚国立大学作为世界顶尖大学，在诸多方面有卓越成就，尤其是它的太平洋岛国研究，不仅有浩瀚的资料、专门的美拉尼西亚研究中心、定期出版的刊物和工作简报，更有数不清的研讨会，大大开阔了我的视野，也着实丰富了我的资料，对于我写作列国志系列之《斐济》一书的完成起到决定性的作用。同时，在为《斐济》一书准备资料的同时，我也有意识地搜集了斐济外交尤其是中斐关系的资料，为本书的写作奠定了基础。

　　2015 年 8 月，在社会科学文献出版社的支持下，拙著《斐济》正式出版发行，因为是国内第一部专门研究斐济的著作，出版社和本人当时所在单位聊城大学太平洋岛国研究中心还联合斐济驻华大使馆在北京召开了新书发布会，社会反响十分强烈，包括人民网、中国网和中国社会科学网在内的诸多媒体给予极大关注和认同。这大大增强了我的信心，也激发了我继续从事斐济研究、完成第二个梦想的决心！

梦想很丰满，但现实却十分严酷。带着探讨斐济对外关系的梦想，我从2015 年开始将研究重点转向斐济对外关系，并以"斐济对外关系研究"为题申报了国家社科基金，但因前期研究基础较为薄弱，加之申报书的撰写也不完美，当然可能也有其他我不知道的原因，总之，我未能如愿以偿。申请项目的失败让我意识到自己或许有些太心急了，贸然去做斐济的对外关系研究并不是一件容易的事情，虽然此前自己也做过 10 多年的国际关系史研究，但研究方向主要为中美关系史，而斐济对外关系是一个全新的领域，涉及内容十分繁杂，没有一定的前期研究恐怕很难胜任。在这种情况下，我决定从中国与斐济的关系开始研究，一点一点地揭开斐济对外关系的神秘面纱。

在决定研究中斐关系之后，我又满血复活了！因为有了新的目标，而且又是自己十分喜欢的方向，顿时觉得浑身充满了使不完的劲，不管是课余时间，还是周末或假期，我几乎都用在了搜集资料和写作上。虽然不少人认为我这样为研究这样一个小国太拼命不值得，但我自己却十分享受这一过程，可以说是累并快乐着！功夫不负有心人，我的研究课题"斐济独立后的对外关系研究"于 2018 年获批国家社科基金项目。在此过程中，我也得到诸多友人和领导的帮助与指导，可以说，如果没有他们的热情相助和无私指点，就没有今天这部书稿的问世！

在拟定选题时，我得到了中联部原副部长、中国人民争取和平与裁军协会副会长于洪君教授的肯定与赞赏！

在搜集资料的过程中，我得到了新华社驻斐济记者刘鹏、《斐济日报》主编杨鸿濂、斐济逸仙学校教师黄瑜瑜、斐济环岛旅行社 CEO 陈庆伟、中铁一局斐济分公司的王浩波、澳大利亚国立大学博士陈量和张登华、武汉大学教授谢国荣、山东财经大学滕淑娜、聊城大学韩玉平和孙学美以及学生陈明燕、梁大龙、王丽萍、孟茹、杨珮文等人的大力支持与鼎力相助！

在本书结构方面，更是有幸得到华东师范大学汪诗明教授、陈晓晨研究员和《史学月刊》周祥森编审的指点，使得本书的逻辑更加合理、结构更加明晰！

在本书写作与出版过程中，中国社会科学院世界历史研究所、聊城大学太平洋岛国研究中心和历史文化与旅游学院的领导和老师给予我殷切关怀和鼓励！

人民出版社的杨美艳女士及责任编辑陈建萍为本书出版做出了艰苦努力！中国社科院世界历史研究所与聊城大学各位领导和同事给予了大力支持，家人总是充分理解与默默配合！有他们支持，才有了这本书的问世！

在此，谨向支持、帮助我的领导、同事、朋友、家人表示衷心的感谢。

吕桂霞

中国社科院世界历史研究所